U0820870

轻松过关® 1

2021年注册会计师考试
应试指导及全真模拟测试

审　计

（下册）

刘圣妮　编著

东奥会计在线　组编

北京科学技术出版社

2021《轻一》豪华升级

加赠“全真模拟测试题”3套

纸质版 · 分开发送 · 包邮到家

- **单独邮寄** 购正版《轻一》，加赠3套纸质版考前模拟卷，与《轻一》分开发送，在考前40-50天包邮到家，供您模拟自测，考前定心。
- **考前点押** 名师融汇全年政策及行业新变化，在考前亲撰好题；考点覆盖精准全面，难度贴近真实考题，助您加深理解，卓效提分。
- **名师精解** 配套“名师精解模拟班”：名师逐题精讲模拟卷1套，助您以题带点，复盘得分。

如何获得3套卷及配套课程？

3套模拟卷单独成册，与《轻一》分开发送，在考前40-50天包邮到家，请注意查收快递哦！

扫码下载“会计云课堂”App，扫描封面激活码，即可听「名师精解模拟班」。

目录

第二部分　考点精讲及同步训练

第十三章　对舞弊和法律法规的考虑…………（397）
本章考情分析…………（397）
2021 年教材主要变化 …………（397）
本章考点框架…………（398）
本章重难点精讲…………（399）
第一节　财务报表审计中与舞弊相关的责任…………（399）
第二节　财务报表审计中对法律法规的考虑…………（412）
历年经典试题回顾…………（417）
历年经典试题回顾参考答案及解析…………（420）
同步强化练习题…………（422）
同步强化练习题参考答案及解析…………（425）
第十四章　审计沟通…………（428）
本章考情分析…………（428）
2021 年教材主要变化 …………（428）
本章考点框架…………（429）
本章重难点精讲…………（429）
第一节　注册会计师与治理层的沟通…………（429）
第二节　前任注册会计师和后任注册会计师的沟通…………（435）
历年经典试题回顾…………（440）
历年经典试题回顾参考答案及解析…………（443）
同步强化练习题…………（445）
同步强化练习题参考答案及解析…………（448）
第十五章　注册会计师利用他人的工作…………（451）
本章考情分析…………（451）
2021 年教材主要变化 …………（451）

本章考点框架……………………………………………………………………………（452）
本章重难点精讲…………………………………………………………………………（452）
第一节　利用内部审计工作……………………………………………………………（452）
第二节　利用专家的工作………………………………………………………………（456）
历年经典试题回顾………………………………………………………………………（461）
历年经典试题回顾参考答案及解析……………………………………………………（462）
同步强化练习题…………………………………………………………………………（463）
同步强化练习题参考答案及解析………………………………………………………（466）
第十六章　对集团财务报表审计的特殊考虑……………………………………………（469）
本章考情分析……………………………………………………………………………（469）
2021 年教材主要变化 ……………………………………………………………………（469）
本章考点框架……………………………………………………………………………（470）
本章重难点精讲…………………………………………………………………………（471）
第一节　与集团财务报表审计有关的概念……………………………………………（471）
第二节　集团财务报表审计中的责任设定和注册会计师的目标……………………（473）
第三节　集团审计业务的承接与保持…………………………………………………（474）
第四节　了解集团及其环境、集团组成部分及其环境………………………………（476）
第五节　了解组成部分注册会计师……………………………………………………（476）
第六节　重要性…………………………………………………………………………（478）
第七节　针对评估的风险采取的应对措施……………………………………………（481）
第八节　合并过程………………………………………………………………………（484）
第九节　与组成部分注册会计师的沟通………………………………………………（485）
第十节　评价审计证据的充分性和适当性（略）　……………………………………（486）
第十一节　与集团管理层和集团治理层的沟通………………………………………（486）
历年经典试题回顾………………………………………………………………………（487）
历年经典试题回顾参考答案及解析……………………………………………………（490）
同步强化练习题…………………………………………………………………………（493）
同步强化练习题参考答案及解析………………………………………………………（499）
第十七章　其他特殊项目的审计…………………………………………………………（503）
本章考情分析……………………………………………………………………………（503）
2021 年教材主要变化 ……………………………………………………………………（504）
本章考点框架……………………………………………………………………………（504）
本章重难点精讲…………………………………………………………………………（506）
第一节　审计会计估计…………………………………………………………………（506）

第二节 关联方的审计…………………………………………………………（517）
第三节 考虑持续经营假设………………………………………………………（525）
第四节 首次接受委托时对期初余额的审计……………………………………（533）
历年经典试题回顾……………………………………………………………………（536）
历年经典试题回顾参考答案及解析…………………………………………………（541）
同步强化练习题………………………………………………………………………（545）
同步强化练习题参考答案及解析……………………………………………………（550）
第十八章 完成审计工作……………………………………………………………（554）
本章考情分析…………………………………………………………………………（554）
2021 年教材主要变化 ………………………………………………………………（555）
本章考点框架…………………………………………………………………………（555）
本章重难点精讲………………………………………………………………………（556）
第一节 完成审计工作概述………………………………………………………（556）
第二节 期后事项……………………………………………………………………（562）
第三节 书面声明……………………………………………………………………（566）
历年经典试题回顾……………………………………………………………………（571）
历年经典试题回顾参考答案及解析…………………………………………………（575）
同步强化练习题………………………………………………………………………（578）
同步强化练习题参考答案及解析……………………………………………………（581）
第十九章 审计报告…………………………………………………………………（583）
本章考情分析…………………………………………………………………………（583）
2021 年教材主要变化 ………………………………………………………………（584）
本章考点框架…………………………………………………………………………（584）
本章重难点精讲………………………………………………………………………（585）
第一节 审计报告概述（略） ……………………………………………………（585）
第二节 审计意见的形成…………………………………………………………（585）
第三节 审计报告的基本内容……………………………………………………（586）
第四节 在审计报告中沟通关键审计事项………………………………………（588）
第五节 非无保留意见审计报告…………………………………………………（596）
第六节 在审计报告中增加强调事项段和其他事项段…………………………（599）
第七节 比较信息……………………………………………………………………（601）
第八节 注册会计师对其他信息的责任…………………………………………（605）
历年经典试题回顾……………………………………………………………………（608）
历年经典试题回顾参考答案及解析…………………………………………………（614）

同步强化练习题……………………………………………………………………………（618）
同步强化练习题参考答案及解析……………………………………………………………（623）
第二十章　企业内部控制审计……………………………………………………………（627）
本章考情分析…………………………………………………………………………（627）
2021 年教材主要变化 ……………………………………………………………………（628）
本章考点框架…………………………………………………………………………（628）
本章重难点精讲…………………………………………………………………………（629）
第一节　内部控制审计的概念……………………………………………………（630）
第二节　计划审计工作……………………………………………………………（633）
第三节　自上而下的方法…………………………………………………………（635）
第四节　测试控制的有效性………………………………………………………（638）
第五节　企业层面控制的测试……………………………………………………（641）
第六节　业务流程、应用系统或交易层面的控制的测试…………………………（642）
第七节　信息系统控制的测试……………………………………………………（643）
第八节　内部控制缺陷评价………………………………………………………（644）
第九节　出具审计报告……………………………………………………………（646）
历年经典试题回顾…………………………………………………………………………（649）
历年经典试题回顾参考答案及解析……………………………………………………（652）
同步强化练习题……………………………………………………………………………（654）
同步强化练习题参考答案及解析……………………………………………………………（658）
第二十一章　会计师事务所业务质量管理………………………………………………（661）
本章考情分析…………………………………………………………………………（661）
2021 年教材主要变化 ……………………………………………………………………（662）
本章考点框架…………………………………………………………………………（662）
本章重难点精讲…………………………………………………………………………（663）
第一节　会计师事务所质量管理体系……………………………………………（663）
第二节　项目质量复核……………………………………………………………（673）
第三节　对财务报表审计实施的质量管理………………………………………（676）
历年经典试题回顾…………………………………………………………………………（678）
同步强化练习题……………………………………………………………………………（679）
同步强化练习题参考答案及解析……………………………………………………………（685）
第二十二章　职业道德基本原则和概念框架……………………………………………（690）
本章考情分析…………………………………………………………………………（690）
2021 年教材主要变化 ……………………………………………………………………（690）

本章考点框架……（691）
本章重难点精讲……（691）
第一节 职业道德基本原则……（691）
第二节 职业道德概念框架……（695）
第三节 注册会计师对职业道德概念框架的具体运用……（695）
第四节 非执业会员对职业道德概念框架的运用（略）……（698）
历年经典试题回顾……（699）
历年经典试题回顾参考答案及解析……（699）
同步强化练习题……（700）
同步强化练习题参考答案及解析……（702）
第二十三章 审计业务对独立性的要求……（705）
本章考情分析……（705）
2021 年教材主要变化……（706）
本章考点框架……（706）
本章重难点精讲……（707）
第一节 基本概念和要求……（707）
第二节 经济利益……（711）
第三节 贷款和担保以及商业关系、家庭和私人关系……（714）
第四节 与审计客户发生人员交流……（717）
第五节 与审计客户长期存在业务关系……（720）
第六节 为审计客户提供非鉴证服务……（722）
第七节 收 费……（727）
第八节 影响独立性的其他事项……（729）
历年经典试题回顾……（730）
历年经典试题回顾参考答案及解析……（736）
同步强化练习题……（743）
同步强化练习题参考答案及解析……（745）

第三部分 跨章节主观题演练

跨章节主观题演练……（751）
跨章节主观题演练参考答案及解析……（761）
附 录……（768）
考点清单……（768）

第十三章　对舞弊和法律法规的考虑

本章考情分析

本章需要掌握的知识点包括：第一，针对舞弊风险的“识别、评估与应对”及书面声明；第二，针对识别出的或怀疑存在的违反法律法规行为的审计程序和报告，包括考虑审计报告意见类型以及是否向被审计单位之外的适当机构报告。

本章知识点在各种题型中均会涉及，其中，识别、评估与应对舞弊风险的知识点属于每年必考内容。本章是比较重要的考试章节，平均考试分值在5分左右。

本章需要大家重点掌握的知识点（含可能题型），归纳如下表。

序号	知识点	题型	难易程度
1	评价舞弊风险因素	单选、多选	难
2	风险评估程序和相关活动	单选、综合	易
3	应对舞弊导致的认定层次重大错报风险的程序	单选、简答、综合	中
4	针对管理层凌驾于控制之上的风险应当实施的审计程序	单选、多选、综合	中
5	评价舞弊导致的错报	综合	中
6	沟通舞弊事项	综合	中
7	对被审计单位遵守法律法规的审计责任	单选、多选	中
8	怀疑被审计单位存在违反法律法规行为时的审计程序	单选、多选	易

2021年教材主要变化

1. 删除会计分录测试的相关内容。

2. 将财务报表审计中与舞弊相关的责任中“与监管机构的沟通”改为“与被审计单位之外的适当机构的沟通”，并修改部分文字表述。

3. 除上述修订内容外，修改了其他内容的部分文字表述。

本章考点框架

- 第十三章
  - 财务报表审计中与舞弊相关的责任
    - 舞弊的含义和种类【易/低频】
    - 与舞弊相关的责任【中/中频】
    - 风险评估程序和相关活动【易/中频】
    - 评价舞弊风险因素【难/中频】
    - 组织项目组讨论【易/低频】
    - 识别和评估由于舞弊导致的重大错报风险【易/中频】
    - 应对舞弊导致的重大错报风险【中/中频】
    - 管理层凌驾的舞弊手段和审计程序【中/中频】
    - 评价错报【中/低频】
    - 获取书面声明【易/低频】
    - 沟通舞弊事项【中/低频】
  - 财务报表审计中对法律法规的考虑
    - 违反法律法规的定义和类别【中/中频】
    - 对被审计单位遵守法律法规的审计责任【中/中频】
    - 对被审计单位遵守法律法规的考虑【易/低频】
    - 怀疑被审计单位存在违反法律法规行为时的审计程序【易/低频】
    - 评价识别出的或怀疑存在的违反法律法规行为的影响【易/中频】
    - 与治理层沟通识别出的或怀疑存在的违反法律法规行为【易/中频】
    - 在审计报告中反映识别出的或怀疑存在的违反法律法规行为【中/中频】
    - 向被审计单位之外的适当机构报告识别出的或怀疑存在的违反法律法规行为【易/低频】

本章重难点精讲

提示	本章至第十七章属于教材的第四编对特殊事项的考虑。注册会计师对可能导致财务报表重大错报风险的特殊事项进行“识别、评估和应对” 针对舞弊（教材 13.1），需要围绕舞弊风险的“识别、评估、应对、评价证据及考虑对审计报告的影响”展开学习；针对违反法律法规（教材 13.2），需要围绕违反法律法规事项的“识别、评估、应对、沟通及考虑其对审计报告的影响”展开学习。快扫听课二维码，助您“码”上通关

第一节　财务报表审计中与舞弊相关的责任

本节视频详解
使用“会计云课堂”App/微信扫码听课

01 考点 1 舞弊的含义和种类（★）[!]

（一）舞弊的含义

舞弊是指被审计单位的管理层、治理层、员工或第三方使用欺骗手段获取不当或非法利益的故意行为。

（二）舞弊与错误

舞弊与错误均可能导致财务报表错报，判断错报属于舞弊亦或错误的思路，如图 13-1 所示。

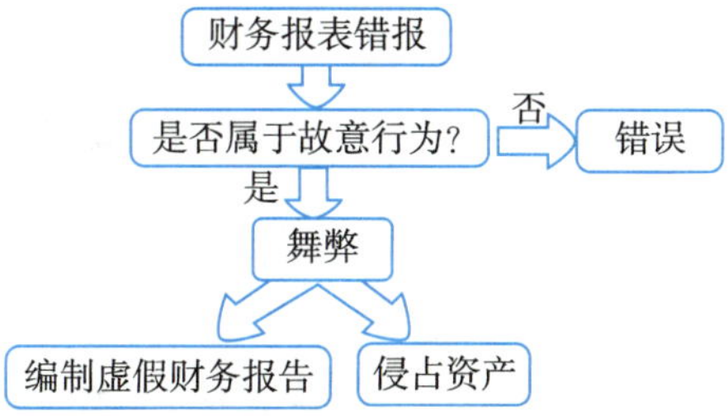

图 13-1　判断舞弊与错误

（三）舞弊的种类

舞弊是一种故意的行为，与财务报表审计相关的故意错报包括编制虚假财务报告导致的错报和侵占资产导致的错报，如图 13-2 所示。

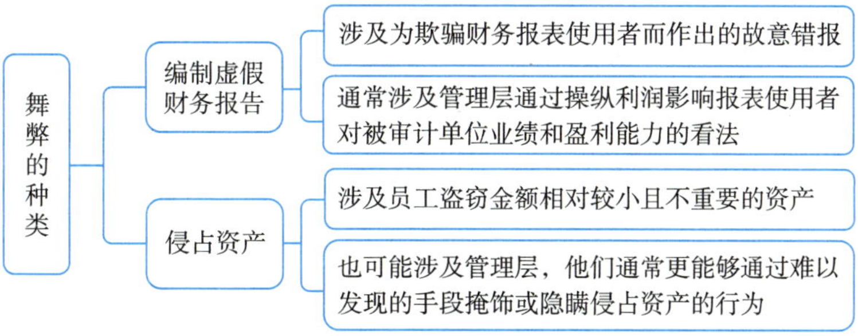

图 13-2　舞弊的种类

[!] 为方便您在学习中可以快速了解知识点的重要程度，本书中将知识点进行分类。★★★代表重要知识点，★★代表次重要知识点，★代表非重要知识点。

【看图说话】与财务报表审计相关的舞弊，包括编制虚假财务报告和侵占资产。从舞弊者的角度（谁在舞弊）可以划分为管理层舞弊和员工舞弊。

02 考点 2 与舞弊相关的责任（★★）

（一）治理层和管理层对财务报表舞弊的责任

治理层和管理层对防止或发现财务报表舞弊负有主要责任，如图 13-3 所示。

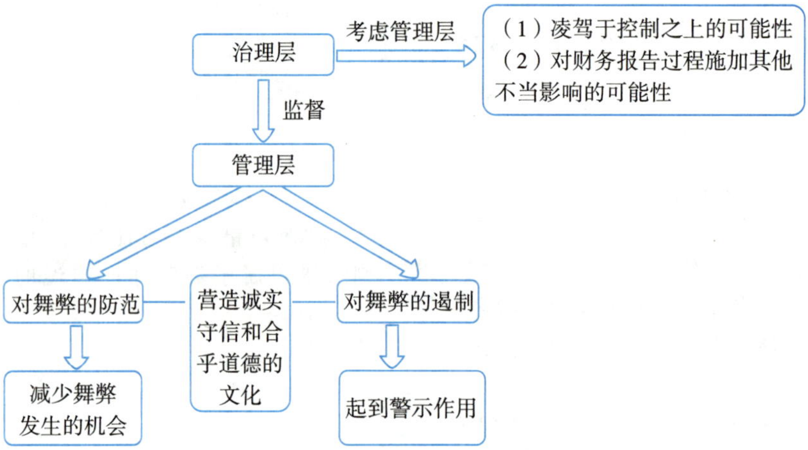

图 13-3　治理层和管理层对财务报表舞弊的责任

【看图说话】

（1）在治理层的监督下，管理层有防范和遏制舞弊的责任。

（2）治理层和管理层应当营造诚实守信和合乎道德的文化以达到防范和遏制舞弊的效果。

（3）治理层应当考虑管理层凌驾于控制之上的可能性和对财务报告过程施加其他不当影响的可能性。

（二）注册会计师对财务报表舞弊的责任

责任	内容
合理保证	注册会计师有责任对财务报表整体是否不存在由于舞弊或错误导致的重大错报获取合理保证。编制虚假财务报告直接导致财务报表产生错报，侵占资产通常伴随着虚假或误导性的文件记录
不能绝对保证	由于审计的固有限制，即使注册会计师按照审计准则的规定恰当计划和执行了审计工作，也不可避免地存在财务报表中的某些重大错报未被发现的风险，注册会计师不能对财务报表整体不存在重大错报获取绝对保证
舞弊和错误未被发现的风险	舞弊导致的重大错报未被发现的风险，大于错误导致的重大错报未被发现的风险
管理层舞弊和员工舞弊未被发现的风险	管理层舞弊导致的重大错报未被发现的风险，大于员工舞弊导致的重大错报未被发现的风险

经典题解

【例题1·单选题】 在判断注册会计师是否按照审计准则的规定执行工作以应对舞弊风险时，下列各项中，不需要考虑的是(　　)。

A. 注册会计师在审计过程中是否保持了职业怀疑

B. 注册会计师是否识别出舞弊导致的财务报表重大错报

C. 注册会计师是否根据审计证据评价结果出具了恰当的审计报告

D. 注册会计师是否根据具体情况实施了审计程序，并获取了充分、适当的审计证据

【解析】 注册会计师应当在整个审计过程中保持职业怀疑，认识到存在由于舞弊导致的重大错报的可能性，而不应受到以前对管理层、治理层正直和诚信形成的判断的影响，并认识到对发现错误有效的审计程序未必对发现舞弊有效（选项A）；如果在完成审计工作后发现舞弊导致的财务报表重大错报，特别是串通舞弊或伪造文件或记录导致的重大错报，并不必然表明注册会计师没有遵守审计准则（选项B错误）；注册会计师是否按照审计准则的规定实施了审计工作，取决于其是否根据具体情况实施了审计程序，是否获取了充分、适当的审计证据（选项D），以及是否根据审计证据评价结果出具了恰当的审计报告（选项C）。

【答案】 B

【例题2·单选题】 下列有关舞弊导致的重大错报风险的说法中，错误的是(　　)。

A. 编制虚假财务报告导致的重大错报风险，大于侵占资产导致的重大错报风险

B. 舞弊导致的重大错报未被发现的风险，大于错误导致的重大错报未被发现的风险

C. 所有被审计单位都存在管理层凌驾于控制之上的风险

D. 收入确认存在舞弊风险的假定可能不适用于所有审计项目

【解析】 选项A错误，编制虚假财务报告导致的重大错报风险与侵占资产导致的重大错报风险之间没有明确的高低关系。

【答案】 A

03 考点3 风险评估程序和相关活动（★★）

针对舞弊的风险评估程序和相关活动需要考虑以下五个方面，如图13-4所示。

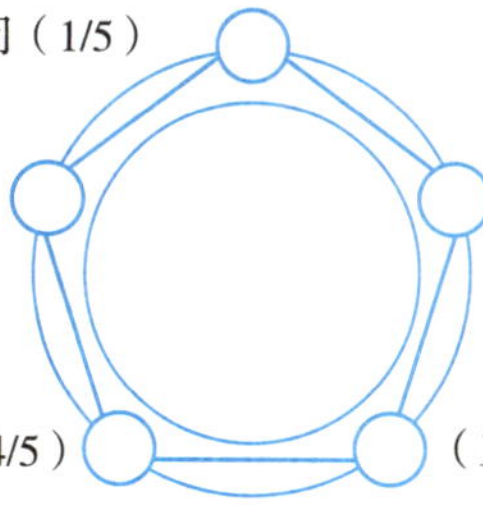

图13-4　风险评估程序和相关活动

【看图说话】舞弊的风险评估程序和相关活动（五个层面）需要大家“死记硬背”。其中，评价舞弊风险因素【考点4】和组织项目组讨论【考点5】均属于重点内容，需要展开理解并掌握。

经典题解

【例题3·单选题】 下列程序中，通常不用于评估舞弊风险的是(　　)。

A. 考虑在客户接受或保持过程中获取的信息

B. 实施实质性分析程序

C. 组织项目组内部讨论

D. 询问治理层、管理层和内部审计人员

【解析】选项 B 错误，实质性分析程序适用于风险应对程序中应对舞弊风险，不适用于风险评估程序中识别和评估舞弊风险。

【答案】B

04 考点 4 评价舞弊风险因素（2/5，★★）

根据审计准则舞弊三角理论，舞弊风险因素如图 13-5 所示。

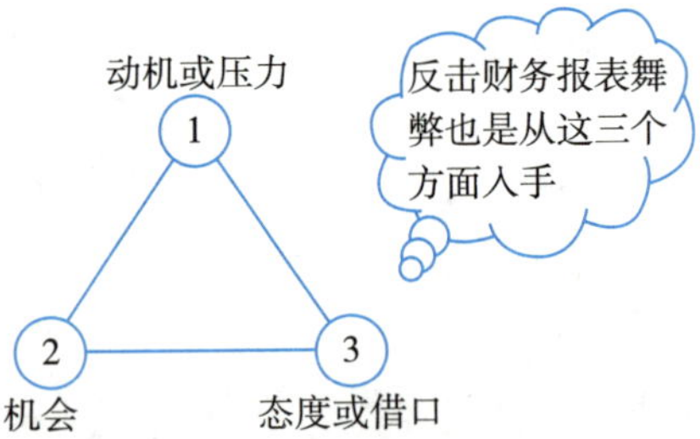

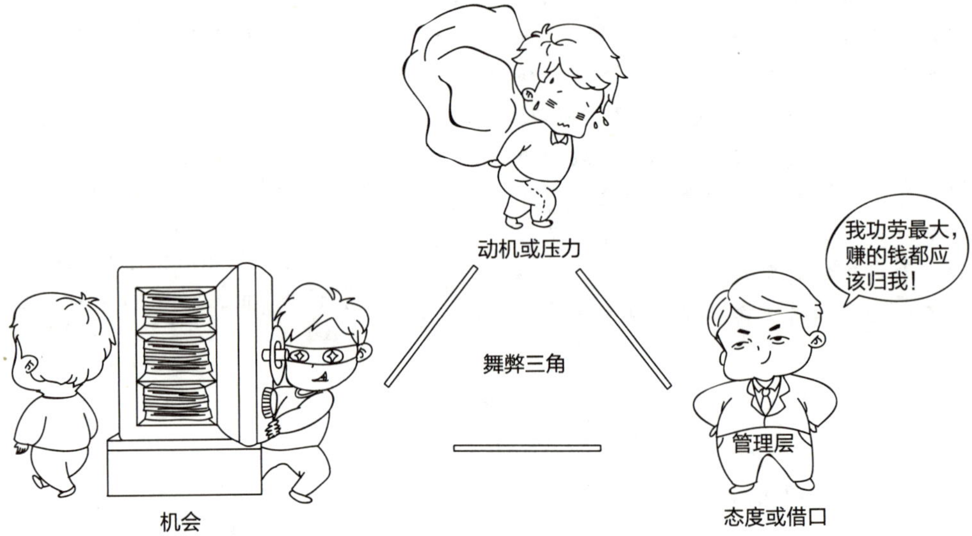

图 13-5　舞弊风险因素

【看图说话】舞弊风险因素可以分为以下三类：

（1）实施舞弊的动机或压力。

（2）实施舞弊的机会。

（3）为舞弊行为寻找借口的能力。

无论是编制虚假财务报告还是侵占资产，均涉及三类舞弊风险因素。其中，舞弊发生的首要条件是舞弊的动机或压力。

（一）与编制虚假财务报告导致的错报相关的舞弊风险因素—动机或压力

动机或压力的舞弊因素细类	具体示例
财务稳定性或盈利能力受到经济环境、行业状况或被审计单位经营情况的威胁	（1）竞争激烈或市场饱和，且伴随着利润率的下降 （2）难以应对技术变革、产品过时、利率调整等因素的急剧变化 （3）客户需求大幅下降，所在行业或总体经济环境中经营失败的情况增多 （4）经营亏损使被审计单位可能破产、丧失抵押品赎回权或遭恶意收购 （5）在财务报表显示盈利或利润增长的情况下，经营活动产生的现金流量经常出现负数，或经营活动不能产生现金流入 （6）高速增长或具有异常的盈利能力，特别是在与同行业其他企业相比时 （7）新发布的会计准则、法律法规或监管要求
管理层为满足第三方要求或预期而承受过度的压力	（1）投资分析师、机构投资者、重要债权人或其他外部人士对盈利能力或增长趋势存在预期（特别是过分激进的或不切实际的预期），包括管理层在新闻报道和年报信息中作出过于乐观的预期 （2）需要进行额外的举债或权益融资以保持竞争力，包括为重大研发项目或资本性支出融资 （3）满足交易所的上市要求、偿债要求或其他债务合同要求的能力较弱 （4）报告较差财务成果将对正在进行的重大交易（如企业合并或签订合同）产生可察觉的或实际的不利影响
管理层或治理层的个人财务状况受到被审计单位财务业绩的影响	（1）在被审计单位中拥有重大经济利益 （2）其报酬中有相当一部分（如奖金、股票期权、基于盈利能力的支付计划）取决于被审计单位能否实现激进的目标（如在股价、经营成果、财务状况或现金流量方面） （3）个人为被审计单位的债务提供了担保
管理层或经营者受到更高级管理层或治理层对财务或经营指标过高要求的压力	治理层为管理层设定了过高的销售业绩或盈利能力等激励指标

（二）与编制虚假财务报告导致的错报相关的舞弊风险因素—机会

机会的舞弊因素细类	具体示例
被审计单位所在行业或其业务的性质为编制虚假财务报告提供了机会	（1）从事超出正常经营过程的重大关联方交易，或者与未经审计或由其他会计师事务所审计的关联企业进行重大交易 （2）被审计单位具有强大的财务实力或能力，使其在特定行业中处于主导地位，能够对与供应商或客户签订的条款或条件作出强制规定，从而可能导致不适当或不公允的交易 （3）资产、负债、收入或费用建立在重大估计的基础上，这些估计涉及主观判断或不确定性，难以印证 （4）从事重大、异常或高度复杂的交易（特别是临近期末发生的复杂交易，对该交易是否按照“实质重于形式”原则处理存在疑问） （5）在经济环境及文化背景不同的国家或地区从事重大经营或重大跨境经营 （6）利用商业中介，而此项安排似乎不具有明确的商业理由 （7）在属于“避税天堂”的国家或地区开立重要银行账户或者设立子公司或分公司进行经营，而此类安排似乎不具有明确的商业理由

续表

机会的舞弊因素细类	具体示例
组织结构复杂或不稳定	(1) 难以确定对被审计单位持有控制性权益的组织或个人 (2) 组织结构过于复杂，存在异常的法律实体或管理层级 (3) 高级管理人员、法律顾问或治理层频繁更换
对管理层的监督失效	(1) 管理层由一人或少数人控制（在非业主管理的实体中），且缺乏补偿性控制 (2) 治理层对财务报告过程和内部控制实施的监督无效
内部控制要素存在缺陷	(1) 对控制的监督不充分，包括自动化控制以及针对中期财务报告（如要求对外报告）的控制 (2) 由于会计人员、内部审计人员或信息技术人员不能胜任而频繁更换 (3) 会计系统和信息系统无效，包括内部控制存在值得关注的缺陷的情况

（三）与编制虚假财务报告导致的错报相关的舞弊风险因素—态度或借口

态度或借口的舞弊因素细类	具体示例
管理层态度不端或缺乏诚信	(1) 管理层未能有效地传递、执行、支持或贯彻被审计单位的价值观或道德标准，或传递了不适当的价值观或道德标准 (2) 非财务管理人员过度参与或过于关注会计政策的选择或重大会计估计的确定 (3) 被审计单位、高级管理人员或治理层存在违反证券法或其他法律法规的历史记录，或由于舞弊或违反法律法规而被指控 (4) 管理层过于关注保持或提高被审计单位的股票价格或利润趋势 (5) 管理层向分析师、债权人或其他第三方承诺实现激进的或不切实际的预期 (6) 管理层未能及时纠正发现的值得关注的内部控制缺陷 (7) 为了避税的目的，管理层表现出有意通过使用不适当的方法使报告利润最小化 (8) 高级管理人员缺乏士气 (9) 业主兼经理未对个人事务与公司业务进行区分 (10) 股东人数有限的被审计单位股东之间存在争议 (11) 管理层总是试图基于重要性原则解释处于临界水平的或不适当的会计处理
管理层与现任或前任注册会计师之间的关系紧张	(1) 在会计、审计或报告事项上经常与现任或前任注册会计师产生争议 (2) 对注册会计师提出不合理的要求，如对完成审计工作或出具审计报告提出不合理的时间限制 (3) 对注册会计师接触某些人员、信息或与治理层进行有效沟通施加不适当的限制 (4) 管理层对注册会计师表现出盛气凌人的态度，特别是试图影响注册会计师的工作范围，或者影响对执行审计业务的人员或被咨询人员的选择和保持

（四）与侵占资产导致的错报相关的舞弊风险因素

舞弊因素	细类	舞弊风险因素具体示例
动机或压力	个人的生活方式或财务状况问题	接触现金或其他易被侵占（通过盗窃）资产的管理层或员工负有个人债务，可能会产生侵占这些资产的压力
	接触现金或其他易被盗窃资产的员工与被审计单位之间存在的紧张关系	（1）已知或预期会发生裁员 （2）近期或预期员工报酬或福利计划会发生变动 （3）晋升、报酬或其他奖励与预期不符
机会	资产的某些特性或特定情形可能增加其被侵占的可能性	（1）持有或处理大额现金 （2）体积小、价值高或需求较大的存货 （3）易于转手的资产，如无记名债券、钻石或计算机芯片 （4）体积小、易于销售或不易识别所有权归属的固定资产
	与资产相关的不恰当的内部控制可能增加资产被侵占的可能性	（1）职责分离或独立审核不充分 （2）对高级管理人员的支出（如差旅费及其他报销费用）的监督不足 （3）管理层对负责保管资产的员工的监管不足（如对保管处于偏远地区的资产的员工监管不足） （4）对接触资产的员工选聘不严格 （5）对资产的记录不充分 （6）对交易（如采购）的授权及批准制度不健全 （7）对现金、投资、存货或固定资产等的实物保管措施不充分 （8）未对资产作出完整、及时的核对调节 （9）未对交易作出及时、适当的记录（如销货退回未作冲销处理） （10）对处于关键控制岗位的员工未实行强制休假制度 （11）管理层对信息技术缺乏了解，从而使信息技术人员有机会侵占资产 （12）对自动生成的记录的访问控制（包括对计算机系统日志的控制和复核）不充分
态度或借口	管理层或员工不重视相关控制	（1）忽视监控或降低与侵占资产相关的风险的必要性 （2）忽视与侵占资产相关的内部控制，如凌驾于现有的控制之上或未对已知的内部控制缺陷采取适当的补救措施 （3）被审计单位人员在行为或生活方式方面发生的变化可能表明资产已被侵占 （4）容忍小额盗窃资产的行为
	对被审计单位存在不满甚至敌对情绪	被审计单位人员的行为表明其对被审计单位感到不满，或对被审计单位对待员工的态度感到不满

经典题解

【例题4·单选题】下列舞弊风险因素中，与实施舞弊的动机或压力相关的是(　　)。

A. 非财务管理人员过度参与会计政策的选择或重大会计估计的确定

B. 职责分离或独立审核不充分

C. 管理层在被审计单位中拥有重大经济利益

D. 组织结构过于复杂，存在异常的法律实体或管理层级

【解析】选项C正确。选项A属于与编制虚假财务报告导致的错报相关的"态度或借口"舞弊风险因素；选项B属于与侵占资产导致的错报相关的"机会"舞弊风险因素；选项D属于与编制虚假财务报告导致的错报相关的"机会"舞弊风险因素。

【答案】C

【例题5·多选题】下列舞弊风险因素中，与编制虚假财务报告相关的有(　　)。

A. 在非所有者管理的主体中，管理层由一人或少数人控制，且缺乏补偿性控制

B. 对高级管理人员支出的监督不足

C. 会计系统和信息系统无效

D. 利用商业中介进行交易，但缺乏明显的商业理由

【解析】选项B属于与侵占资产导致错报相关的舞弊风险因素；选项ACD属于与编制虚假财务报告导致错报相关的舞弊风险因素。

【答案】ACD

05 考点5 组织项目组讨论（5/5，★）

事项	具体内容
讨论目的	(1)具有较多经验的项目组成员有机会与其他成员分享关于财务报表易于发生由于舞弊导致的重大错报的方式和领域的见解 (2)考虑适当的应对措施，并确定如何分派项目组成员实施特定的审计程序 (3)确定如何共享实施审计程序的结果，以及如何处理可能引起注册会计师注意的舞弊指控
讨论内容（可能包括）	(1)项目组成员认为财务报表易于发生由于舞弊导致的重大错报的方式和领域、管理层可能编制和隐瞒虚假财务报告的方式以及侵占资产的方式等 (2)可能表明管理层操纵利润的迹象，以及管理层可能采取的导致虚假财务报告的利润操纵手段 (3)管理层企图通过晦涩难懂的披露使披露事项无法得到正确理解的风险 (4)已知悉的对被审计单位产生影响的外部和内部因素，这些因素可能产生动机或压力使管理层或其他人员实施舞弊，可能提供实施舞弊的机会，可能表明存在为舞弊行为寻找借口的文化或环境 (5)对接触现金或其他易被侵占资产的员工，管理层对其实施监督的情况 (6)注意到的管理层或员工在行为或生活方式上出现的异常或无法解释的变化 (7)强调在整个审计过程中对由于舞弊导致重大错报的可能性保持适当关注的重要性 (8)遇到的哪些情形可能表明存在舞弊 (9)如何在拟实施审计程序的性质、时间安排和范围中增加不可预见性 (10)为应对由于舞弊导致财务报表发生重大错报的可能性而选择实施的审计程序，以及特定类型的审计程序是否比其他审计程序更为有效 (11)注册会计师注意到的舞弊指控 (12)管理层凌驾于控制之上的风险

06 考点 6 识别和评估由于舞弊导致的重大错报风险（★★）

（一）识别和评估舞弊风险

注册会计师识别和评估舞弊导致的重大错报风险包括两个层次，如图 13-6 所示。

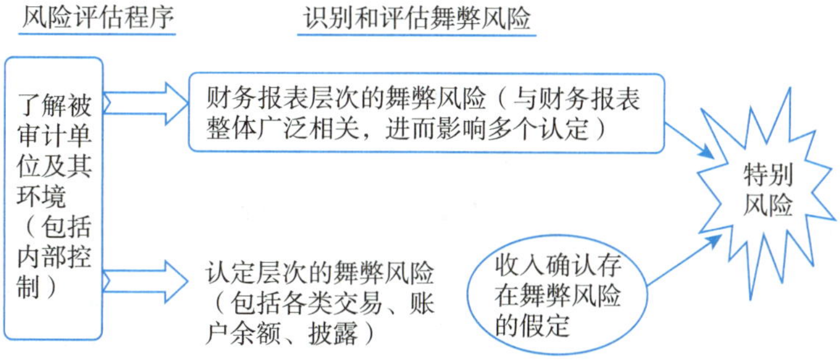

图 13-6　识别和评估舞弊风险

【看图说话】

（1）舞弊导致的重大错报风险应当包括财务报表层次和各类交易、账户余额、披露的认定层次。

（2）舞弊导致的重大错报风险属于特别风险。

（二）基于收入确认存在舞弊风险的假定

（1）注册会计师在识别和评估由于舞弊导致的重大错报风险时，应当基于收入确认存在舞弊风险的假定，评价哪些类型的收入、收入交易或认定导致舞弊风险；

（2）如果认为收入确认存在舞弊风险的假定不适用于业务的具体情况，从而未将收入确认作为由于舞弊导致的重大错报风险领域，注册会计师应当在审计工作底稿中记录得出该结论的理由。

【提示】基于收入确认存在舞弊风险的假定，舞弊的情形可能包括：

（1）记录虚假收入。

（2）高估收入，包括：在客户取得相关商品控制权之前就确认销售收入。

（3）低估收入，包括：在已完成本期销售指标时，把实现的销售推迟到下一期确认、当期已实现的收入不确认营业收入汇入其他应付款，从而递延或减少税款的支付。

07 考点 7 应对舞弊导致的重大错报风险（★★）

针对评估的舞弊导致的重大错报风险，注册会计师应当从两个层面予以应对，如图 13-7 所示。

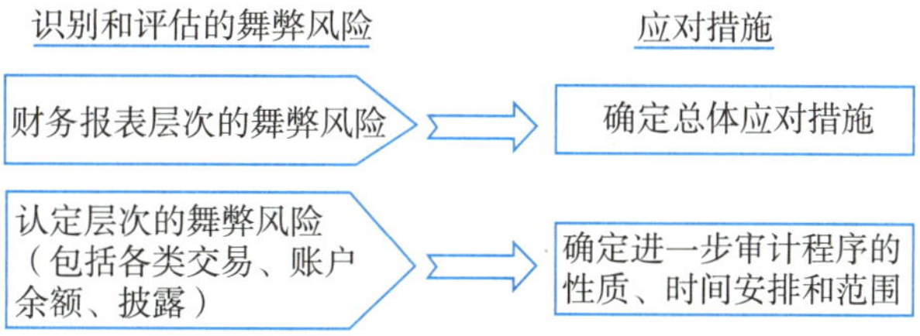

图 13-7　应对舞弊风险的思路

（一）总体应对措施

针对评估的舞弊导致的财务报表层次重大错报风险，注册会计师的总体应对措施如图13-8所示。

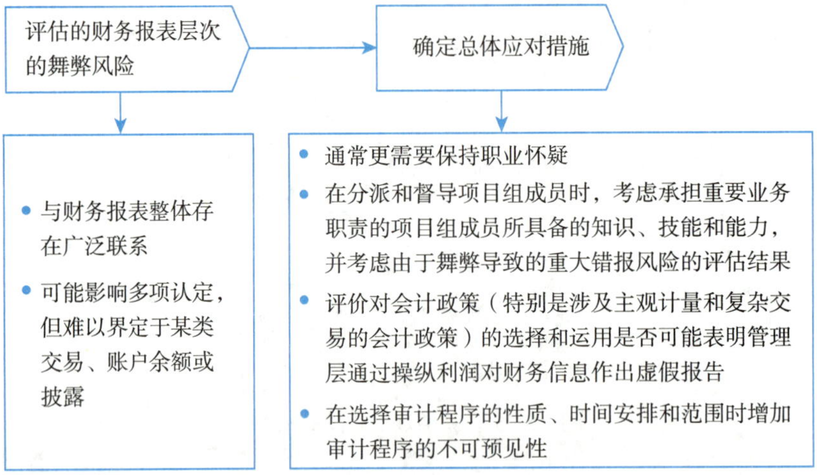

图13-8　总体应对措施

经典题解

【例题6·单选题】注册会计师应当针对评估的由于舞弊导致的财务报表层次重大错报风险确定总体应对措施。下列各项措施中，错误的是(　　)。

A. 修改财务报表整体的重要性

B. 评价被审计单位对会计政策的选择和运用

C. 指派更有经验、知识、技能和能力的项目组成员

D. 在确定审计程序的性质、时间安排和范围时，增加审计程序的不可预见性

【解析】针对注册会计师评估的由于舞弊导致的财务报表层次重大错报风险确定的总体应对措施包括：(1)在分派和督导项目组成员时，考虑承担重要业务职责的项目组成员所具备的知识、技能和能力，并考虑由于舞弊导致的重大错报风险的评估结果（选项C）；(2)评价被审计单位对会计政策（特别是涉及主观计量和复杂交易的会计政策）的选择和运用，是否可能表明管理层通过操纵利润对财务信息作出虚假报告（选项B）；(3)在选择审计程序的性质、时间安排和范围时，增加审计程序的不可预见性（选项D）。

【答案】A

（二）应对舞弊导致的认定层次重大错报风险

针对评估的由于舞弊导致的认定层次重大错报风险，注册会计师的审计思路及具体应对措施，归纳如下表。

项目	具体内容
审计思路	(1)改变拟实施审计程序的性质。获取更为可靠、相关的审计证据，或获取额外的佐证信息 (2)调整实施实质性程序的时间安排。包括在期末或接近期末实施实质性程序，或针对本期较早期间发生的交易或整个报告期内的交易实施实质性程序 (3)实施的审计程序的范围反映对由于舞弊导致的重大错报风险的评估结果，包括扩大样本规模、采用更详细的数据实施分析程序等

续表

项目		具体内容
具体应对措施	收入确认	（1）针对收入项目，使用分解的数据实施实质性分析程序 （2）向被审计单位的客户函证相关的特定合同条款、条件以及是否存在背后协议 （3）向被审计单位的销售人员或内部法律顾问询问临近期末的销售或发货情况，以及他们所了解的与这些交易相关的异常条款或条件 （4）期末在被审计单位的一处或多处发货现场实地观察发货情况或准备发出的货物情况（或待处理的退货），并实施其他适当的销售及存货截止测试 （5）对于通过电子方式自动生成、处理、记录的销售交易实施控制测试
	存货数量	（1）检查被审计单位的存货记录 （2）在不预先通知的情况下对特定存放地点的存货实施监盘，或在同一天对所有存放地点实施存货监盘 （3）要求被审计单位在报告期末或临近期末的时点实施存货盘点 （4）在观察存货盘点的过程中实施额外的程序 （5）按照存货的等级或类别、存放地点或其他分类标准，将本期存货数量与前期进行比较，或将盘点数量与永续盘存记录进行比较 （6）利用计算机辅助审计技术进一步测试存货实物盘点目录的编制
	管理层估计	（1）聘用专家作出独立估计，并与管理层的估计进行比较 （2）将询问范围延伸至管理层和会计部门以外的人员，以印证管理层完成与作出会计估计相关的计划的能力和意图

经典题解

【例题 7·单选题】如果注册会计师认为存货数量存在舞弊导致的重大错报风险，下列做法中，通常不能应对该风险的是（　　）。

A. 扩大与存货相关的内部控制测试的样本规模

B. 要求被审计单位在报告期末或临近期末的时点实施存货盘点

C. 在不预先通知被审计单位的情况下对特定存放地点的存货实施监盘

D. 利用专家的工作对特殊类型的存货实施更严格的检查

【解析】如果存在舞弊导致的重大错报风险，相关的内部控制很可能无效，不能通过扩大控制测试的样本规模应对存货数量存在舞弊导致的重大错报风险，故选项 A 错误。

【答案】A

【例题 8·多选题】下列各项做法中，可以应对舞弊导致的重大错报风险的有（　　）。

A. 在同一天对所有存放在不同地点的存货实施监盘

B. 选取以前年度未寄发询证函的客户的应收账款余额实施函证

C. 扩大营业收入细节测试的样本规模

D. 通过实地走访，核实供应商和客户真实存在

【解析】针对评估的由于舞弊导致的重大错报风险，需要增加审计程序的不可预见性。选项 A，“同一天对所有存放在不同地点的存货实施监盘”，调整了审计程序的时间；选项 B“选取以前年度未寄发询证函的客户”和选项 C“扩大样本规模”改变了审计程序的范围；选项 D“实地走访”改变了审计程序的性质，均增加了不可预见性。

【答案】ABCD

08 考点8 管理层凌驾的舞弊手段和审计程序（★★）

管理层凌驾于控制之上实施舞弊的手段及注册会计师应当实施的审计程序，归纳如下表。

管理层凌驾于控制之上实施舞弊的手段（注册会计师了解）	相应的审计程序（注册会计师应对）
（1）作出虚假会计分录，特别是在临近会计期末时，从而操纵经营成果或实现其他目的 （2）不恰当地调整对账户余额作出估计时使用的假设和判断 （3）在账务报表中漏记、提前或推迟确认报告期内发生的事项和交易 （4）遗漏、掩盖或歪曲适用的财务报告编制基础要求的披露或为实现公允反映所需的披露 （5）隐瞒可能影响财务报表金额的事实 （6）构造复杂交易，以歪曲财务状况或经营成果 （7）篡改与重大和异常交易相关的记录和条款	（1）测试日常会计核算过程中作出的会计分录以及编制财务报表过程中作出的其他调整是否适当 （2）复核会计估计是否存在偏向，并评价产生这种偏向的环境是否表明存在由于舞弊导致的重大错报风险 （3）对于超出被审计单位正常经营过程的重大交易，或基于对被审计单位及其环境的了解以及在审计过程中获取的其他信息而显得异常的重大交易，评价其商业理由（或缺乏商业理由）是否表明被审计单位从事交易的目的是为了对财务信息作出虚假报告或掩盖侵占资产的行为

经典题解

【例题9·多选题】下列各项中，属于管理层通过凌驾于控制之上实施舞弊的手段的有(　　)。

A. 不恰当地调整对账户余额作出估计时使用的假设和判断

B. 遗漏适用的财务报告编制基础要求的披露

C. 篡改与重大交易相关的记录和条款

D. 构造复杂交易以歪曲财务状况或经营成果

【答案】ABCD

09 考点9 评价错报（★）

评价错报	具体内容和要求
1. 错报是否表明存在舞弊	（1）如果识别出某项错报，注册会计师应当评价该项错报是否表明存在舞弊 （2）如果存在舞弊的迹象，由于舞弊涉及实施舞弊的动机或压力、机会或借口，因此一个舞弊事项不太可能是孤立发生的事项（例如，在某个经营地点发生了大量的错报，即使这些错报的累积影响并不重大，但仍可能表明存在由于舞弊导致的重大错报风险） （3）注册会计师应当评价该项错报对审计工作其他方面的影响，特别是对管理层声明可靠性的影响

续表

评价错报	具体内容和要求
2. 重新评价针对由于舞弊导致的重大错报风险的评估结果	如果识别出某项错报，并有理由认为该项错报是或可能是由于舞弊导致的，且涉及管理层，特别是涉及较高层级的管理层，无论该项错报是否重大，注册会计师都应当重新评价对由于舞弊导致的重大错报风险的评估结果，以及该结果对旨在应对评估的风险的审计程序的性质、时间安排和范围的影响
3. 重新考虑此前获取的审计证据的可靠性	如果识别出某项错报可能是由于舞弊导致的，注册会计师在重新考虑此前获取的审计证据的可靠性时，还应当考虑相关的情形是否表明可能存在涉及员工、管理层或第三方的串通舞弊
4. 评价舞弊导致的重大错报对审计的影响	如果确认财务报表存在由于舞弊导致的重大错报，或无法确定财务报表是否存在由于舞弊导致的重大错报，注册会计师应当评价这两种情况对审计的影响

10 考点 10 获取书面声明（★）

向管理层、治理层（如适用）获取的书面声明，归纳如下表。

书面声明	具体内容和要求
获取针对舞弊的书面声明	由于舞弊的性质以及注册会计师在发现舞弊导致的财务报表重大错报时遇到的困难，注册会计师向管理层和治理层（如适用）获取书面声明，确认其已向注册会计师披露了下列信息是非常重要的： （1）管理层对财务报表可能存在由于舞弊导致的重大错报风险的评估结果 （2）对影响被审计单位的舞弊事实、舞弊嫌疑或舞弊指控的了解程度
舞弊相关的书面声明的内容	（1）管理层和治理层认可其设计、执行和维护内部控制以防止和发现舞弊的责任 （2）管理层和治理层已向注册会计师披露了管理层对由于舞弊导致的财务报表重大错报风险的评估结果 （3）管理层和治理层已向注册会计师披露了已知的涉及管理层、在内部控制中承担重要职责的员工以及其舞弊行为可能导致财务报表出现重大错报的其他人员的舞弊或舞弊嫌疑 （4）管理层和治理层已向注册会计师披露了从现任和前任员工、分析师、监管机构等方面获知的、影响财务报表的舞弊指控或舞弊嫌疑

11 考点11 沟通舞弊事项（★）

与管理层、治理层及被审计单位之外的适当机构的沟通内容和要求，归纳如下表。

沟通对象	具体内容和要求
管理层	（1）当已获取的证据表明存在或可能存在舞弊时，除非法律法规禁止，注册会计师应当及时提请适当层级的管理层关注这一事项。即使该事项（如被审计单位组织结构中处于较低职位的员工挪用小额公款）可能被认为不重要，注册会计师也应当这样做 （2）确定拟沟通的适当层级的管理层，需要运用职业判断，并且这一决定受串通舞弊的可能性、舞弊嫌疑的性质和重要程度等事项的影响 （3）通常情况下，适当层级的管理层至少要比涉嫌舞弊的人员高出一个级别
治理层	（1）如果确定或怀疑舞弊涉及管理层、在内部控制中承担重要职责的员工以及其舞弊行为可能导致财务报表出现重大错报的其他人员，注册会计师应当及时就此类事项与治理层沟通 （2）如果根据判断认为还存在与治理层职责相关的、涉及舞弊的其他事项，除非法律法规禁止，注册会计师应当就此与治理层沟通。这些事项可能包括： ①对管理层评估的性质、范围和频率的疑虑，这些评估是针对旨在防止和发现舞弊的控制及财务报表可能存在的重大错报风险而实施的 ②管理层未能恰当应对识别出的值得关注的内部控制缺陷或舞弊 ③注册会计师对被审计单位控制环境的评价，包括对管理层胜任能力和诚信的疑虑 ④可能表明存在编制虚假财务报告的管理层行为，例如，对会计政策的选择和运用可能表明管理层操纵利润，以影响财务报表使用者对被审计单位业绩和盈利能力的看法，从而欺骗财务报表使用者 ⑤对超出正常经营过程交易的授权的适当性和完整性的疑虑
被审计单位之外的适当机构	（1）如果识别出舞弊或怀疑存在舞弊，注册会计师应当确定是否有责任向被审计单位以外的适当机构报告 （2）尽管注册会计师对客户信息负有的保密义务可能妨碍这种报告，但如果法律法规或相关职业道德要求规定了相关报告责任，注册会计师应当遵守法律法规或相关职业道德要求的规定

第二节 财务报表审计中对法律法规的考虑

01 考点1 违反法律法规的定义和类别（★★）

违反法律法规的定义、类别及关注的必要性，归纳如下表。

违反法律法规	具体内容
定义	是指被审计单位、治理层、管理层或者为被审计单位工作或受其指导的其他人，有意或无意违背除适用的财务报告编制基础以外的现行法律法规的行为，违反法律法规不包括与被审计单位经营活动无关的个人不当行为

续表

违反法律法规	具体内容
“第一类”法律法规	通常对决定财务报表中的重大金额和披露有直接影响的法律法规。比如，税收和企业年金方面的法律法规
“第二类”法律法规	对决定财务报表中的金额和披露没有直接影响的其他法律法规，但遵守这些法律法规对被审计单位的经营活动、持续经营能力或避免大额罚款至关重要。比如，遵守经营许可条件（影响经营活动）、监管机构对偿债能力的规定（影响持续经营能力）或环境保护要求（可能与大额罚款有关）等。如果违反这些法律法规，可能对财务报表产生重大影响
关注违反法律法规行为的必要性	（1）被审计单位的违反法律法规行为可能与财务报表相关，有些违反法律法规行为还可能产生重大财务后果，进而影响财务报表的合法性和公允性 （2）如果不实施必要的审计程序，则可能导致注册会计师出具不恰当的审计报告 （3）在设计和实施审计程序以及评价和报告审计结果时，注册会计师应当充分关注被审计单位违反法律法规行为可能对财务报表产生的重大影响

【提示】

（1）违反法律法规行为包括被审计单位进行的或以被审计单位名义进行的交易，或者治理层、管理层或其他人（为被审计单位工作或受其指导）代表被审计单位进行的交易。

（2）违反法律法规也包括与被审计单位经营活动相关的个人不当行为，例如，处于关键管理岗位的人员，以个人身份接受被审计单位供应商的贿赂。作为回报，使供应商取得或保住地位，继续向被审计单位提供产品或服务。

02 考点2 对被审计单位遵守法律法规的审计责任（★★）

注册会计师对被审计单位遵守法律法规的审计责任，归纳如下表。

事项	具体要求和责任
需要考虑法律法规框架	（1）注册会计师有责任对财务报表整体不存在由于舞弊或错误导致的重大错报获取合理保证 （2）在执行财务报表审计时，注册会计师需要考虑适用于被审计单位的法律法规框架
审计固有限制对发现错报的影响	（1）许多法律法规主要与被审计单位经营活动相关，通常不影响财务报表，且不能被与财务报告相关的信息系统所获取 （2）违反法律法规可能涉及故意隐瞒的行为，如共谋、伪造、故意漏记交易、管理层凌驾于控制之上或故意向注册会计师提供虚假陈述 （3）某行为是否构成违反法律法规，最终只能由法院或其他适当的监管机构认定
审计责任	（1）就被审计单位遵守“第一类法律法规”的规定获取充分、适当的审计证据 （2）针对“第二类法律法规”，仅限于实施特定的审计程序，以有助于识别可能对财务报表产生重大影响的违反这些法律法规的行为

03 考点3 对被审计单位遵守法律法规的考虑（★）

注册会计师对被审计单位遵守法律法规考虑的事项和程序，归纳如下表。

事项	具体内容
总体了解	在了解被审计单位及其环境时，注册会计师应当总体了解下列关于法律法规的事项： （1）适用于被审计单位及其所处行业或领域的法律法规框架 （2）被审计单位如何遵守这些法律法规框架
实施其他审计程序使注册会计师注意到违反法律法规行为	为形成审计意见所实施的审计程序，可能使注册会计师注意到识别出的或怀疑存在的违反法律法规行为。这些审计程序可能包括： （1）阅读会议纪要 （2）向被审计单位管理层、内部或外部法律顾问询问诉讼、索赔及评估情况 （3）对某类交易、账户余额和披露实施细节测试

经典题解

【例题10·单选题】下列审计程序中，通常不能识别被审计单位违反法律法规行为的是（　　）。

A. 向管理层、内部或外部法律顾问询问诉讼、索赔及评估情况

B. 获取管理层关于被审计单位不存在违反法律法规行为的书面声明

C. 对营业外支出中的罚款及滞纳金支出实施细节测试

D. 阅读董事会和管理层的会议纪要

【解析】可能使注册会计师注意到识别出的或怀疑存在的违反法律法规行为的审计程序可能包括：（1）阅读会议纪要（选项D）；（2）向被审计单位管理层、内部或外部法律顾问询问诉讼、索赔及评估情况（选项A）；（3）对某类交易、账户余额和披露实施细节测试（选项C）。对于管理层识别出的或怀疑存在的可能对财务报表产生重大影响的违反法律法规行为，书面声明可以提供必要的审计证据，但书面声明本身并不提供充分、适当的审计证据（选项B错误）。

【答案】B

04 考点4 怀疑被审计单位存在违反法律法规行为时的审计程序（★）

程序	具体内容或要求
讨论	如果怀疑被审计单位存在违反法律法规行为，注册会计师应当就此与适当层级的管理层和治理层（如适用）进行讨论，因其可能能够提供额外的审计证据，除非法律法规禁止
	例如，对与可能导致违反法律法规的交易或事项相关的事实和情况，注册会计师可以证实管理层和治理层（如适用）是否对此具有相同的理解
向内部或外部的法律顾问咨询	如果管理层或治理层（如适用）不能向注册会计师提供充分的信息，证明被审计单位遵守了法律法规，注册会计师可以考虑向被审计单位内部或外部的法律顾问咨询有关法律法规在具体情况下的运用，包括舞弊的可能性以及对财务报表的可能影响

续表

程序	具体内容或要求
向所在会计师事务所的法律顾问咨询	如果认为向被审计单位法律顾问咨询是不适当的或不满意其提供的意见，注册会计师可能认为，在保密基础上向所在会计师事务所的其他人员、网络事务所、职业团体或注册会计师的法律顾问咨询被审计单位是否涉及违反法律法规行为（包括舞弊的可能性、可能导致的法律后果，以及注册会计师可能采取的进一步行动）是适当的

05 考点5 评价识别出的或怀疑存在的违反法律法规行为的影响（★★）

注册会计师评价识别出的或怀疑存在的违反法律法规行为的影响，归纳如下表。

应对措施	具体内容或要求
评价对风险评估和书面声明可靠性的影响	注册会计师应当评价识别出的或怀疑存在的违反法律法规行为对审计的其他方面可能产生的影响，包括对注册会计师风险评估和被审计单位书面声明可靠性的影响
考虑是否有必要解除业务约定	（1）在某些情况下，当管理层或治理层没有采取注册会计师认为适合具体情况的补救措施，或者识别出的或怀疑存在的违反法律法规行为导致对管理层或治理层的诚信产生质疑（即使违反法律法规行为对财务报表不重要），注册会计师可能考虑在法律法规允许的情况下解除业务约定 （2）在决定是否有必要解除业务约定时，注册会计师可能认为征询法律意见是适当的 （3）在特殊情况下，管理层或治理层没有采取注册会计师认为在具体情形下适当的补救行动，并且不可能解除业务约定，在其他事项段中描述识别出的或怀疑存在的违反法律法规行为

06 考点6 与治理层沟通识别出的或怀疑存在的违反法律法规行为（★★）

与治理层沟通识别出的或怀疑存在的违反法律法规行为的要求和事项，归纳如下表。

沟通违反法律法规行为	具体要求和事项
总体要求	除非治理层全部成员参与管理被审计单位，因而知悉注册会计师已沟通的、涉及识别出的或怀疑存在的违反法律法规行为的事项，注册会计师应当与治理层沟通审计过程中注意到的有关违反法律法规的事项（除非法律法规禁止），但不必沟通明显不重要的事项

续表

沟通违反法律法规行为	具体要求和事项
沟通方式	（1）通常采用书面形式，注册会计师将沟通文件副本作为审计工作底稿 （2）如果采用口头沟通方式，应形成沟通记录并作为审计工作底稿保存
对故意和重大的违反法律法规行为的沟通要求	如果根据判断认为需要沟通的违反法律法规行为是故意和重大的，注册会计师应当就此尽快与治理层沟通
怀疑违反法律法规行为涉及管理层或治理层时的沟通要求	（1）如果怀疑违反法律法规行为涉及管理层或治理层，注册会计师应当向被审计单位审计委员会或监事会等更高层级的机构通报 （2）如果不存在更高层级的机构，或者注册会计师认为被审计单位可能不会对通报作出反应，或者注册会计师不能确定向谁报告，注册会计师应当考虑是否需要向外部监管机构（如有）报告或征询法律意见

经典题解

【例题11·多选题】如果识别出被审计单位违反法律法规的行为，下列各项程序中，注册会计师应当实施的有（　　）。

A. 评价识别出的违反法律法规行为对注册会计师风险评估的影响

B. 评价被审计单位书面声明的可靠性

C. 就识别出的所有违反法律法规行为与治理层进行沟通

D. 如果识别出的存在违反法律法规的行为导致对管理层的诚信产生质疑，可能考虑在法律法规允许的情况下解除业务约定

【解析】选项C不正确，注册会计师不必与治理层沟通明显不重要的违反法律法规行为。

【答案】ABD

07 考点7 在审计报告中反映识别出的或怀疑存在的违反法律法规行为（★★）

考虑事项	具体内容
考虑违反法律法规行为的影响	（1）如果认为识别出的或怀疑存在的违反法律法规行为对财务报表具有重大影响，注册会计师应当要求被审计单位在财务报表中予以恰当反映 （2）如果认为识别出的或怀疑存在的违反法律法规行为对财务报表具有重大影响，且未能在财务报表中得到恰当反映，注册会计师应当出具保留意见或否定意见的审计报告
考虑来自被审计单位对审计范围的限制	如果因管理层或治理层阻挠而无法获取充分、适当的审计证据，以评价是否存在或可能存在对财务报表产生重大影响的违反法律法规行为，注册会计师应当根据审计范围受到限制的程度，发表保留意见或无法表示意见
考虑其他方面对审计范围的限制	如果由于审计范围受到管理层或治理层以外的其他方面的限制而无法确定被审计单位是否存在违反法律法规行为，注册会计师应当评价这一情况对审计意见的影响

08 考点8 向被审计单位之外的适当机构报告识别出的或怀疑存在的违反法律法规行为（★）

考虑事项	具体内容
考虑是否有责任向被审计单位以外的适当机构报告	如果识别出或怀疑存在违反法律法规行为，注册会计师应当考虑是否有责任向被审计单位以外的适当机构报告
针对严重违反法律法规的行为的报告	（1）考虑是否报告严重违反法律法规的行为 （2）考虑报告方式、时间和对象
考虑征询相关的法律意见	如果无法确定是否有相关法律法规要求向被审计单位之外的适当机构报告发现的被审计单位的违反法律法规行为，或者无法确定某项违反法律法规行为是否应该向被审计单位之外的适当机构报告，注册会计师通常可以考虑征询相关的法律意见，以了解注册会计师的可能选择，以及采取任何特定行动的职业及法律后果

【相关链接】

1.《中国注册会计师审计准则第1141号——财务报表审计中与舞弊相关的责任》

2.《中国注册会计师审计准则第1141号——财务报表审计中与舞弊相关的责任》应用指南

3.《中国注册会计师审计准则问题解答第4号——收入确认》

4.《中国注册会计师审计准则第1142号——财务报表审计中对法律法规的考虑》

5.《中国注册会计师审计准则第1142号——财务报表审计中对法律法规的考虑》应用指南

扫一扫　“码”上做题、看解析

本书历年经典试题均配备二维码，使用“会计云课堂”App扫码，即可线上做题、看解析。

【“会计云课堂”App下载二维码见封底页】

历年经典试题回顾

（一）评价舞弊风险因素

【例题1·单选题】下列情形中，可能表明被审计单位存在编制虚假财务报告的机会的是（　　）。（2020年网络回忆版）

A. 被审计单位在经济环境和文化背景不同的国家或地区从事重大经营

B. 管理层对信息技术缺乏了解

C. 控股股东为被审计单位的债务提供担保

D. 对管理层的费用支出监督不足

【例题2·单选题】下列各项中，属于舞弊发生的首要条件的是（　　）。（2017年）

A. 实施舞弊的动机或压力

B. 治理层和管理层对舞弊行为的态度

C. 实施舞弊的机会

D. 为舞弊行为寻找借口的能力

（二）风险评估程序和相关活动

【例题·综合题·部分】ABC会计师事务所

首次接受委托，审计上市公司甲公司2016年度财务报表，委派A注册会计师担任项目合伙人。A注册会计师确定财务报表整体的重要性为1200万元。甲公司主要提供快递物流服务。

资料一：

A注册会计师在审计工作底稿中记录了所了解的甲公司情况及其环境，部分内容摘录如下：

(1) 2016年3月，甲公司股东大会批准一项利润分享计划。如2016年度实现净利润较上年度增长20%以上，按净利润增长部分的10%给予管理层奖励。

资料二：

A注册会计师在审计工作底稿中记录了甲公司的财务数据，部分内容摘录如下：

金额单位：万元

项目	未审数	已审数
	2016年	2015年
应付职工薪酬—管理层利润分享	350	0
净利润	19500	16000

要求：

针对资料一第（1）项，结合资料二，假定不考虑其他条件，指出资料一所列事项是否可能表明存在重大错报风险。如果认为可能表明存在重大错报风险，简要说明理由。如果认为该风险为认定层次重大错报风险，说明该风险主要与哪些财务报表项目的哪些认定相关（不考虑税务影响）。（2017年）

（三）针对管理层凌驾于控制之上的风险应当实施的审计程序

【例题1·单选题】下列有关注册会计师评估特别风险的说法中，正确的是（　　）。（2019年）

A. 注册会计师应当将具有高度估计不确定性的会计估计评估为存在特别风险

B. 注册会计师应当将涉及重大管理层判断和重大审计判断的事项评估为存在特别风险

C. 注册会计师应当将管理层凌驾于控制之上的风险作为特别风险

D. 注册会计师应当将重大非常规交易评估为存在特别风险

【例题2·单选题】下列审计程序中，通常不能应对管理层凌驾于控制之上的风险的是（　　）。（2017年）

A. 测试会计分录和其他调整

B. 获取有关重大关联方交易的管理层书面声明

C. 复核会计估计是否存在偏向

D. 评价重大非常规交易的商业理由

【例题3·多选题】为应对管理层凌驾于控制之上的风险，下列审计程序中，注册会计师应当在所有审计业务中实施的有（　　）。（2018年网络回忆版）

A. 复核会计估计是否存在偏向

B. 对报告期末作出的会计分录和其他调整实施测试

C. 对关联方交易及余额实施函证程序

D. 对营业收入实施实质性分析程序

（四）评价舞弊导致的错报

【例题·综合题·部分】上市公司甲公司是ABC会计师事务所的常年审计客户，主要从事药品的研发、生产和销售。A注册会计师负责审计甲公司2017年度财务报表，确定财务报表整体的重要性为300万元，明显微小错报的临界值为15万元。

资料五：

A注册会计师的审计工作底稿中记录了重大事项的处理情况，部分内容摘录如下：

（2）A注册会计师发现某业务员虚报业务费10万元，向甲公司管理层进行了通报。管理层追回了已支付的报销款，按内部规定对该业务员进行处罚，并作了相应的会计处理。A注册会计师对甲公司的处理实施了相关审计程序，结果满意。

要求：

针对资料五第（2）项，假定不考虑其他条件，指出A注册会计师的做法是否恰当。如不恰当，简要说明理由。（2018年网络回忆版）

（五）沟通舞弊事项

【例题·综合题·部分】甲公司是ABC会计师事务所的常年审计客户，主要从事肉制品的加工和销售。A注册会计师负责审计甲公司2015年度财务报表，确定财务报表整体的重要性为100万元。审计报告日为2016年4月30日。

资料四：

甲公司部分原材料系向农户采购。财务人员办理结算时应当查验农户身份证，并将身份证复印件及农户签字的收据作为付款凭证附件。2000元以上的付款应当通过银行转账。A注册会计师在审计工作底稿中记录了与采购与付款交易相关的审计工作，部分内容摘录如下：

（1）2015年10月，A注册会计师在观察原材料验收流程时发现某农户向验收员支付回扣，以提高核定的品质等级。A注册会计师认为该事项不重大，在审计完成阶段向管理层通报了该事项。

要求：

针对资料四第（1）项，假定不考虑其他条件，指出A注册会计师的做法是否恰当。如不恰当，简要说明理由。（2016年）

（六）对被审计单位遵守法律法规的审计责任

【例题1·单选题】下列有关财务报表审计中对法律法规的考虑的说法中，错误的是（　　）。（2016年）

A. 注册会计师没有责任防止被审计单位违反法律法规

B. 注册会计师有责任实施特定的审计程序，以识别和应对可能对财务报表产生重大影响的违反法律法规行为

C. 注册会计师通常采用书面形式与被审计单位治理层沟通审计过程中注意到的有关违反法律法规的事项

D. 如果被审计单位存在对财务报表有重大影响的违反法律法规行为，且未能在财务报表中得到充分反映，注册会计师应当发表保留意见或否定意见

【例题2·多选题】下列有关注册会计师在执行财务报表审计时对法律法规的考虑的说法中，正确的有（　　）。（2019年）

A. 注册会计师没有责任防止被审计单位违反法律法规

B. 对于不直接影响财务报表金额和披露的法律法规，注册会计师应就被审计单位遵守了这些法律法规获取管理层的书面声明

C. 如果识别出被审计单位的违反法律法规行为，注册会计师应当考虑是否有责任向被审计单位以外的监管机构报告

D. 对于直接影响财务报表金额和披露的法律法规，注册会计师应就被审计单位遵守了这些法律法规获取充分、适当的审计证据

（七）怀疑被审计单位存在违反法律法规行为时的审计程序

【例题·单选题】当怀疑被审计单位存在违反法律法规行为时，下列各项审计程序中，通常不能为注册会计师提供额外审计证据的是（　　）。（2018 年）

A. 获取被审计单位管理层的书面声明

B. 与被审计单位治理层讨论

C. 向被审计单位内部法律顾问咨询

D. 向会计师事务所的法律顾问咨询

历年经典试题回顾参考答案及解析

（一）评价舞弊风险因素

【例题 1·单选题】

【答案】A

【解析】选项 A 属于编制虚假财务报告的机会；选项 B、D 属于侵占资产的机会；选项 C 属于编制虚假财务报告的动机或压力。

【例题 2·单选题】

【答案】A

【解析】舞弊的动机或压力是舞弊发生的首要条件，选项 A 正确。

（二）风险评估程序和相关活动

【例题·综合题·部分】

【答案】

事项序号	是否可能表明存在重大错报风险（是/否）	理由	财务报表项目名称及认定
（1）	是	甲公司管理层为获得利润增长奖励，具有实施舞弊的动机和压力/2016 年度的净利润勉强达到利润分享条件，可能表明财务报表存在舞弊导致的重大错报风险	—

（三）针对管理层凌驾于控制之上的风险应当实施的审计程序

【例题 1·单选题】

【答案】C

【解析】选项 C 正确，应当直接评估为特别风险的事项只有三个：（1）舞弊导致的重大错报风险；（2）管理层凌驾于控制之上的风险；（3）超出被审计单位正常经营过程的重大关联方交易导致的重大错报风险。其余的事项都需要进一步考虑才能确定是否存在特别风险。

【例题 2·单选题】

【答案】B

【解析】选项 B，获取书面声明是必要的，但不能应对管理层凌驾于控制之上的风险。

【例题 3·多选题】

【答案】AB

【解析】选项 C、D 均属于常规审计程序，不属于注册会计师为应对管理层凌驾于控制之上的风险而实施的审计程序。针对管理层凌驾于控制之上的风险，注册会计师应当设计和实施以下审计程序：(1) 测试日常会计核算过程中作出的会计分录以及编制财务报表过程中作出的其他调整是否适当（选项 B）；(2) 复核会计估计是否存在偏向，并评价产生这种偏向的环境是否表明存在由于舞弊导致的重大错报风险（选项 A）；(3) 对于超出被审计单位正常经营过程的重大交易，或基于对被审计单位及其环境的了解以及在审计过程中获取的其他信息而显得异常的重大交易，评价其商业理由（或缺乏商业理由）是否表明被审计单位从事交易的目的是为了对财务信息作出虚假报告或掩盖侵占资产的行为。

(四) 评价舞弊导致的错报

【例题·综合题·部分】

【答案】

事项序号	是否恰当（是/否）	理由
(2)	否	所述事项表明存在舞弊，注册会计师应当实施追加程序，确定是否存在其他类似错报

(五) 沟通舞弊事项

【例题·综合题·部分】

【答案】

事项序号	是否恰当（是/否）	理由
(1)	否	应当及时与管理层进行沟通

(六) 对被审计单位遵守法律法规的审计责任

【例题 1·单选题】

【答案】B

【解析】选项 B 错误，针对被审计单位遵守的第二类法律法规，注册会计师并不需要实施特定程序去应对可能对财务报表产生重大影响的违反法律法规行为。

【例题 2·多选题】

【答案】ACD

【解析】选项 B 错误，注册会计师还应实施特定程序，如询问、检查等。

(七) 怀疑被审计单位存在违反法律法规行为时的审计程序

【例题·单选题】

【答案】A

【解析】选项 A 不正确，书面声明本身并不为所涉及的任何事项提供充分、适当的审计证据。

扫一扫 “码”上做题、看解析

本书同步强化练习题均配备二维码，使用“会计云课堂”App扫码，即可线上做题、看解析。

【“会计云课堂”App下载二维码见封底页】

同步强化练习题

一、单项选择题

1. 下列有关识别和评估财务报表舞弊风险的说法中，正确的是(　　)。(★★★)*
   A. 直接假定收入舞弊风险低
   B. 直接假定收入确认存在舞弊风险
   C. 直接假定期末存货存在隐瞒较高跌价的舞弊风险
   D. 直接假定期末固定资产存在低估的舞弊风险

2. 下列舞弊风险因素中，不属于与编制虚假财务报告的动机或压力相关的是(　　)。(★★★)
   A. 从事重大、异常或高度复杂的交易
   B. 涉及到新发布的会计准则的事项
   C. 管理层在被审计单位中拥有重大经济利益
   D. 治理层为管理层设定了过高的销售业绩或盈利能力等激励指标

3. 下列舞弊风险因素中，不属于与编制虚假财务报告的态度或借口相关的是(　　)。
   A. 管理层对完成审计工作提出审计时间缩短50%的要求
   B. 临近期末发生大量复杂交易
   C. 管理层对出具审计报告提出不合理的时间限制
   D. 管理层未能及时纠正发现的值得关注的内部控制缺陷

4. 下列有关注册会计师对舞弊风险的识别和应对的说法中，错误的是(　　)。
   A. 对财务信息作出虚假报告通常与管理层凌驾于控制之上有关，注册会计师应当特别关注
   B. 注册会计师实施舞弊风险评估程序的目的在于查出所有舞弊事实
   C. 如果被审计单位管理层能够凌驾于内部控制之上随意操纵会计记录，则财务报表舞弊风险增加
   D. 如果注册会计师识别出被审计单位财务报表存在超出正常经营过程的异常重大交易，则应当评估该交易是否具有合理的商业理由

5. 下列有关注册会计师识别、评估和应对舞弊风险的说法中，正确的是(　　)。(★★★)
   A. 注册会计师评估的财务报表重大错报风险源于舞弊
   B. 如果查明舞弊导致的错报金额较小，则无须特别关注相关内部控制
   C. 如果评估的舞弊风险为高水平，应当考虑更多地在期末或接近期末实施审计程序
   D. 即使按照审计准则的要求设计和实施审计程序，注册会计师也不能对财务报表整体不存在舞弊获取合理保证

6. 针对管理层凌驾于控制之上的风险，下列注册会计师的应对措施中，错误的是(　　)。(★★★)
   A. 对于超出被审计单位正常经营过程的重大交易，评价其商业理由

* 为了便于您识别重要题目，本书中针对重点题目通过标注星级的方式进行体现。

B. 扩大控制测试和实质性程序的范围

C. 测试日常会计核算过程中作出的会计分录以及编制财务报表过程中作出的其他调整是否适当

D. 复核会计估计是否存在偏向，并评价产生这种偏向的环境是否表明存在由于舞弊导致的重大错报风险

7. 针对舞弊事项的沟通，下列说法中，错误的是(　　)。

A. 通常情况下，拟沟通的管理层至少要比涉嫌舞弊的人员高一个级别

B. 如果发现舞弊涉及在内部控制中承担重要职责的员工以及其舞弊行为可能对财务报表产生重大影响的其他人员，注册会计师应当及时将此类事项与治理层沟通

C. 如果认为被审计单位的风险评估过程存在值得关注的内部控制缺陷，注册会计师应当就此类内部控制缺陷与治理层沟通

D. 如果注册会计师发现管理层对财务信息作出虚假报告，则应当在审计报告日后及时与治理层进行书面沟通

8. 下列有关注册会计师对违反法律法规行为的审计责任的说法中，正确的是(　　)。(★★★)

A. 注册会计师有责任发现被审计单位所有的违反法律法规行为

B. 针对通常对决定财务报表中的重大金额和披露有直接影响的法律法规，注册会计师应当获取被审计单位遵守这些规定的充分、适当的审计证据

C. 注册会计师没有责任专门实施审计程序以发现被审计单位的违反法律法规行为

D. 对被审计单位的违反法律法规行为，注册会计师应当在审计报告中予以反映

9. 下列有关注册会计师在执行财务报表审计时对法律法规的考虑的说法中，错误的是(　　)。

A. 注册会计师没有责任防止被审计单位违反法律法规行为

B. 如果注意到与识别出的或怀疑存在的违反法律法规行为相关的信息，注册会计师应当获取进一步的信息，以评价对财务报表可能产生的影响

C. 如果注意到与识别出的或怀疑存在的违反法律法规行为相关的信息，注册会计师应当了解违反法律法规行为的性质及其发生的环境

D. 注册会计师应当根据职业判断认定被审计单位某行为是否违反法律法规

10. 如果注册会计师怀疑被审计单位存在违反法律法规的行为，下列沟通事项中，不正确的是(　　)。

A. 如果注册会计师难以确定向谁报告违反法律法规行为时，应当考虑征询法律意见

B. 如果怀疑被审计单位存在违反法律法规行为，注册会计师应当就此与适当层级的管理层和治理层（如适用）进行讨论，因其可能能够提供额外的审计证据，除非法律法规禁止

C. 如果认为违反法律法规行为是故意和重大的，注册会计师应当就发现的情况尽快与管理层沟通，但无需告知治理层

D. 如果怀疑违反法律法规行为涉及高级管理人员，注册会计师应当向审计委员会或监事会等更高层级的机构报告

二、多项选择题

1. 下列审计程序中，属于注册会计师评估舞弊风险的程序有(　　)。(★★★)

A. 考虑是否存在舞弊风险因素

B. 考虑在实施分析程序时发现的异常关系或偏离预期的关系

C. 询问管理层针对舞弊风险设计的内部控制

D. 考虑客户承接或续约过程中获取的信息

2. 下列针对项目组讨论舞弊风险的事项中，注册会计师认为可能讨论的内容有(　　)。

A. 被审计单位发生舞弊导致的重大错报的领域及方式
B. 被审计单位存在的舞弊风险因素
C. 被审计单位管理层凌驾于内部控制之上的可能性
D. 审计项目组应对舞弊导致的重大错报风险的审计程序

3. 针对舞弊导致的重大错报风险，下列审计程序中通常可以增加审计程序不可预见性的有(　　)。
A. 在事先不通知被审计单位的情况下，选择以前未曾到过的存货存放地点实施监盘
B. 运用不同的抽样方法选择需要检查的存货
C. 向以前审计过程中接触不多的被审计单位员工询问存货采购和销售情况
D. 在存货监盘时对大额存货进行抽盘

4. 管理层凌驾于控制之上实施的舞弊手段可能包括(　　)。
A. 篡改与重大和异常交易相关的记录和条款
B. 不恰当地调整对账户余额作出估计时使用的假设和判断
C. 在财务报表中漏记、提前或推迟确认报告期内发生的交易和事项
D. 歪曲为实现公允反映所需的披露

5. 如果注册会计师发现舞弊涉及较高级别的管理层，则应当采取的措施有(　　)。
A. 重新考虑此前获取的审计证据的可靠性
B. 及时向治理层报告
C. 直接向被审计单位以外的适当机构报告
D. 重新评估舞弊导致的重大错报风险，并考虑重新评估的结果对审计程序的性质、时间安排和范围的影响

6. 下列有关违反法律法规行为的说法中，错误的有(　　)。
A. 注册会计师应当充分关注被审计单位违反法律法规行为可能对财务报表产生的重大影响
B. 管理层或员工个人从事的违反法律法规行为对财务报表都会产生重大影响
C. 违反法律法规行为是指被审计单位有意或无意地违反所有法律法规的行为
D. 如果存在违反法律法规行为，就会对财务报表造成影响

7. 下列关于违反法律法规行为的说法中，恰当的有(　　)。(★★★)
A. 如果认为违反法律法规行为对财务报表具有重大影响，被审计单位在财务报表中对该违反法律法规行为作出了恰当反映，注册会计师应当出具无保留意见的审计报告
B. 如果认为违反法律法规行为对财务报表具有重大影响，注册会计师应当要求被审计单位在财务报表中予以恰当反映
C. 注册会计师应当实施相应的审计程序查出所有违反法律法规行为
D. 如果认为违反法律法规行为对财务报表有重大影响，且未能在财务报表中得到恰当反映，注册会计师应当出具保留意见或否定意见的审计报告

三、简答题

甲集团公司（以下简称甲公司）是ABC会计师事务所的常年审计客户，A注册会计师负责审计甲公司2020年度财务报表，审计工作底稿中与舞弊风险识别、评估与应对相关的部分内容摘录如下：
(1) 甲公司2020年发生一起员工虚报销售费用事件，金额10万元，考虑到相关控制存在缺陷，A注册会计师未予以信赖，通过实施实质性分析程序获取了与销售费用相关的审计证据。
(2) 销售副总经理挪用客户回款50万元，就该事项与总经理和治理层进行了沟通，因管理层已同意调整该错报并对相关内部控制缺陷进行整改，A注册会

计师未再执行其他审计工作。

(3) 2020 年 12 月 31 日，A 注册会计师监盘库存现金时发现出纳员挪用现金 1 万元，后又退回挪用现金。A 注册会计师认为该事项不重大，在审计报告日前与管理层通报了该事项。

(4) 针对管理层凌驾于内部控制之上的舞弊风险，A 注册会计师测试了日常会计分录以及其他调整，复核了管理层的会计估计，排除了舞弊的可能性。

(5) 审计报告日前，A 注册会计师针对存在舞弊迹象的应收账款积极式询证函未收回已经实施了替代审计程序，排除了舞弊的可能性。

要求：

针对上述第 (1) 至 (5) 项，逐项指出 A 注册会计师的做法是否恰当。如不恰当，简要说明理由。

同步强化练习题参考答案及解析

“扫码看解析”

使用“微信”或“会计云课堂”App 扫码，即可线上对答案、看解析，错题随手收藏，及时巩固复习。

一、单项选择题

1. 【答案】B

解析：选项 B 正确，注册会计师应当基于收入确认存在舞弊风险的假定，评价哪些类型的收入、收入交易或认定导致舞弊风险。

2. 【答案】A

解析：选项 A 属于与编制虚假财务报告相关的机会因素。

3. 【答案】B

解析：选项 B 属于与编制虚假财务报告相关的机会因素。

4. 【答案】B

解析：选项 B 错误，由于审计的固有限制，即使注册会计师按照审计准则的规定恰当计划和执行了审计工作，也不可避免地存在财务报表中某些重大错报未被发现的风险，注册会计师实施舞弊风险评估程序的目的在于识别因舞弊导致的重大错报风险。

5. 【答案】C

解析：选项 A 错误，财务报表重大错报风险源于舞弊和错误；选项 B 错误，因舞弊导致的错报属于性质重要的错报，一般情况下，存在舞弊则说明企业内部控制存在缺陷，因此即使因舞弊导致的错报金额较小，注册会计师也应当特别关注相关内部控制；选项 D 错误，注册会计师不能对财务报表整体不存在舞弊获取绝对保证，但注册会计师应当对财务报表整体是否不存在由于舞弊或错误导致的重大错报获取合理保证。

6. 【答案】B

解析：注册会计师针对管理层凌驾于控制之上的风险应当实施以下审计程序：(1) 测试日常会计核算过程中作出的会计分录以及编制财务报表过程中作出的其他调整是否适当（选项 C 正确）；(2) 复核会计估计是否存在偏向，并评价产生这种偏向的环境是否表明存在由于舞弊导致的重大错报风险（选项 D 正确）；(3) 对于超出被审计单位正常经营过程的重大交易，或基于对被审计单位及其环境的了解以及在审计过程中获取的其他信息而显得异常的重大交易，评价其商业理由（或缺乏商业理由）是否表明被审计单位从事交易的目的是为了对财务信息作出虚假报告或掩盖侵占资产的行为（选项 A 正确）。

7. 【答案】D

解析：选项 D 错误，如果注册会计师发现管理层对财务信息作出虚假报告，则应当及时告知适当层级的治理层，而不是在审计报告日后与治理层进行书面沟通。

8. 【答案】B

解析：选项 A 错误，注册会计师没有责任防止被审计单位违反法律法规行为，也不能期望其发现所有的违反法律法规行为；针对第一类法律法规，注册会计师有责任就被审计单位遵守这些法律法规的规定获取充分、适当的审计证据，针对第二类法律法规，注册会计师仅限于实施特定的审计程序，例如询问等程序，故选项 B 正确、选项 C 错误；选项 D 错误，如果认为违反法律法规行为对财务报表具有重大影响，注册会计师应当要求被审计单位在财务报表中予以恰当反映，如果未能在财务报表中得到恰当反映，注册会计师应当出具保留或否定意见审计报告。

9. 【答案】D

解析：选项 D 错误，某行为是否违反法律法规，最终只能由法院或其他适当的监管机构认定。

10. 【答案】C

解析：选项 C 错误，如果认为违反法律法规行为是故意和重大的，注册会计师应当就发现的情况尽快与治理层沟通。

二、多项选择题

1. 【答案】ABCD

解析：注册会计师通常应当采取下列程序评估舞弊风险：（1）询问被审计单位的管理层、治理层、内部审计人员以及内部的其他相关人员（选项 C）；（2）考虑是否存在舞弊风险因素（选项 A）；（3）考虑在实施分析程序时发现的异常关系或偏离预期的关系（选项 B）；（4）考虑有助于识别舞弊导致的重大错报风险的其他信息，其他信息可能来源于项目组内部的讨论、客户承接或续约过程（选项 D）以及向被审计单位提供其他服务所获得的经验；（5）组织项目组讨论。

2. 【答案】ABCD

解析：审计项目组对舞弊讨论的内容可能包括以下方面：（1）项目组成员认为财务报表易于发生由于舞弊导致的重大错报的方式和领域、管理层可能编制和隐瞒虚假财务报告的方式以及侵占资产的方式等（选项 A 正确）；（2）可能表明管理层操纵利润的迹象，以及管理层可能采取的导致虚假财务报告的利润操纵手段；（3）管理层企图通过晦涩难懂的披露使披露事项无法得到正确理解的风险（例如，包含太多不重要的信息或使用不明晰或模糊的语言）；（4）已知悉的对被审计单位产生影响的外部和内部因素，这些因素可能产生动机或压力使管理层或其他人员实施舞弊，可能提供实施舞弊的机会，可能表明存在为舞弊行为寻找借口的文化或环境（选项 B 正确）；（5）对接触现金或其他易被侵占资产的员工，管理层对其实施监督的情况；（6）注意到的管理层或员工在行为或生活方式上出现的异常或无法解释的变化；（7）强调在整个审计过程中对由于舞弊导致重大错报的可能性保持适当关注的重要性；（8）遇到的哪些情形可能表明存在舞弊；（9）如何在拟实施审计程序的性质、时间安排和范围中增加不可预见性；（10）为应对由于舞弊导致财务报表发生重大错报的可能性而选择实施的审计程序，以及特定类型的审计程序是否比其他审计程序更为有效（选项 D 正确）；（11）注册会计师注意到的舞弊指控；（12）管理层凌驾于控制之上的风险（选项 C 正确）。

3. 【答案】ABC

解析：注册会计师应当有意识地避免被被审计单位预见或事先了解其实施的审计程序，采取的措施通常包括但不限于：（1）对通常由于其重要性或风险程度较低而不会作出测试的账户余额和认定实施实质性程序；（2）调整实施审计程序的时间安排，使之有别于预期的时间安排；（3）运用不同的抽样方法（选项 B 正确）；（4）在不同的经营地点或未预先通知的经营地点实施审计程序（选项 A 正确）。选项 C 结合教材表 8-1 审计程序的不可预见性示例考虑。选项 D 不正确，针对大额存货进行抽盘属于常规程序。

4. 【答案】ABCD

解析：注册会计师应当了解管理层凌驾于控制之上的舞弊手段，主要包括：（1）作出虚假的会计分录，特别是在临近会计期末时，从而操纵经营成果或实现其他目的；（2）不恰当地调整对账户余额作出估计时使用的假设和判断（选项 B）；（3）在财务报表中漏记、提前或推迟确认报告期内发生的事项和交易（选项 C）；（4）遗漏、掩盖或歪曲适用的财务报告编制基础要求的披露或为实现公允反映所需的披露（选项 D）；（5）隐瞒可能影响财务报表金额的事实；（6）构造复杂交易，以歪曲财务状况或经营成果；（7）篡改与重大和异常交易相关的记录和条款（选项 A）。

5. 【答案】ABD

解析：注册会计师发现较高级别的管理层有舞弊行为时，首先应当重新评估舞弊导致的重大错报风险，并考虑重新评估的结果对审计程序的性质、时间安排和范围的影响（选项 D）；第二，应重新考虑此前获取的审计证据的可靠性（选项 A）；第三，应当及时就舞弊事项与治理层沟通（选项 B）；最后，根据相关的规定，确定是否需要向被审计单位以外的适当机构报告管理层舞弊（选项 C 错误）。

6. 【答案】BCD

解析：选项 B 错误，违反法律法规不包括由治理层、管理层或员工实施的与被审计单位经营活动无关的个人不当行为；选项 C 错误，违反法律法规行为是指被审计单位有意或无意违背除适用的财务报告编制基础以外的现行法律法规的行为；选项 D 错误，如果被审计单位违反法律法规，可能对财务报表造成影响，也可能不对财务报表造成影响。

7. 【答案】ABD

解析：注册会计师应实施相应的审计程序以确定是否存在可能对财务报表产生重大影响的违反法律法规行为，而不是针对所有违反法律法规行为，故选项 C 错误。

三、简答题

【答案】

（1）不恰当。虚报销售费用是舞弊行为，此时，应对特别风险不能仅依赖实质性分析程序，应当包括细节测试。

（2）不恰当。该事项涉及较高层级的管理层舞弊，注册会计师应当重新评估舞弊导致的重大错报风险，考虑重新评估的结果对审计程序的性质、时间安排和范围的影响，同时重新考虑此前获取的审计证据的可靠性。

（3）不恰当。应当及时与管理层进行沟通。

（4）不恰当。还应当对超出被审计单位正常经营过程的重大交易，或基于对被审计单位及其环境的了解以及在审计过程中获取的其他信息而显得异常的重大交易，评价其商业理由是否表明被审计单位从事交易的目的是为了对财务信息作出虚假报告或掩盖侵占资产的行为。

（5）不恰当。替代审计程序不足以获取充分、适当的审计证据，注册会计师应当确定其对审计工作和审计意见的影响。

第十四章　审计沟通

本章考情分析

本章需要掌握的知识点包括：第一，与治理层沟通的事项和过程，特别是沟通计划的审计范围和时间安排以及审计中发现的重大问题（教材 14.1）；第二，前后任注册会计师的沟通环节、接受委托前的沟通要求和沟通内容（教材 14.2）。

本章属于比较重要的考试章节。在客观题、简答题和综合题中均会涉及本章知识点。最近五年平均考试分值在 3 分左右。

本章需要大家重点掌握的知识点（含可能题型），归纳如下表。

序号	知识点	题型	难易程度
1	与治理层沟通的事项与沟通形式	单选、多选、综合	易
2	计划的审计范围和时间安排	单选、综合	中
3	审计中发现的重大问题	单选、多选、综合	易
4	审计工作中遇到的重大困难	单选、多选	中
5	影响审计报告形式和内容的情形	单选、多选、综合	易
6	值得关注的内部控制缺陷	单选、综合	中
7	考虑沟通过程不充分	单选、综合	易
8	前后任注册会计师的定义	单选、多选、简答	中
9	前后任注册会计师沟通的总体要求	单选、多选、简答	易
10	接受委托前的沟通	单选、多选、简答	中
11	接受委托后的沟通	单选、多选、简答、综合	中
12	发现前任审计的财务报表可能存在重大错报时的处理	单选、多选	易

2021 年教材主要变化

1. 修改注册会计师与治理层沟通的主要目的。

2. 对“可能适合与治理层讨论的计划方面的其他事项”进行了修订。

3. 对“已与管理层讨论或需要书面沟通的重大事项”进行了修订。

4. 除上述修订内容外，修改了其他内容的部分文字表述。

本章考点框架

- 第十四章
  - 注册会计师与治理层的沟通
    - 双向沟通【易/中频】
    - 沟通的事项与形式【易/高频】
    - 计划的审计范围和时间安排【中/高频】
    - 审计中发现的重大问题【易/高频】
    - 审计工作中遇到的重大困难【中/高频】
    - 影响审计报告形式和内容的情形【易/高频】
    - 值得关注的内部控制缺陷【中/中频】
    - 沟通时间【易/中频】
    - 考虑沟通过程不充分【易/中频】
    - 审计工作底稿【易/低频】
  - 前任注册会计师和后任注册会计师的沟通
    - 前后任注册会计师的定义【中/高频】
    - 前后任注册会计师的沟通要求【易/中频】
    - 接受委托前的沟通【中/高频】
    - 接受委托后的沟通【中/中频】
    - 发现前任审计的财务报表可能存在重大错报时的处理【易/中频】

本章重难点精讲

提示	本章有两个模块，第一是与治理层沟通的事项与沟通方式；第二是针对首次承接业务时前后任注册会计师的沟通。本章属于比较重要的章节，快扫听课二维码，助您“码”上通关

第一节 注册会计师与治理层的沟通

本节视频详解
使用“会计云课堂”App/微信扫码听课

01 考点1 双向沟通（★★）[!]

以上市公司财务报表审计为例，注册会计师与治理层的双向沟通如图14-1所示。

[!] 为方便您在学习中可以快速了解知识点的重要程度，本书中将知识点进行分类。★★★代表重要知识点，★★代表次重要知识点，★代表非重要知识点。

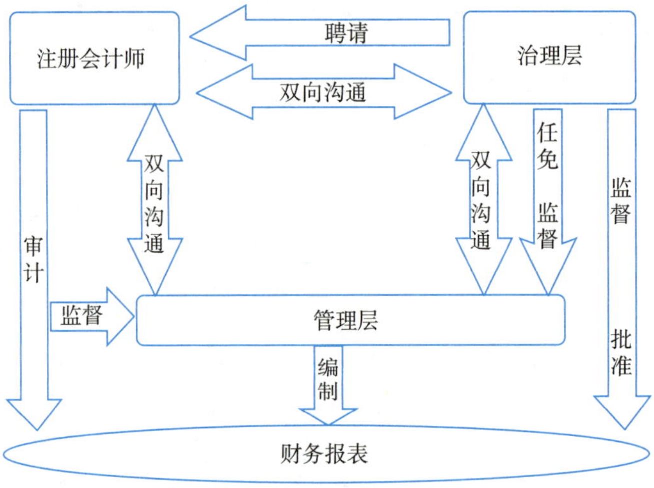

图 14-1　与治理层的双向沟通

【看图说话】注册会计师与治理层沟通的最终“落脚点”是财务报表：管理层编制财务报表，治理层监督管理层编制财务报表，注册会计师审计财务报表并对财务报表发表审计意见。

02 考点 2 沟通的事项与形式（★★★）

审计准则明确规范了注册会计师与治理层的沟通事项（六个方面）与沟通形式（书面或口头），如图 14-2 所示。

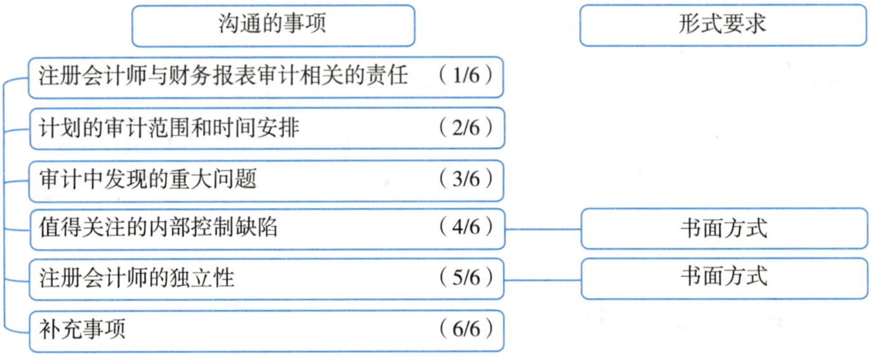

图 14-2　沟通事项与沟通形式

【看图说话】

（1）沟通形式。

值得关注的内部控制缺陷（4/6）和注册会计师的独立性（5/6）应当采用书面形式进行沟通（强制要求），其他的事项（1/6、2/6、3/6、6/6），注册会计师根据职业判断确定采用书面形式或口头形式。

（2）沟通事项。

上图中的六个事项（1/6 至 6/6）要求“死记硬背”。其中，2/6、3/6 和 4/6 内容需要展开掌握。

经典题解

【例题 1 · 多选题】下列各项中，注册会计师应当以书面形式与治理层沟通的有(　　)。

A. 涉及管理层的舞弊嫌疑

B. 值得关注的内部控制缺陷

C. 注册会计师保持了独立性

D. 当年发生的重大事项

【解析】对于注册会计师的独立性（选项 C）和值得关注的内部控制缺陷（选项 B）均应当采用书面形式与治理层沟通。

【答案】BC

03 考点 3 计划的审计范围和时间安排（2/6，★★★）

（一）总体要求

注册会计师应当与治理层沟通计划的审计范围和时间安排的总体情况，包括识别出的特别风险。

（二）与治理层沟通计划的审计范围和时间安排的事项

（1）注册会计师拟如何应对由于舞弊或错误导致的特别风险以及重大错报风险评估水平较高的领域；

（2）注册会计师对与审计相关的内部控制采取的方案；

（3）在审计中对重要性概念的运用；

（4）实施计划的审计程序或评价审计结果需要的专门技术或知识的性质和程度，包括利用注册会计师的专家的工作；

（5）当《中国注册会计师审计准则第 1504 号—在审计报告中沟通关键审计事项》适用时，注册会计师对哪些事项可能需要重点关注因而可能构成关键审计事项所作的初步判断；

（6）针对适用的财务报告编制基础或者被审计单位所处的环境、财务状况或活动发生的重大变化对单一报表及披露产生的影响，注册会计师拟采取的应对措施。

（三）可能适合与治理层讨论的计划方面的其他事项

（1）关于利用内部审计的工作；

（2）治理层对相关问题的看法；

（3）治理层对内部控制和舞弊的态度、认识和措施；

（4）治理层应对会计准则、公司治理实务、交易所上市规则和相关事项变化及这些变化对财务报表的总体列报、结构和内容等方面的影响所采取的措施，包括：财务报表中信息的相关性、可靠性、可比性和可理解性，考虑财务报表是否因包含不相关或者有碍正确理解所披露事项的信息而受到不利影响；

（5）治理层对以前与注册会计师沟通作出的反应。

（四）关于计划责任的特别强调

尽管与治理层的沟通可以帮助注册会计师计划审计的范围和时间安排，但并不改变注册会计师独自承担制定总体审计策略和具体审计计划的责任。

04 考点 4 审计中发现的重大问题（3/6，★★）

与治理层沟通的“审计中发现的重大问题（3/6）”有特定所指，包含下图中的五个方面。

- 对会计实务重大方面的质量的看法（1/5）
- 审计工作中遇到的重大困难（2/5）
- 已讨论或需要书面沟通的重大事项（3/5）
- 影响审计报告形式和内容的情形（如有）（4/5）
- 与监督财务报告过程相关的所有其他重大事项（5/5）

图 14-3 审计中发现的重大问题

【看图说话】审计中发现的重大问题（1/5 至 5/5）要求“死记硬背”。其中 2/5、4/5 的内容需要展开掌握。

经典题解

【例题2·多选题】下列各项中，注册会计师应当与治理层沟通的有(　　)。

A. 注册会计师发现的可能导致财务报表重大错报的员工舞弊行为

B. 注册会计师识别出的特别风险

C. 注册会计师对会计政策、会计估计和财务报表披露重大方面的质量的看法

D. 管理层已更正的重大审计调整

【解析】注册会计师应当与治理层沟通计划的审计范围和时间安排的总体情况，包括识别出的特别风险（选项B正确）。注册会计师应当与治理层沟通审计中发现的重大问题包括：(1) 注册会计师对被审计单位会计实务重大方面的质量的看法（选项C正确）；(2) 审计工作中遇到的重大困难；(3) 已与管理层讨论或需要书面沟通的重大事项；(4) 影响审计报告形式和内容的情形（如有）；(5) 审计中出现的、根据职业判断认为与监督财务报告过程相关的所有其他重大事项（选项A正确）。

【答案】ABC

05 考点5 审计工作中遇到的重大困难（2/5，★★★）

审计工作中遇到的重大困难可能包括下列事项：

（1）在提供审计所需信息时管理层严重拖延或不愿意提供，或者被审计单位的人员不予配合；

（2）不合理地要求缩短完成审计工作的时间；

（3）为获取充分、适当的审计证据需要付出的努力远远超过预期；

（4）无法获取预期的信息；

（5）管理层对注册会计师施加的限制；

（6）管理层不愿意按照要求对被审计单位持续经营能力进行评估，或不愿意延长评估期间。

在某些情况下，这些困难可能构成对审计范围的限制，导致注册会计师发表非无保留意见。

06 考点6 影响审计报告形式和内容的情形（4/5，★★★）

按照审计准则的规定，注册会计师应当或可能认为有必要在审计报告中包含更多信息并应当就此与治理层沟通的情形包括：

（1）根据《中国注册会计师审计准则第1502号—在审计报告中发表非无保留意见》的规定，注册会计师预期在审计报告中发表非无保留意见；

（2）根据《中国注册会计师审计准则第1324号—持续经营》的规定，报告与持续经营相关的重大不确定性；

（3）根据《中国注册会计师审计准则第1504号—在审计报告中沟通关键审计事项》的规定，沟通关键审计事项；

（4）根据《中国注册会计师审计准则第1503号—在审计报告中增加强调事项段和其他事项段》或其他审计准则的规定，注册会计师认为有必要（或应当）增加强调事项段或其他事项段。

在这些情形下，注册会计师可能认为有必要向治理层提供审计报告的草稿，以便于讨论如何在审计报告中处理这些事项。

【提示】本知识点属于跨章节内容，其中，持续经营相关的重大不确定性需要结合教材17.3、沟通关键审计事项需要结合教材19.4、非无保留意见审计报告需要结合教材19.5、强调事项段或其他事项段需要结合教材19.6。

07 考点7 值得关注的内部控制缺陷（4/6，★★）

值得关注的内部控制缺陷的定义、通报要求以及应特别说明的事项，归纳如下表。

事项	具体内容
定义	指注册会计师根据职业判断，认为足够重要从而值得治理层关注的内部控制的一个缺陷或多个缺陷的组合
通报要求	（1）应当以书面形式及时向治理层通报审计过程中识别出的值得关注的内部控制缺陷 （2）还应当及时向相应层级的管理层通报某些内部控制缺陷，包括：已向或拟向治理层通报的值得关注的内部控制缺陷，除非在具体情况下不适合直接向管理层通报；在审计过程中识别出的、其他方尚未向管理层通报而注册会计师根据职业判断认为足够重要从而值得管理层关注的内部控制其他缺陷
特别说明的事项	（1）注册会计师执行审计工作的目的是对财务报表发表审计意见 （2）审计工作包括考虑与财务报表编制相关的内部控制，其目的是设计适合具体情况的审计程序，并非对内部控制的有效性发表意见（如果结合财务报表审计对内部控制的有效性发表意见，应当删除“并非对内部控制的有效性发表意见”的措辞） （3）报告的事项仅限于注册会计师在审计过程中识别出的、认为足够重要从而值得向治理层报告的缺陷

【提示】这里的“了解内部控制、控制测试、值得关注的内部控制缺陷”可以与教材第二十章的企业内部控制审计中的有关概念跨章节对比学习和理解掌握。

经典题解

【例题3·单选题】如果被审计单位未纠正注册会计师在上一年度审计时识别出的值得关注的内部控制缺陷，注册会计师在执行本年度审计时，下列做法中，正确的是(　　)。

A. 在制定审计计划时予以考虑，不再与管理层沟通

B. 以书面形式再次向治理层通报

C. 在审计报告中增加强调事项段予以说明

D. 在审计报告中增加其他事项段予以说明

【解析】选项B正确，如果以前年度审计中向被审计单位治理层和管理层通报过值得关注的内部控制缺陷，这一缺陷在本期审计中依然存在，本期通报可以重复以前通报中的描述，或简单提及以前的通报。

【答案】B

08 考点8 沟通时间（★★）

注册会计师应当及时与治理层沟通。适当的沟通时间安排因业务环境的不同而不同。例如：

（1）对于计划事项的沟通，通常在审计业务的早期阶段进行，如系首次接受委托，沟通可以随同就审计业务条款达成一致意见一并进行；

（2）对于审计中遇到的重大困难，如果治理层能够协助注册会计师克服这些困难，或者这些困难可能导致发表非无保留意见，可能需要尽快沟通；

（3）当《中国注册会计师审计准则第1504号——在审计报告中沟通关键审计事项》适用时，注册会计师可以在讨论审计工作的计划范围及时间安排时沟通对关键审计事项的初步看法，注册会计师在沟通重大审计发现时也可以与治理层进行更加频繁的沟通，以进一步讨论此类事项；

（4）无论何时（如承接一项非审计服务和在总结性讨论中）就对独立性的不利影响和相关防范措施作出了重要判断，就独立性进行沟通都可能是适当的；

（5）沟通审计中发现的问题，包括注册会计师对被审计单位会计实务质量的看法，也可能作为总结性讨论的一部分；

（6）当同时审计通用目的和特殊目的财务报表时，注册会计师协调沟通的时间安排可能是适当的。

09 考点9 考虑沟通过程不充分（★★）

如果注册会计师与治理层之间的双向沟通不充分，并且这种情况得不到解决，注册会计师可以采取下列措施：

（1）根据范围受到的限制发表非无保留意见；

（2）就采取不同措施的后果征询法律意见；

（3）与第三方（如监管机构）、被审计单位外部的在治理结构中拥有更高权力的组织或人员（如企业的业主、股东大会中的股东）或对公共部门负责的政府部门进行沟通；

（4）在法律法规允许的情况下解除业务约定。

经典题解

【例题4·多选题】如果注册会计师与治理层之间的双向沟通不充分，并且这种情况得不到解决，下列措施中，注册会计师可以采取的有（　　）。

A. 与监管机构、被审计单位外部的在治理结构中拥有更高权力的组织或人员进行沟通

B. 在法律法规允许的情况下解除业务约定

C. 就采取不同措施的后果征询法律意见

D. 根据范围受到的限制发表非无保留意见

【答案】ABCD

10 考点10 审计工作底稿（★）

（1）如果与治理层沟通的事项是以口头形式沟通的，注册会计师应当将其包括在审计工作底稿中，并记录沟通的时间和对象；

（2）如果与治理层沟通的事项是以书面形式沟通的，注册会计师应当保存一份沟通文件的副本，作为审计工作底稿的一部分；

（3）如果被审计单位编制的会议纪要是沟通的适当记录，注册会计师可以将其副本作为对口头沟通的记录，并作为审计工作底稿的一部分；

（4）如果发现这些会议纪要的记录不能恰当地反映沟通的内容，且有差别的事项比较重大，注册会计师一般会另行编制能恰当记录沟通内容的纪要，将其副本连同被审计单位编制的纪要一起致送治理层，提示两者的差别，以免引起不必要的误解。

经典题解

【例题5·单选题】下列有关注册会计师记录与治理层沟通的重大事项的说法中，错误的是（　　）。

A. 注册会计师应当保存沟通文件的副本，作为审计工作底稿的一部分

B. 对以口头形式沟通的事项，注册会计师应当形成审计工作底稿

C. 如果根据业务环境不容易识别出适当的沟通人员，注册会计师应当记录识别治理结构中适当沟通人员的过程

D. 如果被审计单位编制了会议纪要，注册会计师应当将其副本作为对口头沟通的记录

【解析】选项D错误。如果被审计单位编制的会议纪要是沟通的适当记录，注册会计师可以将其副本作为对口头沟通的记录，并作为审计工作底稿的一部分。如果发现这些记录不能恰当地反映沟通的内容，且有差别的事项比较重大，注册会计师一般会另行编制能恰当记录沟通内容的纪要，将其副本连同被审计单位编制的纪要一起致送治理层，提示两者的差别，以免引起不必要的误解。

【答案】D

第二节 前任注册会计师和后任注册会计师的沟通

本节视频详解
使用“会计云课堂”App/微信扫码听课

【导航】本节内容包括前后任注册会计师的定义、沟通要求、接受委托前的沟通和接受委托后的沟通等，如下图所示。

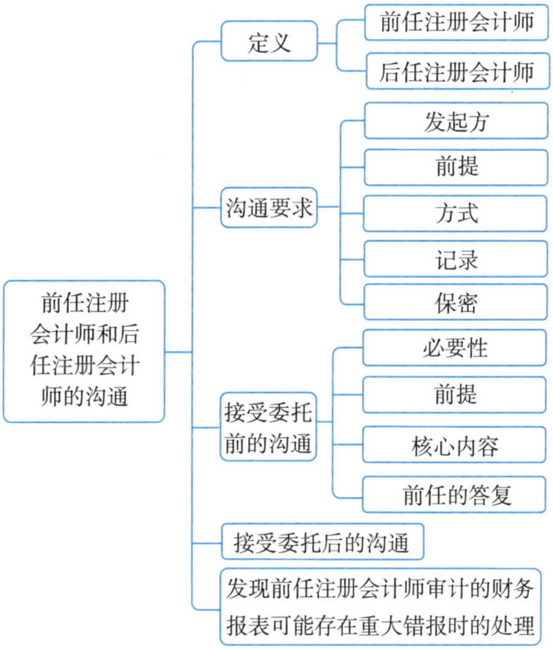

图 14-4 前后任注册会计师沟通

01 考点 1 前后任注册会计师的定义（★★★）

（一）前任注册会计师的定义

事项	具体内容
定义	指已对被审计单位上期财务报表进行审计，但被现任注册会计师接替的其他会计师事务所的注册会计师
包含情形	（1）已完成对上期财务报表的审计，本期被现任注册会计师接替的注册会计师 （2）已接受委托但未完成审计工作，可能或已经与委托人解除业务约定的注册会计师
连续变更多家事务所时，判断前任注册会计师	（1）为上期财务报表出具了审计报告的注册会计师 （2）之后接受委托对本期财务报表进行审计但未完成审计工作的所有其他会计师事务所的注册会计师
不能视为前任注册会计师的情形	如果上期财务报表仅经过代编或审阅，执行代编或审阅业务的注册会计师不能视为前任注册会计师

【提示】前任注册会计师的具体情形需要从其定义中“拓展”理解，关键点是对上期和本期的理解。假设您所在的会计师事务所（后任注册会计师）是A会计师事务所，拟承接甲公司2020年财务报表审计业务，则前任注册会计师可能包括的情形：

（1）审计甲公司2019年财务报表出具了审计报告的事务所（某一家事务所）。

（2）审计甲公司2020年财务报表出具了审计报告的事务所（某一家事务所）。A会计师事务所应甲公司要求提供第二次意见，已经审计甲公司2020年财务报表出具了审计报告的某事务所即为前任注册会计师。

（3）承接审计甲公司2020年财务报表但未完成审计工作的所有事务所（可能有多家事务所）。

经典题解

【例题6·单选题】下列有关前后任注册会计师的说法中，正确的是（　　）。

A. 前任注册会计师包括对前期财务报表执行审阅的注册会计师

B. 在未发生会计师事务所变更的情况下，同处于某一会计师事务所的先后负责同一审计项目的不同注册会计师不属于前后任注册会计师的范畴

C. 在发生会计师事务所变更的情况下，先后就职于不同会计师事务所的同一注册会计师不属于前后任注册会计师的范畴

D. 如果委托人在相邻两个会计年度中连续变更多家会计师事务所，前任注册会计师不包括在后任注册会计师之前接受业务委托对当期财务报表进行审计但未完成审计工作的会计师事务所

【解析】选项A错误，如果上期财务报表仅经过代编或审阅，执行代编或审阅业务的注册会计师不能视为前任注册会计师；前后任注册会计师是就会计师事务所发生变更时的情况而言的，在未发生会计师事务所变更的情况下，同处于某一会计师事务所中的不同注册会计师不属于前后任注册会计师的范畴；而发生会计师事务所变更的情况下，即使是同一注册会计师也是属于前后任注册会计师范畴的，故选项B正确，选项C错误；选项D错误，如果委托人在相邻两个会计年度中连续变更多家会计师事务所，前任注册会计师是指为上期财务报表出具了审计报告的注册会计师，以及之后接受委托对本期财务报表进行审计但未完成审计工作的所有其他会计师事务所的注册会计师。

【答案】B

（二）后任注册会计师的定义

事项	具体内容
定义	指正在考虑接受委托或已经接受委托，接替前任注册会计师对被审计单位本期财务报表进行审计的注册会计师
通常包含的情形	（1）在签订审计业务约定书之前，正在考虑接受委托的注册会计师 （2）已接受委托并签订业务约定书，接替前任注册会计师执行财务报表审计业务的注册会计师 当有多家会计师事务所正在考虑是否接受被审计单位的委托时，前任注册会计师应在被审计单位明确选定其中的一家会计师事务所作为后任注册会计师之后，才对该后任注册会计师的询问作出答复。例如，当会计师事务所以投标方式承接审计业务时，前任注册会计师只需对中标的会计师事务所（后任注册会计师）的询问作出答复，而无须对所有参与投标的会计师事务所的询问进行答复

续表

事项	具体内容
不能视为后任注册会计师的情形	在未发生会计师事务所变更的情况下，同处于某一会计师事务所的不同注册会计师不属于前后任注册会计师的范畴

【提示】判断后任注册会计师的关键点是对正在考虑接受委托和已经接受委托的理解。假设您所在的会计师事务所（前任注册会计师）是A会计师事务所，承接了甲公司2019年财务报表审计业务。针对甲公司2020年财务报表审计业务，甲公司需要变更事务所，则后任注册会计师可能包括的情形：

（1）已经接受委托，审计甲公司2020年财务报表的事务所。

（2）正在考虑接受委托，拟承接审计甲公司2020年财务报表的事务所。

经典题解

【例题7·单选题】下列有关后任注册会计师的说法中，错误的是（　　）。

A. 当会计师事务所发生变更时，已经接受委托的会计师事务所是后任注册会计师

B. 当会计师事务所发生变更时，正在考虑接受委托的会计师事务所是后任注册会计师

C. 被审计单位的财务报表已经审计但需要重新审计时，接受委托执行重新审计的会计师事务所为后任注册会计师

D. 会计师事务所以投标方式承接审计业务时，所有参与投标的会计师事务所均为后任注册会计师

【解析】选项D错误，当会计师事务所以投标方式承接审计业务时，只有中标的会计师事务所才是后任注册会计师。

【答案】D

02 考点2 前后任注册会计师的沟通要求（★★）

事项	具体内容
沟通发起方	后任注册会计师负有主动沟通的义务
沟通前提	需要征得被审计单位的同意
沟通方式	可以采用书面或口头的方式
对沟通情况的记录	后任注册会计师应当将沟通的情况记录于审计工作底稿，以便完整反映审计工作的轨迹
保密要求	即使未接受委托，后任注册会计师仍应履行保密义务

经典题解

【例题8·单选题】下列有关前后任注册会计师沟通的总体要求的说法中，错误的是（　　）。

A. 后任注册会计师负有主动沟通的义务

B. 前后任注册会计师的沟通需要征得被审计单位同意

C. 前后任注册会计师应当对沟通过程中获知的信息保密

D. 前后任注册会计师的沟通可以采用书面或口头形式，其中接受委托前的沟通应当

采用书面形式

【解析】 前后任注册会计师的沟通可以采用书面或口头的方式，即使是接受委托前的沟通，后任注册会计师也可以采用书面或口头形式，故选项D错误。

【答案】 D

03 考点3 接受委托前的沟通（★★★）

接受委托前的沟通目的、必要程序、沟通事项等归纳如下表。

接受委托前沟通	具体内容
沟通目的	后任注册会计师确定是否接受委托
必要程序	与前任注册会计师进行沟通，是后任注册会计师在接受委托前应当执行的必要审计程序
沟通前提	（1）后任进行主动沟通的前提是征得被审计单位同意 （2）后任应当提请被审计单位以书面方式同意前任对其询问作出充分答复 （3）如果被审计单位不同意前任作出答复，或限制答复范围，后任应当向被审计单位询问原因，并考虑是否接受委托
沟通事项	（1）前任是否发现被审计单位管理层存在诚信方面的问题 （2）前任与管理层在重大会计、审计等问题上存在的意见分歧 （3）前任向被审计单位治理层通报的管理层舞弊（教材13.1）、违反法律法规行为（教材13.2）以及值得关注的内部控制缺陷（教材14.1） （4）前任认为导致被审计单位变更会计师事务所的原因
前任的答复	（1）在被审计单位允许前任注册会计师对后任注册会计师的询问作出充分答复的情况下，前任应当根据所了解的事实，对后任的合理询问及时作出充分答复 （2）如果受到被审计单位的限制或存在法律诉讼的顾虑，决定不向后任注册会计师作出充分答复，前任应当向后任表明其答复是有限的，并说明原因 （3）如果得到的答复是有限的，后任需要判断是否存在由被审计单位或潜在法律诉讼引起的答复限制，并考虑这一情况对接受业务委托的影响 （4）如果未得到答复，且没有理由认为变更会计师事务所的原因异常，后任需要设法以其他方式与前任再次进行沟通，如仍得不到答复，后任可以致函前任，说明如果在适当的时间内得不到答复，将假设不存在专业方面的原因使其拒绝接受委托，并表明拟接受委托

经典题解

【例题9·单选题】 下列有关前后任注册会计师沟通的说法中，错误的是（　　）。

A. 如果被审计单位限制前任注册会计师对后任注册会计师的询问作出答复，后任注册会计师应当拒绝接受委托

B. 当会计师事务所通过投标方式承接审计业务时，前任注册会计师无须对所有参与投标的会计师事务所的询问进行答复

C. 接受委托后，如果需要查阅前任注册会计师的审计工作底稿，后任注册会计师应当征得被审计单位的同意

D. 接受委托前的沟通是必要的审计程序，接受委托后的沟通不是必要的审计程序

【解析】选项A错误，如果被审计单位不同意前任注册会计师作出答复，或限制答复的范围，后任注册会计师应当向被审计单位询问原因，并考虑是否接受委托。

【答案】A

04 考点4 接受委托后的沟通（★★）

接受委托后，后任注册会计师与前任注册会计师的沟通要求、查阅前任注册会计师工作底稿的前提等事项，归纳如下表。

接受委托后沟通	具体要求或内容
不是必要程序	接受委托后的沟通是由后任注册会计师根据审计工作需要自行决定的
查阅前任底稿前提	（1）后任应当征得被审计单位同意，并与前任注册会计师进行沟通 （2）如果上期财务报表由前任注册会计师审计，后任注册会计师可考虑通过查阅前任注册会计师的工作底稿获取有关期初余额的审计证据，并考虑前任注册会计师的独立性和专业胜任能力
前任可自主决定是否允许后任获取底稿	前任注册会计师所在的会计师事务所可自主决定是否允许后任注册会计师获取工作底稿部分内容，或摘录部分工作底稿，因为底稿所有权属于前任注册会计师所在的会计师事务所
可考虑从被审计单位获取确认函	如果前任注册会计师决定向后任注册会计师提供工作底稿，一般可考虑进一步从被审计单位（前审计客户）处获取一份确认函，以便降低在与后任注册会计师进行沟通时发生误解的可能性
应当向后任获取确认函	就工作底稿的使用目的、范围和责任等与其达成一致意见。例如： （1）不将查阅工作底稿获得的信息用于其他任何目的 （2）在查阅工作底稿后，不对任何人作出关于前任注册会计师的审计是否遵循了审计准则的口头或书面评论 （3）当涉及前任注册会计师的审计质量时，后任注册会计师不应提供任何专家证词、诉讼服务或承接关于前任注册会计师审计质量的评论业务
利用工作底稿的责任（不应提及）	后任注册会计师应当对自身实施的审计程序和得出的审计结论负责，不应在审计报告中表明，其审计意见全部或部分地依赖前任注册会计师的审计报告或工作

经典题解

【例题10·单选题】下列有关前后任注册会计师沟通的说法中，错误的是（ ）。

A. 在确定向后任注册会计师提供哪些审计工作底稿时，前任注册会计师应当征得被审计单位同意

B. 在查阅前任注册会计师的审计工作底稿前，后任注册会计师应当征得被审计单位同意

C. 在允许后任注册会计师查阅审计工作底稿前，前任注册会计师应当向其取得确认函

D. 为获取更多接触前任注册会计师审计工作底稿的机会，后任注册会计师可以在工作底稿使用方面作出较高程度的限制性保证

【解析】选项A错误，前任注册会计师自主决定可供后任注册会计师查阅、复印或摘录的工作底稿内容。

【答案】A

05 考点 5 发现前任审计的财务报表可能存在重大错报时的处理（★★）

如果后任注册会计师发现前任注册会计师审计的财务报表可能存在重大错报，采取的应对措施，归纳如下表。

情形	后任注册会计师应对措施
提请告知前任	应当提请被审计单位告知前任注册会计师
要求安排三方会谈	必要时，应当要求被审计单位安排三方会谈
对审计意见的影响或解除业务约定	如果被审计单位拒绝告知前任注册会计师，或前任注册会计师拒绝参加三方会谈，或后任注册会计师对解决问题的方案不满意，后任注册会计师应当考虑对审计意见的影响或解除业务约定。具体讲，后任注册会计师应当考虑： （1）这种情况对当前审计业务的潜在影响，并根据具体情况出具恰当的审计报告 （2）是否退出当前审计业务（解除业务约定） 此外，后任注册会计师可考虑向其法律顾问咨询，以便决定如何采取进一步措施

【相关链接】

1.《中国注册会计师审计准则第 1151 号—与治理层的沟通》

2.《中国注册会计师审计准则第 1151 号—与治理层的沟通》应用指南

3.《中国注册会计师审计准则第 1153 号—前任注册会计师和后任注册会计师的沟通》

4.《中国注册会计师审计准则第 1153 号—前任注册会计师和后任注册会计师的沟通》应用指南

扫一扫　“码”上做题、看解析

本书历年经典试题均配备二维码，使用“会计云课堂”App 扫码，即可线上做题、看解析。

【“会计云课堂”App 下载二维码见封底页】

历年经典试题回顾

（一）计划的审计范围和时间安排

【例题·综合题·部分】ABC 会计师事务所首次接受委托，审计上市公司甲公司 2016 年度财务报表，委派 A 注册会计师担任项目合伙人。A 注册会计师确定财务报表整体的重要性为 1200 万元。甲公司主要提供快递物流服务。

资料三：

A 注册会计师在审计工作底稿中记录了审计计划，部分内容摘录如下：

（1）A 注册会计师拟与治理层沟通计划的审计范围和时间安排，为避免损害审计的有效性，沟通内容不包括识别出的重大错报风险以及应对措施。

要求：

针对资料三第（1）项，假定不考虑其他条件，指出审计计划的内容是否恰当。如不恰当，简要说明理由。（2017 年）

（二）值得关注的内部控制缺陷

【例题1·综合题·部分】甲公司是ABC会计师事务所的常年审计客户，主要从事轨道交通车辆配套产品的生产和销售。A注册会计师负责审计甲公司2018年度财务报表，确定财务报表整体的重要性为1000万元，实际执行的重要性为500万元。

资料五：

A注册会计师在审计工作底稿中记录了重大事项的处理情况，部分内容摘录如下：

（1）A注册会计师在审计过程中发现，甲公司出纳利用内部控制缺陷挪用公司资金600万元。甲公司管理层追回了该款项，并将出纳开除。因该事项未对甲公司造成损失，且管理层已向治理层汇报，A注册会计师认为无需再与治理层沟通。

要求：

针对资料五第（1）项，假定不考虑其他条件，指出A注册会计师的做法是否恰当。如不恰当，简要说明理由。（2019年）

【例题2·综合题·部分】上市公司甲公司是ABC会计师事务所的常年审计客户，主要从事药品的研发、生产和销售。A注册会计师负责审计甲公司2017年度财务报表，确定财务报表整体的重要性为300万元，明显微小错报的临界值为15万元。

资料五：

A注册会计师在审计工作底稿中记录了重大事项的处理情况，部分内容摘录如下：

（3）因甲公司2017年发生召回事件，A注册会计师认为甲公司对产品质量的控制存在重大缺陷，与治理层进行了书面沟通。

要求：

针对资料五第（3）项，假定不考虑其他条件，指出A注册会计师的做法是否恰当。如不恰当，简要说明理由。（2018年网络回忆版）

（三）与治理层沟通的事项与沟通形式

【例题1·单选题】下列各项沟通中，注册会计师应当采用书面形式的是（　　）。（2020年网络回忆版）

A. 在接受委托后，与前任注册会计师进行沟通

B. 在上市公司审计中，与治理层沟通关键审计事项

C. 在上市公司审计中，与治理层沟通注册会计师的独立性

D. 在接受委托前，与前任注册会计师进行沟通

【例题2·单选题】下列各项中，注册会计师应当以书面形式与治理层沟通的是（　　）。（2017年）

A. 注册会计师识别出的舞弊风险

B. 未更正错报

C. 注册会计师确定的关键审计事项

D. 注册会计师识别出的值得关注的内部控制缺陷

【例题3·单选题】下列各项中，注册会计师应当以书面形式与治理层沟通的是（　　）。（2016年）

A. 计划的审计范围和时间安排

B. 审计过程中遇到的重大困难

C. 审计中发现的所有内部控制缺陷

D. 上市公司审计中注册会计师的独立性

（四）前后任注册会计师的定义

【例题1·简答题·部分】ABC会计师事务所首次接受委托审计甲公司2018年度财务报表，委派A注册会计师担任项目合伙人。与首次承接审计业务相关的部分事项如下：

（1）DEF会计师事务所审计了甲公司2017年度财务报表。XYZ会计师事务所接受委托审计甲公司2018年度财务报表，但未完成审计工作。A注册会计师将DEF会计师事务所确定为前任注册会计师，与其进行了沟通。

要求：

针对上述第（1）项，指出A注册会计师的做法是否恰当。如不恰当，简要说明理由。（2019年）

【例题2·简答题·部分】ABC会计师事务所首次接受委托审计甲公司等多家被审计单位2018年度财务报表，委派A注册会计师担任项目合伙人。与首次承接审计业务相关的部分事项如下：

（1）因A注册会计师原为DEF会计师事务所的合伙人，负责审计了甲公司2017年度财务报表，A注册会计师认为前后任注册会计师为同一人，无需在接受委托前进行沟通。

要求：

针对上述第（1）项，指出A注册会计师的做法是否恰当。如不恰当，简要说明理由。（2019年网络回忆版）

（五）前后任注册会计师沟通的总体要求

【例题1·单选题】下列有关前任注册会计师与后任注册会计师的沟通的说法中，正确的是（　　）。（2017年）

A. 后任注册会计师应当在接受委托前和接受委托后与前任注册会计师进行沟通

B. 前任注册会计师和后任注册会计师应当将沟通的情况记录于审计工作底稿

C. 后任注册会计师与前任注册会计师的沟通应当采用书面方式

D. 后任注册会计师应当在取得被审计单位的书面同意后，与前任注册会计师进行沟通

【例题2·多选题】下列有关前后任注册会计师沟通的说法中，错误的有（　　）。（2016年）

A. 后任注册会计师在接受委托前与前任注册会计师沟通，应当征得被审计单位同意

B. 在接受委托前，后任注册会计师应当采用书面形式与前任注册会计师进行沟通

C. 如果需要查阅前任注册会计师的审计工作底稿，后任注册会计师不必征得被审计单位同意

D. 在接受委托前和接受委托后，后任注册会计师均应当与前任注册会计师沟通

【例题3·简答题·部分】ABC会计师事务所首次接受委托，审计上市公司甲公司2015年度财务报表，委派A注册会计师担任项目合伙人。相关事项如下：

（1）A注册会计师与前任注册会计师在征得甲公司管理层口头同意后，通过电话进行了接受委托前的沟通，未发现影响其接受委托的事项，并将沟通情况记入审计工作底稿。

要求：

针对上述第（1）项，指出A注册会计师的做法是否恰当。如不恰当，简要说明理由。（2016年网络回忆版）

（六）接受委托前的沟通

【例题·简答题·部分】ABC会计师事务所首次接受委托审计甲公司2018年度财务报表，委派A注册会计师担任项目合伙人。与首次承接审计业务相关的部分事项如下：

（2）A注册会计师在与甲公司签署审计业务约定书并征得管理层同意后，与前任注册会计师进行了口头沟通，沟通内容包括：是否发现甲公司管理层存在诚信方面的问题；前任注册会计师与甲公司管理层在重大会计、审计等问题上存在的意见分歧；向甲公司治理层通报的管理层舞弊、违反法律法规行为以及值得关注的内部控制缺陷；甲公司变更会计师事务所的原因。

要求：

针对上述第（2）项，指出A注册会计师的做法是否恰当。如不恰当，简要说明理由。（2019年）

（七）接受委托后的沟通

【例题1·简答题·部分】ABC会计师事务所首次接受委托审计甲公司2018年度财务报表，委派A注册会计师担任项目合伙人。与首次承接审计业务相关的部分事项如下：

（5）在征得甲公司管理层同意，并向前任注册会计师承诺不对任何人作出关于其是否遵循审计准则的任何评论后，A注册会计师通过查阅前任注册会计师的审计工作底稿，获取了有关甲公司固定资产期初余额的审计证据，并在审计报告的其他事项段中提及部分依赖了前任注册会计师的工作。

要求：

针对上述第（5）项，指出A注册会计师的做法是否恰当。如不恰当，简要说明理由。（2019年）

【例题2·综合题·部分】ABC会计师事务所首次接受委托，审计上市公司甲公司2016年度财务报表，委派A注册会计师担任项目合伙人。A注册会计师确定财务报表整体的重要性为1200万元。甲公司主要提供快递物流服务。

资料三：

A注册会计师在审计工作底稿中记录了审计计划，部分内容摘录如下：

（2）A注册会计师评价认为前任注册会计师具备专业胜任能力，因此，拟通过查阅其审计工作底稿，获取与非流动资产和非流动负债期初余额相关的审计证据。

要求：

针对资料三第（2）项，假定不考虑其他条件，指出审计计划的内容是否恰当。如不恰当，简要说明理由。（2017年）

历年经典试题回顾参考答案及解析

（一）计划的审计范围和时间安排

【例题·综合题·部分】

【答案】

事项序号	是否恰当（是/否）	理由
（1）	否	注册会计师应当与治理层沟通识别出的特别风险

（二）值得关注的内部控制缺陷

【例题1·综合题·部分】

【答案】

事项序号	是否恰当（是/否）	理由
（1）	否	该事项表明存在值得关注的内部控制缺陷，应当与治理层沟通

【例题2·综合题·部分】

【答案】

事项序号	是否恰当（是/否）	理由
(3)	是	—

(三) 与治理层沟通的事项与沟通形式

【例题1·单选题】

【答案】C

【解析】审计准则明确要求注册会计师应当以书面形式与治理层沟通独立性，故选项C正确。

【例题2·单选题】

【答案】D

【解析】选项D正确，审计准则明确要求注册会计师应当以书面形式与治理层沟通注册会计师的独立性与值得关注的内部控制缺陷。

【例题3·单选题】

【答案】D

【解析】选项D正确，针对上市实体财务报表审计，审计准则明确要求注册会计师以书面形式与治理层沟通独立性。

(四) 前后任注册会计师的定义

【例题1·简答题·部分】

【答案】不恰当。前任注册会计师还包括XYZ会计师事务所。

【例题2·简答题·部分】

【答案】不恰当。前后任注册会计师是就会计师事务所发生变更时的情况而言的，DEF会计师事务所属于前任注册会计师，在接受委托前，A注册会计师需要与DEF会计师事务所进行沟通。

(五) 前后任注册会计师沟通的总体要求

【例题1·单选题】

【答案】D

【解析】选项A错误，接受委托后，与前任注册会计师的沟通由后任注册会计师自行决定，并非必要程序；选项B错误，后任注册会计师应当将沟通的情况记录于审计工作底稿，前任注册会计师被沟通无需记录于审计工作底稿；选项C错误，沟通可以采用书面或口头的方式，并非均采用书面形式。

【例题2·多选题】

【答案】BCD

【解析】选项B错误，沟通可以采用书面或口头的方式，并非均采用书面形式；选项C错误，如果需要查阅前任注册会计师的审计工作底稿，后任注册会计师必须征得被审计单位同意；选项D错误，接受委托后，后任注册会计师自行决定是否与前任注册会计师沟通。

【例题3·简答题·部分】

【答案】不恰当。后任注册会计师应当提请被审计单位以书面方式同意前任注册会计师对其询问作出充分答复。

(六) 接受委托前的沟通

【例题·简答题·部分】

【答案】不恰当。应当在接受委托前/签署业务约定书前与前任注册会计师进行沟通。

(七) 接受委托后的沟通

【例题1·简答题·部分】

【答案】不恰当。后任注册会计师应当对自身实施的审计程序/得出的审计结论负责。

【例题 2 · 综合题 · 部分】

【答案】

事项序号	是否恰当（是/否）	理由
(2)	否	注册会计师应当评价前任注册会计师的独立性

扫一扫　“码”上做题、看解析

本书同步强化练习题均配备二维码，使用“会计云课堂”App 扫码，即可线上做题、看解析。

【“会计云课堂”App 下载二维码见封底页】

同步强化练习题

一、单项选择题

1. 下列各项与治理层沟通的说法中，错误的是（　　）。（★★★）*
   A. 为了增加审计程序不可预见性，对拟实施的审计范围和时间只能与治理层作简要沟通
   B. 注册会计师可以在与治理层沟通特定事项前先与内部审计人员讨论有关事项
   C. 管理层与治理层就某些事项沟通后，注册会计师可以不再与治理层进行沟通
   D. 注册会计师在与治理层沟通特定事项前，通常先与管理层讨论，但管理层的胜任能力和诚信问题等不适合与管理层讨论的除外

2. 下列有关注册会计师与治理层沟通的事项中，不应包含的是（　　）。
   A. 对与审计相关的内部控制采取的方案
   B. 财务报表审计能减轻治理层对财务报告监督的责任
   C. 对或有事项有关的披露所涉及的问题和作出相关的判断
   D. 注册会计师的独立性

3. 下列各项中，注册会计师通常认为不宜与治理层沟通的是（　　）。（★★★）
   A. 确定的样本规模与选样方法
   B. 注册会计师对舞弊的怀疑和检查
   C. 管理层不愿延长对持续经营能力的评估期间
   D. 对审计工作产生重大影响的战略决策

4. 下列有关前后任注册会计师沟通要求的说法中，错误的是（　　）。（★★★）
   A. 后任注册会计师应当将沟通的情况记录于审计工作底稿
   B. 后任注册会计师与前任注册会计师沟通的前提是得到被审计单位的同意
   C. 前任注册会计师和后任注册会计师应当采用书面方式进行沟通并以确认函为依据
   D. 后任注册会计师应当主动与前任注册会计师沟通

5. 接受审计委托前，下列有关前后任注册会计师沟通的说法中，错误的是（　　）。
   A. 后任注册会计师向前任注册会计师沟通的目的是为了确定是否接受委托

* 为了便于您识别重要题目，本书中针对重点题目通过标注星级的方式进行体现。

B. 后任注册会计师向前任注册会计师沟通的目的是为了取得前任注册会计师部分审计工作底稿

C. 获知被审计单位与前任注册会计师在重大会计、审计问题上存在意见分歧，后任注册会计师应慎重考虑是否接受委托

D. 后任注册会计师与前任注册会计师的沟通是必要的审计程序，否则不能考虑承接业务委托

6. 接受审计委托后，以下关于后任注册会计师查阅前任注册会计师的审计工作底稿的说法中，正确的是(　　)。(★★★)

A. 后任注册会计师如需查阅前任注册会计师的工作底稿，无需再次征得被审计单位的同意

B. 后任注册会计师根据审计工作需要自行决定是否查阅前任注册会计师的审计工作底稿

C. 后任注册会计师必须查阅前任注册会计师的审计工作底稿

D. 后任注册会计师无法查阅前任注册会计师的审计工作底稿时，应终止审计业务委托

7. 接受审计委托后，后任注册会计师在征得被审计单位同意的情况下查阅前任注册会计师的审计工作底稿，前任注册会计师在决定向后任注册会计师提供工作底稿时，一般可考虑进一步从被审计单位获取一份确认函，以便(　　)。

A. 就审计工作底稿的使用目的、范围和责任等与其达成一致意见

B. 降低在与后任注册会计师进行沟通时发生误解的可能性

C. 降低后任注册会计师发现前任注册会计师的审计工作底稿错误的可能性

D. 防止后任注册会计师发现前任注册会计师审计收费严重低于同行业审计收费水平的事实

8. 针对使用前任注册会计师审计工作底稿的责任，以下关于后任注册会计师的做法中，正确的是(　　)。

A. 在审计报告中提及前任注册会计师的名称

B. 对自身实施的审计程序和得出的审计结论负责

C. 在审计报告中表明得出审计意见使用了前任注册会计师的审计工作底稿中的信息

D. 在审计报告中表明其审计意见部分依赖前任注册会计师的审计工作底稿中的信息

二、多项选择题

1. 在与治理层沟通计划的审计范围和时间安排的总体情况时，下列各项中，可能包括的有(　　)。(★★★)

A. 注册会计师计划如何应对由于舞弊或错误导致的特别风险

B. 注册会计师可能需要重点关注的可能构成关键审计事项所作的初步判断

C. 注册会计师对与审计相关的内部控制采取的方案

D. 注册会计师在审计中对重要性概念的运用

2. 下列事项中，属于注册会计师应当与治理层沟通审计工作中遇到的重大困难的有(　　)。(★★★)

A. 管理层不愿意延长持续经营能力的评估期间

B. 管理层在提供审计所需信息时出现严重拖延

C. 管理层对注册会计师施加的限制

D. 管理层不愿意按照要求对被审计单位持续经营能力进行评估

3. 下列有关前后任注册会计师沟通的说法中，错误的有(　　)。

A. 前任注册会计师和后任注册会计师的沟通可以采用书面形式，也可以采用口头形式

B. 前任注册会计师应当对后任注册会计师的合理询问及时作出充分答复，无论是否经过被审计单位允许

C. 前任注册会计师可以允许后任注册会计师查阅其审计工作底稿，前提是必须取得被审计单位的确认函，确认函中应当规定后任注册会计师查阅审计工作底稿的范围

D. 前任注册会计师作出答复的范围受到被审计单位限制，后任注册会计师应当拒绝接受委托

4. 接受委托前，下列有关前后任注册会计师沟通的说法中，错误的有(　　)。(★★★)

A. 后任注册会计师应当主动与前任注册会计师沟通

B. 后任注册会计师是否能与前任注册会计师进行沟通由后任注册会计师确定

C. 在后任注册会计师与前任注册会计师沟通的过程中，仅要求后任注册会计师对沟通过程中获知的信息保密

D. 后任注册会计师与前任注册会计师进行沟通的目的是为了发现前任注册会计师是否独立于被审计单位，当然也要关注前任注册会计师已审计财务报表是否存在重大错报

5. 在接受委托后，后任注册会计师为了获取对前任注册会计师审计工作底稿更多的接触机会，可以考虑同意前任注册会计师作出限制，这些限制事项可能包括(　　)。

A. 不将查阅工作底稿获得的信息用于其他任何目的

B. 当涉及前任注册会计师的审计质量时，后任注册会计师不应提供任何专家证词、诉讼服务或承接关于前任注册会计师的审计质量的评论业务

C. 不将查阅工作底稿获得的信息运用于审计过程

D. 后任注册会计师在查阅前任注册会计师的审计工作底稿后，不对任何人作出关于前任注册会计师的审计是否遵循了审计准则的评论

6. 如果后任注册会计师发现前任注册会计师审计的上年度财务报表可能存在重大错报，则后任注册会计师应当选择的做法有(　　)。

A. 提请被审计单位管理层告知前任注册会计师

B. 如果被审计单位管理层拒绝告知前任注册会计师，后任注册会计师应当直接告知前任注册会计师

C. 在审计报告中指明，上年度财务报表存在重大错报，由于不专门对期初余额发表意见，相关责任由前任注册会计师负责

D. 在被审计单位管理层拒绝告知前任注册会计师时，后任注册会计师应当考虑对本期财务报表出具的审计报告的影响或解除业务约定

三、简答题

ABC会计师事务所首次接受委托，对甲公司2020年度财务报表进行审计，委派A注册会计师担任项目合伙人。甲公司2019年度财务报表由XYZ会计师事务所的X注册会计师负责审计。相关事项如下：

(1) A注册会计师在接受委托前与X注册会计师进行了电话沟通，沟通之后将沟通情况告知甲公司管理层。

(2) 在接受委托前，A注册会计师征得甲公司同意后就X注册会计师与甲公司是否存在重大会计、审计意见分歧与X注册会计师进行沟通，以确定是否接受委托。

(3) 由于X注册会计师拒绝A注册会计师查阅甲公司2019年度审计工作底稿，A注册会计师据此认为无法对存货的期初余额获取充分、适当的审计证据。

(4) A注册会计师拟在审计计划阶段与治理层沟通计划的审计范围以及具体审计程

序的性质和时间安排等事项。

(5) A 注册会计师在审计过程中与甲公司管理层讨论了值得关注的内部控制缺陷和内部控制的其他缺陷，因此，不再以书面形式向管理层正式通报。

要求：

假定上述第（1）至（5）项均为独立事项，并且不考虑其他因素，逐项指出 A 注册会计师的做法是否恰当。如不恰当，简要说明理由。

同步强化练习题参考答案及解析

"扫码看解析"

使用"微信"或"会计云课堂"App 扫码，即可线上对答案、看解析，错题随手收藏，及时巩固复习。

一、单项选择题

1. 【答案】C

解析：选项 C 错误，管理层与治理层的沟通不能减轻注册会计师就这些事项与治理层沟通的责任。

2. 【答案】B

解析：注册会计师与治理层沟通的事项包括：（1）注册会计师与财务报表审计相关的责任（选项 B 错误，注册会计师负责对管理层在治理层监督下编制的财务报表形成和发表意见，财务报表审计并不减轻管理层或治理层的责任）；（2）计划的审计范围和时间安排（选项 A）；（3）审计中发现的重大问题（选项 C）；（4）值得关注的内部控制缺陷；（5）注册会计师的独立性（选项 D）；（6）补充事项。

3. 【答案】A

解析：为了增强审计程序的不可预见性，不宜与治理层沟通具体审计程序的性质（选项 A）。

4. 【答案】C

解析：选项 C 错误，前后任注册会计师的沟通可以采用口头方式进行，也可以采用书面方式进行。

5. 【答案】B

解析：选项 B 错误，在接受委托前，后任注册会计师在征得被审计单位同意后应当主动与前任注册会计师进行沟通，此时后任注册会计师与前任注册会计师之间沟通的目的非常明确，即判断是否接受委托，不是为了利用前任注册会计师审计工作底稿的结论来形成审计证据。

6. 【答案】B

解析：选项 B 正确，后任注册会计师接受委托前与前任注册会计师的沟通是必要程序，接受委托后与前任注册会计师的沟通不是必要程序，后任注册会计师根据审计工作需要自行决定是否查阅前任注册会计师的审计工作底稿，但也应征得被审计单位的同意（选项 A、C 错误）。接受委托后的沟通最有效的沟通方式为查阅前任工作底稿，但也可以采用电话询问、举行会谈、致送审计问卷等方式，即使无法查阅工作底稿，也不应直接终止业务（选项 D 错误）。

7. 【答案】B

解析：选项 B 正确，如果前任注册会计师决定向后任注册会计师提供工作底稿，一般可考虑进一步从被审计单位处获取一份确认函，以便降低在与后任注册会计师进行沟通时发生误解的可能性。

8. 【答案】B

解析： 选项B正确，后任注册会计师查阅前任注册会计师工作底稿获取的信息可能影响后任注册会计师实施审计程序的性质、时间安排和范围，但后任注册会计师应当对自身实施的审计程序和得出的审计结论负责。后任注册会计师不应在审计报告中表明，其审计意见全部或部分地依赖前任注册会计师的审计报告或工作。

二、多项选择题

1. 【答案】ABCD

解析： 针对与治理层就计划的审计范围和时间安排的总体情况进行沟通时，沟通的事项可能包括：（1）注册会计师拟如何应对由于舞弊或错误导致的特别风险以及重大错报风险评估水平较高的领域（选项A正确）；（2）注册会计师对与审计相关的内部控制采取的方案（选项C正确）；（3）在审计中对重要性概念的运用（选项D正确）；（4）实施计划的审计程序或评价审计结果需要的专门技术或知识的性质和程度，包括利用注册会计师的专家的工作；（5）当《中国注册会计师审计准则第1504号—在审计报告中沟通关键审计事项》适用时，注册会计师对哪些事项可能需要重点关注因而可能构成关键审计事项所作的初步判断（选项B正确）；（6）针对适用的财务报告编制基础或者被审计单位所处的环境、财务状况或活动发生的重大变化对单一报表及披露产生的影响，注册会计师拟采取的应对措施。

2. 【答案】ABCD

解析： 注册会计师在审计工作中遇到的重大困难可能包括下列事项：（1）在提供审计所需信息时管理层严重拖延或不愿意提供，或者被审计单位的人员不予配合（选项B正确）；（2）不合理地要求缩短完成审计工作的时间；（3）为获取充分、适当的审计证据需要付出的努力远远超过预期；（4）无法获取预期的信息；（5）管理层对注册会计师施加的限制（选项C正确）；（6）管理层不愿意按照要求对被审计单位持续经营能力进行评估（选项D正确），或不愿意延长评估期间（选项A正确）。

3. 【答案】BCD

解析： 选项B错误，前任注册会计师只有在被审计单位允许的情形下才能对后任注册会计师的询问作出答复，因为无论是前任注册会计师还是后任注册会计师，都负有为被审计单位的信息保密的义务；选项C错误，如果前任注册会计师决定向后任注册会计师提供工作底稿，一般可考虑进一步从被审计单位处获取一份确认函，以便降低在与后任注册会计师进行沟通时发生误解的可能性，但前任注册会计师可自主决定可供后任注册会计师查阅、复印或摘录的工作底稿的内容；选项D错误，前任注册会计师如果受到被审计单位的限制或存在法律诉讼的顾虑，决定不向后任注册会计师作出充分答复，后任注册会计师需要判断是否存在由被审计单位或潜在法律诉讼引起的答复限制，并考虑对接受委托的影响。

4. 【答案】BCD

解析： 选项B错误，后任注册会计师应当在征得被审计单位同意后才能与前任注册会计师进行沟通；选项C错误，无论是前任注册会计师还是后任注册会计师，均应当对沟通过程中获知的信息保密；选项D错误，在接受委托前，后任注册会计师与前任注册会计师进行沟通的目的是为了确定是否接受委托。

5. 【答案】ABD

解析：选项C错误，后任注册会计师查阅前任注册会计师工作底稿的目的是通过利用前任注册会计师审计工作底稿中的信息来制定审计计划，实施审计程序，可以获取有关期初余额的审计证据，形成审计结论。

6. 【答案】AD

解析：选项B错误，后任注册会计师在发现前任注册会计师审计的上年度财务报表可能存在重大错报时，应当提请被审计单位告知前任注册会计师，即使被审计单位拒绝，也不能由后任注册会计师直接告知前任注册会计师；选项C错误，后任注册会计师应对本期审计的财务报表形成的结论负责，包括对期初余额形成的结论。

三、简答题

【答案】

(1) 不恰当。与X注册会计师的沟通需要事先征得甲公司管理层同意。

(2) 不恰当。A注册会计师还应当了解甲公司管理层正直诚信与否、是否发现甲公司存在管理层舞弊、违反法律法规和值得关注的内部控制缺陷，以及甲公司变更会计师事务所的原因。

(3) 不恰当。还可以实施其他追加的审计程序以获得期初存货的相关证据。

(4) 不恰当。为了增加审计程序不可预见性，与治理层的沟通不应包括具体审计程序的性质和时间安排。

(5) 不恰当。对于值得关注的内部控制缺陷，注册会计师应当以书面形式向管理层正式通报。

第十五章　注册会计师利用他人的工作

本章考情分析

本章需要掌握的知识点包括：第一，注册会计师是否能够利用内部审计工作或利用内部审计人员提供直接协助，重点围绕“是否利用、在哪些领域利用以及在多大程度上利用”三个方面展开（教材15.1）；第二，外部专家、评价专家工作的事项、与专家达成一致意见以及评价专家工作的恰当性（教材15.2）。

本章属于比较重要的考试章节。除客观题外，在简答题和综合题中也会涉及本章知识点。最近五年平均考试分值在3分左右。

本章需要大家重点掌握的知识点（含可能题型），归纳如下表。

序号	知识点	题型	难易程度
1	不应依赖内部审计工作的领域	单选、多选	中
2	确定是否能够利用内部审计工作	单选、简答	易
3	不得利用内部审计工作	单选、多选	中
4	较少利用内部审计工作	单选、多选	中
5	如何利用内部审计工作	单选、简答	中
6	确定是否利用内部审计人员提供直接协助	单选、综合	中
7	不得利用内部审计人员提供直接协助	综合	中
8	如何利用内部审计人员提供直接协助	单选、简答	中
9	管理层的专家	简答	易
10	注册会计师的专家（内部专家和外部专家）	单选、多选、简答	中
11	确定是否利用专家工作	单选、多选	中
12	评价专家工作的事项	单选、多选、简答	中
13	与专家达成一致意见	单选、多选、简答、综合	中
14	评价专家工作的恰当性	单选、简答、综合	中

2021年教材主要变化

对个别文字修订。

本章考点框架

- 第十五章
  - 利用内部审计工作
    - 内部审计与注册会计师的关系【中/高频】
    - 确定是否能够利用内部审计工作【易/高频】
    - 不得利用内部审计工作【中/高频】
    - 较少利用内部审计工作【中/高频】
    - 如何利用内部审计工作【中/中频】
    - 确定是否利用内部审计人员提供直接协助【中/高频】
    - 不得利用内部审计人员提供直接协助【中/高频】
    - 如何利用内部审计人员提供直接协助【中/中频】
  - 利用专家的工作
    - 管理层的专家【易/中频】
    - 注册会计师的专家【中/中频】
    - 确定是否利用专家工作【中/低频】
    - 评价专家工作的事项【中/中频】
    - 与专家达成一致意见【中/高频】
    - 评价专家工作的恰当性【中/高频】

本章重难点精讲

提示	本章有两个模块：第一是确定是否利用内部审计的工作，以及在哪些领域以及多大程度上利用内部审计工作；第二是在某些特定领域考虑是否利用专家的工作（包括利用外部专家工作）。本章属于比较重要的章节，快扫听课二维码，助您“码”上通关

第一节　利用内部审计工作

本节视频详解
使用“会计云课堂”App/微信扫码听课

01 考点1 内部审计与注册会计师的关系（★★★）[1]

内部审计的定义、职能、目标、活动以及注册会计师利用内部审计工作的原因等事项，归纳如下表。

[1] 为方便您在学习中可以快速了解知识点的重要程度，本书中将知识点进行分类。★★★代表重要知识点，★★代表次重要知识点，★代表非重要知识点。

内部审计的相关事项	具体内容
定义	是指被审计单位负责执行鉴证和咨询活动，以评价和改进被审计单位的治理、风险管理和内部控制流程有效性的部门、岗位或人员 【提示】内部审计人员是指执行内部审计活动的人员，可能属于内部审计部门或履行内部审计职责的类似部门
职能	包括检查、评价和监督内部控制的恰当性和有效性等
目标	由其管理层和治理层确定。由于被审计单位的规模、组织结构以及管理层和治理层（如适用）的要求不同，内部审计的目标和范围、职责及其在被审计单位中的地位（包括权威性和问责机制）可能有较大差别
活动	（1）与公司治理有关的活动 （2）与风险管理有关的活动 （3）与内部控制有关的活动
利用内部审计工作的原因	（1）内部审计是被审计单位内部控制的一个重要组成部分，注册会计师通常需要了解和测试被审计单位的内部控制（包含内部审计） （2）注册会计师应当考虑内部审计活动及其在内部控制中的作用，以评估财务报表重大错报风险及其对注册会计师审计程序的影响 （3）注册会计师通过了解与评估内部审计工作，利用可信赖的内部审计工作相关部分的成果，或利用内部审计人员提供直接协助，可以减少不必要的重复劳动，提高审计工作效率
利用内部审计工作的环节	（1）在获取审计证据的过程中利用内部审计的工作 （2）在注册会计师的指导、监督和复核下利用内部审计人员提供直接协助
内部审计与注册会计师审计的联系	（1）内部审计与注册会计师审计两者用以实现各自目标的某些方式通常是相似的 （2）如果内部审计的工作结果表明被审计单位的财务报表在某些领域存在重大错报风险，注册会计师就应当对这些领域给予特别关注
内部审计工作的局限性	内部审计是被审计单位的一部分，其自主程度和客观性是有限的，无法达到注册会计师审计所要求的水平
不应完全依赖内部审计工作	尽管内部审计工作的某些部分或利用内部审计人员提供直接协助，可能对注册会计师的工作有所帮助，但注册会计师必须对与财务报表审计有关的所有重大事项独立作出职业判断，而不应完全依赖内部审计工作
通常不能依赖内部审计工作的领域	审计过程中涉及的职业判断，如重大错报风险的评估、重要性水平的确定、样本规模的确定、对会计政策和会计估计的评估等，均应当由注册会计师负责执行
不能减轻注册会计师的责任	注册会计师对发表的审计意见独立承担责任，这种责任并不因利用内部审计工作或利用内部审计人员对该项审计业务提供直接协助而减轻

经典题解

【例题1·多选题】下列各项审计工作中，注册会计师通常不能利用内部审计工作的有(　　)。

A. 评估重大错报风险

B. 确定重要性水平

C. 确定控制测试的样本规模

D. 评估会计政策和会计估计

【解析】通常，审计过程中涉及的职业判断不能利用内部审计工作，如重大错报风险的评估（选项A）、重要性水平的确定（选项B）、样本规模的确定（选项C）、对会计政策和会计估计的评估（选项D）等，均应当由注册会计师负责执行。

【答案】ABCD

02 考点2 确定是否能够利用内部审计工作（★★★）

注册会计师应当通过评价下列事项，确定是否能够利用内部审计工作以实现审计目的：

（1）内部审计在被审计单位中的地位，以及相关政策和程序支持内部审计人员客观性的程度；

（2）内部审计人员的胜任能力；

（3）内部审计是否采用系统、规范化的方法。

03 考点3 不得利用内部审计工作（★★★）

如果存在下列情形之一，注册会计师不得利用内部审计的工作：

（1）内部审计在被审计单位的地位以及相关政策和程序不足以支持内部审计人员的客观性；

（2）内部审计人员缺乏足够的胜任能力；

（3）内部审计没有采用系统、规范化的方法。

04 考点4 较少利用内部审计工作（★★★）

当存在下列情况之一时，注册会计师应当计划较少地利用内部审计工作，而更多地直接执行审计工作：

（1）当在下列方面涉及较多判断时：

①计划和实施相关的审计程序；

②评价收集的审计证据。

（2）当评估的认定层次重大错报风险较高，需要对识别出的特别风险予以特殊考虑时。

（3）当内部审计在被审计单位中的地位以及相关政策和程序对内部审计人员客观性的支持程度较弱时。

（4）当内部审计人员的胜任能力较低时。

05 考点5 如何利用内部审计工作（★★）

考虑事项	具体内容
讨论	如果计划利用内部审计工作，注册会计师应当与内部审计人员讨论利用其工作的计划，以作为协调各自工作的基础
阅读内部审计报告	注册会计师应当阅读与拟利用的内部审计工作相关的内部审计报告，以了解其实施的审计程序的性质和范围以及相关发现

续表

考虑事项	具体内容
评价事项	注册会计师应当针对计划利用的全部内部审计工作实施充分的审计程序，以确定其对于实现审计目的是否适当，包括评价下列事项： （1）内部审计工作是否经过恰当的计划、实施、监督、复核和记录 （2）内部审计是否获取了充分、适当的证据，以使其能够得出合理的结论 （3）内部审计得出的结论在具体环境下是否适当，编制的报告与执行工作的结果是否一致
重新执行部分工作	注册会计师实施审计程序的性质和范围应当与其对以下事项的评价相适应，并应当包括重新执行内部审计的部分工作： （1）涉及判断的程度 （2）评估的重大错报风险 （3）内部审计在被审计单位中的地位以及相关政策和程序支持内部审计人员客观性的程度 （4）内部审计人员的胜任能力

06 考点6 确定是否利用内部审计人员提供直接协助（★★★）

注册会计师确定是否利用内部审计人员提供直接协助时，应当评价的事项包括：

（1）如果法律法规不禁止利用内部审计人员提供直接协助，并且注册会计师计划利用内部审计人员在审计中提供直接协助，注册会计师应当评价是否存在对内部审计人员客观性的不利影响及其严重程度，以及提供直接协助的内部审计人员的胜任能力。

（2）注册会计师在评价是否存在对内部审计人员客观性的不利影响及其严重程度时，应当包括询问内部审计人员可能对其客观性产生不利影响的利益和关系。

07 考点7 不得利用内部审计人员提供直接协助（★★★）

当存在下列情形之一时，注册会计师不得利用内部审计人员提供直接协助：

（1）存在对内部审计人员客观性的重大不利影响；

（2）内部审计人员对拟执行的工作缺乏足够的胜任能力。

08 考点8 如何利用内部审计人员提供直接协助（★★）

考虑事项	具体内容
利用内部审计人员提供直接协助之前的考虑	（1）从拥有相关权限的被审计单位代表人员处获取书面协议，允许内部审计人员遵循注册会计师的指令，并且被审计单位不干涉内部审计人员为注册会计师执行的工作 （2）从内部审计人员处获取书面协议，表明其将按照注册会计师的指令对特定事项保密，并将对其客观性受到的任何不利影响告知注册会计师

续表

考虑事项	具体内容
执行指导、监督和复核程序	(1) 注册会计师在确定指导、监督和复核的性质、时间安排和范围时应当认识到内部审计人员并不独立于被审计单位，并且指导、监督和复核的性质、时间安排和范围应当恰当应对对涉及判断的程度、评估的重大错报风险、拟提供直接协助的内部审计人员客观性和胜任能力的评价结果 (2) 复核程序应当包括由注册会计师检查内部审计人员执行的部分工作所获取的审计证据
评价审计证据	注册会计师对内部审计人员执行的工作的指导、监督和复核应当足以使注册会计师对内部审计人员就其执行的工作已获取充分、适当的审计证据以支持相关审计结论感到满意

第二节　利用专家的工作

01 考点 1 管理层的专家（★★）

管理层的专家的定义及对财务报表的影响，归纳如下表。

管理层的专家	具体内容
定义	是指在会计、审计以外的某一领域具有专长的个人或组织，其工作被管理层利用以协助编制财务报表
对财务报表的影响	如果管理层在编制财务报表时利用了管理层的专家的工作，可能意味着编制财务报表具有复杂性，重大错报风险可能增加

02 考点 2 注册会计师的专家（★★）

注册会计师的专家的定义、专家专长、内部专家和外部专家，归纳如下表。

注册会计师的专家	具体内容
定义	是指在会计或审计以外的某一领域具有专长的个人或组织，并且其工作被注册会计师利用，以协助注册会计师获取充分、适当的审计证据
专家的专长	是指在某一特定领域中拥有的专门技能、知识和经验（无论内部专家还是外部专家）
内部专家	(1) 可能是会计师事务所的合伙人或员工(包括临时员工)，因此需要遵守所在会计师事务所的质量管理政策和程序 (2) 也可能是与会计师事务所共享统一的质量管理政策和程序的网络事务所的合伙人或员工（包括临时员工）
外部专家	外部专家不是项目组成员，不受会计师事务所质量管理政策和程序的约束

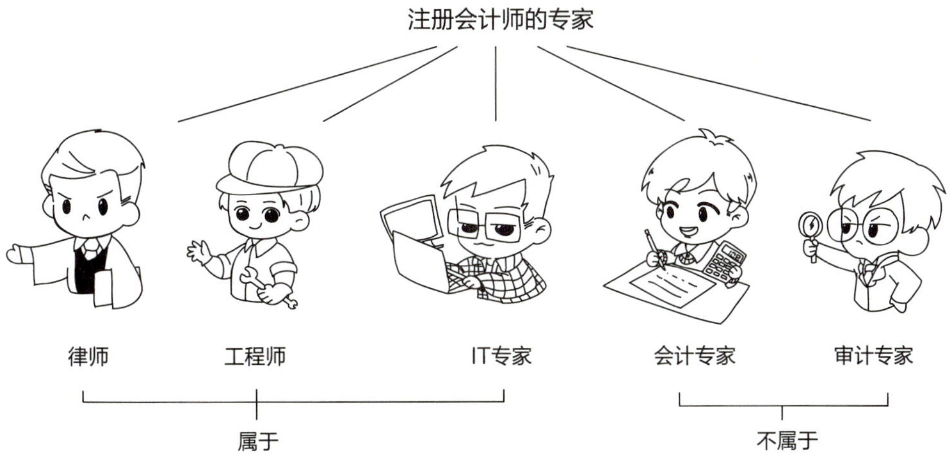

图 15-1 注册会计师的专家

经典题解

【例题 2 · 单选题】下列参与审计业务的人员中，不属于注册会计师的专家的是（　　）。

A. 受聘于会计师事务所对投资性房地产进行评估的资产评估师

B. 就复杂会计问题提供建议的会计师事务所技术部门人员

C. 对与企业重组相关的复杂税务问题进行分析的会计师事务所税务部门人员

D. 对保险合同进行精算的会计师事务所精算部门人员

【解析】注册会计师的专家是指在会计或审计以外的某一领域具有专长的个人或组织，选项 B 不属于注册会计师的专家。

【答案】B

【名师点题】资产评估师（选项 A）、税务部门人员（选项 C）和精算部门人员（选项 D）均属于在会计和审计领域以外的某一领域具有专长的人员，且其工作可以被注册会计师利用。

03 考点 3 确定是否利用专家工作（★）

考虑事项	具体内容
确定是否利用专家工作时，可能考虑的因素	（1）管理层在编制财务报表时是否利用了管理层的专家的工作 （2）事项的性质和重要性，包括复杂程度 （3）事项存在的重大错报风险 （4）应对识别出的风险的预期程序的性质，包括注册会计师对与这些事项相关的专家工作的了解和具有的经验，以及是否可以获得替代性的审计证据
考虑审计财务报表必要的专长	如果编制财务报表需要利用会计以外某一领域的专长，尽管注册会计师拥有会计和审计技能，但可能不具备审计这些财务报表的必要的专长
考虑专家是否具备适当的胜任能力和专业素质	项目合伙人需要确信项目组和不属于项目组的专家整体上具备适当的胜任能力和专业素质以执行审计业务。并且，注册会计师需要确定完成审计项目所需资源的性质、时间安排和范围

04 考点 4 评价专家工作的事项（★★）

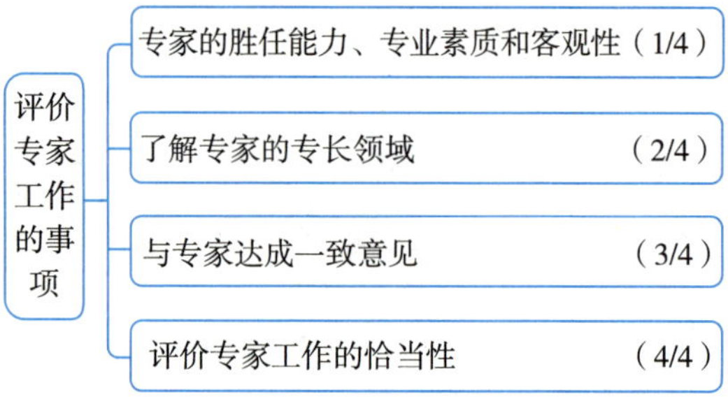

图 15-2　评价专家工作的事项

【看图说话】注册会计师在某些领域利用专家的工作时，应当从四个方面评价专家。具体内容如下表。

评价事项	具体内容
专家的胜任能力、专业素质和客观性（1/4）	（1）专家的胜任能力与其专长的性质和水平有关 （2）专家的专业素质与在业务的具体情况下对胜任能力的发挥相关 （3）专家的客观性与其偏见、利益冲突及其他可能影响其职业判断或商业判断的因素相关 （4）在评价外部专家的客观性时，注册会计师应当询问可能对外部专家客观性产生不利影响的利益和关系
了解专家的专长领域（2/4）	注册会计师对专家的专长领域的了解可能包括下列方面： （1）专家的专长领域是否与审计工作相关 （2）职业准则或其他准则以及法律法规是否适用 （3）专家使用哪些假设和方法（包括专家使用的模型，如适用），及其在专家的专长领域是否得到普遍认可，对实现财务报告目的是否适当 （4）专家使用的内外部数据或信息的性质
与专家达成一致意见（3/4）	在【考点 5】展开
评价专家工作的恰当性（4/4）	在【考点 6】展开

05 考点 5 与专家达成一致意见（3/4，★★★）

无论是利用外部专家还是内部专家，注册会计师都应当就专家工作的性质、范围和目标，各自的角色和责任，双方沟通的性质、时间安排和范围以及保密要求（四个方面的事项），与专家达成一致意见，并根据需要形成书面协议。具体内容归纳如下表。

达成一致意见的事项	具体内容
专家工作的性质、范围和目标（1/4）	当就专家工作的性质、范围和目标达成一致意见时，注册会计师通常需要与专家讨论需要遵守的相关技术标准、其他职业准则或行业要求
各自的角色和责任（2/4）	（1）确定由注册会计师还是专家对原始数据实施细节测试 （2）同意注册会计师与被审计单位或其他人员讨论专家的工作结果或结论，必要时，包括同意注册会计师将专家的工作结果或结论的细节作为注册会计师在审计报告中发表非无保留意见的基础 （3）将注册会计师对专家工作形成的结论告知专家。可能还包括就各自的工作底稿的使用和保管达成的一致意见 ①当专家是项目组的成员时，专家的工作底稿是审计工作底稿的一部分 ②除非协议另作安排，外部专家的工作底稿属于外部专家，不是审计工作底稿的一部分
双方沟通的性质、时间安排和范围（3/4）	如果专家的工作与注册会计师针对某项特别风险形成的结论相关，专家不仅要在工作结束时提交一份正式的书面报告，而且要随着工作的推进随时作出口头报告
保密要求（4/4）	（1）适用于注册会计师的相关职业道德要求中的保密条款同样也适用于专家 （2）法律法规可能对保密作出额外规定，被审计单位也可能要求外部专家同意遵守特定的保密条款

【提示】与外部专家达成一致意见时，注意上表中归纳的“底稿的使用和保管”“保密要求”需要与内部专家要求进行区分。

06 考点6 评价专家工作的恰当性（4/4，★★★）

注册会计师评价专家工作的恰当性问题需要从可能实施的特定程序（5个程序）、评价事项（3个事项）以及评价专家工作结果为不恰当时的应对措施（2项措施）三大方面展开，具体内容归纳如下表。

评价专家工作的恰当性		具体内容
评价事项	可能实施的特定程序（5个程序）	（1）询问专家 （2）复核专家的工作底稿和报告 （3）实施用于证实的程序，例如：观察专家的工作、检查已公布的数据、向第三方询证相关事项、执行详细的分析程序、重新计算 （4）必要时（如当专家的工作结果或结论与其他审计证据不一致时）与具有相关专长的其他专家讨论 （5）与管理层讨论专家的报告

续表

评价专家工作的恰当性		具体内容
评价事项	评价专家的工作结果或结论的相关性和合理性时可能考虑的因素（1/3）	（1）专家提交其工作结果或结论的方式是否符合专家所在的职业或行业标准 （2）专家的工作结果或结论是否得到清楚的表述，包括提及与注册会计师达成一致的目标，执行工作的范围和运用的标准 （3）专家的工作结果或结论是否基于适当的期间，并考虑期后事项（如相关） （4）专家的工作结果或结论在使用方面是否有任何保留、限制或约束，如果有，是否对注册会计师的工作产生影响 （5）专家的工作结果或结论是否适当考虑了专家遇到的错误或偏差情况
	评价专家工作涉及使用重要的假设和方法的相关性和合理性（2/3）	注册会计师应当了解专家选择的假设和方法，并根据专家工作的具体情况，评价专家工作涉及使用重要的假设和方法的相关性和合理性
	评价专家工作涉及使用重要的原始数据的相关性、完整性和准确性（3/3）	当专家的工作涉及使用对专家工作具有重要影响的原始数据时，注册会计师可以实施下列程序测试这些数据： （1）核实数据的来源，包括了解和测试（适用时）针对数据的内部控制，以及向专家传送数据的方式（如相关） （2）复核数据的完整性和内在一致性
评价专家工作结果为不恰当时的应对措施（2项措施）		（1）如果确定专家的工作不足以实现审计目的，注册会计师应当采取下列措施之一： ①就专家拟执行的进一步工作的性质和范围，与专家达成一致意见 ②根据具体情况，实施追加的审计程序 （2）如果认为专家的工作不足以实现审计目的，且通过实施追加的审计程序，或者通过雇用、聘请其他专家仍不能解决问题，注册会计师有必要按规定发表非无保留意见

【相关链接】

1.《中国注册会计师审计准则第1411号——利用内部审计人员的工作》

2.《中国注册会计师审计准则第1411号——利用内部审计人员的工作》应用指南

3.《中国注册会计师审计准则第1421号——利用专家的工作》

4.《中国注册会计师审计准则第1421号——利用专家的工作》应用指南

扫一扫 “码”上做题、看解析

本书历年经典试题均配备二维码，使用“会计云课堂”App扫码，即可线上做题、看解析。

【“会计云课堂”App下载二维码见封底页】

历年经典试题回顾

（一）不应依赖内部审计工作的领域

【例题·单选题】下列各项中，注册会计师通常可以利用内部审计人员工作的是（　）。（2018年）

A. 评估会计政策的恰当性

B. 确定财务报表整体的重要性

C. 实施控制测试

D. 确定细节测试的样本规模

（二）确定是否能够利用内部审计工作

【例题·单选题】在确定是否能够利用内部审计的工作以实现审计目的时，下列有关注册会计师执行的评价的说法中，错误的是（　）。（2018年）

A. 注册会计师应当评价内部审计人员是否能够符合注册会计师职业道德守则有关独立性的要求

B. 注册会计师应当评价内部审计人员的胜任能力

C. 注册会计师应当评价内部审计在被审计单位中的地位，以及相关政策和程序支持内部审计人员客观性的程度

D. 注册会计师应当评价内部审计是否采用系统、规范化的方法

（三）不得利用内部审计工作

【例题·多选题】下列情形中，注册会计师不得利用内部审计工作的有（　）。（2019年网络回忆版）

A. 评估的认定层次的重大错报风险较高

B. 计划和实施相关的审计程序涉及较多判断

C. 内部审计没有采用系统、规范化的方法

D. 内部审计的地位不足以支持内部审计人员的客观性

（四）注册会计师的专家（内部专家和外部专家）

【例题1·单选题】下列有关注册会计师的外部专家的说法中，错误的是（　）。（2018年）

A. 外部专家无需遵守注册会计师职业道德守则的要求

B. 外部专家不是审计项目组成员

C. 外部专家不受会计师事务所质量管理政策和程序的约束

D. 外部专家的工作底稿通常不构成审计工作底稿

【例题2·单选题】下列有关注册会计师的专家的说法中，正确的是（　）。（2016年）

A. 无论是内部专家还是外部专家，都不包括会计、审计领域的专家

B. 无论是内部专家还是外部专家，都是项目组成员，受会计师事务所质量管理政策和程序的约束

C. 无论是内部专家还是外部专家，注册会计师都应当询问对专家客观性产生不利影响的利益和关系

D. 无论是内部专家还是外部专家，注册会计师都应当就专家工作的性质、范围和目标等事项与专家达成一致意见并形成书面协议

（五）与专家达成一致意见

【例题·单选题】下列各项中，注册会计师无需与其利用的外部专家达成一致意见

的是(　　)。(2020年网络回忆版)

A. 注册会计师和专家各自的角色与责任

B. 注册会计师与专家之间沟通的性质、时间安排和范围

C. 专家工作的性质、范围和目标

D. 对专家遵守会计师事务所质量管理政策和程序的要求

(六) 评价专家工作的恰当性

【例题·综合题·部分】 甲公司是ABC会计师事务所的常年审计客户，主要从事电气设备的生产和销售。A注册会计师负责审计甲公司2016年度财务报表，确定财务报表整体的重要性为300万元，实际执行的重要性为210万元。

资料三：

A注册会计师在审计工作底稿中记录了审计计划，部分内容摘录如下：

(4) A注册会计师拟利用评估专家对甲公司的商誉减值测试进行评估。由专家负责评价其使用的重要原始数据的相关性、准确性和完整性。A注册会计师负责评价：①专家工作涉及使用的重要假设和方法的相关性和合理性；②专家工作结果的相关性和合理性，以及与其他审计证据的一致性。

要求：

针对资料三第(4)项，假定不考虑其他条件，指出审计计划的内容是否恰当。如不恰当，简要说明理由。(2017年网络回忆版)

历年经典试题回顾参考答案及解析

“扫码看解析”

使用“微信”或“会计云课堂”App扫码，即可线上对答案、看解析，错题随手收藏，及时巩固复习。

(一) 不应依赖内部审计工作的领域

【例题1·单选题】

【答案】C

【解析】 通常，审计过程中涉及的职业判断，如重大错报风险的评估、重要性水平的确定(选项B)、样本规模的确定(选项D)、对会计政策和会计估计的评估等(选项A)，均应当由注册会计师负责执行。控制测试通常可以利用内部审计人员的工作，故选项C正确。

(二) 确定是否能够利用内部审计工作

【例题·单选题】

【答案】A

【解析】 选项A错误，内部审计是被审计单位的一部分，其自主程度和客观性毕竟是有限的，无法达到注册会计师审计所要求的水平，包括无法达到注册会计师职业道德守则有关独立性的要求。

(三) 不得利用内部审计工作

【例题·多选题】

【答案】CD

【解析】 如果存在下列情形之一，注册会计师不得利用内部审计的工作：(1)内部审计在被审计单位的地位以及相关政策和程序不足以支持内部审计人员的客观性(选项D)；(2)内部审计人员缺乏足够的胜任能力；(3)内部审计没有采用系统、规范化的方法(选项C)。选项A、B均属于注册会计师应当计划较少地利用内部审计工作的情形。

(四) 注册会计师的专家(内部专家和外部专家)

【例题1·单选题】

【答案】A

【解析】 选项A错误，外部专家需要遵守注册会计师职业道德守则中的保密要求。

【例题 2 · 单选题】

【答案】A

【解析】选项 B 错误，外部专家不属于项目组成员，不受会计师事务所质量管理政策和程序的约束；选项 C 错误，在评价外部专家的客观性时，注册会计师应当询问对外部专家客观性产生不利影响的利益和关系；选项 D 错误，无论是外部专家还是内部专家，注册会计师都有必要就专家工作的性质、范围和目标等事项与其达成一致意见，并根据需要形成书面协议，并非必须形成书面协议。

（五）与专家达成一致意见

【例题 · 单选题】

【答案】D

【解析】专家工作的性质、范围和目标（选项 C）可能会随着情况的变化而发生较大的变化，相应地，注册会计师和专家各自的角色与责任（选项 A）、注册会计师和专家沟通的性质、时间安排和范围（选项 B）等也可能因情况的变化而发生较大变化。因此，无论是对外部专家还是内部专家，注册会计师应当就这些事项与其达成一致意见，并根据需要形成书面协议。

（六）评价专家工作的恰当性

【例题 · 综合题 · 部分】

【答案】

事项序号	是否恰当（是/否）	理由
（4）	否	应当由注册会计师评价专家的工作涉及使用的重要原始数据的相关性、准确性和完整性

扫一扫　“码”上做题、看解析

本书同步强化练习题均配备二维码，使用“会计云课堂”App 扫码，即可线上做题、看解析。

【“会计云课堂”App 下载二维码见封底页】

同步强化练习题

一、单项选择题

1. 下列关于内部审计与注册会计师的关系的说法中，错误的是（　　）。（★★★）*

A. 注册会计师应当了解被审计单位内部审计

B. 注册会计师应当考虑内部审计活动及其在内部控制中的作用，以评估财务报表重大错报风险及其对注册会计师审计程序的影响

C. 注册会计师可以通过利用内部审计人员提供直接协助评估财务报表重大错报风险

D. 注册会计师通过了解与评估内部审计工作，利用可信赖的内部审计工作，可以减少不必要的重复劳动

* 为了便于您识别重要题目，本书中针对重点题目通过标注星级的方式进行体现。

2. 下列关于内部审计与注册会计师的关系的说法中，正确的是(　　)。
A. 内部审计与注册会计师审计两者用以实现各自目标的某些方式是完全一致的
B. 如果内部审计的工作结果表明被审计单位的财务报表在某些领域存在重大错报风险，注册会计师就应当对这些领域给予特别关注
C. 内部审计人员的客观性能够达到注册会计师审计所要求的水平
D. 对于审计过程中涉及的职业判断，注册会计师应更多的依赖内部审计人员的工作，从而减轻不必要的劳动，提高审计工作效率

3. 下列情形中，注册会计师不得利用内部审计工作的是(　　)。(★★★)
A. 内部审计在被审计单位中的地位对内部审计人员客观性的支持程度较弱
B. 被审计单位相关政策和程序对内部审计人员客观性的支持程度较弱
C. 内部审计人员缺乏足够的胜任能力
D. 评价收集的审计证据涉及较多判断

4. 下列有关注册会计师利用外部专家工作的说法中，错误的是(　　)。(★★★)
A. 外部专家需要遵守适用于注册会计师的相关职业道德要求中的保密条款
B. 外部专家不受会计师事务所按照质量管理准则制定的质量管理政策和程序的约束
C. 外部专家的工作底稿是审计工作底稿的一部分
D. 在审计报告中提及外部专家的工作并不减轻注册会计师对审计意见承担的责任

5. 下列有关利用内部审计人员提供直接协助的说法中，错误的是(　　)。(★★★)
A. 在利用内部审计人员提供直接协助之前，注册会计师应当从拥有相关权限的被审计单位代表人员处获取书面协议，允许内部审计人员遵循注册会计师的指令，并且被审计单位不干涉内部审计人员为注册会计师执行的工作
B. 在利用内部审计人员提供直接协助之前，注册会计师应当从内部审计人员处获取书面协议，表明其将按照注册会计师的指令对特定事项保密，并将对其客观性受到的任何不利影响告知注册会计师
C. 注册会计师应当评价是否存在对内部审计人员独立性的不利影响，包括询问内部审计人员可能对其独立性产生不利影响的利益和关系
D. 如果内部审计人员对拟执行的工作缺乏足够的胜任能力，则注册会计师不得利用内部审计人员提供直接协助

6. 在确定是否需要利用专家的工作时，注册会计师通常无须考虑的因素是(　　)。
A. 事项的性质和重要性
B. 出具审计报告的时间要求
C. 应对识别出的风险的预期程序的性质
D. 管理层在编制财务报表时是否利用了管理层专家的工作

7. 在计划利用专家的工作时，注册会计师通常不需要考虑的因素是(　　)。(★★★)
A. 专家的专业素质和客观性
B. 专家在会计、审计领域的专长
C. 与专家达成一致意见
D. 评价专家工作的恰当性

8. 注册会计师在评价专家的工作是否足以实现审计目的时，下列各项中，无须评价的是(　　)。
A. 专家工作结果或结论的合理性和相关性
B. 专家工作涉及使用的所有假设和方法与注册会计师采用假设和方法的一致性
C. 专家工作结果或结论与其他审计证据的一致性
D. 专家工作涉及使用的重要原始数据的相关性、完整性和准确性

9. 注册会计师应当就各自的角色和责任与专家达成一致意见，并根据需要形成书面协议。下列说法中，错误的是(　　)。
A. 确定由注册会计师还是专家对原始数据实施细节测试
B. 将注册会计师对专家工作形成的结论告知专家
C. 如果注册会计师能够对专家的工作获取充分、适当的审计证据，可在无保留意见的审计报告中提及专家的工作
D. 同意注册会计师与被审计单位或其他人员讨论专家的工作结果或结论，必要时，包括同意注册会计师将专家的工作结果或结论的细节作为注册会计师在审计报告中发表非无保留意见的基础

10. 下列关于与专家达成一致意见的说法中，错误的是(　　)。(★★★)
A. 除非协议另作安排，外部专家的工作底稿属于外部专家，不是审计工作底稿的一部分
B. 当专家是项目组的成员时，专家的工作底稿是审计工作底稿的一部分
C. 适用于注册会计师的相关职业道德要求中的保密条款同样也适用于专家
D. 注册会计师不应当将其对专家工作形成的结论告知专家

二、多项选择题

1. 下列关于注册会计师利用内部审计工作的说法中，正确的有(　　)。
A. 注册会计师应当作出审计业务中的所有重大判断，并防止不当利用内部审计工作
B. 注册会计师应当评价被审计单位的书面声明，以确定是否能够利用内部审计的工作
C. 如果计划利用内部审计工作，注册会计师应当与内部审计人员讨论利用其工作的计划，以作为协调各自工作的基础
D. 注册会计师应当考虑内部审计已执行和拟执行工作的性质和范围，以及这些工作与注册会计师总体审计策略和具体审计计划的相关性，以作为确定能够利用内部审计工作的领域和程度的基础

2. 下列各项中，注册会计师通常可以利用内部审计人员工作的情形有(　　)。(★★★)
A. 在获取审计证据的过程中利用内部审计的工作
B. 在评估重大错报风险时利用内部审计的工作
C. 在确定审计程序的范围时利用内部审计的工作
D. 在注册会计师的指导、监督和复核下，利用内部审计人员提供直接协助

3. 下列情形中，可能需要注册会计师重新执行内部审计的部分工作的有(　　)。(★★★)
A. 涉及判断的金额较大
B. 评估的重大错报风险较高
C. 内部审计人员的胜任能力较低
D. 内部审计在被审计单位中的地位对内部审计人员客观性的支持程度较弱

4. 下列注册会计师的专家中，应当遵守会计师事务所根据质量管理准则制定的政策和程序的有(　　)。
A. 网络事务所的合伙人
B. 会计师事务所的合伙人和员工
C. 网络事务所的临时员工
D. 外部专家

5. 注册会计师评价专家工作是否足以实现审计目的所实施的特定程序可能包括(　　)。
A. 实施用于证实的程序
B. 复核专家的工作底稿和报告
C. 询问专家
D. 必要时与具有相关专长的其他专家讨论

6. 下列各项中，注册会计师应当与专家达成一致意见，并根据需要形成书面协议的有(　　)。(★★★)
A. 审计工作底稿的使用和保管
B. 职业道德要求中的保密要求

C. 双方沟通的性质、时间安排和范围
D. 注册会计师和专家各自的角色和责任

7. 如果确定专家的工作不足以实现审计目的，注册会计师应当采取的措施包括(　　)。
A. 发表非无保留意见
B. 解除业务约定
C. 根据具体情况，实施追加的审计程序
D. 就专家拟执行的进一步工作的性质和范围，与专家达成一致意见

三、简答题

ABC会计师事务所的A注册会计师负责审计甲公司2020年度财务报表，与利用专家工作相关的事项摘录如下：
(1) A注册会计师拟利用会计师事务所聘请的外部信息技术专家对甲公司的信息系统进行测试。该信息技术专家不是项目组成员，不受ABC会计师事务所质量管理政策和程序的约束。
(2) 在评价外部专家的客观性时，A注册会计师认为应当询问可能对外部专家客观性产生不利影响的利益和关系。
(3) 由于甲公司所在行业法律法规可能对保密作出额外规定，A注册会计师要求外部专家同意遵守特定的保密条款。
(4) A注册会计师认为外部专家的工作底稿属于审计工作底稿的一部分。
(5) A注册会计师在商誉减值测试过程中利用了专家的工作，专家工作的结果与甲公司管理层的估计结果差异较大，A注册会计师实施了追加的审计程序并与管理层沟通后仍无法解决，因该项差异对财务报表的影响重大但不广泛，A注册会计师拟出具保留意见审计报告，并提及专家的工作，同时指明这种提及不减轻注册会计师对审计意见承担的责任。
要求：
针对上述第(1)至(5)项，逐项指出A注册会计师的做法是否恰当。如不恰当，简要说明理由。(★★★)

同步强化练习题参考答案及解析

“扫码看解析”

使用“微信”或“会计云课堂”App扫码，即可线上对答案、看解析，错题随手收藏，及时巩固复习。

一、单项选择题

1. 【答案】C
解析：选项C错误，注册会计师必须对与财务报表审计有关的所有重大事项独立作出职业判断，而不应完全依赖内部审计工作。通常，审计过程中涉及的职业判断，如重大错报风险的评估、重要性水平的确定、样本规模的确定、对会计政策和会计估计的评估等，均应当由注册会计师负责执行。

2. 【答案】B
解析：选项A错误，内部审计与注册会计师审计两者用以实现各自目标的某些方式通常是相似的，但并非完全一致；选项C错误，内部审计是被审计单位的一部分，其自主程度和客观性是有限的，无法达到注册会计师审计所要求的水平；选项D错误，注册会计师必须对与财务报表审计有关的所有重大事项独立作出职业判断，而不应完全依赖内部审计工作。

3. 【答案】C

解析：选项A、B、D均属于注册会计师应当较少利用内部审计工作，而更多地直接执行审计工作的情形，故均不正确。选项C正确，如果存在下列情形之一，注册会计师不得利用内部审计的工作：(1)内部审计在被审计单位的地位以及相关政策和程序不足以支持内部审计人员的客观性；(2)内部审计人员缺乏足够的胜任能力(选项C)；(3)内部审计没有采用系统、规范化的方法。

4. 【答案】C

解析：选项A正确，适用于注册会计师的相关职业道德要求中的保密条款同样也适用于专家。选项B正确，外部专家不是审计项目组成员，不受会计师事务所按照质量管理准则制定的质量管理政策和程序的约束。选项C错误，当专家是项目组的成员时，专家的工作底稿是审计工作底稿的一部分。除非协议另作安排，外部专家的工作底稿属于外部专家，不是审计工作底稿的一部分。选项D正确，注册会计师不应在无保留意见的审计报告中提及专家的工作，除非法律法规另有规定；如果法律法规要求提及专家的工作，注册会计师应当在审计报告中指明，这种提及并不减轻注册会计师对审计意见承担的责任。

5. 【答案】C

解析：选项C错误，内部审计人员来自被审计单位内部，其独立性达不到注册会计师要求，注册会计师应当评价的是对内部审计人员客观性的不利影响及其严重程度。

6. 【答案】B

解析：注册会计师出具审计报告的时间要求（选项B）与注册会计师是否需要利用专家的工作无关。

7. 【答案】B

解析：选项B错误，专家是指在会计或审计以外的某一领域具有专长的个人或组织，注册会计师无须考虑专家的会计、审计领域的专长。在考虑利用专家的工作时，注册会计师应当考虑的因素包括：(1)专家是否具有实现审计目的所必需的胜任能力、专业素质和客观性（选项A）；(2)了解专家的专长领域；(3)与专家达成一致意见（选项C）；(4)评价专家工作的恰当性（选项D）。

8. 【答案】B

解析：注册会计师应当评价专家的工作是否足以实现审计目的，包括：(1)专家的工作结果或结论的相关性和合理性，以及与其他审计证据的一致性（选项A、C）；(2)如果专家的工作涉及使用重要的假设和方法，这些假设和方法在具体情况下的相关性和合理性（选项B错误）；(3)如果专家的工作涉及使用重要的原始数据，这些原始数据的相关性、完整性和准确性（选项D）。

9. 【答案】C

解析：选项C错误，注册会计师不应在无保留意见的审计报告中提及专家的工作，除非法律法规另有规定。

10. 【答案】D

解析：注册会计师应当就各自的角色和责任与专家达成一致意见，可能包括：(1)确定由注册会计师还是专家对原始数据实施细节测试；(2)同意注册会计师与被审计单位或其他人员讨论专家的工作结果或结论，必要时，包括同意注册会计师将专家的工作结果或结论的细节作为注册会计师在审计报告中发表非无保留意见的基础；(3)将注册会计师对专家工作形成的结论告知专家（选项D错误）。

二、多项选择题

1. 【答案】ACD

解析：选项B错误，注册会计师通过评价被审计单位的书面声明无法确定是否能够利用内部审计的工作。

2. 【答案】AD

解析：注册会计师在审计中利用内部审计人员的工作包括：（1）在获取审计证据的过程中利用内部审计的工作（选项A）；（2）在注册会计师的指导、监督和复核下利用内部审计人员提供直接协助（选项D）。通常，如果审计过程中涉及职业判断（选项C），通常，如重大错报风险的评估（选项B）、重要性水平的确定、样本规模的确定、对会计政策和会计估计的评估等，均应当由注册会计师负责执行，故选项B、C均不正确。

3. 【答案】ABCD

解析：注册会计师实施审计程序的性质和范围应当与其对以下事项的评价相适应，并应当包括重新执行内部审计的部分工作：（1）涉及判断的程度（选项A）；（2）评估的重大错报风险（选项B）；（3）内部审计在被审计单位中的地位以及相关政策和程序支持内部审计人员客观性的程度（选项D）；（4）内部审计人员的胜任能力（选项C）。

4. 【答案】ABC

解析：在考虑专家是否需要遵守会计师事务所的质量管理政策和程序时，应当区分内部专家和外部专家。外部专家不是项目组成员，不受会计师事务所质量管理政策和程序的约束（选项D不正确）。内部专家可能是会计师事务所的合伙人或员工（包括临时员工）（选项B），也可能是网络事务所的合伙人或员工（包括临时员工）（选项A、C），需要遵守会计师事务所根据质量管理准则制定的政策和程序。

5. 【答案】ABCD

解析：注册会计师评价专家工作是否足以实现审计目的所实施的特定程序可能包括：（1）询问专家（选项C）；（2）复核专家的工作底稿和报告（选项B）；（3）实施用于证实的程序（选项A）；（4）必要时与具有相关专长的其他专家讨论（选项D）；（5）与管理层讨论专家的报告。

6. 【答案】BCD

解析：无论是利用外部专家还是内部专家，注册会计师应当就专家工作的性质、范围和目标、各自的角色和责任（选项D）、双方沟通的性质、时间安排和范围（选项C）和保密要求等（选项B）与专家达成一致意见，并根据需要形成书面协议。

7. 【答案】CD

解析：如果确定专家的工作不足以实现审计目的，注册会计师应当采取下列措施之一：（1）就专家拟执行的进一步工作的性质和范围，与专家达成一致意见（选项D）；（2）根据具体情况，实施追加的审计程序（选项C）。

三、简答题

【答案】

（1）恰当。

（2）恰当。

（3）恰当。

（4）不恰当。除非协议另作安排，外部专家的工作底稿属于外部专家，不是审计工作底稿的一部分。

（5）恰当。

第十六章　对集团财务报表审计的特殊考虑

本章考情分析

本章需要掌握的重点内容包括：识别重要组成部分、确定组成部分重要性、针对评估的风险采取相应的应对措施、与集团治理层沟通。特别建议结合图解学习本章知识点，比如本章的图 16-1 集团重要性（“大杯子”）、图 16-2 集团重要性与组成部分重要性（“大杯子与小杯子”）、图 16-3 确定对组成部分财务信息拟执行工作的类型（菱形 A、B、C 和长方形 1、2、3、4、5）

本章知识点在考试的各种题型中均涉及，常常在简答题和综合题中考查。本章是非常重要的考试章节，最近五年平均分值在 5 分左右。

本章需要大家重点掌握的知识点（含可能题型）归纳如下表。

序号	知识点	题型	难易程度
1	识别重要组成部分	简答、综合	难
2	集团财务报表审计责任	单选、简答	中
3	了解组成部分注册会计师	单选、多选、简答、综合	中
4	评价能否利用组成部分注册会计师的工作	单选、简答	中
5	组成部分重要性	单选、多选、简答、综合	难
6	对重要组成部分实施审计/审计程序	单选、多选、简答、综合	难
7	对不重要组成部分在集团层面实施分析程序	单选、简答	中
8	参与组成部分注册会计师的工作	单选、多选、简答	中
9	组成部分注册会计师向集团项目组沟通	单选、多选、简答	难
10	与集团治理层沟通的事项	简答	中

2021 年教材主要变化

对个别文字修订。

本章考点框架

- 第十六章
  - 与集团财务报表审计有关的概念
    - 与集团审计的相关概念【易/低频】
    - 识别重要组成部分【难/中频】
  - 集团财务报表审计中的责任设定和注册会计师的目标
    - 集团财务报表审计责任【中/中频】
    - 集团财务报表审计中注册会计师的目标【易/低频】
  - 集团审计业务的承接与保持
    - 业务承接与保持时的了解【中/低频】
    - 审计范围受到限制【中/中频】
  - 了解集团及其环境、集团组成部分及其环境
    - 了解集团及其环境、组成部分及其环境【中/中频】
  - 了解组成部分注册会计师
    - 了解组成部分注册会计师【中/高频】
    - 评估了解的组成部分注册会计师【中/中频】
  - 重要性
    - 集团重要性【难/高频】
    - 组成部分重要性【难/高频】
    - 明显微小错报的临界值【中/中频】
  - 针对评估的风险采取的应对措施
    - 针对评估的风险采取的应对措施【难/高频】
  - 合并过程
    - 了解集团层面的控制和合并过程【难/中频】
  - 与组成部分注册会计师的沟通
    - 集团项目组向组成部分注册会计师沟通【易/低频】
    - 组成部分注册会计师向集团项目组沟通【难/中频】
  - 评价审计证据的充分性和适当性（略）
  - 与集团管理层和集团治理层的沟通
    - 向集团治理层和集团管理层通报内部控制缺陷【易/低频】
    - 与集团治理层沟通的事项【中/中频】

本章重难点精讲

提示	本章学习的重点在于集团重要性（“大杯子”）与组成部分重要性（“小杯子”）之间的关系、了解组成部分注册会计师（4 个方面）、针对评估的风险采取的应对措施包括利用组成部分注册会计师工作（结合本章图 16-3 中的 3 个菱形和 5 个长方形理解）。本章属于非常重要的章节，快扫听课二维码，助您“码”上通关

第一节 与集团财务报表审计有关的概念

本节视频详解
使用“会计云课堂” App/ 微信扫码听课

01 考点 1 与集团审计的相关概念（★）❶

相关概念	具体内容
集团	指由所有组成部分构成的整体，并且所有组成部分的财务信息包括在集团财务报表中
组成部分	指某一实体或某项业务活动，其财务信息由集团或组成部分管理层编制并应包括在集团财务报表中。其中： （1）母公司、子公司、合营企业以及按权益法或成本法核算的被投资实体或者集团本部、分支机构可被视为组成部分 （2）职能部门、生产过程、单项产品或劳务（或一组产品或劳务）或地区可被视为组成部分
集团财务报表	指包括一个以上组成部分财务信息的财务报表，也指没有母公司但处在同一控制下的各组成部分编制的财务信息所汇总生成的财务报表
集团项目合伙人	指会计师事务所中负责某项集团审计业务及其执行，并代表会计师事务所在对集团财务报表出具的审计报告上签字的合伙人
集团项目组	指参与集团审计的，包括集团项目合伙人在内的所有合伙人和员工
组成部分注册会计师	（1）指基于集团审计目的，按照集团项目组的要求，对组成部分财务信息执行相关工作的注册会计师 （2）基于集团审计目的，可能按照集团项目组的工作要求，对组成部分财务信息执行相关工作的成员也属于组成部分注册会计师

❶ 为方便您在学习中可以快速了解知识点的重要程度，本书中将知识点进行分类。★★★代表重要知识点，★★代表次重要知识点，★代表非重要知识点。

02 考点 2 识别重要组成部分（★★）

重要组成部分的定义、从财务重大性和特别风险两个角度识别重要组成部分，归纳如下表。

重要组成部分	具体内容
定义	指集团项目组识别出的具有下列特征之一的组成部分： （1）单个组成部分对集团具有财务重大性 （2）由于单个组成部分的特定性质或情况，可能存在导致集团财务报表发生重大错报的特别风险
识别 重要组成部分 —财务重大性	（1）判断方法。集团项目组可以将选定的基准乘以某一百分比，以协助识别对集团具有财务重大性的单个组成部分 （2）选择基准。根据集团的性质和具体情况，适当的基准可能包括集团资产、负债、现金流量、利润总额或营业收入 （3）经验百分比。集团项目组可能认为超过选定基准 15% 的组成部分是重要组成部分
识别 重要组成部分 —特别风险	某些组成部分由于其特定性质或情况，可能存在导致集团财务报表发生重大错报的特别风险，集团项目组可能将其识别为重要组成部分 例如，某组成部分进行外汇交易，虽然其对集团并不具有财务重大性，但仍使集团面临导致重大错报的特别风险

【提示】识别重要组成部分是集团财务报表审计的“第一步”，集团项目组应当能够将集团所有的组成部分划分为重要组成部分和非重要组成部分。第二步，针对重要组成部分，集团项目组应当实施审计/审计程序；针对非重要组成部分，集团项目组仅需要在集团层面实施分析程序（请结合教材图 16-1）。

经典题解

【例题 1·简答题】ABC 会计师事务所负责审计 D 集团公司 2020 年度财务报表，并委派 A 注册会计师担任审计项目合伙人。D 集团公司属于家电制造行业，共有 4 家全资子公司，各子公司的相关资料摘录如下：

公司名称	主营业务	资产总额 在集团中所占的份额	营业收入 在集团中所占的份额	利润总额 在集团中所占的份额	说明
E 公司	彩电	80%	50%	78%	（1）
F 公司	冰箱	5%	5%	6%	（2）
G 公司	洗衣机	5%	40%	5%	（3）
H 公司	集团产品 的出口销售	5%	5%	4%	（4）
说明： （1）E 公司的业务和财务状况稳定 （2）F 公司从事的业务刚刚开始两年，规模较小，财务状况较为稳定 （3）为拓展市场，G 公司向部分主要客户提供特殊退货安排 （4）H 公司从事了若干远期外汇合同交易，以管理 2020 年度外汇汇率持续波动的风险					

要求：

假定在确定某子公司对集团而言是否具有财务重大性时，A 注册会计师采用资产总额、营业收入和利润总额为基准，代 A 注册会计师确定哪些子公司为集团审计中重要组成部分，哪些子公司为非重要组成部分，并简要说明理由。

【答案】

（1）E 公司为重要组成部分。因为 E 公司具有财务重大性（资产、利润总额以及营业收入在集团中所占份额均超过 15%）。

（2）G 公司为重要组成部分。因为 G 公司不仅具有财务重大性（营业收入在集团中所占的份额超过 15%）、同时可能存在由于特殊退货安排导致集团财务报表发生重大错报的特别风险。

（3）H 公司为重要组成部分。因为 H 公司从事的远期外汇合同交易，存在可能导致集团财务报表发生重大错报的特别风险。

（4）F 公司为非重要组成部分。因为 F 公司不具有财务重大性也不存在可能导致集团财务报表发生重大错报的特别风险（财务状况较为稳定）。

第二节　集团财务报表审计中的责任设定和注册会计师的目标

本节视频详解

使用“会计云课堂” App/ 微信扫码听课

01 考点 1 集团财务报表审计责任（★★）

集团项目组对财务报表审计责任、对质量管理的责任以及在集团审计报告中是否应当提及组成部分注册会计师的具体内容归纳如下表。

相关责任	具体内容或要求
对审计工作及审计意见承担全部责任	集团项目组对整个集团财务报表审计工作及审计意见承担全部责任，这一责任不因利用组成部分注册会计师的工作而减轻
对质量管理的责任	（1）集团项目合伙人按照职业准则和适用的法律法规的规定，应当确信执行集团审计业务的人员（包括组成部分注册会计师）从整体上具备适当的胜任能力和必要素质 （2）集团项目合伙人应当负责指导、监督和执行集团审计业务 （3）集团项目合伙人应当确定出具的审计报告是否适合具体情况
不应提及组成部分注册会计师	（1）注册会计师对集团财务报表出具的审计报告不应提及组成部分注册会计师，除非法律法规另有规定 （2）如果法律法规要求在审计报告中提及组成部分注册会计师，审计报告应当指明，这种提及并不减轻集团项目合伙人及其所在的会计师事务所对集团审计意见承担的责任 （3）如果因未能就组成部分财务信息获取充分、适当的审计证据，导致集团项目组在对集团财务报表出具的审计报告中发表非无保留意见，集团项目组需要在形成保留/否定/无法表示意见的基础部分中说明不能获取充分、适当审计证据的原因。除非法律法规要求在审计报告中提及组成部分注册会计师，并且这样做对充分说明情况是必要的，否则不应提及组成部分注册会计师

02 考点2 集团财务报表审计中注册会计师的目标（★）

（1）就组成部分注册会计师对组成部分财务信息执行工作的范围、时间安排和发现的问题，与组成部分注册会计师进行清晰的沟通。

（2）针对组成部分财务信息和合并过程，获取充分、适当的审计证据，以对集团财务报表是否在所有重大方面按照适用的财务报告编制基础编制发表审计意见。

第三节 集团审计业务的承接与保持

本节视频详解
使用"会计云课堂"App/微信扫码听课

01 考点1 业务承接与保持时的了解（★）

在承接与保持业务阶段，集团项目组需要评估承接业务的前提基础、承接新业务或连续审计时需要了解的事项，从而评估能否承接业务，具体内容和要求归纳如下表。

事项	具体内容和要求
评估承接业务的前提基础（3个方面）	（1）集团项目合伙人应当确定是否能够合理预期获取与合并过程和组成部分财务信息相关的充分、适当的审计证据，以作为形成集团审计意见的基础 （2）集团项目组应当了解集团及其环境、集团组成部分及其环境，以足以识别可能的重要组成部分 （3）如果组成部分注册会计师对重要组成部分财务信息执行相关工作，集团项目合伙人应当评价集团项目组参与组成部分注册会计师工作的程度是否足以获取充分、适当的审计证据
了解途径（承接新业务时）	集团项目组可以通过下列途径了解集团及其环境、集团组成部分及其环境： （1）集团管理层提供的信息 （2）与集团管理层的沟通 （3）如适用，与前任集团项目组、组成部分管理层或组成部分注册会计师的沟通
了解事项（承接新业务时）	集团项目组可能需要对下列事项进行了解： （1）集团结构，包括法律意义上的结构和组织结构 （2）组成部分中对集团重要的业务活动，包括业务活动在何种行业状况、监管环境以及经济和政治环境下发生 （3）对服务机构的利用，包括共享服务中心 （4）对集团层面控制的描述 （5）合并过程的复杂程度 （6）是集团项目合伙人所在的会计师事务所还是网络以外的组成部分注册会计师对组成部分财务信息执行相关工作，以及集团管理层委托多家会计师事务所的理由 （7）集团项目组是否可以不受限制地接触集团治理层和管理层、组成部分治理层和管理层、组成部分信息和组成部分注册会计师（包括集团项目组需要获取的相关审计工作底稿），以及是否可以对组成部分财务信息执行必要的工作

续表

事项	具体内容和要求
了解事项 （连续审计时）	如果是连续审计业务，集团项目组获取充分、适当的审计证据的能力可能受某些方面重大变化的影响，例如： （1）集团组织结构的变化 （2）对集团具有重要影响的组成部分业务活动的变化 （3）集团治理层、管理层或重要组成部分的关键管理人员在构成上的变化 （4）对集团或组成部分管理层诚信和胜任能力的疑虑 （5）集团层面控制的变化 （6）适用的财务报告编制基础的变化

02 考点2 审计范围受到限制（★★）

（一）集团管理层施加限制时的考虑

情形	应对措施
（1）承接新业务时，集团管理层施加限制	拒绝接受业务委托
（2）连续审计业务，集团管理层施加限制	在法律法规允许的情况下，解除业务约定
（3）如果法律法规禁止注册会计师拒绝接受业务委托或注册会计师不能解除业务约定	集团项目组在可能的范围内对集团财务报表实施审计，并对集团财务报表发表无法表示意见

（二）集团项目组考虑能否获取充分、适当的审计证据的情形

管理层限制的情形	获取证据的情况
不重要组成部分 （可能获取充分、适当的审计证据）	（1）如果受到限制的组成部分不是重要组成部分，且集团项目组拥有其整套财务报表和审计报告，并能够接触集团管理层拥有的与该组成部分相关的信息，则集团项目组可能认为这些信息已构成与该组成部分相关的充分、适当的审计证据 （2）如果集团管理层限制集团项目组或组成部分注册会计师接触组成部分的信息，但这类限制与不重要的组成部分有关，集团项目组仍有可能获取充分、适当的审计证据，但是受到限制的原因可能影响集团审计意见
重要组成部分 （不能获取充分、适当的审计证据）	（1）如果受到限制的组成部分是重要组成部分，集团项目组就无法遵守审计准则中与集团审计相关的要求，集团项目组无法获取与该组成部分相关的充分、适当的审计证据 （2）如果集团管理层限制集团项目组或组成部分注册会计师接触重要组成部分的信息，则集团项目组将无法获取充分、适当的审计证据

第四节　了解集团及其环境、集团组成部分及其环境

本节视频详解
使用“会计云课堂” App/ 微信扫码听课

01 考点
了解集团及其环境、组成部分及其环境（★★）

注册会计师了解的目的、要求和具体事项归纳如下表。

事项	具体要求或内容
了解目的	识别和评估财务报表重大错报风险
了解要求	（1）集团项目组应当在业务承接或保持阶段获取信息的基础上，进一步了解集团及其环境、集团组成部分及其环境，包括集团层面控制 （2）集团项目组应当了解合并过程，包括集团管理层向组成部分下达的指令
集团管理层下达的指令	（1）运用的会计政策 （2）适用于集团财务报表的法定和其他披露要求，包括分部的确定和报告、关联方关系及其交易、集团内部交易、未实现内部交易损益以及集团内部往来余额 （3）报告的时间要求
用以识别由于舞弊导致的集团财务报表重大错报风险可能包括的所需的信息	（1）集团管理层对集团财务报表可能存在由于舞弊导致的重大错报风险的评估 （2）集团管理层对集团舞弊风险的识别和应对过程，包括集团管理层识别出的任何特定舞弊风险，或可能存在舞弊风险的账户余额、某类交易或披露 （3）是否有特定组成部分可能存在舞弊风险 （4）集团治理层如何监督集团管理层识别和应对集团舞弊风险的过程，以及集团管理层为降低集团舞弊风险而建立的控制 （5）就集团项目组对是否知悉任何影响组成部分或集团的舞弊事实、舞弊嫌疑或舞弊指控的询问，集团治理层、管理层和内部审计人员（如适用，还包括组成部分管理层、组成部分注册会计师和其他人员）作出的答复

第五节　了解组成部分注册会计师

本节视频详解
使用“会计云课堂” App/ 微信扫码听课

01 考点1
了解组成部分注册会计师（★★★）

基于集团审计目的，集团项目组是否需要了解组成部分注册会计师，以及了解组成部分注册会计师的事项归纳如下表。

了解组成部分注册会计师	具体要求或内容
何时需要了解	只有当基于集团审计目的，计划要求由组成部分注册会计师执行组成部分财务信息的相关工作时，集团项目组才需要了解组成部分注册会计师

续表

了解组成部分注册会计师	具体要求或内容
何时无须了解	如果集团项目组计划仅在集团层面对某些组成部分实施分析程序，就无须了解这些组成部分注册会计师
了解职业道德要求 （1/4）	集团项目组需要了解组成部分注册会计师是否了解并将遵守与集团审计相关的职业道德要求，组成部分注册会计师了解和遵守的程度是否足以使其履行其在集团审计中承担的责任
了解专业胜任能力 （2/4）	了解组成部分注册会计师是否拥有对特定组成部分财务信息执行相关工作所必需的专门技能（如行业专门知识）等
了解参与工作的程度 （3/4）	了解集团项目组参与组成部分注册会计师工作的程度是否足以获取充分、适当的审计证据
了解监管环境 （4/4）	了解组成部分注册会计师是否处于积极的监管环境中

02 考点2 评估了解的组成部分注册会计师（★★）

集团项目组根据了解的组成部分注册会计师（四个事项）的具体情形，确定能否利用组成部分注册会计师工作。具体内容归纳如下表。

情形	集团项目组的处理方式
（1）不满足独立性要求 （2）对组成部分注册会计师是否具备专业胜任能力存有重大疑虑 （3）对参与组成部分注册会计师工作的程度是否足以获取充分、适当的审计证据存有重大疑虑 （4）对组成部分注册会计师是否了解并将遵守与集团审计相关的职业道德存有重大疑虑	不应要求组成部分注册会计师对组成部分财务信息执行相关工作，即集团项目组亲自获取充分、适当的审计证据
（1）对组成部分注册会计师专业胜任能力存在并非重大的疑虑 （2）未处于积极有效的监管环境中	可以通过参与组成部分注册会计师的工作、实施追加的风险评估程序或对组成部分财务信息实施进一步审计程序（3种方式），消除疑虑或影响

经典题解

【例题2·单选题】在了解组成部分注册会计师后，下列情形中，集团项目组可以采取措施消除其疑虑或影响的是（　　）。

A. 集团项目组对组成部分注册会计师的专业胜任能力存有重大疑虑

B. 集团项目组对组成部分注册会计师的

职业道德存有重大疑虑

C. 组成部分注册会计师未处于积极有效的监管环境中

D. 组成部分注册会计师不符合与集团审计相关的独立性要求

【解析】如果组成部分注册会计师不符合与集团审计相关的独立性要求（选项 D 错误），或集团项目组对下列事项存有重大疑虑：（1）组成部分注册会计师是否了解并将遵守与集团审计相关的职业道德要求（选项 B 错误）；（2）组成部分注册会计师是否具备专业胜任能力（选项 A 错误）；（3）集团项目组参与组成部分注册会计师工作的程度是否足以获取充分、适当的审计证据，集团项目组应当就组成部分财务信息亲自获取充分、适当的审计证据，而不应要求组成部分注册会计师对组成部分财务信息执行相关工作。

【答案】C

第六节　重要性

本节视频详解
使用"会计云课堂" App/ 微信扫码听课

01 考点 1 集团重要性（★★★）

基于集团财务报表审计目的，集团财务报表整体的重要性、集团审计中适用于特定类别的交易、账户余额或披露的一个或多个重要性水平（如有）以及实际执行的重要性的关系，如图 16-1 所示。

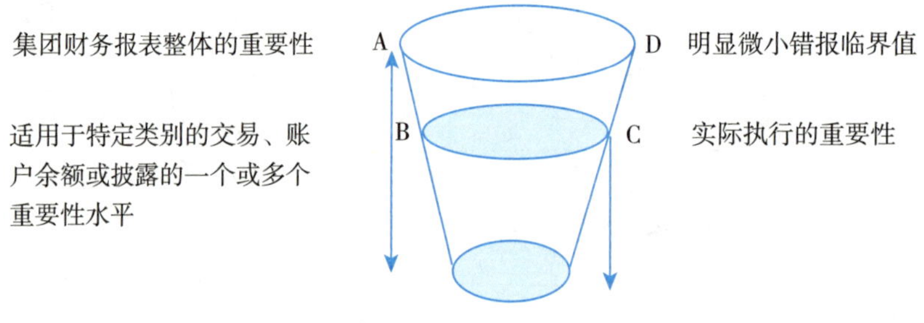

图 16-1　集团重要性

【看图说话】集团项目组需要确定或可能需要确定集团重要性的以下事项：

（1）集团财务报表整体的重要性，如图 16-1 中的 A。

（2）根据集团的特定情况，如果集团财务报表中存在特定类别的交易、账户余额或披露，其发生的错报金额低于集团财务报表整体的重要性，但合理预期将影响财务报表使用者依据集团财务报表作出的经济决策，则确定适用于这些交易、账户余额或披露的一个或多个重要性水平，如图 16-1 中的 B。

（3）需要设定明显微小错报的临界值，不能将超过该临界值的错报视为对集团财务报表明显微小的错报，如图 16-1 中的 D。

02 考点 2 组成部分重要性（★★★）

基于集团审计目的，组成部分重要性（小杯子）对应于集团财务报表整体的重要性（大杯子），如图 16-2 所示。

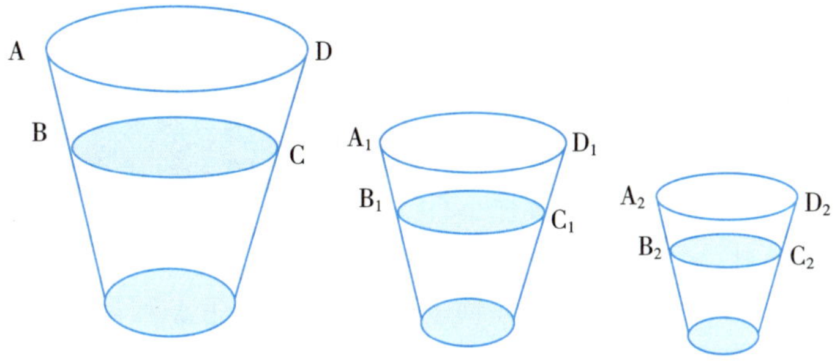

图 16-2　集团重要性与组成部分重要性

【看图说话】组成部分重要性相关问题，大家可以通过下表“一问一答”展开学习。

问	答
需要确定组成部分重要性的情形有哪些？	基于集团审计目的，如果组成部分注册会计师对组成部分财务信息实施审计或审阅，集团项目组应当为这些（即需要审计或审阅）组成部分确定组成部分重要性
无须确定组成部分重要性的情形有哪些？	如果集团项目组仅计划对不重要的组成部分在集团层面实施分析程序，则无须为这些组成部分确定重要性
谁确定组成部分重要性？	集团项目组
怎么确定组成部分重要性？	（1）不同组成部分确定的重要性可能不同，如图 16-2 中的 A_1 和 A_2，可以不同 （2）在确定组成部分重要性时，集团项目组无须采用将集团财务报表整体重要性按比例分配的方式，如图 16-2 中的 A_1、A_2 只要小于 A 即可，不需要遵循 $A_1+A_2=A$ 的分配方式 （3）对不同组成部分确定的重要性的汇总数，有可能高于集团财务报表整体重要性，如图 16-2 中的 A_1+A_2 可以大于 A
怎么使用组成部分重要性？	基于集团审计目的，集团项目组或组成部分注册会计师审计组成部分时使用组成部分重要性，比如，集团项目组或组成部分注册会计师分别使用图 16-2 中的 A_1 或 A_2 审计（或审阅）相应组成部分的财务信息，评价识别出的未更正错报单独或汇总起来是否重大
谁确定组成部分实际执行的重要性？	结合图 16-2，组成部分注册会计师（或集团项目组）需要确定组成部分层面实际执行的重要性；如果由组成部分注册会计师确定，则集团项目组应当评价组成部分注册会计师确定的组成部分实际执行的重要性是否适当
某组成部分不具有财务重大性，也不具有特别风险时，一定不需要确定组成部分重要性吗？	不一定。基于集团审计目的，集团项目组需要对这些（不具有财务重大性，也不具有特别风险）组成部分财务信息实施审计或审阅时，则应当为这些组成部分确定组成部分重要性。请结合本章图 16-3 理解

经典题解

【例题3·单选题】下列有关组成部分重要性的说法中，错误的是(　　)。

A. 组成部分重要性的汇总数可以高于集团财务报表整体的重要性

B. 组成部分重要性可以由集团项目组或组成部分注册会计师确定

C. 如果仅计划在集团层面对某组成部分实施分析程序，无须为该组成部分确定重要性

D. 集团财务报表整体的重要性应当高于组成部分重要性

【解析】如果组成部分注册会计师对组成部分财务信息实施审计或审阅，则需要基于集团审计目的，由集团项目组为这些组成部分确定组成部分的重要性。

【答案】B

【例题4·多选题】下列各项中，集团项目组应当确定的有(　　)。

A. 集团财务报表明显微小错报的临界值

B. 组成部分重要性

C. 组成部分实际执行的重要性

D. 集团财务报表实际执行的重要性

【解析】选项C错误，组成部分实际执行的重要性由集团项目组或组成部分注册会计师确定。

【答案】ABD

【名师点题】

(1) 如果由组成部分注册会计师审计(或审阅)组成部分财务信息，则由组成部分注册会计师确定组成部分实际执行的重要性，集团项目组应当评价组成部分注册会计师确定的组成部分实际执行的重要性是否适当。

(2) 如果由集团项目组审计组成部分财务信息，则由集团项目组确定组成部分实际执行的重要性。

(3) 集团项目组并非对所有的需要审计(或审阅)的组成部分财务信息亲自实施审计(或审阅)，因此组成部分实际执行的重要性并不一定均由集团项目组确定。

【例题5·综合题·部分】甲集团公司是ABC会计师事务所的常年审计客户，主要从事化妆品的生产、批发和零售。A注册会计师负责审计甲集团公司2020年度财务报表，确定集团财务报表整体的重要性为600万元。

资料一：

A注册会计师在审计工作底稿中记录了审计计划，部分内容摘录如下：

(4) DEF会计师事务所作为组成部分注册会计师负责审计联营企业丁公司的财务信息，其审计项目组按丁公司利润总额的3%确定组成部分重要性为300万元，实际执行的重要性为150万元。

资料二：

A注册会计师在审计工作底稿中记录了甲集团公司的财务数据，部分内容摘录如下：

金额单位：万元

集团/组成部分	2020年（未审数）		
	资产总额	营业收入	利润总额
甲集团公司（合并）	80000	60000 其中：批发收入 38000 零售收入 20000 其他 2000	12000

续表

集团/组成部分	2020年（未审数）		
	资产总额	营业收入	利润总额
乙公司	1900	200	(300)
丙公司	60000	40000	8000
丁公司	20000	50000	10000
戊公司	2000	200	50

要求：

针对资料一第（4）项，结合资料二，假定不考虑其他条件，指出资料一所列审计计划是否恰当。如不恰当，简要说明理由。

【答案】

事项序号	是否恰当（是/否）	理由
(4)	否	组成部分重要性应当由集团项目组确定

03 考点3 明显微小错报的临界值（★★）

（1）基于集团审计目的，集团项目组需要设定临界值，不能将超过该临界值的错报视为对集团财务报表明显微小的错报，如图16-2中的D。

（2）组成部分注册会计师需要将在组成部分财务信息中识别出的超过集团财务报表明显微小错报临界值的错报通报给集团项目组。

【易错易混】 组成部分注册会计师通报给集团项目组的错报是超过集团财务报表的明显微小错报临界值的错报，不是超过组成部分的明显微小错报临界值的错报。

第七节 针对评估的风险采取的应对措施

本节视频详解

使用"会计云课堂" App/微信扫码听课

01 考点 针对评估的风险采取的应对措施（★★★）

集团财务报表审计准则对评估的风险采取的应对措施有明确的要求，请结合图16-3中的逻辑展开学习。

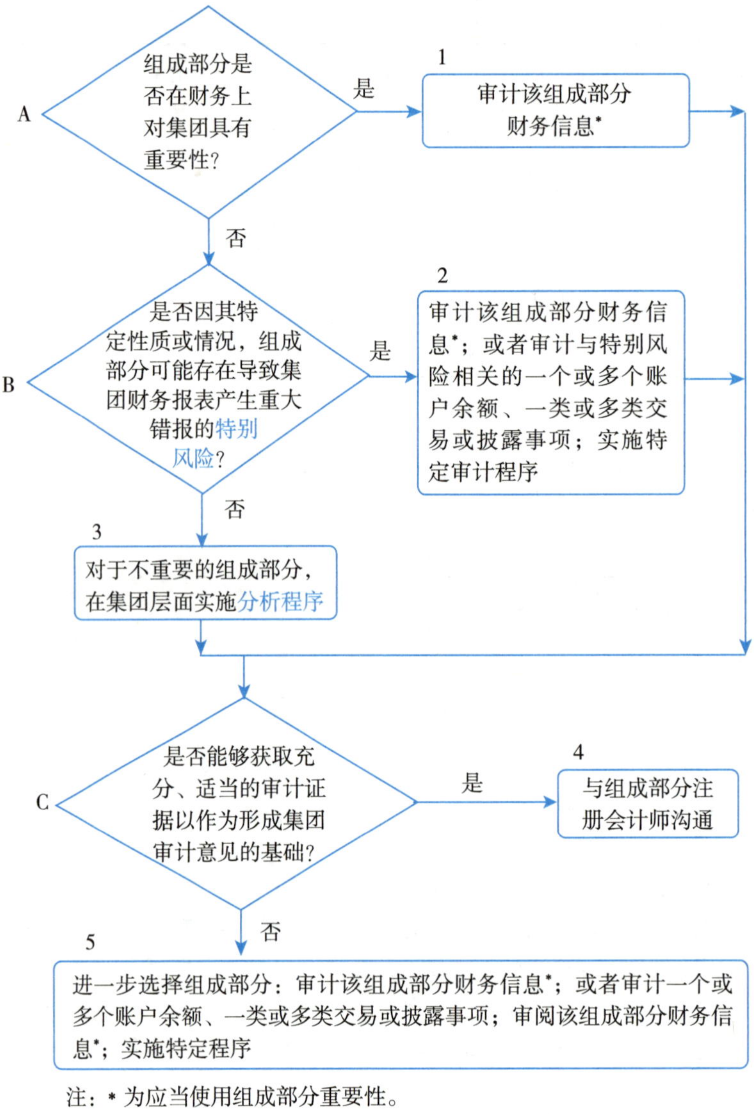

图 16-3　确定对组成部分财务信息拟执行工作的类型

【看图说话】对组成部分财务信息执行工作需要分层次（分先后）进行，图 16-3 中的决策因素有菱形 A、B、C，应对措施有长方形 1、2、3、4、5。

具体应对措施从以下层面展开：

（一）对不同组成部分执行的工作（结合图 16-3 中的菱形 A、B 和长方形 1、2、3）

组成部分	执行的工作
具有财务重大性的重要组成部分	集团项目组或代表集团项目组的组成部分注册会计师应当运用该组成部分的重要性，对组成部分财务信息实施审计

续表

组成部分	执行的工作
特别风险的重要组成部分	集团项目组或代表集团项目组的组成部分注册会计师应当执行下列一项或多项工作： （1）使用组成部分重要性对组成部分财务信息实施审计 （2）针对与可能导致集团财务报表发生重大错报的特别风险相关的一个或多个账户余额、一类或多类交易或披露事项实施审计 （3）针对可能导致集团财务报表发生重大错报的特别风险实施特定的审计程序
不重要组成部分	集团项目组应当在集团层面实施分析程序

（二）当已执行的工作仍不能提供充分、适当审计证据时的应对措施（结合图16-3中的菱形C和长方形5）

如果集团项目组认为对重要组成部分财务信息执行的工作、对集团层面控制和合并过程执行的工作以及在集团层面实施的分析程序还不能获取形成集团审计意见所依据的充分、适当的审计证据，集团项目组应当选择某些不重要的组成部分，并对已选择的组成部分财务信息亲自执行或由代表集团项目组的组成部分注册会计师执行下列一项或多项工作：

（1）使用组成部分重要性对组成部分财务信息实施审计；

（2）对一个或多个账户余额、一类或多类交易或披露实施审计；

（3）使用组成部分重要性对组成部分财务信息实施审阅；

（4）实施特定程序。

（三）参与组成部分注册会计师的工作

项目	具体要求或内容
应当参与风险评估程序	参与的目的是识别导致集团财务报表发生重大错报的特别风险
参与风险评估程序的内容	集团项目组参与的性质、时间安排和范围受其对组成部分注册会计师所了解情况的影响，但至少应当包括： （1）与组成部分注册会计师或组成部分管理层讨论对集团而言重要的组成部分业务活动 （2）与组成部分注册会计师讨论由于舞弊或错误导致组成部分财务信息发生重大错报的可能性 （3）复核组成部分注册会计师对识别出的导致集团财务报表发生重大错报的特别风险形成的审计工作底稿。审计工作底稿可以采用备忘录的形式，反映组成部分注册会计师针对识别出的特别风险得出的结论
确定是否有必要参与进一步审计程序	根据对组成部分注册会计师的了解，集团项目组应当确定是否有必要参与进一步审计程序
可能影响集团项目组参与组成部分注册会计师工作的因素	（1）组成部分的重要程度 （2）识别出的导致集团财务报表发生重大错报的特别风险 （3）集团项目组对组成部分注册会计师的了解

续表

项目	具体要求或内容
参与组成部分注册会计师工作的方式	这些方式可能包括： （1）与组成部分管理层或组成部分注册会计师会谈，获取对组成部分及其环境的了解 （2）复核组成部分注册会计师的总体审计策略和具体审计计划 （3）实施风险评估程序，识别和评估组成部分层面的重大错报风险。集团项目组可以单独或与组成部分注册会计师共同实施这类程序 （4）设计和实施进一步审计程序。集团项目组可以单独或与组成部分注册会计师共同设计和实施这类程序 （5）参加组成部分注册会计师与组成部分管理层的总结会议和其他重要会议 （6）复核组成部分注册会计师的审计工作底稿的其他相关部分

第八节　合并过程

本节视频详解
使用“会计云课堂”App/微信扫码听课

01 考点 了解集团层面的控制和合并过程（★★）

关于集团项目组了解集团层面的控制和合并过程的相关问题，大家可以通过下表“一问一答”展开学习。

问	答
了解的总体要求是什么？	集团项目组应当了解集团层面的控制和合并过程，包括集团管理层向组成部分下达的指令
组成部分注册会计师可以代为了解吗？	不可以。应当由集团项目组了解集团层面的控制和合并过程
测试集团层面控制的情形？	（1）如果对合并过程执行工作的性质、时间安排和范围基于预期集团层面控制有效运行 （2）仅实施实质性程序不能提供认定层次的充分、适当的审计证据
组成部分注册会计师可以代为测试吗？	可以。集团项目组应当亲自测试或要求组成部分注册会计师代为测试集团层面控制运行的有效性
集团项目组评价合并调整和重分类事项的要求是什么？	集团项目组应当评价合并调整和重分类事项的适当性、完整性和准确性，并评价是否存在舞弊风险因素或可能存在管理层偏向的迹象

续表

问	答
集团项目组对合并调整和重分类事项的评价可能包括什么？	（1）评价重大调整是否恰当反映了相关事项和交易 （2）确定重大调整是否得到集团管理层和组成部分管理层（如适用）的正确计算、处理和授权 （3）确定重大调整是否有适当的证据支持并得到充分的记录 （4）检查集团内部交易、未实现内部交易损益以及集团内部往来余额是否核对一致并抵销

经典题解

【例题6·单选题】下列各项工作中，可以由组成部分注册会计师代表集团项目组执行的是（　　）。

A. 测试集团层面控制运行的有效性

B. 对不重要的组成部分实施集团层面分析程序

C. 确定对组成部分财务信息执行工作的类型

D. 了解集团层面的控制和合并过程

【解析】选项A正确，如果预期集团层面控制运行有效，集团项目组应当测试或者要求组成部分注册会计师代为测试这些控制运行的有效性；选项B错误，对于不重要的组成部分，集团项目组应当在集团层面实施分析程序；选项C错误，集团项目组确定对组成部分财务信息拟执行工作的类型；选项D错误，集团项目组应当了解集团层面的控制和合并过程，包括集团管理层向组成部分下达的指令。

【答案】A

第九节　与组成部分注册会计师的沟通

01 考点1 集团项目组向组成部分注册会计师沟通（★）

集团项目组向组成部分注册会计师通报的事项应当包括：

（1）明确组成部分注册会计师应执行的工作和集团项目组对其工作的利用，以及组成部分注册会计师与集团项目组沟通的形式和内容；

（2）在组成部分注册会计师知悉集团项目组将利用其工作的前提下，要求组成部分注册会计师确认其将配合集团项目组的工作；

（3）与集团审计相关的职业道德要求，特别是独立性要求；

（4）在对组成部分财务信息实施审计或审阅的情况下，组成部分的重要性和针对特定类别的交易、账户余额或披露采用的一个或多个重要性水平（如适用）以及临界值，超过临界值的错报不能视为对集团财务报表明显微小的错报；

（5）识别出的与组成部分注册会计师工作相关的、由于舞弊或错误导致集团财务报表发生重大错报的特别风险。集团项目组应当要求组成部分注册会计师及时沟通所有识别出的、在组成部分内的其他由于舞弊或错误可能导致集团财务报表发生重大错报的特别风险，以及组成部分注册会计师针对这些特别风险采取的应对措施；

（6）集团管理层编制的关联方清单和集团项目组知悉的任何其他关联方。集团项目组应当要求组成部分注册会计师及时沟通集团管理层或集团项目组以前未识别出的关联方。集团项目组应当确定是否需要将新识别的关联方告知其他组成部分注册会计师。

02 考点2 组成部分注册会计师向集团项目组沟通（★★）

集团项目组应当要求组成部分注册会计师沟通与得出集团审计结论相关的事项。沟通的内容应当包括：

（1）组成部分注册会计师是否已遵守与集团审计相关的职业道德要求，包括对独立性和专业胜任能力的要求；

（2）组成部分注册会计师是否已遵守集团项目组的要求；

（3）指出作为组成部分注册会计师出具报告对象的组成部分财务信息；

（4）因违反法律法规而可能导致集团财务报表发生重大错报的信息；

（5）组成部分财务信息中未更正错报的清单（清单不必包括低于集团项目组通报的临界值且明显微小的错报）；

（6）表明可能存在管理层偏向的迹象；

（7）描述识别出的组成部分层面值得关注的内部控制缺陷；

（8）组成部分注册会计师向组成部分治理层已通报或拟通报的其他重大事项，包括涉及组成部分管理层、在组成部分层面内部控制中承担重要职责的员工以及其他人员（在舞弊行为导致组成部分财务信息出现重大错报的情况下）的舞弊或舞弊嫌疑；

（9）可能与集团审计相关或者组成部分注册会计师期望集团项目组加以关注的其他事项，包括在组成部分注册会计师要求组成部分管理层提供的书面声明中指出的例外事项；

（10）组成部分注册会计师的总体发现、得出的结论和形成的意见。

第十节　评价审计证据的充分性和适当性（略）

第十一节　与集团管理层和集团治理层的沟通

01 考点1 向集团治理层和集团管理层通报内部控制缺陷（★）

集团项目组在确定向集团治理层和集团管理层通报的内容时，应当考虑：

（1）集团项目组识别出的集团层面内部控制缺陷；

（2）集团项目组识别出的组成部分层面内部控制缺陷；

（3）组成部分注册会计师提请集团项目组关注的内部控制缺陷。

02 考点2 与集团治理层沟通的事项（★★）

除《中国注册会计师审计准则第1151号—与治理层的沟通》和其他审计准则要求沟通的事项外，集团项目组还应当与集团治理层沟通的事项包括：

（1）对组成部分财务信息拟执行工作的类型的概述。

（2）在组成部分注册会计师对重要组成部分财务信息拟执行的工作中，集团项目组计划参与其工作的性质的概述。

（3）对组成部分注册会计师的工作作出的评价，引起集团项目组对其工作质量产生疑虑的情形。

（4）集团审计受到的限制，如集团项目组接触某些信息受到的限制。

（5）涉及集团管理层、组成部分管理层、在集团层面控制中承担重要职责的员工以及其他人员（在舞弊行为导致集团财务报表出现重大错报的情况下）的舞弊或舞弊嫌疑。

【相关链接】

1.《中国注册会计师审计准则第 1401 号—对集团财务报表审计的特殊考虑》

2.《中国注册会计师审计准则第 1401 号—对集团财务报表审计的特殊考虑》应用指南

3.《中国注册会计师审计准则问题解答第 10 号—集团财务报表审计》

历年经典试题回顾

（一）识别重要组成部分

【例题·简答题·部分】

ABC 会计师事务所的 A 注册会计师负责审计甲集团公司 2018 年度财务报表。与集团审计相关的部分事项如下：

（1）A 注册会计师将资产总额、营业收入或利润总额超过设定金额的组成部分识别为重要组成部分，其余作为不重要的组成部分。

要求：

针对上述第（1）项，指出 A 注册会计师的做法是否恰当。如不恰当，简要说明理由。（2019 年）

（二）集团财务报表审计责任

【例题·简答题·部分】

ABC 会计师事务所的 A 注册会计师负责审计多家上市公司 2017 年度财务报表，遇到下列与审计报告相关的事项：

（3）XYZ 会计师事务所担任丁公司海外重要子公司的组成部分注册会计师。A 注册会计师认为该事项与财务报表使用者理解审计工作相关，拟在对丁公司 2017 年度财务报表出具的无保留意见审计报告中增加其他事项段，说明该子公司经 XYZ 会计师事务所审计。

要求：

针对上述第（3）项，指出 A 注册会计师的做法是否恰当。如不恰当，简要说明理由。（2018 年）

（三）了解组成部分注册会计师

【例题·简答题·部分】

ABC 会计师事务所的 A 注册会计师负责审计甲集团公司 2015 年度财务报表，与集团审计相关的部分事项如下：

（3）丁公司为海外子公司。A 注册会计师要求担任丁公司组成部分注册会计师的境外会计师事务所确认其是否了解并遵守中国注册会计师职业道德守则的规定。

要求：

针对上述第（3）项，指出 A 注册会计师的做法是否恰当。如不恰当，简要说明理由。（2016 年）

（四）评价能否利用组成部分注册会计师的工作

【例题1·单选题】

在审计集团财务报表时，下列情形中，导致集团项目组无法利用组成部分注册会计师工作的是（　　）。（2018年）

A. 组成部分注册会计师未处于积极有效的监管环境中

B. 组成部分注册会计师不符合与集团审计相关的独立性要求

C. 集团项目组对组成部分注册会计师的专业胜任能力存有并非重大的疑虑

D. 组成部分注册会计师无法向集团项目组提供所有审计工作底稿

【例题2·简答题·部分】

ABC会计师事务所的A注册会计师负责审计甲集团公司2015年度财务报表，与集团审计相关的部分事项如下：

（1）乙公司为不重要的组成部分，A注册会计师对组成部分注册会计师的专业胜任能力存在重大疑虑，因此，对其审计工作底稿实施了详细复核，不再实施其他审计程序。

要求：

针对上述第（1）项，指出A注册会计师的做法是否恰当。如不恰当，简要说明理由。（2016年）

（五）组成部分重要性（结合图16-2）

【例题1·单选题】

对于集团财务报表审计，下列有关组成部分重要性的说法中，错误的是（　　）。（2020年网络回忆版）

A. 不同组成部分的组成部分重要性可以相同

B. 集团项目组应当评价组成部分注册会计师确定的组成部分重要性是否适当

C. 并非所有组成部分都需要组成部分重要性

D. 组成部分重要性应当小于集团财务报表整体的重要性

【例题2·单选题】

对于集团财务报表审计，下列有关组成部分重要性的说法中，错误的是（　　）。（2018年）

A. 组成部分重要性应当由集团项目组确定

B. 组成部分重要性应当小于集团财务报表整体的重要性

C. 不重要的组成部分无须确定组成部分重要性

D. 不同组成部分的组成部分重要性可能不同

【例题3·多选题】

在审计集团财务报表时，下列有关组成部分重要性的说法中，正确的有（　　）。（2017年）

A. 组成部分重要性的汇总数不能高于集团财务报表整体的重要性

B. 集团项目组应当将组成部分重要性设定为低于集团财务报表整体的重要性

C. 组成部分重要性应当由集团项目组确定

D. 集团项目组应当为所有组成部分确定组成部分重要性

【例题4·简答题·部分】

ABC会计师事务所的A注册会计师负责审计甲集团公司2018年度财务报表。与集团审计相关的部分事项如下：

（4）A注册会计师评估认为重要组成部分丙公司的组成部分注册会计师具备专业胜任能力，复核后认可了其确定的组成部分重要性和组成部分实际执行的重要性。

要求：

针对上述第（4）项，指出A注册会计师的做法是否恰当。如不恰当，简要说明理由。（2019年）

（六）对重要组成部分实施审计/审计程序（请结合图16-3中的菱形和长方形）

【例题1·单选题】

对于集团财务报表审计，下列工作类型

中，不适用于重要组成部分的是（　　）。（2020 年网络回忆版）

A. 使用组成部分重要性对组成部分财务信息实施审阅

B. 对一个或多个账户余额、一类或多类交易或披露实施审计

C. 使用组成部分重要性对组成部分财务信息实施审计

D. 实施特定的审计程序

【例题 2·单选题】

在审计集团财务报表时，下列工作类型中，不适用于重要组成部分的是（　　）。（2017 年）

A. 特定项目审计

B. 实施特定审计程序

C. 财务信息审阅

D. 财务信息审计

【例题 3·简答题·部分】

ABC 会计师事务所的 A 注册会计师负责审计甲集团公司 2018 年度财务报表。与集团审计相关的部分事项如下：

（2）乙公司为重要组成部分，各项主要财务指标均占集团财务报表相关财务指标的 50%以上。A 注册会计师亲自担任组成部分注册会计师，选取乙公司财务报表中所有金额超过组成部分重要性的项目执行了审计工作，结果满意。

要求：

针对上述第（2）项，指出 A 注册会计师的做法是否恰当。如不恰当，简要说明理由。（2019 年）

【例题 4·简答题·部分】

ABC 会计师事务所的 A 注册会计师负责审计甲集团公司 2018 年度财务报表。与集团审计相关的部分事项如下：

（3）丁公司为甲集团公司于 2018 年 1 月设立的子公司，从事衍生品业务。因丁公司各项主要财务指标占集团财务报表相关财务指标的比例较低，A 注册会计师要求组成部分注册会计师采用组成部分重要性对丁公司财务信息执行审阅。

要求：

针对上述第（3）项，指出 A 注册会计师的做法是否恰当。如不恰当，简要说明理由。（2019 年网络回忆版）

【例题 5·简答题·部分】

ABC 会计师事务所的 A 注册会计师负责审计甲集团公司 2015 年度财务报表。与集团审计相关的部分事项如下：

（2）丙公司为甲集团公司 2015 年新收购的子公司，存在导致集团财务报表发生重大错报的特别风险。A 注册会计师要求组成部分注册会计师使用组成部分重要性对丙公司财务信息实施审阅。

要求：

针对上述第（2）项，指出 A 注册会计师的做法是否恰当。如不恰当，简要说明理由。（2016 年）

（七）对不重要组成部分在集团层面实施分析程序（请结合图 16-3 中的菱形和长方形）

【例题·简答题·部分】

ABC 会计师事务所的 A 注册会计师负责审计甲集团公司 2018 年度财务报表。与集团审计相关的部分事项如下：

（3）A 注册会计师对不重要组成部分的财务报表执行了集团层面分析程序，并对这些组成部分的年末银行存款、借款和与金融机构往来的其他信息实施了函证程序，结果满意。

要求：

针对上述第（3）项，指出 A 注册会计师的做法是否恰当。如不恰当，简要说明理由。（2019 年）

（八）参与组成部分注册会计师的工作

【例题·单选题】

对于集团财务报表审计，下列有关集团项目组参与重要组成部分审计工作的说法中，错误的是（　　）。（2020 年网络回忆版）

A. 集团项目组应当参与组成部分注册会计师实施的风险评估程序

B. 集团项目组应当参与组成部分注册会计师针对导致集团财务报表发生重大错报的特别风险实施的进一步审计程序

C. 集团项目组应当复核组成部分注册会计师对识别出的导致集团财务报表发生重大错报的特别风险形成的审计工作底稿

D. 集团项目组应当与组成部分注册会计师或组成部分管理层讨论对集团而言重要的组成部分业务活动

(九) 组成部分注册会计师向集团项目组沟通

【例题1·多选题】

对于集团财务报表审计，下列各项中，集团项目组应当要求组成部分注册会计师沟通的有(　　)。(2020年网络回忆版)

A. 表明可能存在组成部分管理层偏向的迹象

B. 组成部分层面的值得关注的内部控制缺陷

C. 组成部分注册会计师的总体发现、得出的结论和形成的意见

D. 组成部分注册会计师识别出的且已得到更正的重大错报

【例题2·简答题·部分】

ABC会计师事务所的A注册会计师负责审计甲集团公司2018年度财务报表。与集团审计相关的部分事项如下：

(5) A注册会计师要求所有组成部分注册会计师汇报组成部分的控制缺陷和超过组成部分实际执行重要性的未更正错报，将其与集团层面的控制缺陷和未更正错报汇总评估后认为：甲集团公司不存在值得关注的内部控制缺陷，集团财务报表不存在重大错报。

要求：

针对上述第(5)项，指出A注册会计师的做法是否恰当。如不恰当，简要说明理由。(2019年)

(十) 与集团治理层沟通的事项

【例题·简答题·部分】

ABC会计师事务所的A注册会计师负责审计甲集团公司2018年度财务报表。与集团审计相关的部分事项如下：

(5) 重要组成部分己公司的组成部分注册会计师与己公司治理层和A注册会计师沟通了己公司管理层可能存在的舞弊行为。A注册会计师评估后认为该事项对集团财务报表影响不重大，未再与集团治理层沟通。

要求：

针对上述第(5)项，指出A注册会计师的做法是否恰当。如不恰当，简要说明理由。(2019年网络回忆版)

历年经典试题回顾参考答案及解析

(一) 识别重要组成部分

【例题·简答题·部分】

【答案】不恰当。在识别重要组成部分时还要考虑可能存在导致集团财务报表发生重大错报的特别风险的组成部分。

【名师点题】识别重要组成部分的思路为：

第一步，如果某一组成部分具有财务重

大性，则属于重要组成部分；

第二步，某一组成部分不具有财务重大性但可能存在特定性质或情况导致集团财务报表产生重大错报的特别风险，则属于重要组成部分；

第三步，如果某一组成部分既不具有财务重大性，同时也不存在特定性质或情况导致集团财务报表产生重大错报的特别风险，则属于非重要组成部分。

（二）集团财务报表审计责任

【例题·简答题·部分】

【答案】不恰当。注册会计师对集团财务报表出具的审计报告不应提及组成部分注册会计师，除非法律法规另有规定。

（三）了解组成部分注册会计师

【例题·简答题·部分】

【答案】恰当。

【名师点题】基于集团审计目的，计划要求由组成部分注册会计师执行组成部分财务信息的相关工作时，集团项目组应当了解组成部分注册会计师是否了解并将遵守与集团审计相关的职业道德要求。

（四）评价能否利用组成部分注册会计师的工作

【例题1·单选题】

【答案】B

【解析】如果组成部分注册会计师不符合与集团审计相关的独立性要求，集团项目组不能通过参与组成部分注册会计师的工作、实施追加的风险评估程序或对组成部分财务信息实施进一步审计程序，消除组成部分注册会计师不具有独立性的影响，故选项B集团项目组无法利用组成部分注册会计师的工作。

【例题2·简答题·部分】

【答案】不恰当。对组成部分注册会计师的专业胜任能力存有重大疑虑，不应由组成部分注册会计师执行工作/应当由集团项目组亲自获取审计证据。

（五）组成部分重要性（结合图16-2）

【例题1·单选题】

【答案】B

【解析】如果组成部分注册会计师对组成部分财务信息实施审计或审阅，集团项目组应当基于集团审计目的，为这些组成部分确定组成部分重要性，故选项B错误。

【例题2·单选题】

【答案】C

【解析】如果集团项目组计划对不重要的组成部分实施审计或审阅（请结合本章图16-3中的菱形C和长方形5），则需要为不重要的组成部分确定重要性，故选项C错误。

【例题3·多选题】

【答案】BC

【解析】选项A错误，集团项目组在确定组成部分重要性时，无须采用将集团财务报表整体重要性按比例分配的方式，因此，对不同组成部分确定的重要性的汇总数，有可能高于集团财务报表整体重要性；选项B正确，集团项目组为将未更正和未发现错报的汇总数超过集团财务报表整体的重要性的可能性降至适当的低水平，应当将组成部分重要性设定为低于集团财务报表整体的重要性；选项C正确，如果组成部分注册会计师对组成部分财务信息实施审计或审阅，集团项目组应当基于集团审计目的，为这些组成部分确定组成部分重要性；选项D错误，如果集团项目组仅计划对不重要的组成部分在集团层面实施分析程序，则无须为这些组成部分确定重要性。

【例题 4 · 简答题 · 部分】

【答案】不恰当。应当由集团项目组确定组成部分重要性。

【名师点题】集团项目组计划对某一组成部分财务信息实施审计或审阅时，不仅需要确定该组成部分重要性，同时必须由集团项目组来确定组成部分重要性，组成部分注册会计师具备专业胜任能力并不能说明可以由组成部分注册会计师确定组成部分重要性。

（六）对重要组成部分实施审计/审计程序（请结合图 16-3 中的菱形和长方形）

【例题 1 · 单选题】

【答案】A

【解析】选项 A 错误，对组成部分财务信息实施审阅仅针对非重要组成部分。

【例题 2 · 单选题】

【答案】C

【解析】针对重要组成部分，应当实施审计或审计程序，只有不重要的组成部分才有可能涉及审阅工作（选项 C）。

【例题 3 · 简答题 · 部分】

【答案】不恰当。乙公司属于具有财务重大性的重要组成部分，应当对乙公司财务信息执行审计。

【例题 4 · 简答题 · 部分】

【答案】不恰当。丁公司属于具有特别风险的重要组成部分，应当实施审计/审计程序，不能实施审阅。

【例题 5 · 简答题 · 部分】

【答案】不恰当。丙公司为重要组成部分，不应执行审阅/应当对丙公司执行财务信息审计/特定账户余额、披露或交易审计/实施特定审计程序。

【名师点题】只有不重要的组成部分才有可能涉及审阅工作。

（七）对不重要组成部分在集团层面实施分析程序（请结合图 16-3 中的菱形和长方形）

【例题 · 简答题 · 部分】

【答案】恰当。

（八）参与组成部分注册会计师的工作

【例题 · 单选题】

【答案】B

【解析】如果在由组成部分注册会计师执行相关工作的组成部分内，识别出导致集团财务报表发生重大错报的特别风险，集团项目组应当评价针对识别出的特别风险拟实施的进一步审计程序的恰当性。根据对组成部分注册会计师的了解，集团项目组应当确定是否有必要参与进一步审计程序，选项 B 错误。

（九）组成部分注册会计师向集团项目组沟通

【例题 1 · 多选题】

【答案】ABC

【解析】集团项目组应当要求组成部分注册会计师沟通与得出集团审计结论相关的事项。沟通的内容应当包括：（1）组成部分注册会计师是否已遵守与集团审计相关的职业道德要求，包括对独立性和专业胜任能力的要求；（2）组成部分注册会计师是否已遵守集团项目组的要求；（3）指出作为组成部分注册会计师出具报告对象的组成部分财务信息；（4）因违反法律法规而可能导致集团财务报表发生重大错报的信息；（5）组成部分财务信息中未更正错报的清单（清单不必包括低于集团项目组通报的临界值且明显微小的错报）；（6）表明可能存在管理层偏向的迹象（选项 A 正确）；（7）描述识别出的组成部分层面值得关注的内部控制缺陷（选项 B 正确）；（8）组成部分注册会计师向组成部分治理层已通报或拟通报的其他重大事项，包括涉及组成部分管理层、在组成部分层面内部控制中承担重要职责的员工以及其他人员（在舞弊行为导致组成部分财务信息出现重大错报的情况下）的舞弊或舞弊嫌疑；（9）可能与集团审计相关或者组成部分注册会计师期望集团项目组加以关注的其他事项，包括在组成部分注册会计师要求组成部分管理层提供的书面声明中指出的例外事项；（10）组成部分注册会计师的总体发现、得出的结论和形成的意见（选项 C 正确）。

【例题 2 · 简答题 · 部分】

【答案】不恰当。应当要求组成部分注册会计师汇报超过集团层面明显微小错报临界值的错报。

【名师点题】组成部分注册会计师通报给集团项目组的错报是超过集团财务报表的明显微小错报临界值的错报，不是超过组成部分的明显微小错报临界值的错报，更不是超过组成部分实际执行重要性的未更正错报。

（十）与集团治理层沟通的事项

【例题 · 简答题 · 部分】

【答案】不恰当。涉及组成部分管理层的舞弊嫌疑，应当与集团治理层沟通。

同步强化练习题

一、单项选择题

1. 对于集团财务报表审计，下列有关组成部分的说法中，错误的是（ ）。
   A. 如果存在特定性质或情况可能导致集团财务报表发生重大错报的特别风险，集团项目组可能将其识别为重要组成部分
   B. 注册会计师应当将集团所有组成部分划分为重要组成部分和非重要组成部分
   C. 如果组成部分注册会计师未处于积极有效的监管环境中，集团项目组应当就组成部分财务信息亲自获取充分、适当的审计证据
   D. 对于非重要组成部分，注册会计师应当亲自在集团层面实施分析程序

2. 对于集团财务报表审计，集团项目组对财务报表的责任的下列说法中，错误的是（ ）。
   A. 集团项目组及其所在的会计师事务所对集团财务报表实施的审计工作、发表的审计意见承担全部责任
   B. 即使集团项目组利用了组成部分注册会计师的审计结论，集团项目组及其会计师事务所也应当对集团财务报表审计工作以及发表的审计意见负责
   C. 集团项目组对整个集团财务报表审计工作及审计意见承担全部责任，这一责任不因利用组成部分注册会计师的工作而减轻
   D. 如果集团项目组利用组成部分注册会计师工作后对集团财务报表发表了错误的审计意见，则组成部分注册会计师可能被追究承担相应的连带责任

3. 对于集团财务报表审计，集团项目合伙人在审计报告中提及组成部分注册会计师的下列

说法中，错误的是(　　)。(★★★)*

A. 如果集团项目合伙人因未能就组成部分财务信息获取充分、适当的审计证据，导致其对集团财务报表出具非无保留意见审计报告，除非法律法规要求在审计报告中提及组成部分注册会计师，且这样做对充分说明情况是必要的，否则不应提及组成部分注册会计师

B. 如果集团项目合伙人未能就组成部分财务信息获取充分、适当的审计证据，则应提及组成部分注册会计师

C. 集团项目合伙人不应在审计报告中提及组成部分注册会计师，除非法律法规另有规定

D. 即使法律法规要求在审计报告中提及组成部分注册会计师，也并不减轻集团项目合伙人及其所在的会计师事务所对集团审计意见承担的责任

4. 下列有关集团项目组考虑能否获取充分、适当的审计证据的说法中，错误的是(　　)。(★★★)

A. 如果集团项目组接触组成部分信息受到限制，该组成部分不是重要组成部分，且集团项目组拥有其整套财务报表和审计报告，并能够接触集团管理层拥有的与该组成部分相关的信息，则集团项目组仍可能获取充分、适当的审计证据

B. 如果集团项目组接触组成部分信息受到限制，该组成部分是重要组成部分，集团项目组无法遵守审计准则中与集团审计相关的要求，则集团项目组不能获取充分、适当的审计证据

C. 集团管理层限制集团项目组或组成部分注册会计师接触组成部分的信息，如果这类限制与不重要的组成部分有关，则集团项目组不能获取充分、适当的审计证据

D. 集团管理层限制集团项目组或组成部分注册会计师接触重要组成部分的信息，则集团项目组不能获取充分、适当的审计证据

5. 对于集团财务报表审计，下列有关组成部分重要性的说法中，正确的是(　　)。(★★★)

A. 如果某一组成部分需要审计，则应当由集团项目组确定组成部分重要性

B. 如果某一组成部分需要审阅，则可以由组成部分注册会计师确定该组成部分重要性

C. 组成部分注册会计师无须确定组成部分层面实际执行的重要性

D. 集团项目组应当将集团财务报表整体重要性按比例分配的方式分配给组成部分

6. 对于集团财务报表审计，下列有关组成部分重要性的说法中，错误的是(　　)。

A. 集团财务报表整体的重要性应当高于任何一个组成部分重要性

B. 组成部分重要性的汇总数可以高于集团财务报表整体的重要性

C. 如果仅计划在集团层面对某组成部分实施分析程序，则无须为该组成部分确定重要性

D. 组成部分重要性可以由组成部分注册会计师确定

7. 针对存在特别风险的重要组成部分，下列关于集团项目组或代表集团项目组的组成部分注册会计师执行的工作中，错误的是(　　)。(★★★)

A. 使用组成部分重要性对组成部分财务信息实施审计

B. 使用集团财务报表整体重要性审计组成部分财务信息

C. 针对与可能导致集团财务报表发生重大错报的特别风险相关的一个或多个账户余额、一类或多类交易或披露事项实施审计

---

* 为了便于您识别重要题目，本书中针对重点题目通过标注星级的方式进行体现。

D. 针对可能导致集团财务报表发生重大错报的特别风险实施特定的审计程序

8. 下列关于集团合并过程的相关说法中，错误的是(   )。
A. 集团项目组应当了解集团管理层向组成部分下达的指令
B. 组成部分注册会计师不能代替集团项目组测试集团层面控制运行的有效性
C. 集团项目组应当评价合并调整和重分类事项的适当性、完整性和准确性
D. 集团项目组针对合并过程设计和实施的进一步审计程序，应当包括评价所有组成部分是否均已包括在集团财务报表中

9. 有关集团项目组与集团治理层的沟通的下列说法中，错误的是(   )。
A. 在集团审计过程中的不同时点与集团治理层沟通
B. 如果在集团层面控制中承担重要职责的员工存在舞弊嫌疑，集团项目组也应当与集团治理层沟通
C. 如果集团项目组接触某些信息受到了限制，应当与集团治理层沟通
D. 对于组成部分管理层存在的舞弊行为，如果管理层已经纠正，则无需再与集团治理层沟通

10. 下列有关集团项目组与集团治理层的沟通内容的说法中，错误的是(   )。
A. 沟通内容应当包括集团项目组对组成部分注册会计师工作作出的评价
B. 如果集团项目组认为组成部分管理层的舞弊行为不会导致集团财务报表发生重大错报，则无须就该事项进行沟通
C. 沟通内容应当包括集团项目组计划参与组成部分注册会计师工作的性质的概述
D. 沟通内容应当包括引起集团项目组对组成部分注册会计师工作质量产生疑虑的情形

二、多项选择题

1. 对于集团财务报表审计，如果拟承接新业务，集团项目组了解集团及其环境、集团组成部分及其环境的途径可能包括(   )。
A. 与前任集团项目组的沟通
B. 与组成部分管理层的沟通
C. 集团管理层提供的信息以及与集团管理层的沟通
D. 直接查阅前任集团项目组的审计工作底稿

2. 对于集团财务报表审计，集团项目组计划要求组成部分注册会计师执行组成部分财务信息的相关工作，则需要了解的组成部分注册会计师事项包括(   )。(★★★)
A. 组成部分注册会计师是否了解并将遵守与集团审计相关的职业道德要求
B. 组成部分注册会计师是否具备专业胜任能力
C. 组成部分注册会计师是否能发现组成部分财务信息的所有错报
D. 集团项目组参与组成部分注册会计师工作的程度是否足以获取充分、适当的审计证据

3. 对于集团财务报表审计，集团项目组实施风险评估程序时，应当了解的事项包括(   )。
A. 集团管理层向组成部分下达的指令
B. 合并过程
C. 集团层面控制
D. 集团及其环境、集团组成部分及其环境

4. 对于集团财务报表审计，针对集团项目组评价合并调整和重分类事项的适当性、完整性和准确性的内容，可能包插的有(   )。
A. 检查集团内部交易、未实现内部交易损益以及集团内部往来余额是否核对一致并抵销

B. 确定重大调整是否得到集团管理层和组成部分管理层（如适用）的正确计算、处理和授权

C. 评价重大调整是否恰当反映了相关事项和交易

D. 确定重大调整是否有适当的证据支持并得到充分的记录

5. 对于集团财务报表审计，下列有关集团项目组向组成部分注册会计师沟通的内容的说法中，正确的有(　　)。

A. 集团项目组对其工作的利用

B. 集团项目组应当将新识别的关联方告知其他组成部分注册会计师

C. 组成部分注册会计师应执行的工作

D. 组成部分注册会计师与集团项目组沟通的形式和内容

6. 集团项目组向集团治理层和集团管理层通报的内部控制缺陷包括(　　)。

A. 集团项目组识别出的集团层面内部控制缺陷

B. 集团项目组识别出的组成部分层面内部控制缺陷

C. 组成部分注册会计师提请集团项目组关注的内部控制缺陷

D. 组成部分注册会计师识别出的所有内部控制缺陷

三、简答题

1. ABC会计师事务所的A注册会计师负责审计甲集团公司2020年度财务报表，与集团审计相关的部分事项如下：

（1）乙公司为重要组成部分。集团项目组通过与组成部分注册会计师讨论组成部分业务活动的形式，参与组成部分注册会计师的风险评估程序。

（2）丙公司是非重要组成部分，由于丙组成部分注册会计师已经审计了该组成部分财务信息，并出具了无保留意见审计报告，A注册会计师复核了丙公司财务信息和审计报告，不再在集团层面实施分析程序。

（3）集团项目组评价审计证据时，发现对重要组成部分已经执行的审计工作不能获取形成集团审计意见所依据的充分、适当的审计证据，集团项目组考虑对集团财务报表发表非无保留意见。

（4）丁公司是非重要组成部分，A注册会计师对丁组成部分财务信息实施集团层面分析程序后对期末存货实施了监盘程序，结果满意。

（5）戊公司为非重要组成部分。集团项目组发现对重要组成部分财务信息执行的工作、对集团层面控制和合并过程执行的工作以及对某些非重要组成部分在集团层面实施的分析程序还不能获取形成集团审计意见所依据的充分、适当的审计证据，因此集团项目组决定对戊组成部分财务信息实施审阅。由于针对组成部分财务信息实施审阅而非审计，因此未确定重要性。

（6）己公司不具有财务重大性，但其产品全部在甲集团内部销售。A注册会计师认为己公司的成本核算存在可能导致集团财务报表发生重大错报的特别风险，拟仅针对与成本核算相关的财务报表项目实施审计。

要求：

针对上述第（1）至（6）项，逐项指出集团项目组的做法是否恰当。如不恰当，简要说明理由。

2. ABC会计师事务所负责审计甲集团公司2020年度财务报表。集团项目组在审计工作底稿中记录了集团审计总结，部分内容摘录如下：

（1）联营公司乙公司为重要组成部分。组成部分注册会计师拒绝向集团项目组提供审计工作底稿或备忘录，乙公司管理层拒绝集团项目组对乙公司财务信息执行审计工作，向其提供了乙公司审计报告和财务报表。集团项目组就该事项与集团治理层进行了沟通。

（2）丙公司为重要组成部分。集团项目组

利用了组成部分注册会计师对丙公司执行法定审计的结果。集团项目组确定该组成部分重要性为300万元，组成部分注册会计师执行法定审计使用的财务报表整体重要性为320万元，实际执行的重要性为240万元。

（3）丁公司为重要组成部分，存在导致集团财务报表发生重大错报的特别风险。集团项目组评价了组成部分注册会计师拟对该风险实施的进一步审计程序的恰当性，但根据对组成部分注册会计师的了解，未参与进一步审计程序。

（4）戊公司为不重要的组成部分。其他会计师事务所的注册会计师对戊公司财务报表执行了法定审计。集团项目组对戊公司财务报表执行了集团层面分析程序，未对执行法定审计的注册会计师进行了解。

（5）己公司为不重要的组成部分。集团项目组要求组成部分注册会计师使用集团财务报表整体的重要性对己公司财务信息实施了审阅，结果满意。

（6）庚公司为不重要的组成部分。因持续经营能力存在重大不确定性，组成部分注册会计师对庚公司出具了无保留意见审计报告，并增加"与持续经营相关的重大不确定性"为标题的单独部分。甲集团公司管理层认为该事项不会对集团财务报表产生重大影响。集团项目组同意甲集团公司管理层的判断，拟在无保留意见审计报告中增加其他事项段，提及组成部分注册会计师对庚公司出具的审计报告类型、日期和组成部分注册会计师名称。

要求：

针对上述第（1）至（6）项，逐项指出集团项目组的做法是否恰当，并简要说明理由。

3. 甲集团公司拥有乙公司等6家全资子公司。ABC会计师事务所负责审计甲集团公司2020年度财务报表，确定甲集团公司合并财务报表整体的重要性为500万元。集团项目组在审计工作底稿中记录了集团审计策略，部分内容摘录如下：

组成部分	（1）	（2）	（3）	（4）	
	是否为重要组成部分（是/否）	是否由组成部分注册会计师执行相关工作（是/否）	拟执行工作的类型	组成部分重要性	说明
乙公司	是	否	审计	500万元	确定该组成部分实际执行的重要性为300万元
丙公司	是	是	审计	200万元	该组成部分实际执行的重要性由组成部分注册会计师自行确定，无须评价
丁公司	是	是	审计	100万元	确定该组成部分实际执行的重要性为60万元
戊公司	否	否	审阅	不适用	执行审阅工作，无须确定组成部分重要性

续表

组成部分	(1)	(2)	(3)	(4)	
	是否为重要组成部分（是/否）	是否由组成部分注册会计师执行相关工作（是/否）	拟执行工作的类型	组成部分重要性	说明
戊公司	否	否	集团层面分析程序	不适用	执行集团层面分析程序，无须确定组成部分重要性
庚公司	否	否	审计	400万元	确定该组成部分实际执行的重要性为240万元

要求：

假定不考虑其他条件，结合上表中第(1)、(2)和(3)列，分别指出第(4)列所列内容是否恰当。如不恰当，简要说明理由。(★★★)

4. ABC会计师事务所负责审计甲集团公司2020年度财务报表。集团项目组在审计工作底稿中记录了集团审计策略，部分内容摘录如下：

序号	集团公司/组成部分	是否为重要组成部分（是/否）	集团审计策略
(1)	甲公司	不适用	初步预期集团层面控制运行有效，并拟实施控制测试
(2)	乙公司（子公司）	否	拟使用集团财务报表整体的重要性对乙公司财务信息实施审阅
(3)	丙公司（联营公司）	否	拟实施集团层面的分析程序，不利用丙公司注册会计师的工作，因此不对其进行了解
(4)	丁公司（子公司）	是	经初步了解，负责审计丁公司的组成部分注册会计师不符合与集团审计相关的独立性要求。拟通过参与该注册会计师对丁公司实施的审计工作，消除其不具有独立性的影响
(5)	戊公司（子公司）	是	拟要求组成部分注册会计师实施审计，并提交其出具的戊公司审计报告。对戊公司自2021年3月10日（戊公司财务报表审计报告日）至2021年3月31日（甲集团公司财务报表审计报告日）之间发生的、可能需要在甲集团公司财务报表中调整或披露的期后事项，拟要求组成部分注册会计师实施审阅予以识别

续表

序号	集团公司/组成部分	是否为重要组成部分（是/否）	集团审计策略
(6)	庚公司（子公司）	是	庚公司从事大量衍生工具交易，可能存在导致集团财务报表发生重大错报的特别风险。拟要求组成部分注册会计师针对上述特别风险实施特定的审计程序

要求：

逐项指出上表所述的集团审计策略是否恰当。如不恰当，简要说明理由。（★★★）

同步强化练习题参考答案及解析

“扫码看解析”

使用“微信”或“会计云课堂”App扫码，即可线上对答案、看解析，错题随手收藏，及时巩固复习。

一、单项选择题

1. 【答案】C

解析：选项C错误，如果组成部分注册会计师未处于积极有效的监管环境中，集团项目组可以通过参与组成部分注册会计师的工作、实施追加的风险评估程序或对组成部分财务信息实施进一步审计程序来消除其影响。

2. 【答案】D

解析：选项D错误，即使集团项目组利用组成部分注册会计师工作后对集团财务报表发表了不恰当审计意见，集团项目组及其会计师事务所也应当对集团审计意见承担全部责任。

3. 【答案】B

解析：集团项目合伙人如果因未能就组成部分财务信息获取充分、适当的审计证据，导致其对集团财务报表出具非无保留意见审计报告，除非法律法规要求在审计报告中提及组成部分注册会计师，并且这样做对充分说明情况是必要的，否则不应提及组成部分注册会计师（选项A正确，选项B错误）。集团项目合伙人不应在审计报告中提及组成部分注册会计师，除非法律法规另有规定（选项C正确），即使法律法规要求在审计报告中提及组成部分注册会计师，也并不减轻集团项目合伙人及其所在的会计师事务所对集团审计意见承担的责任（选项D正确）。

4. 【答案】C

解析：选项C错误，如果集团管理层限制集团项目组或组成部分注册会计师接触组成部分的信息，但这类限制与不重要的组成部分有关，集团项目组仍有可能获取充分、适当的审计证据，但是受到限制的原因可能影响集团审计意见。

5. 【答案】A

解析：无论是重要组成部分还是非重要组成部分，如果某一组成部分需要审计或审阅，则均应当由集团项目组确定该组成部分重要性（选项A正确，选项B错误）。

在审计组成部分财务信息时，组成部分注册会计师（或集团项目组）需要确定组成部分层面实际执行的重要性（选项C错误）。集团项目组确定组成部分重要性时无须采用将集团财务报表整体重要性按比例分配的方式分配给组成部分（选项D错误）。

6. 【答案】D

解析：选项D错误，如果组成部分注册会计师对组成部分财务信息实施审计或审阅，基于集团审计目的，集团项目组为这些组成部分确定组成部分重要性。

7. 【答案】B

解析：选项B错误，集团项目组或代表集团项目组的组成部分注册会计师应当使用组成部分重要性对组成部分财务信息实施审计。

8. 【答案】B

解析：选项B错误，如果对合并过程执行工作的性质、时间安排和范围基于预期集团层面控制有效运行，或者仅实施实质性程序不能提供认定层次的充分、适当的审计证据，集团项目组应当亲自测试或要求组成部分注册会计师代为测试集团层面控制运行的有效性。

9. 【答案】D

解析：选项D错误，涉及组成部分管理层的舞弊，应当与集团治理层沟通。

10. 【答案】B

解析：选项B错误，如果集团项目组了解到涉及集团管理层、组成部分管理层、在集团层面控制中承担重要职责的员工以及其行为会导致集团财务报表出现重大错报的其他人员的舞弊或舞弊嫌疑，也应当与集团治理层沟通。

二、多项选择题

1. 【答案】ABC

解析：如果集团项目组承接新业务，可以通过下列途径了解集团及其环境、集团组成部分及其环境：（1）集团管理层提供的信息（选项C）；（2）与集团管理层的沟通（选项C）；（3）如适用，与前任集团项目组、组成部分管理层或组成部分注册会计师的沟通（选项A、B）。

2. 【答案】ABD

解析：如果集团项目组计划要求组成部分注册会计师执行组成部分财务信息的相关工作，则应当了解下列事项：(1) 组成部分注册会计师是否了解并将遵守与集团审计相关的职业道德要求，特别是独立性要求（选项A正确）；(2) 组成部分注册会计师是否具备专业胜任能力(选项B正确)；(3) 集团项目组参与组成部分注册会计师工作的程度是否足以获取充分、适当的审计证据（选项D正确）；(4) 组成部分注册会计师是否处于积极的监管环境中。

3. 【答案】ABCD

解析：集团项目组在实施风险评估程序时应当了解的事项包括：(1) 在业务承接或保持阶段获取信息的基础上，进一步了解集团及其环境、集团组成部分及其环境（选项D），包括集团层面控制（选项C）；(2) 了解合并过程（选项B），包括集团管理层向组成部分下达的指令（选项A）。

4. 【答案】ABCD

解析：集团项目组针对合并调整和重分类事项的适当性、完整性和准确性的评价可能包括：（1）评价重大调整是否恰当反映了相关事项和交易（选项C）；（2）确定重大调整是否得到集团管理层和组成部分管理层（如适用）的正确计算、处理和授权（选项B）；（3）确定重大调整是否有适当的证据支持并得到充分的记录（选项D）；（4）检查集团内部交易、未实现内部交易损益以及集团内部往来余额是否核对一致并抵销（选项A）。

5. 【答案】ACD

解析： 选项B错误，集团项目组应当要求组成部分注册会计师及时沟通集团管理层或集团项目组以前未识别出的关联方，并确定是否需要将新识别的关联方告知其他组成部分注册会计师。

6. 【答案】ABC

解析： 在确定向集团治理层和集团管理层通报的内容时，集团项目组应当考虑：(1) 集团项目组识别出的集团层面内部控制缺陷（选项A）；(2) 集团项目组识别出的组成部分层面内部控制缺陷（选项B）；(3) 组成部分注册会计师提请集团项目组关注的内部控制缺陷（选项C）。

三、简答题

1. 【答案】

(1) 不恰当。还应当与组成部分注册会计师讨论由于舞弊或错误导致组成部分财务信息发生重大错报的可能性、复核组成部分注册会计师对识别出的导致集团财务报表发生重大错报的特别风险形成的审计工作底稿。

(2) 不恰当。针对非重要组成部分，应当在集团层面实施分析程序。

(3) 不恰当。集团项目组应当选择某些不重要的组成部分执行一项或多项工作，包括使用组成部分重要性对组成部分财务信息实施审计等。

(4) 恰当。

(5) 不恰当。如果对组成部分财务信息实施审计或审阅，集团项目组应当基于集团审计目的，为这些组成部分确定组成部分重要性。

(6) 恰当。

2. 【答案】

(1) 恰当。该事项属于审计过程中遇到的重大困难，应当与治理层进行沟通。

(2) 不恰当。组成部分注册会计师在执行法定审计时应使用300万元作为重要性/组成部分注册会计师执行法定审计使用的重要性大于集团项目组确定的该组成部分重要性，集团项目组不能利用法定审计的工作结果。

(3) 恰当。集团项目组是否参与进一步审计程序取决于对组成部分注册会计师的了解。

(4) 恰当。其他会计师事务所的注册会计师不构成组成部分注册会计师，集团项目组无须对其进行了解。仅实施集团层面分析程序，无须了解其他注册会计师。

(5) 不恰当。应使用组成部分重要性实施审阅。

(6) 不恰当。不应在审计报告中提及组成部分注册会计师，如果提及，应指明这种提及并不减轻甲集团公司审计项目合伙人及ABC会计师事务所对甲集团公司审计意见承担的责任。

3. 【答案】

组成部分	是否恰当（是/否）	理由
乙公司	否	组成部分重要性应当低于集团财务报表整体的重要性
丙公司	否	如果实际执行的重要性由组成部分注册会计师确定，集团项目组应当评价其适当性
丁公司	是	—
戊公司	否	如果对组成部分财务信息执行审阅，应当确定组成部分重要性

续表

组成部分	是否恰当（是/否）	理由
戊公司	是	—
庚公司	是	—

4. 【答案】

序号	是否恰当（是/否）	理由
(1)	是	—
(2)	否	应当使用组成部分乙公司的重要性对乙公司财务信息实施审阅
(3)	是	—
(4)	否	如果组成部分注册会计师不符合与集团审计相关的独立性要求，不能通过参与组成部分注册会计师的工作来消除组成部分注册会计师不具有独立性的影响。集团项目组应就该组成部分财务信息亲自获取充分、适当的审计证据
(5)	否	应要求戊公司组成部分注册会计师实施审计程序
(6)	是	—

第十七章　其他特殊项目的审计

本章考情分析

本章包含四个非常重要的特殊项目的审计，即：审计会计估计（教材 17.1）、关联方的审计（教材 17.2）、考虑持续经营假设（教材 17.3）、首次接受委托时对期初余额的审计（教材 17.4）。

本章是非常重要的考试章节，相关知识点在选择题、简答题和综合题中均有涉及，最近五年平均分值 9 分左右。

本章需要大家重点掌握的知识点（含可能题型）归纳如下表。

序号	知识点	题型	难易程度
1	会计估计的性质	简答	中
2	针对会计估计的风险评估程序和相关活动	单选、多选、简答	难
3	复核上期财务报表中会计估计的结果	单选、多选、简答	难
4	识别和评估会计估计的重大错报风险	单选、多选	难
5	高度估计不确定性和特别风险	单选、多选、简答	中
6	应对会计估计相关的重大错报风险的程序	单选、多选、简答	难
7	缩小区间估计的要求	单选、多选、简答	中
8	缩小区间估计的程度	单选、简答	中
9	缩小区间估计的方法	单选、简答	中
10	针对导致特别风险的会计估计的追加程序（围绕重大假设、替代性假设）	单选、多选、简答	中
11	评估会计估计错报	多选、简答	难
12	识别可能存在管理层偏向迹象的会计估计	单选、多选	中
13	获取会计估计书面声明	单选、多选	中
14	针对关联方实施的风险评估程序和相关工作	单选、多选、简答	难
15	识别和评估关联方交易的重大错报风险	单选、多选、简答	难
16	应对超出被审计单位正常经营过程的重大关联方交易导致的重大错报风险	单选、多选、简答	难
17	应对管理层未能识别出或未向注册会计师披露的关联方关系或重大关联方交易导致的重大错报风险	单选、多选、简答	难
18	应对管理层披露关联方交易是公平交易时可能存在的重大错报风险	简答、综合	难

续表

序号	知识点	题型	难易程度
19	获取关联方关系及其交易书面声明	单选、多选	中
20	与治理层沟通	简答	中
21	对持续经营假设的责任	单选、多选	中
22	评价管理层对持续经营能力作出的评估	单选、多选	中
23	识别出事项或情况时实施追加的审计程序	单选、多选、综合	难
24	持续经营假设适当，但存在重大不确定性	简答	难
25	持续经营假设不适当，应当发表否定意见	简答	难
26	持续经营假设不适当，采用替代基础编制财务报表	简答	难
27	与治理层沟通持续经营事项	单选、综合	易
28	期初余额的审计目标	单选、多选	中
29	期初余额的审计结论和审计报告	单选、多选、简答	中

2021 年教材主要变化

1. 对关联方的审计内容（识别和评估重大错报风险及应对措施）进行重新编写。
2. 除上述修订内容外，修改了其他内容的部分文字表述。

本章考点框架

- 第十七章（一）
  - 审计会计估计
    - 会计估计的性质【中/中频】
    - 风险评估程序和相关活动【难/高频】
    - 识别和评估重大错报风险【难/高频】
    - 应对会计估计重大错报风险的程序【难/中频】
    - 确定截至审计报告日发生的事项是否提供有关会计估计的审计证据【中/低频】
    - 测试管理层如何作出会计估计以及会计估计所依据的数据【中/低频】
    - 作出注册会计师的点估计或区间估计，以评价管理层的点估计【中/高频】
    - 应对会计估计特别风险的进一步实质性程序【中/中频】
    - 评价会计估计的合理性并确定错报【难/中频】
    - 与会计估计相关的披露【中/低频】
    - 识别可能存在管理层偏向的迹象【中/中频】
    - 获取会计估计书面声明【中/中频】

- 第十七章（二）
  - 关联方的审计
    - 风险评估程序和相关工作【难/中频】
    - 识别和评估重大错报风险【难/低频】
    - 应对超出被审计单位正常经营过程的重大关联方交易导致的重大错报风险【难/中频】
    - 应对存在具有支配性影响的关联方导致的重大错报风险【难/中频】
    - 应对管理层未能识别出或未向注册会计师披露的关联方关系或重大关联方交易导致的重大错报风险【难/中频】
    - 应对管理层披露关联方交易是公平交易时可能存在的重大错报风险【难/中频】
    - 应对管理层未能按照适用的财务报告编制基础对特定关联方关系及其交易进行恰当会计处理和披露导致的重大错报风险【中/低频】
    - 获取书面声明【中/低频】
    - 与治理层沟通【中/低频】
  - 考虑持续经营假设
    - 对持续经营假设的责任【中/中频】
    - 风险评估程序和相关活动【易/低频】
    - 评价管理层对持续经营能力作出的评估【中/中频】
    - 识别出事项或情况时实施追加的审计程序【难/中频】
    - 审计结论【中/低频】
    - 持续经营假设适当，但存在重大不确定性时对审计报告的影响【难/中频】
    - 持续经营假设不适当时，对审计报告的影响【难/中频】
    - 严重拖延对财务报表的批准时的考虑【易/低频】
    - 与治理层的沟通【易/中频】
  - 首次接受委托时对期初余额的审计
    - 期初余额的含义【易/低频】
    - 期初余额的审计目标【中/中频】
    - 期初余额的审计程序【中/中频】
    - 审计结论和审计报告【中/中频】

本章重难点精讲

提示	本章包含四个重要模块：注册会计师运用审计测试流程的基本思路对会计估计、关联方及其交易事项进行"风险识别、评估与应对"；针对可能导致对被审计单位持续经营假设产生重大疑虑的事项进行识别和评价；针对期初余额考虑如何实施审计程序以及考虑上期非无保留意见的事项对本期报表的影响。本章属于非常重要的章节，快扫听课二维码，助您"码"上通关

第一节　审计会计估计

本节视频详解
使用"会计云课堂"App/微信扫码听课

【导航】本节知识点的核心是对会计估计重大错报风险的"识别、评估与应对"，在此基础上，评价会计估计的合理性并确定错报。如图17-1所示。

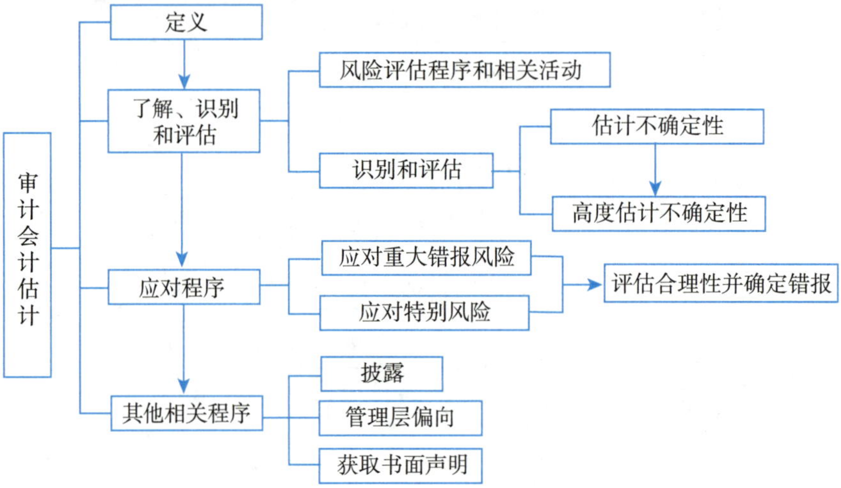

图17-1　审计会计估计内容框架

01 考点1 会计估计的性质（★★）❶

会计估计的性质包括会计估计的定义、注册会计师的评估要求以及考虑会计估计的结果。具体内容归纳如下表。

会计估计	具体内容
定义	是指在缺乏精确计量手段的情况下，采用的某项金额的近似值。会计估计一般包括公允价值会计估计和其他会计估计

❶ 为方便您在学习中可以快速了解知识点的重要程度，本书中将知识点进行分类。★★★代表重要知识点，★★代表次重要知识点，★代表非重要知识点。

续表

会计估计	具体内容
评估要求	由于会计估计的主观性、复杂性和不确定性，管理层作出的会计估计发生重大错报的可能性较大，注册会计师应当确定会计估计的重大错报风险是否属于特别风险
考虑会计估计的结果	会计估计的结果与财务报表中原来已确认或披露的金额存在差异，并不必然表明财务报表存在错报。这对于公允价值会计估计而言尤其如此，因为任何已观察到的结果都不可避免地受到作出会计估计的时点后所发生的事项或情况的影响

“考虑会计估计的结果”是本节最具有迷惑性的“表述”之一。大家可以通过下表“一问一答”展开理解和掌握。

问	答
(1) 考虑会计估计的结果中“考虑”，指的是谁来考虑？	审计会计估计的注册会计师
(2) 财务报表中原来已确认或披露的金额中“已确认”，指的是谁来确认？	编制财务报表的管理层
(3) 考虑会计估计的结果中“考虑”的时间节点，怎么理解？	可以理解为审计报告日或接近审计报告日
(4) 财务报表中原来已确认或披露的金额中“已确认”的时间节点，怎么理解？	可以理解为财务报表日
(5) 会计估计的结果与财务报表中原来已确认或披露的金额存在差异，举例说明差异的原因？	比如 2019 年甲公司存在一项未决诉讼，结果不确定，财务报表日管理层确认了 30 万元的预计负债，但是 2020 年 3 月 1 日法院判决后实际应赔偿 50 万元。50 万元与 30 万元之间的差异即为会计估计的结果与原已确认金额存在的差异
(6) 为什么说二者估计的金额存在差异，并不必然表明财务报表存在错报，其根本原因是什么？	报表中确认的会计估计金额是依据财务报表日已知的信息作出的估计，和最终得出结论的结果有差异很可能是正常的

02 考点 2 风险评估程序和相关活动（★★★）

针对会计估计的风险评估程序和相关活动包括了解与作出本期会计估计相关的事项，还包括复核上期财务报表中会计估计的结果。具体内容归纳如下表。

风险评估程序和相关活动	具体内容
了解适用的财务报告编制基础的要求（1/4）	了解适用的财务报告编制基础的要求，为注册会计师就下列方面与管理层进行讨论提供了基础： (1) 管理层如何运用与会计估计相关的要求 (2) 注册会计师对这些要求是否得到恰当运用的判断

续表

风险评估程序和相关活动	具体内容
了解管理层如何识别是否需要作出会计估计（2/4）	注册会计师主要通过询问管理层，了解管理层如何识别需要作出会计估计的情形
了解管理层如何作出会计估计（3/4）	管理层作出会计估计的方法和依据包括： （1）用以作出会计估计的方法，包括模型（如适用） （2）相关控制 （3）管理层是否利用管理层的专家的工作 （4）会计估计所依据的假设 （5）用以作出会计估计的方法是否已经发生或应当发生不同于上期的变化，以及变化的原因 （6）管理层是否评估以及如何评估估计不确定性的影响
复核上期会计估计（4/4）	注册会计师应当复核上期财务报表中会计估计的结果，或者复核管理层在本期财务报表中对上期会计估计作出的后续重新估计（如适用）。但是注册会计师复核的目的不是质疑上期依据当时可获得的信息而作出的判断

【刘姥姥讲故事】“复核上期财务报表中会计估计的结果”是本节最具有迷惑性的知识点之一，我们不如“模拟”现实问题，讲个故事。

话说ABC会计师事务所的A注册会计师负责审计甲公司2020年财务报表，甲公司2020年底因为安全生产问题导致出现人员伤亡事故。员工提起诉讼，甲公司管理层于2020年12月31日确认预计负债500万元，此时A注册会计师怎么评估“预计负债500万元”的合理性呢？

A注册会计师“today”很难评估，因为“预计负债500万元”的合理性需要等到未来的某一天（很可能是审计报告日后的某一天）“tomorrow”才能“水落石出”，怎么办？

A注册会计师有一种智慧的视角，不是说历史也许有惊人相似的一幕吗？通过甲公司“yesterday”（2019年财务报表）的类似问题来推断。果然，A注册会计师发现甲公司2019年也不幸发生了安全生产问题导致出现人员伤亡事故，2019年12月31日预计负债300万元，追踪2019年这起诉讼赔款，最终是以1800万元来了结的。甲公司财务报表中的会计估计与最后“尘埃落定”的实际支出相差1500万元（天啦！太不靠谱了!）。

同学们，此时A注册会计师面对甲公司2020年预计负债500万元的诉讼赔款应该作出什么推断呢？A注册会计师需要做的第一件事情是将甲公司这500万元作为“高度估计不确定性”的会计估计（管理层估计的特别离谱）。

A注册会计师通过复核上期会计估计的结果（2019年的诉讼赔款实际赔偿1800万元）来识别和评估本期（2020年12月31日预计负债500万元）会计估计的重大错报风险。

也许大家已经恍然大悟了：审计准则为什么要求“注册会计师应当复核上期财务报表中会计估计的结果”。

【故事总结】

（1）可不可以不复核上期会计估计事项？答案显然是：不可以，这个审计程序必须做。

（2）复核上期会计估计的目的是什么呢？答案有点绕：推断2020年12月31日预

计负债500万元估计的合理性，并非是为了质疑甲公司上期（2019年）预计负债300万元的合理性。

【故事悬念】

A注册会计师已经诊断出2020年12月31日预计负债500万元具有高风险，后期怎么应对呢？

故事未完，待续……

请关注本节【考点9】。

经典题解

【例题1·单选题】下列与会计估计审计相关的程序中，注册会计师应当在风险评估阶段实施的是（　　）。

A. 复核上期财务报表中会计估计的结果

B. 确定管理层作出会计估计的方法是否恰当

C. 评估会计估计的合理性

D. 确定管理层是否恰当运用与会计估计相关的财务报告编制基础

【解析】选项A正确，注册会计师复核上期财务报表中会计估计的结果，是为了了解管理层如何作出会计估计，识别会计估计重大错报风险，属于风险评估阶段实施的程序。选项B、C、D均属于应对评估的会计估计重大错报风险的措施，不属于风险评估阶段所实施的程序。

【答案】A

【名师点题】注册会计师识别和评估会计估计重大错报风险的审计程序（风险评估程序）有4个方面（见【考点2】表格）。其中，“复核上期会计估计的结果”是注册会计师评估会计估计重大错报风险必做的审计程序。

03 考点3 识别和评估重大错报风险（★★★）

注册会计师应当评价与会计估计相关的估计不确定性的程度，并根据职业判断确定识别出的具有高度估计不确定性的会计估计是否会导致特别风险，如图17-2所示。

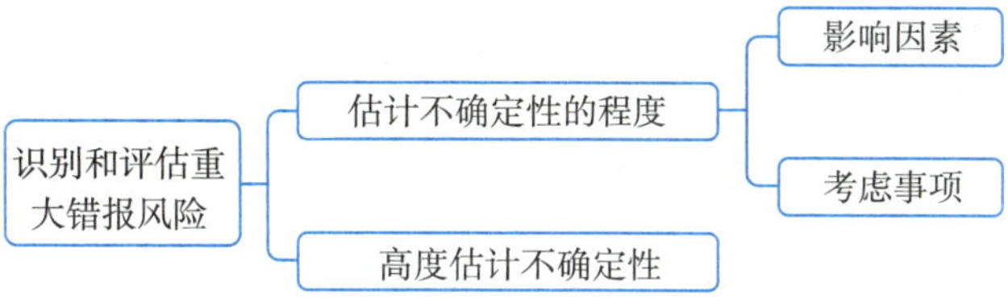

图17-2 识别和评估重大错报风险

识别和评估会计估计的重大错报风险的具体内容归纳如下表。

识别评估重大错报风险	具体内容
估计不确定性的程度的影响因素（6个因素）	（1）会计估计对判断的依赖程度 （2）会计估计对假设变化的敏感性 （3）是否存在可以降低估计不确定性的经认可的计量技术 （4）预测期的长度和从过去事项得出的数据对预测未来事项的相关性 （5）是否能够从外部来源获得可靠数据 （6）会计估计依据可观察到的或不可观察到的输入数据的程度

续表

识别评估重大错报风险	具体内容
考虑事项 （4个事项）	（1）会计估计的实际的或预期的重要程度 （2）会计估计的记录金额（即管理层的点估计）与注册会计师预期应记录金额的差异 （3）管理层在作出会计估计时是否利用管理层的专家的工作 （4）对上期会计估计进行复核的结果
具有高度估计不确定性的会计估计（可能导致特别风险） （4个例子）	（1）高度依赖判断的会计估计 （2）未采用经认可的计量技术计算的会计估计 （3）注册会计师对上期财务报表中类似会计估计进行复核的结果表明最初会计估计与实际结果之间存在很大差异，在这种情况下管理层作出的会计估计 （4）采用高度专业化的、由被审计单位自主开发的模型，或在缺乏可观察到的输入数据的情况下作出的公允价值会计估计

【提示】具有高度估计不确定性的会计估计很可能导致特别风险，但不一定就是特别风险，注意答题时别上当。

04 考点4 应对会计估计重大错报风险的程序（★★）

注册会计师应对评估的与会计估计相关的重大错报风险时，应考虑会计估计的性质，并实施下列一项或多项程序：

（1）确定截至审计报告日发生的事项是否提供有关会计估计的审计证据（1/4）；

（2）测试管理层如何作出会计估计以及会计估计所依据的数据（2/4）；

（3）测试与管理层如何作出会计估计相关的控制的运行有效性，并实施恰当的实质性程序（3/4）；

（4）作出注册会计师的点估计或区间估计，以评价管理层的点估计（4/4）。

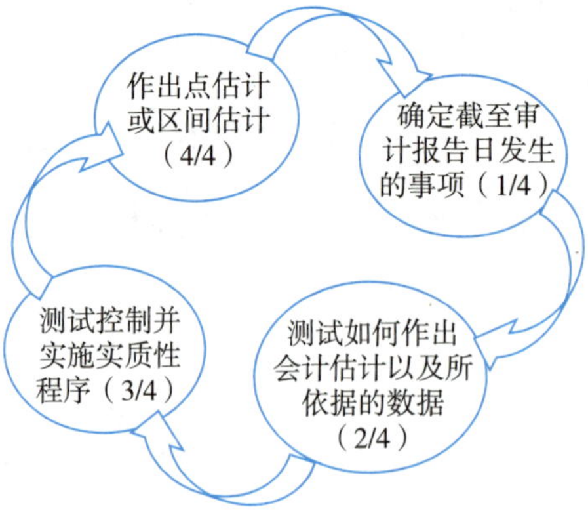

图17-3　应对评估的重大错报风险

【看图说话】

（1）应对评估的会计估计重大错报风险的一项或多项程序（1/4至4/4）需要大家“死记硬背”。

（2）针对某一会计估计事项，并非需要同时实施上述所有应对程序（1/4至4/

4），可能实施其中一个程序，或实施多个程序。

经典题解

【例题 2·多选题】下列各项审计工作中，可以应对与会计估计相关的重大错报风险的有（　　）。

A. 测试与管理层作出会计估计相关的控制的运行有效性，并实施恰当的实质性程序

B. 作出注册会计师的点估计或区间估计，以评价管理层的点估计

C. 确定截至审计报告日发生的事项是否提供有关会计估计的审计证据

D. 测试管理层如何作出会计估计以及会计估计所依据的数据

【解析】在应对评估的重大错报风险时，注册会计师应当考虑会计估计的性质，并实施下列一项或多项程序：（1）确定截至审计报告日发生的事项是否提供有关会计估计的审计证据（选项 C）；（2）测试管理层如何作出会计估计以及会计估计所依据的数据（选项 D）；（3）测试与管理层如何作出会计估计相关的控制的运行有效性，并实施恰当的实质性程序（选项 A）；（4）作出注册会计师的点估计或区间估计，以评价管理层的点估计（选项 B）。

【答案】ABCD

05 考点 5 确定截至审计报告日发生的事项是否提供有关会计估计的审计证据（1/4，★）

确定截至审计报告日发生的事项是否提供有关会计估计的审计证据，需要分为以下两种情形。具体内容归纳如下表。

截至审计报告日发生的事项	应对程序
可能提供有关审计证据	如果截至审计报告日可能发生的事项预期发生并提供用以证实或否定会计估计的审计证据，确定这些事项是否提供有关会计估计的审计证据可能是恰当的应对措施。在这种情况下，可能没有必要对会计估计实施追加的审计程序。例如，期后不久出售某被替代的产品的全部存货，可能提供有关其可变现净值估计的审计证据（即为 12 月 31 日某产品的存货跌价准备提供证据）
不可能提供审计证据	（1）对于某些会计估计，截至审计报告日发生的事项不可能提供审计证据。例如，与某些会计估计相关的情况或事项需要较长时间才有进展 （2）即使决定对特定会计估计不采取这种方法，注册会计师仍需要遵守相关规定。注册会计师需要实施审计程序，获取充分、适当的审计证据，以确定财务报表日至审计报告日之间发生的、需要在财务报表中调整或披露的事项是否已经按照适用的财务报告编制基础在财务报表中得到恰当反映

06 考点 6 测试管理层如何作出会计估计以及会计估计所依据的数据（2/4，★）

注册会计师需要测试数据、评价计量方法、评价模型的使用和评价管理层使用的假设，以应对会计估计重大错报风险。具体内容归纳如下表。

测试事项	具体应对措施
测试数据	在下列情况下，测试管理层如何作出会计估计和会计估计所依据的数据，可能是恰当的应对措施： （1）会计估计是依据模型（使用可观察到的或不可观察到的输入数据）作出的公允价值会计估计 （2）会计估计源于被审计单位会计系统对数据的常规处理 （3）注册会计师对上期财务报表中类似的会计估计的复核表明管理层本期的会计估计流程可能是有效的 （4）会计估计建立在性质相似、单项不重要但数量众多的项目的基础上
评价计量方法	在某些情况下，管理层可能已确定采用不同的估计方法会导致一系列显著不同的会计估计。在这种情况下，了解被审计单位如何调查导致这些差异的原因可能有助于注册会计师评价管理层所选择方法的恰当性
评价模型的使用	（1）在某些情况下，特别是作出公允价值会计估计时，管理层可能使用模型。使用的模型是否适用于具体情况，可能取决于多种因素，如被审计单位的性质及其环境，包括被审计单位所处的行业和需要计量的特定资产或负债 （2）根据所处的不同环境，在测试模型时，注册会计师可能需要考虑一些事项，这些事项的相关程度取决于具体情况，包括模型是否公开出售供特定部门或行业使用，或是专有的模型。在某些情况下，被审计单位可能利用专家来开发和测试模型
评价管理层使用的假设	在评价管理层使用的假设的合理性时，注册会计师可能需要考虑下列事项： （1）单项假设是否显得合理 （2）假设是否相互依赖且具有内在一致性 （3）当将这些假设汇总起来考虑或结合其他假设考虑时，无论是对于特定会计估计还是其他会计估计，这些假设是否显得合理 （4）对于公允价值会计估计，假设是否恰当地反映可观察到的市场假设 在评价管理层使用的构成公允价值会计估计基础的假设的合理性时，注册会计师除了考虑上述事项，在适用时还可能考虑下列事项： （1）管理层是否以及如何在作出假设时加入特定市场输入数据（如相关） （2）假设是否与可观察到的市场情况和以公允价值计量的资产或负债的特征一致 （3）市场参与方假设的来源是否相关和可靠，以及当存在多种市场参与方假设时管理层如何选择假设 （4）管理层是否以及如何考虑在可比较的交易、资产或负债中使用的假设或有关信息（如适用）

07 考点7 作出注册会计师的点估计或区间估计，以评价管理层的点估计（4/4，★★★）

注册会计师需要了解管理层的假设或方法，使用点估计或区间估计（包括如何缩小区间估计）评价管理层的点估计。具体内容归纳如下表。

事项	具体应对措施
了解管理层的假设或方法	如果使用有别于管理层的假设或方法，注册会计师应当充分了解管理层的假设或方法，以确定注册会计师在作出点估计或区间估计时已考虑了相关变量，并评价与管理层的点估计存在的任何重大差异

续表

事项	具体应对措施
缩小区间估计的要求	如果认为使用区间估计是恰当的，注册会计师应当基于可获得的审计证据来缩小区间估计，直至该区间估计范围内的所有结果均可被视为合理
缩小区间估计的程度	通常情况下，当区间估计的区间已缩小至等于或低于实际执行的重要性时，该区间估计对于评价管理层的点估计是适当的
难以将区间缩小至低于某一金额时的考虑	对于某些特定行业，可能难以将区间缩小至低于某一金额。这并不必然否定管理层对会计估计的确认，但是可能意味着与会计估计相关的估计不确定性可能导致特别风险
缩小区间估计的方法	（1）从区间估计中剔除注册会计师认为不可能发生的极端结果 （2）根据可获得的审计证据，继续缩小区间估计直至注册会计师认为该区间估计内的所有结果均视为是合理的。在极其特殊的情况下，注册会计师可能缩小区间估计直至审计证据指向点估计

【提示】

（1）截至审计报告日，如果针对高度估计不确定性的会计估计（包括具有特别风险的）不适用于点估计，注册会计师需要作出一个区间估计，评估管理层的点估计，从而确认管理层的会计估计错报（至少错了多少元）。

（2）注册会计师如何作出一个合理的区间估计？回答这个问题需要落实到缩小区间估计的要求、程度和方法。

08 考点 8 应对会计估计特别风险的进一步实质性程序（★★）

针对会计估计特别风险，注册会计师需要实施的进一步实质性程序包括评价事项、追加程序、必要时作出区间估计，以及考虑标准。具体内容和要求归纳如下表。

应对特别风险	具体内容和要求
评价事项（围绕估计不确定性）	在审计导致特别风险的会计估计时，注册会计师在实施进一步实质性程序时需要重点评价下列事项： （1）管理层是如何评估估计不确定性对会计估计的影响，以及这种不确定性对财务报表中会计估计的确认的恰当性可能产生的影响 （2）相关披露的充分性
追加程序（围绕重大假设、替代性假设）	针对导致特别风险的会计估计，除实施准则规定的其他实质性程序外，注册会计师还应当实施以下审计程序： （1）评价管理层如何考虑替代性的假设或结果，以及拒绝采纳的原因，或者在管理层没有考虑替代性的假设或结果的情况下，评价管理层在作出会计估计时如何处理估计不确定性 （2）评价管理层使用的重大假设是否合理 （3）当管理层实施特定措施的意图和能力与其使用的重大假设的合理性或对适用的财务报告编制基础的恰当应用相关时，评价这些意图和能力

续表

应对特别风险	具体内容和要求
作出区间估计的 4 种情形（死记硬背）	针对管理层的工作不足以适当处理估计不确定性对导致特别风险的会计估计的影响，注册会计师可能作出以下判断： （1）通过评价管理层如何处理估计不确定性的影响不能获取充分、适当的审计证据 （2）有必要进一步分析与会计估计相关的估计不确定性的程度，例如，注册会计师注意到类似环境下类似会计估计的结果存在较大差别 （3）不大可能通过如复核截至审计报告日发生的事项等审计程序获得其他审计证据 （4）可能有迹象表明管理层在作出会计估计时存在管理层偏向
考虑确认和计量的标准	对导致特别风险的会计估计，注册会计师应当获取充分、适当的审计证据，以确定下列方面是否符合适用的财务报告编制基础的规定： （1）管理层对会计估计在财务报表中予以确认或不予确认的决策 （2）作出会计估计所选择的计量基础

09 考点 9 评价会计估计的合理性并确定错报（★★）

导致会计估计错报的因素以及评估错报的具体内容归纳如下表。

事项	错报
导致错报的因素（三因素）	（1）毋庸置疑地存在错报，即事实错报 （2）由注册会计师认为管理层对会计估计作出的判断不合理，或认为管理层对会计政策的选择或运用不恰当而产生的差异，即判断错报 （3）注册会计师对总体中错报的最佳估计，包括由审计样本中识别出的错报推断出总体中的错报，即推断错报
利用点估计评估错报	当审计证据支持点估计时，注册会计师的点估计与管理层的点估计之间的差异构成错报
利用区间估计评估错报	当注册会计师认为使用其区间估计能够获取充分、适当的审计证据时，则在注册会计师区间估计之外的管理层的点估计得不到审计证据的支持。在这种情况下，错报不小于管理层的点估计与注册会计师区间估计之间的最小差异

【刘姥姥讲故事】利用点估计或区间估计评估错报的表述比较抽象，我们不妨图解，续本节【考点 2】的故事。如图 17-4 所示。

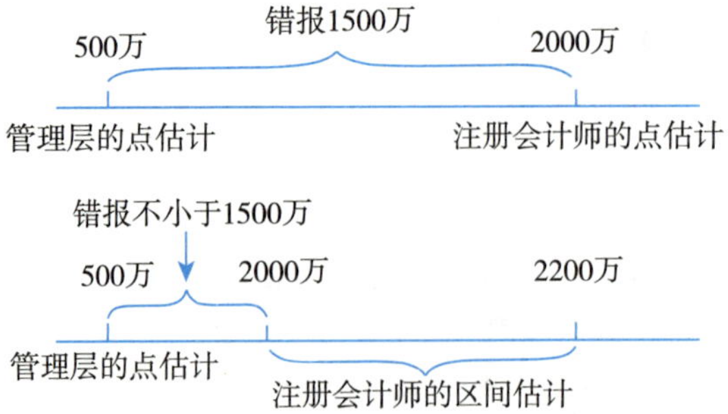

图 17-4　利用点估计或区间估计评估错报

话说ABC会计师事务所的A注册会计师负责审计甲公司2020年财务报表，A注册会计师通过复核甲公司2019年会计估计的结果，识别和评估2020年类似诉讼索赔“预计负债500万元”为高度估计不确定性的会计估计事项。

截至审计报告日（比如2021年3月5日），A注册会计师可能有以下三种评估错报的情形。

【剧情1】截至2021年3月5日，法院判决甲公司最终赔款2000万元。此种情形下，注册会计师可以认为法院判决为充分、适当的审计证据（毋庸置疑），即甲公司2020年低估预计负债1500万元，甲公司应当调增当年预计负债和营业外支出1500万元（2000万元-500万元）。

【剧情2】截至2021年3月5日，该诉讼还在审理中，注册会计师收集各种信息和数据，估计甲公司很可能赔款2000万元。此种情形下，注册会计师的点估计与管理层的点估计之间的差异构成错报，即2020年甲公司低估预计负债和营业外支出1500万元（2000万元-500万元）。

【剧情3】截至2021年3月5日，该诉讼还在审理中，注册会计师收集各种信息和数据都不能指向点估计，注册会计师作出合理的区间估计是2000万元至2200万元。此种情形下，管理层的点估计落在注册会计师区间估计之外，即2020年甲公司至少低估预计负债1500万元（2000万元-500万元）。

10 考点10 与会计估计相关的披露（★）

注册会计师应当获取充分、适当的审计证据，以确定与会计估计相关的财务报表披露是否符合适用的财务报告编制基础的规定。

对导致特别风险的会计估计，注册会计师还应当评价在适用的财务报告编制基础下，财务报表对估计不确定性的披露的充分性。

经典题解

【例题3·多选题】下列各项中，构成错报的有（　　）。

A. 管理层对导致特别风险的会计估计的估计不确定性的披露不充分

B. 管理层作出的点估计小于注册会计师作出的区间估计的最小值

C. 管理层作出的点估计与注册会计师作出的点估计存在差异

D. 会计估计的结果与财务报表中原已确认的金额存在差异

【解析】管理层对导致特别风险的会计估计的估计不确定性的披露不充分构成错报（选项A正确）。当注册会计师认为使用其区间估计能够获取充分、适当的审计证据时，则在注册会计师区间估计之外的管理层的点估计得不到审计证据的支持。在这种情况下，错报不小于管理层的点估计与注册会计师区间估计之间的最小差异（选项B正确）。当审计证据支持点估计时，注册会计师的点估计与管理层的点估计之间的差异构成错报（选项C正确）。选项D错误，会计估计的结果与财务报表中原来已确认或披露的金额存在差异，并不必然表明财务报表存在错报。这对于公允价值会计估计而言尤其如此，因为任何已观察到的结果都不可避免地受到作出会计估计的时点后所发生的事项或情况的影响。

【答案】ABC

11 考点11 识别可能存在管理层偏向的迹象（★★）

可能存在管理层偏向迹象的例子归纳如下表。

管理层偏向迹象	具体内容或举例
8 种情形（依据审计准则问题解答第 11 号—会计估计）	(1) 管理层主观地认为环境已经发生变化，并相应地改变会计估计或估计方法；或者环境已经发生变化，但管理层并未根据变化对会计估计或估计方法作出相应的改变；或者会计估计或估计方法频繁变更，但似乎并非由所处环境的变化所致
8 种情形（依据审计准则问题解答第 11 号—会计估计）	(2) 管理层选择或作出重大假设以产生有利于管理层目标的点估计
8 种情形（依据审计准则问题解答第 11 号—会计估计）	(3) 会计估计所依赖的假设存在内在的不一致，如对成本费用增长率的预期与收入增长率的预期显著不同
8 种情形（依据审计准则问题解答第 11 号—会计估计）	(4) 管理层的主观判断或采用的假设与市场、宏观环境、行业数据或历史信息不一致，从而显示管理层的主观判断或采用的假设带有明显偏向。例如，针对公允价值会计估计，如果被审计单位使用模型作出会计估计，在管理层使用的假设与可观察到的市场假设存在重大不一致的情况下，管理层仍使用其自有假设。再如，被审计单位所处行业整体产能过剩，被审计单位在经营过程中发生连续亏损，固定资产使用率明显低于设计使用率，但管理层在对固定资产进行减值测试时，仍然采用比较乐观的经营预测，且该经营预测未能如实反映被审计单位的经营状况和经营环境
8 种情形（依据审计准则问题解答第 11 号—会计估计）	(5) 以前年度财务报表确认和披露的重大会计估计与后期实际结果之间存在重大差异，并且各项差异的方向一致（例如，各项差异同为增加利润）或者差异的方向与管理层目标一致（例如，管理层当年度的目标是增加利润，或减少税负）
8 种情形（依据审计准则问题解答第 11 号—会计估计）	(6) 变更会计估计后被审计单位的财务成果或财务状况将发生显著的变化，例如，扭亏为盈、达到再融资要求等
8 种情形（依据审计准则问题解答第 11 号—会计估计）	(7) 选择带有乐观或悲观倾向的点估计。管理层的经营理念和风格也可能导致管理层偏向，注册会计师注意到被审计单位在编制财务报表时表现出明显的过于激进或过于保守的倾向，这可能使得管理层作出的会计估计也表现为过于激进（例如，管理层在考虑商誉减值时，对于产生商誉的资产组或资产组组合的未来现金流量过于乐观）或过于保守（例如，坏账准备的计提比例过高）
8 种情形（依据审计准则问题解答第 11 号—会计估计）	(8) 管理层试图通过对专家的选择以及对专家工作的干涉，从而影响专家对特定会计估计的工作结果，这也可能表明存在管理层偏向。例如，管理层在选择专家时，刻意避开相关领域内信誉和胜任能力较好的专家，转而聘用该领域胜任能力不足，或信誉一般的专家，以便可以更加容易地影响相关专家的工作结果。再如，管理层可能在选择专家时已经向相关专家透露了其对特定事项的预期结果，从而只选择愿意满足管理层预期结果的专家（购买意见）对相关会计估计进行评估

经典题解

【例题 4·多选题】下列各项中，表明可能存在与会计估计相关的管理层偏向的有（　　）。

A. 以前年度财务报表确认和披露的重大会计估计与后期实际结果之间存在差异

B. 变更会计估计后被审计单位的财务成果发生显著变化，与管理层增加利润的目标一致

C. 会计估计所依赖的假设存在内在的不一致，如对成本费用增长率的预期与收入增长率的预期显著不同

D. 环境已经发生变化，但管理层并未根据变化对会计估计或估计方法作出相应的改变

【解析】选项 A 错误，财务报表中原已确认或披露的会计估计与实际结果存在差异，并不能表明存在管理层偏向。

【答案】BCD

12 考点 12
获取会计估计书面声明（★★）

注册会计师应当就有关在财务报表中确认或披露的会计估计、未在财务报表中确认或披露的会计估计获取书面声明。

书面声明	具体内容（可能包括）
在财务报表中确认或披露的会计估计	（1）计量流程（包括管理层在根据适用的财务报告编制基础作出会计估计时使用的相关假设和模型）的恰当性，以及流程的一贯运用 （2）假设恰当地反映了管理层代表被审计单位执行特定措施的意图和能力（当这些意图和能力与会计估计和披露相关时） （3）在适用的财务报告编制基础下与会计估计相关的披露的完整性和适当性 （4）不存在需要对财务报表中会计估计和披露作出调整的期后事项
未在财务报表中确认或披露的会计估计	（1）管理层用于确定不满足适用的财务报告编制基础规定的确认或披露标准的依据的恰当性 （2）针对未在财务报表中以公允价值计量或披露的会计估计，管理层用于推翻适用的财务报告编制基础规定的与使用公允价值相关的假定的依据的恰当性

第二节　关联方的审计

本节视频详解
使用“会计云课堂”App/微信扫码听课

【导航】本节知识点的核心是对关联方关系及其交易相关的重大错报风险的“识别、评估与应对”。如图 17-5 所示。

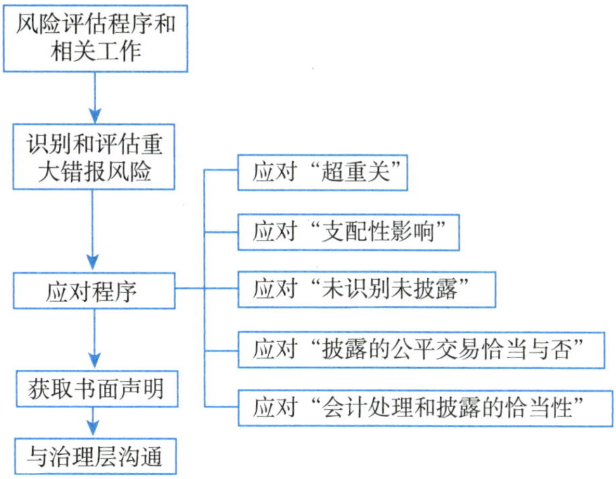

图 17-5　关联方审计内容框架

01 考点 1 风险评估程序和相关工作（★★）

注册会计师应当针对关联方实施风险评估程序和相关工作，以识别和评估关联方关系及其交易相关的重大错报风险。具体内容归纳如下表。

事项	具体内容
项目组内部的讨论（6 个方面）	项目组内部讨论的内容可能包括： （1）关联方关系及其交易的性质和范围（如利用在每次审计后更新的有关识别出的关联方的记录进行讨论） （2）强调在整个审计过程中对关联方关系及其交易导致的潜在重大错报风险保持职业怀疑的重要性 （3）可能显示管理层以前未识别或未向注册会计师披露的关联方关系或关联方交易的情形或状况（如被审计单位组织结构复杂，利用特殊目的实体从事表外交易，或信息系统不够完善） （4）可能显示存在关联方关系或关联方交易的记录或文件 （5）管理层和治理层对关联方关系及其交易（如果适用的财务报告编制基础对关联方作出规定）进行识别、恰当会计处理和披露的重视程度，以及管理层凌驾于相关控制之上的风险 （6）在对舞弊进行讨论时，对关联方可能如何参与舞弊的特殊考虑
询问管理层的事项（3 个方面）	注册会计师应当向管理层询问下列事项： （1）关联方的名称和特征，包括关联方自上期以来发生的变化 （2）被审计单位和关联方之间关系的性质 （3）被审计单位在本期是否与关联方发生交易，如发生，交易的类型、定价政策和目的
了解与关联方关系及其交易相关的控制	如果管理层建立了下列与关联方关系及其交易相关的控制，注册会计师应当询问管理层和被审计单位内部其他人员，实施其他适当的风险评估程序，以获取对相关控制的了解： （1）按照适用的财务报告编制基础，对关联方关系及其交易进行识别、会计处理和披露 （2）授权和批准重大关联方交易和安排 （3）授权和批准超出正常经营过程的重大交易和安排

02 考点 2 识别和评估重大错报风险（★）

针对关联方关系及其交易的重大错报风险的识别和评估，注册会计师需要考虑的具体内容归纳如下表。

需要考虑的要求及因素	具体内容
特别风险	注册会计师应当将识别出的、超出被审计单位正常经营过程的重大关联方交易导致的风险确定为特别风险

续表

<table>
<tr><th colspan="2">需要考虑的要求及因素</th><th>具体内容</th></tr>
<tr><td rowspan="2">支配性影响的关联方</td><td>可能表现的方面</td><td>(1) 关联方否决管理层或治理层作出的重大经营决策
(2) 重大交易需经关联方的最终批准
(3) 日常经营（采购、销售或技术支持）高度依赖关联方或关联方提供的资金支持
(4) 对关联方提出的业务建议，管理层和治理层未曾或很少进行讨论即获得通过
(5) 对涉及关联方（或与关联方关系密切的家庭成员）的交易，管理层和治理层极少进行独立复核和批准
(6) 管理层或治理层成员由关联方选定，独立董事实质上不独立，或者与关联方存在密切关系
(7) 存在实际控制人、控股股东或者单一大股东，并利用其影响力凌驾于被审计单位内部控制之上，或使被审计单位管理层在作出决策时只关注单方面的利益，且相关决策在治理层（如董事会）缺乏充分的讨论
(8) 关联方在被审计单位的设立和日后经营管理中均发挥主导作用</td></tr>
<tr><td>表明存在舞弊导致的特别风险的因素举例</td><td>(1) 异常频繁地变更高级管理人员或专业顾问（例如，法律或财务顾问等），可能表明被审计单位为关联方谋取利益而从事不道德或虚假的交易
(2) 通过中间机构开展的重大交易，且难以判断通过中间机构开展该交易的必要性以及交易是否具有合理的商业理由，这可能表明关联方或被审计单位出于舞弊目的，通过控制这些中间机构从交易中获利
(3) 有证据显示关联方过度干涉或关注会计政策的选择或重大会计估计的作出，可能表明存在虚假财务报告</td></tr>
<tr><td rowspan="2">未识别出或未披露的关联方</td><td>不披露关联方关系或重大关联方交易可能是有意的</td><td>例如，管理层出于粉饰财务报表的目的，精心策划和实施某项重大关联方交易，并有意不在财务报表中作出披露。在注册会计师实施审计时，管理层与关联方串通向注册会计师提供虚假陈述，蓄意隐瞒交易对方是关联方的事实。在这种情况下，财务报表存在因管理层舞弊而导致的重大错报风险</td></tr>
<tr><td>可能显示存在管理层未向注册会计师披露的关联方关系或关联方交易</td><td>(1) 与其他机构或人员组成不具有法人资格的合伙企业
(2) 按照超出正常经营过程的交易条款和条件，向特定机构或人员提供服务的安排
(3) 担保和被担保关系</td></tr>
<tr><td colspan="2">管理层披露关联方交易是公平交易</td><td>下面两种情况，如果管理层认定并披露关联方交易是公平交易，就可能存在重大错报风险：
(1) 如果认为交易价格是按照类似公平交易的价格执行，该项交易就是公平交易，而忽略了该项交易的其他条款和条件（如信用条款、对产品的质量要求等）是否与独立各方之间通常达成的交易条款相同
(2) 有意忽略交易价格之外的其他条款，并披露关联方交易是公平交易</td></tr>
</table>

续表

需要考虑的要求及因素	具体内容
未能对特定关联方关系及其交易进行恰当会计处理和披露	管理层很可能为了粉饰财务报表，而未按照适用的财务报告编制基础对特定关联方关系及其交易进行恰当会计处理和披露。例如，被审计单位以明显高于公允市价的价格向其控股股东出售不动产，并将其作为一笔产生损益的交易进行会计处理，而这项交易可能实质上是一项正常经营性交易和权益性交易的组合，高出公允市价的部分可能实质上构成了权益性交易。在这种情况下，关联方交易的经济实质可能没有在财务报表中恰当反映，从而导致财务报表存在重大错报风险

03 考点 3 应对超出被审计单位正常经营过程的重大关联方交易导致的重大错报风险（★★）

针对识别出的超出正常经营过程的重大关联方交易，注册会计师应当采取的应对措施包括检查相关合同或协议（如有）和获取交易已经恰当授权和批准的审计证据。具体内容归纳如下表。

应对措施	具体内容
检查相关合同或协议（如有）	如果检查相关合同或协议，注册会计师应当评价： (1) 交易的商业理由（或缺乏商业理由）是否表明被审计单位从事交易的目的可能是为了对财务信息作出虚假报告或为了隐瞒侵占资产的行为 (2) 交易条款是否与管理层的解释一致 (3) 关联方交易是否已按照适用的财务报告编制基础得到恰当会计处理和披露
获取交易已经恰当授权和批准的审计证据	(1) 如果超出正常经营过程的重大关联方交易经管理层、治理层或股东（如适用）授权和批准，可以为注册会计师提供审计证据，表明该项交易已在被审计单位内部的适当层面进行了考虑，并在财务报表中恰当披露了交易的条款和条件 (2) 授权和批准本身不足以就是否不存在由于舞弊或错误导致的重大错报风险得出结论，原因在于如果被审计单位与关联方串通舞弊或关联方对被审计单位具有支配性影响，被审计单位与授权和批准相关的控制可能是无效的 (3) 如果存在未经授权和批准的这类交易，且注册会计师与管理层或治理层进行讨论后仍未获取合理解释，可能表明存在由于舞弊或错误导致的重大错报风险。在这种情况下，注册会计师可能需要对其他类似性质的交易保持警觉

【提示】检查相关合同或协议的内容建议大家“守株待兔”式的无条件的掌握。

经典题解

【例题 5 · 单选题】如果注册会计师识别出超出正常经营过程的重大关联方交易导致的舞弊风险，下列程序中，通常能够有效应对该风险的是（　　）。

A. 评价交易是否具有合理的商业理由

B. 检查交易是否按照适用的财务报告编制基础进行会计处理和披露

C. 就交易事项向关联方函证

D. 检查交易是否经适当的管理层审批

【解析】对于识别出的超出正常经营过程的重大关联方交易，注册会计师应当：(1) 检查相关合同或协议（如有），并评价以下内容：①交易的商业理由（或缺乏商业理由）是否表明被审计单位从事交易的目的可能是为了对财务信息作出虚假报告或为了隐瞒侵占资产的行为（选项A正确）；②交易条款是否与管理层的解释一致；③关联方交易是否已按照适用的财务报告编制基础得到恰当会计处理和披露（选项B错误）。（2）获取交易已经恰当授权和批准的审计证据。如果被审计单位与关联方串通舞弊或关联方对被审计单位具有支配性影响，被审计单位与授权和批准相关的控制可能是无效的，此时函证也可能是无效的（选项C、D错误）。

【答案】A

【例题6·多选题】对于识别出的超出正常经营过程的重大关联方交易，如有相关合同或协议，注册会计师应当予以检查。下列各项中，注册会计师在检查时应当评价的有（　　）。

A. 交易的商业理由

B. 交易条款是否与管理层的解释一致

C. 关联方交易是否已按照适用的财务报告编制基础得到恰当会计处理

D. 关联方交易是否已按照适用的财务报告编制基础得到恰当披露

【答案】ABCD

04 考点4 应对存在具有支配性影响的关联方导致的重大错报风险（★★）

除了遵守《中国注册会计师审计准则第1141号—财务报表审计中与舞弊相关的责任》的总体要求外，注册会计师还可以实施诸如下列审计程序，以了解关联方与被审计单位直接或间接建立的业务关系，并确定是否有必要实施进一步的恰当的实质性程序：

（1）询问管理层和治理层并与之讨论；

（2）询问关联方；

（3）检查与关联方之间的重要合同；

（4）通过互联网或某些外部商业信息数据库，进行适当的背景调查；

（5）如果被审计单位保留了员工的举报报告，查阅该报告。

05 考点5 应对管理层未能识别出或未向注册会计师披露的关联方关系或重大关联方交易导致的重大错报风险（★★）

（一）注册会计师可以考虑实施的程序

实施的程序	具体内容
（1）访谈	访谈被审计单位的控股股东、实际控制人、治理层以及关键管理人员等，必要时就访谈内容获取上述人员的书面确认或执行函证程序
（2）背景调查	①以被审计单位控股股东、实际控制人、治理层以及关键管理人员为起点，通过互联网查询或第三方商业信息服务机构实施背景调查，用以识别与这些个人或机构有关联方关系或受其控制的实体，评估这些实体与被审计单位的关系 ②如果认为必要且可行，注册会计师也可以考虑将（1）中访谈和背景调查扩大至其他主要股东及其他相关人员

续表

实施的程序	具体内容
(3) 运用数据分析工具	①识别被审计单位与并非客户或供应商的实体之间的大额资金往来、在月初和月末发生的大额资金收付等 ②识别交易规模、频率等明显异于被审计单位通常的交易规模或频率的事项，如交易异常频繁，或交易虽不频繁，但单次交易金额重大的事项 ③识别在会计记录中首次出现的交易对方，检查其是否包含在管理层提供的当期新增客户或供应商名单中
(4) 检查企业信用报告	亲自获取被审计单位的企业信用报告，关注企业信用报告内容的完整性，检查企业信用报告中显示的内容，包括对外担保等，是否已经完整包含在被审计单位管理层披露的信息中
(5) 检查银行对账单	检查被审计单位银行对账单中与疑似关联方的大额资金往来交易，关注对账单中是否存在异常的资金流动，关注资金或商业汇票往来是否以真实、合理的交易为基础
(6) 检查大额资金往来/性质是否异常	①识别被审计单位银行对账单中与实际控制人、控股股东或高级管理人员的大额资金往来交易，关注是否存在异常的资金流动，关注资金往来是否以真实、合理的交易为基础 ②如果评估认为这些大额资金往来性质异常，注册会计师还可以要求实际控制人、控股股东或高级管理人员提供其自身的银行对账单，并检查其中与被审计单位之间的资金往来
(7) 询问税务和咨询服务的有关人员	在获得被审计单位授权后，向为被审计单位提供过税务和咨询服务的有关人员询问其对关联方的了解
(8) 获取诉讼信息	在获得被审计单位授权后，通过律师或其他调查机构获取被审计单位的诉讼信息，关注其中是否存在涉及由于被审计单位对外提供担保而引起的诉讼以及诉讼的内容、性质，评价相关对外担保是否涉及关联方，如果涉及关联方，关联方关系和交易是否已在财务报表中恰当披露

（二）针对是否为关联方存有重大疑虑，可以考虑实施的程序

实施的程序	具体内容
(1) 针对交易对方实施背景调查并比对相关名单	针对交易对方实施背景调查，将其股东情况、注册时间、注册地址、办公地址、网站地址、邮箱域名、注册登记的联系人及其电话和邮箱等信息与被审计单位的相关信息进行比对；并将交易对方的法定代表人、董事、高级管理人员与被审计单位实际控制人、董事、监事、高级管理人员的名单进行比对，考虑交易对方的日常经营范围和规模是否与相关交易相匹配
(2) 查询交易对方股权架构的变动情况	查询交易对方在报告期内或邻近报告期末的股权架构的变动情况，在必要且可行的情况下，考虑是否需要逐级向上追溯至其实际控制人，将查询结果与被审计单位实际控制人、董事、监事、高级管理人员的名单进行比对

续表

实施的程序	具体内容
（3）获取新增客户和供应商清单	获取管理层提供的当期新增客户和供应商清单，考虑被审计单位与客户和供应商的首次交易时间是否与客户和供应商的注册成立时间重合或接近，以考虑客户和供应商是否仅为与被审计单位开展交易而设立，并考虑客户和供应商是否可能与被审计单位存在关联方关系
（4）询问基层员工	询问直接参与交易的基层员工，以了解相关交易的执行情况是否与被审计单位管理层提供的信息一致
（5）实施函证和实地走访	实施函证和实地走访，包括观察交易对方的经营场所、货物进出情况，现场询问相关人员，以了解该交易对方与被审计单位的交易详情。例如，询问交易对方的业务人员，了解交易对方与被审计单位开展业务的商业理由，是否与被审计单位存在关联方关系，日常的主营业务、员工人数和规模等是否与被审计单位开展的业务相匹配等
（6）利用其他专业人士或机构的工作	利用其他专业人士或机构的工作，如反舞弊专家、信用调查机构或律师的协助

06 考点 6 应对管理层披露关联方交易是公平交易时可能存在的重大错报风险（★★）

注册会计师应当检查关联方交易披露的充分性，同时就关联方交易为公平交易的披露进行评价。具体应对程序归纳如下表。

应对程序	具体内容
评价管理层如何支持这项认定	（1）考虑管理层用于支持其认定的程序是否恰当 （2）验证支持管理层认定的内部或外部数据来源，对这些数据进行测试，以判断其准确性、完整性和相关性 （3）评价管理层认定所依据的重大假设的合理性
要求管理层撤销披露	（1）如果无法获取充分、适当的审计证据，合理确信管理层关于关联方交易是公平交易的披露，注册会计师可以要求管理层撤销此披露 （2）如果管理层不同意撤销，注册会计师应当考虑其对审计报告的影响

07 考点 7 应对管理层未能按照适用的财务报告编制基础对特定关联方关系及其交易进行恰当会计处理和披露导致的重大错报风险（★）

注册会计师发表审计意见时评价的内容、评价错报或交易的金额和性质以及评价披露的可理解性，具体内容归纳如下表。

评价事项	具体内容
发表审计意见时评价的内容	（1）识别出的关联方关系及其交易是否已按照适用的财务报告编制基础得到恰当会计处理和披露 （2）关联方关系及其交易是否导致财务报表未实现公允反映
评价错报或交易的金额和性质	（1）审计准则要求注册会计师在评价错报是否重大时，考虑错报的金额和性质以及错报发生的特定情况 （2）对财务报表使用者而言，某项交易的重要程度，可能不仅取决于所记录的交易金额，还取决于其他特定的相关因素，如关联方关系的性质
关联方交易的披露可能不具有可理解性的情形	当存在下列情形之一时，表明管理层对关联方交易的披露可能不具有可理解性： （1）关联方交易的商业理由以及交易对财务报表的影响披露不清楚，或存在错报 （2）未适当披露为理解关联方交易所必需的关键条款、条件或其他要素

【提示】关联方交易的披露存在不可理解性，则表明财务报表存在错报，这是关联方交易错报中比较特殊的内容。

08 考点8 获取书面声明（★）

注册会计师应当对关联方关系及其交易的下列事项获取书面声明，具体内容归纳如下表。

情形	具体内容
适用的财务报告编制基础对关联方作出规定时	如果适用的财务报告编制基础对关联方作出规定，注册会计师应当向管理层和治理层（如适用）获取下列书面声明： （1）已经向注册会计师披露了全部已知的关联方名称和特征、关联方关系及其交易 （2）已经按照适用的财务报告编制基础的规定，对关联方关系及其交易进行了恰当的会计处理和披露
向治理层获取书面声明可能是适当的	在下列情况下，注册会计师向治理层获取书面声明可能是适当的： （1）治理层批准某项特定关联方交易，该项交易可能对财务报表产生重大影响或涉及管理层 （2）治理层就某些关联方交易的细节向注册会计师作出口头声明 （3）治理层在关联方或关联方交易中享有财务或者其他利益
就某项特殊认定获取书面声明	注册会计师还可能决定就管理层作出的某项特殊认定获取书面声明，如管理层对特殊关联方交易不涉及某些未予披露的“背后协议”的声明

【提示】获取关联方关系及其交易的书面声明属于跨章节知识点，请与教材18.3跨章节学习和掌握。

经典题解

【例题7·多选题】在适用的财务报告编制基础对关联方作出规定的情况下，下列各项中，应当包含在被审计单位管理层和治理层（如适用）书面声明中的有（ ）。

A. 已向注册会计师披露了全部已知的关联方名称和特征

B. 已向注册会计师披露了全部已知的关联方关系及其交易

C. 已按照适用的财务报告编制基础的规定，对关联方关系和交易进行了恰当的会计处理

D. 已按照适用的财务报告编制基础的规定，对关联方关系和交易进行了恰当的披露

【解析】注册会计师应当向管理层和治理层（如适用）获取下列书面声明：(1) 已经向注册会计师披露了全部已知的关联方名称和特征、关联方关系及其交易（选项A、B）；(2) 已经按照适用的财务报告编制基础的规定，对关联方关系及其交易进行了恰当的会计处理和披露（选项C、D）。

【答案】ABCD

09 考点9 与治理层沟通（★）

与治理层沟通与关联方相关的重大事项的要求和例子，归纳如下表。

与治理层沟通	具体内容
沟通要求	除非治理层全部成员参与管理被审计单位，注册会计师应当与治理层沟通审计工作中发现的与关联方相关的重大事项
与关联方相关的重大事项的例子	(1) 管理层有意或无意未向注册会计师披露关联方关系或重大关联方交易。沟通这一情况可以提醒治理层关注以前未识别的重要关联方和关联方交易 (2) 识别出的未经适当授权和批准的、可能产生舞弊嫌疑的重大关联方交易 (3) 注册会计师与管理层在按照适用的财务报告编制基础的规定披露重大关联方交易方面存在分歧 (4) 违反适用的法律法规有关禁止或限制特定类型关联方交易的规定 (5) 在识别被审计单位最终控制方时遇到的困难

【提示】与治理层沟通重大事项属于跨章节知识点，请与教材14.1跨章节学习和掌握。

第三节 考虑持续经营假设

本节视频详解
使用"会计云课堂"App/微信扫码听课

01 考点1 对持续经营假设的责任（★★）

在财务报表审计中，编制财务报表的管理层（"左手"）和审计财务报表的注册会计师（"右手"）对持续经营评估责任泾渭分明，各司其职。具体内容归纳如下表。

责任主体	具体内容
管理层的责任（"左手"）	由于持续经营假设是编制财务报表的基本原则，即使其他财务报告编制基础没有对此作出明确规定，管理层也需要在编制财务报表时评估持续经营能力

续表

责任主体	具体内容
注册会计师的责任（“右手”）	（1）在执行财务报表审计业务时，注册会计师的责任是就管理层在编制和列报财务报表时运用持续经营假设的适当性获取充分、适当的审计证据，并就持续经营能力是否存在重大不确定性得出结论。即使编制财务报表时采用的财务报告编制基础没有明确要求管理层对持续经营能力作出专门评估，注册会计师的这种责任仍然存在 （2）如果存在可能导致被审计单位不再持续经营的未来事项或情况，审计的固有限制对注册会计师发现重大错报能力的潜在影响会加大 （3）注册会计师不能对这些未来事项或情况作出预测。相应地，注册会计师未在审计报告中提及持续经营的不确定性，不能被视为对被审计单位持续经营能力的保证

经典题解

【例题8·单选题】下列有关注册会计师对持续经营假设的审计责任的说法中，错误的是(　　)。

A. 注册会计师有责任就管理层在编制和列报财务报表时运用持续经营假设的适当性获取充分、适当的审计证据

B. 如果适用的财务报告编制基础不要求管理层对持续经营能力作出专门评估，注册会计师没有责任对被审计单位的持续经营能力是否存在重大不确定性得出结论

C. 除询问管理层外，注册会计师没有责任实施其他任何审计程序，以识别超出管理层评估期间并可能导致对被审计单位持续经营能力产生重大疑虑的事项或情况

D. 注册会计师未在审计报告中提及持续经营的不确定性，不能被视为对被审计单位持续经营能力的保证

【解析】选项B错误，在执行财务报表审计业务时，即使编制财务报表时采用的财务报告编制基础没有明确要求管理层对持续经营能力作出专门评估，注册会计师也有责任对被审计单位的持续经营能力是否存在重大不确定性得出结论。

【答案】B

02 考点2 风险评估程序和相关活动（★）

注册会计师应当识别被审计单位存在的可能导致对持续经营假设产生重大疑虑的事项或情况，包括财务方面、经营方面和其他方面。具体内容归纳如下表。

三方面	具体事项或情况
财务方面	（1）净资产为负或营运资金出现负数 （2）定期借款即将到期，但预期不能展期或偿还，或过度依赖短期借款为长期资产筹资 （3）存在债权人撤销财务支持的迹象 （4）历史或预测性财务报表表明经营活动产生的现金流量净额为负数 （5）关键财务比率不佳 （6）发生重大经营亏损或用以产生现金流量的资产的价值出现大幅下跌 （7）拖欠或停止发放股利 （8）在到期日无法偿还债务 （9）无法履行借款合同的条款 （10）与供应商由赊购变为货到付款 （11）无法获得开发必要的新产品或进行其他必要的投资所需的资金

续表

三方面	具体事项或情况
经营方面	（1）管理层计划清算被审计单位或终止经营 （2）关键管理人员离职且无人替代 （3）失去主要市场、关键客户、特许权、执照或主要供应商 （4）出现用工困难问题 （5）重要供应短缺 （6）出现非常成功的竞争者
其他方面	（1）违反有关资本或其他法定要求 （2）未决诉讼或监管程序，可能导致其无法支付索赔金额 （3）法律法规或政府政策的变化预期会产生不利影响 （4）对发生的灾害未购买保险或保额不足

【易错易混】“存在重大疑虑的事项或情况”与“存在重大不确定性”是完全不同的两个概念：注册会计师通过识别和评估被审计单位在财务方面、经营方面和其他方面存在的重大疑虑的事项或情况，来评价被审计单位持续经营假设是否存在重大不确定性。

03 考点3 评价管理层对持续经营能力作出的评估（★★）

注册会计师应当评价管理层对持续经营能力作出的评估，相关事项及具体内容归纳如下表。

相关事项	具体内容
管理层评估涵盖的期间	管理层对持续经营能力的合理评估期间是自财务报表日起的下一个会计期间。如果管理层评估持续经营能力涵盖的期间短于自财务报表日起的12个月，注册会计师应当提请管理层将其至少延长至自财务报表日起的12个月
纠正管理层缺乏分析的错误不是注册会计师的责任	（1）在某些情况下，管理层缺乏详细分析以支持其评估，可能不妨碍注册会计师确定管理层运用持续经营假设是否适合具体情况 （2）在其他情况下，注册会计师评价管理层对被审计单位持续经营能力所作的评估，可能包括评价管理层作出评估时遵循的程序、评估依据的假设、管理层的未来应对计划以及管理层的计划在当前情况下是否可行
考虑依据假设的合理性	在考虑管理层作出的评估所依据的假设时，注册会计师需要考虑管理层对相关事项或情况结果的预测所依据的假设是否合理，并特别关注具有以下几类特征的假设： （1）对预测性信息具有重大影响的假设 （2）特别敏感的或容易发生变动的假设 （3）与历史趋势不一致的假设
超出管理层评估期间的事项或情况	（1）注册会计师应当询问管理层是否知悉超出评估期间的、可能导致对持续经营能力产生重大疑虑的事项或情况 （2）除询问管理层外，注册会计师没有责任实施其他任何审计程序，以识别超出管理层评估期间并可能导致对被审计单位持续经营能力产生重大疑虑的事项或情况

经典题解

【例题9·单选题】下列有关注册会计师评价管理层对持续经营能力作出的评估的说法中，错误的是( )。

A. 注册会计师应当纠正管理层对持续经营能力作出评估时缺乏分析的错误

B. 注册会计师应当询问管理层是否知悉超出评估期间的、可能导致对持续经营能力产生重大疑虑的事项或情况

C. 在评价管理层作出的评估时，注册会计师应当考虑该评估是否已考虑注册会计师在审计过程中注意到的所有相关信息

D. 注册会计师评价的期间应当与管理层对持续经营能力作出恰当评估的期间相同，通常为自财务报表日起的十二个月

【解析】选项A错误，纠正管理层缺乏分析的错误不是注册会计师的责任。在某些情况下，管理层缺乏详细分析以支持其评估，可能不妨碍注册会计师确定管理层运用持续经营假设是否适合具体情况。

【答案】A

04 考点4 识别出事项或情况时实施追加的审计程序(★★)

注册会计师识别出可能导致对持续经营能力产生重大疑虑的事项或情况，应当实施追加的审计程序的要求和具体内容归纳如下表。

事项	具体内容
总体要求	如果识别出可能导致对持续经营能力产生重大疑虑的事项或情况，注册会计师应当通过实施追加的审计程序（包括考虑缓解因素），获取充分、适当的审计证据，以确定是否存在重大不确定性
追加的审计程序	(1) 如果管理层尚未对被审计单位持续经营能力作出评估，提请其进行评估 (2) 评价管理层与持续经营能力评估相关的未来应对计划，这些计划的结果是否可能改善目前的状况，以及管理层的计划对于具体情况是否可行 (3) 如果被审计单位已编制现金流量预测，且对预测的分析是评价管理层未来应对计划时所考虑的事项或情况的未来结果的重要因素，评价用于编制预测的基础数据的可靠性，并确定预测所基于的假设是否具有充分的支持 (4) 考虑自管理层作出评估后是否存在其他可获得的事实或信息 (5) 要求管理层和治理层（如适用）提供有关未来应对计划及其可行性的书面声明

经典题解

【例题10·多选题】如果识别出可能导致对持续经营能力产生重大疑虑的事项或情况，下列审计程序中，注册会计师应当实施的有( )。

A. 评价与持续经营能力评估相关的未来应对计划对于被审计单位的具体情况是否可行

B. 考虑自管理层作出评估后是否存在其他可获得的事实或信息

C. 要求管理层提供有关未来应对计划及其可行性的书面声明

D. 如果管理层尚未对被审计单位持续经营能力作出评估，提请其进行评估

【答案】ABCD

【例题11·综合题·部分】甲集团公司是ABC会计师事务所的常年审计客户，主要从事化妆品的生产、批发和零售。A注册会计师负责审计甲集团公司2020年度财务报表，确定集团财务报表整体的重要性为600万元。

资料四：

A注册会计师在审计工作底稿中记录了重大事项的处理情况，部分内容摘录如下：

（4）化妆品行业将于2022年执行更严格的化学成分限量标准。甲集团公司的主要产品可能因此被淘汰，管理层提供了其对该事项的评估及相关书面声明。A注册会计师据此认为该事项不影响甲集团公司的持续经营能力。

要求：

针对资料四第（4）项，假定不考虑其他因素，指出A注册会计师的处理是否恰当。如不恰当，简要说明理由。

【答案】

事项序号	是否恰当（是/否）	理由
（4）	否	如果识别出可能导致对持续经营能力产生重大疑虑的事项，注册会计师应当通过实施追加的审计程序，获取充分、适当的审计证据，以确定是否存在重大不确定性/未对管理层的评估实施进一步审计程序/书面声明本身并不为所涉及的任何事项提供充分、适当的审计证据

05 考点5 审计结论（★）

事项	具体内容
总体要求	注册会计师应当评价是否就管理层编制财务报表时运用持续经营假设的适当性获取了充分、适当的审计证据，并就运用持续经营假设的适当性得出结论
考虑因素	（1）注册会计师应当根据获取的审计证据，运用职业判断，确定是否存在与事项或情况相关的重大不确定性（且这些事项或情况单独或汇总起来可能导致对被审计单位持续经营能力产生重大疑虑）并考虑对审计意见的影响 （2）如果注册会计师根据职业判断认为，鉴于不确定性潜在影响的重要程度和发生的可能性，为了使财务报表实现公允反映，有必要适当披露该不确定性的性质和影响，则表明存在重大不确定性
针对存在重大不确定性的考虑	如果认为运用持续经营假设适合具体情况，但存在重大不确定性，注册会计师应当确定： （1）财务报表是否已充分描述可能导致对持续经营能力产生重大疑虑的主要事项或情况，以及管理层针对这些事项或情况的应对计划 （2）财务报表是否已清楚披露可能导致对持续经营能力产生重大疑虑的事项或情况存在重大不确定性，并由此导致被审计单位可能无法在正常的经营过程中变现资产和清偿债务
确定不存在重大不确定性的考虑	如果已识别出可能导致对被审计单位持续经营能力产生重大疑虑的事项或情况，但根据获取的审计证据，注册会计师认为不存在重大不确定性，则注册会计师应当根据适用的财务报告编制基础的规定，评价财务报表是否对这些事项或情况作出充分披露

06 考点6
持续经营假设适当，但存在重大不确定性时对审计报告的影响（★★）

情形	具体内容
发表无保留意见	如图17-6所示，如果运用持续经营假设是适当的，但存在重大不确定性，且财务报表对重大不确定性已作出充分披露，注册会计师应当发表无保留意见，并在审计报告中增加以“与持续经营相关的重大不确定性”为标题的单独部分，以： （1）提醒财务报表使用者关注财务报表附注中对所述事项的披露 （2）说明这些事项或情况表明存在可能导致对被审计单位持续经营能力产生重大疑虑的重大不确定性，并说明该事项并不影响发表的审计意见 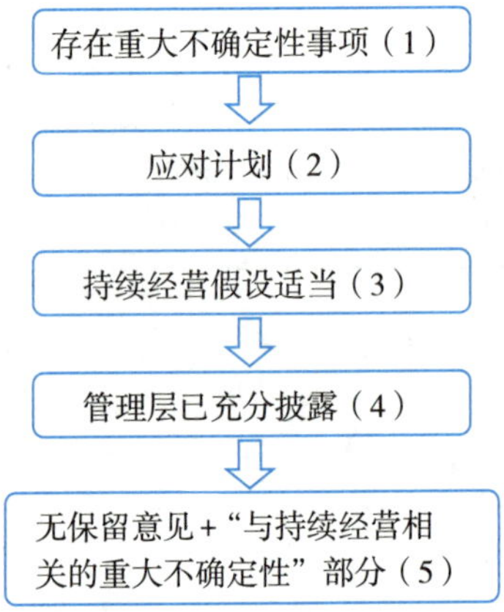 **图17-6　重大不确定性事项对审计报告的影响（无保留意见）**
发表无法表示意见	如图17-7所示，在极少数情况下，当存在多项对财务报表整体具有重要影响的重大不确定性时，注册会计师可能认为发表无法表示意见而非增加以“与持续经营相关的重大不确定性”为标题的单独部分是适当的 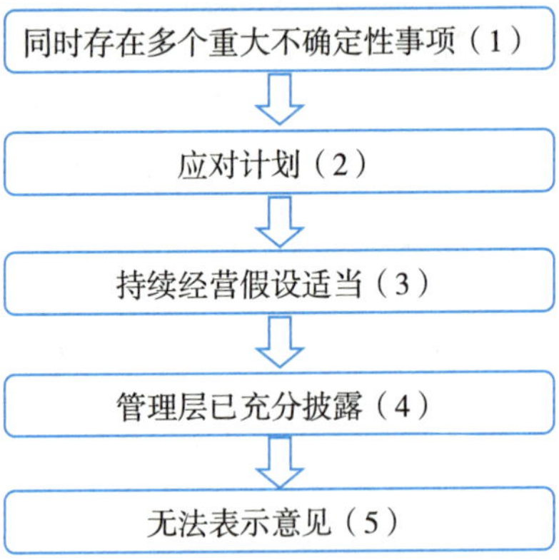 **图17-7　重大不确定性事项对审计报告的影响（无法表示意见）** 《中国注册会计师审计准则第1502号—在审计报告中发表非无保留意见》规定，在极其特殊的情况下，可能存在多个不确定事项。尽管注册会计师对每个单独的不确定事项获取了充分、适当的审计证据，但由于不确定事项之间可能存在相互影响，以及可能对财务报表产生累积影响，注册会计师不可能对财务报表形成审计意见。在这种情况下，注册会计师应当发表无法表示意见

续表

<table>
<tr><th>情形</th><th>具体内容</th></tr>
<tr><td>发表保留意见或否定意见</td><td>如图 17-8 所示，如果持续经营假设适当，但存在重大不确定性且财务报表未作出充分披露，注册会计师应当发表保留意见或否定意见。注册会计师应当在审计报告中说明，存在可能导致对被审计单位持续经营能力产生重大疑虑的重大不确定性

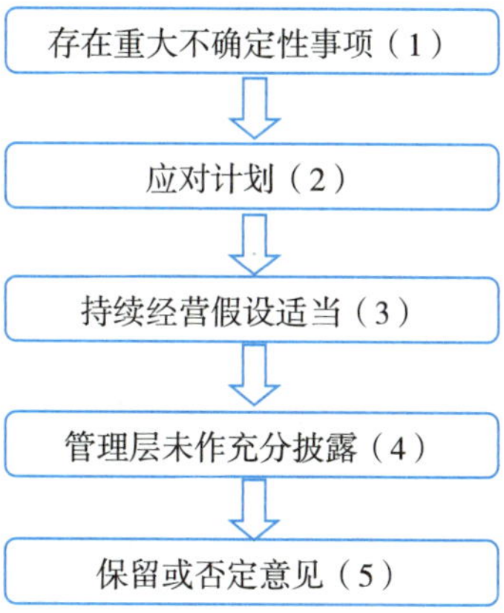

图 17-8　重大不确定性事项对审计报告的影响（保留或否定意见）</td></tr>
</table>

07 考点 7 持续经营假设不适当时，对审计报告的影响（★★）

<table>
<tr><th>情形</th><th>具体内容</th></tr>
<tr><td>发表否定意见</td><td>如图 17-9 所示，如果财务报表按照持续经营基础编制，而注册会计师运用职业判断认为管理层在编制财务报表时运用持续经营假设是不适当的，则无论财务报表中对管理层运用持续经营假设的不适当性是否作出披露，注册会计师均应发表否定意见

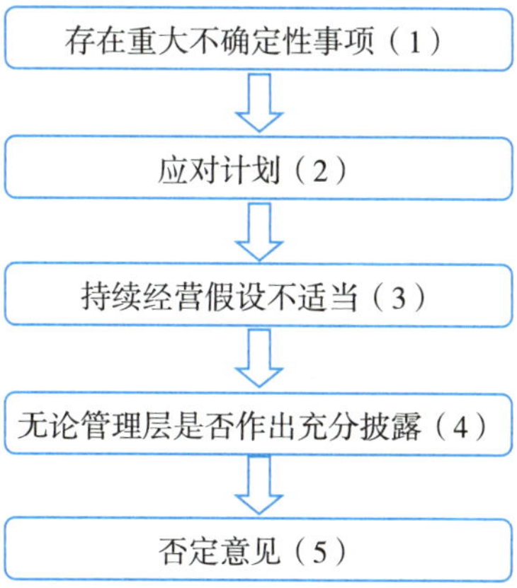

图 17-9　对审计报告的影响（否定意见）</td></tr>
</table>

续表

情形	具体内容
发表无保留意见 +强调事项段	如图17-10所示，如果在具体情况下运用持续经营假设是不适当的，但管理层被要求或自愿选择编制财务报表，则可以采用替代基础（如清算基础）编制财务报表。注册会计师可以对财务报表进行审计，前提是注册会计师确定替代基础在具体情况下是可接受的编制基础。如果财务报表对此作出了充分披露，注册会计师可以发表无保留意见，但也可能认为在审计报告中增加强调事项段是适当或必要的，以提醒财务报表使用者注意替代基础及其使用理由 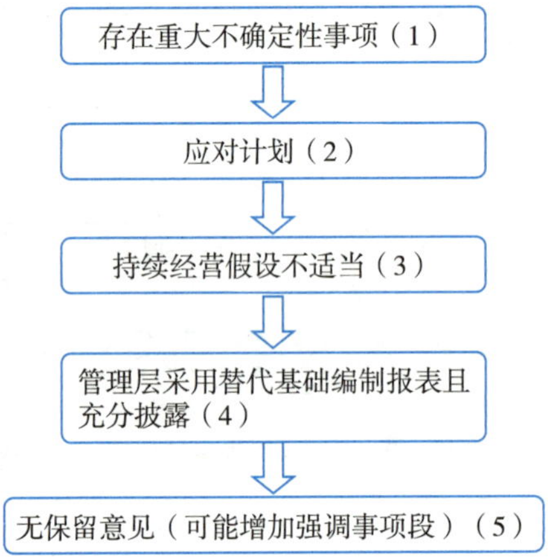 图17-10　对审计报告的影响（无保留意见）

08 考点8 严重拖延对财务报表的批准时的考虑（★）

（1）如果管理层或治理层在财务报表日后严重拖延对财务报表的批准，注册会计师应当询问拖延的原因；

（2）如果认为拖延可能涉及与持续经营评估相关的事项或情况，注册会计师有必要实施前述识别出可能导致对持续经营能力产生重大疑虑的事项或情况时追加的审计程序，并就存在的重大不确定性考虑对审计结论的影响。

09 考点9 与治理层的沟通（★★）

注册会计师应当与治理层就识别出的可能导致对被审计单位持续经营能力产生重大疑虑的事项或情况进行沟通，除非治理层全部成员参与管理被审计单位。

与治理层的沟通应当包括下列方面：

（1）这些事项或情况是否构成重大不确定性；

（2）管理层在编制财务报表时运用持续经营假设是否适当；

（3）财务报表中的相关披露是否充分；

（4）对审计报告的影响（如适用）。

第四节　首次接受委托时对期初余额的审计

本节视频详解
使用"会计云课堂" App/ 微信扫码听课

01 考点 1 期初余额的含义（★）

期初余额的定义、理解要点以及对本期财务报表的影响归纳如下表。

期初余额	具体内容
定义	指期初存在的账户余额。期初余额以上期期末余额为基础，反映了以前期间的交易和事项以及上期采用的会计政策的结果
理解要点	（1）期初余额是期初已存在的账户余额 （2）期初余额反映了以前期间的交易和事项以及上期采用的会计政策的结果 （3）期初余额与注册会计师首次审计业务相联系
判断期初余额对本期财务报表的影响	判断期初余额对本期财务报表的影响程度应着眼于以下三方面： （1）上期结转至本期的金额 （2）上期所采用的会计政策 （3）上期期末已存在的或有事项及承诺

02 考点 2 期初余额的审计目标（★★）

（1）确定期初余额是否含有对本期财务报表产生重大影响的错报。

（2）确定期初余额反映的恰当的会计政策是否在本期财务报表中得到一贯运用，或会计政策的变更是否已按照适用的财务报告编制基础作出恰当的会计处理和充分的列报与披露。

03 考点 3 期初余额的审计程序（★★）

为达到期初余额的审计目标，对期初余额实施程序的总体要求和考虑事项等归纳如下表。

要点	具体内容
总体要求	注册会计师应当阅读被审计单位最近期间的财务报表和相关披露，以及前任注册会计师出具的审计报告（如有），获取与期初余额相关的信息
影响期初余额审计程序的性质和范围的事项	注册会计师对期初余额需要实施的审计程序的性质和范围取决于下列事项： （1）被审计单位运用的会计政策 （2）账户余额、各类交易和披露的性质以及本期财务报表存在的重大错报风险 （3）期初余额相对于本期财务报表的重要程度 （4）上期财务报表是否经过审计，如果经过审计，前任注册会计师的意见是否为非无保留意见

续表

要点	具体内容
对期初余额实施的审计程序	(1) 确定上期期末余额是否已正确结转至本期，或在适当的情况下已作出重新表述 (2) 确定期初余额是否反映对恰当会计政策的运用 (3) 实施一项或多项审计程序
上期财务报表已经审计时实施的程序	如果上期财务报表已经审计，查阅前任注册会计师的审计工作底稿，以获取有关期初余额的审计证据。包括以下工作： (1) 查阅前任注册会计师的工作底稿。包括查阅前任注册会计师工作底稿中的所有重要审计领域；考虑前任注册会计师是否已实施审计程序，收集充分、适当的审计证据，以支持资产负债表重要账户期初余额；复核前任注册会计师建议的调整分录和未更正错报汇总表，并评价其对当期审计的影响 (2) 考虑前任注册会计师的独立性和专业胜任能力 (3) 与前任注册会计师沟通时应遵守职业道德守则和相关审计准则的规定
对流动资产和流动负债的期初余额实施审计程序	(1) 可以通过本期实施的审计程序获取部分审计证据 例如，本期应收账款的收回（或应付账款的支付）为其在期初的存在、权利和义务、完整性以及准确性、计价和分摊提供了部分审计证据 (2) 有必要实施追加的审计程序 例如，针对存货而言，因为委托时间滞后，注册会计师可能未能对上期期末存货实施监盘，本期对存货的期末余额实施的审计程序，几乎无法提供有关期初持有存货的审计证据。因此，注册会计师有必要实施追加的审计程序 (3) 下列一项或多项审计程序可以为存货期初余额提供充分、适当的审计证据：监盘当前的存货数量并调节至期初存货数量；对期初存货项目的计价实施审计程序；对毛利和存货截止实施审计程序
对非流动资产和非流动负债的审计程序	(1) 检查形成期初余额的会计记录和其他信息 例如，针对长期股权投资、固定资产和长期借款，注册会计师可以通过检查形成期初余额的会计记录和其他信息获取审计证据 (2) 通过向第三方函证获取有关期初余额的部分审计证据 例如，针对长期借款和长期股权投资的期初余额，注册会计师可以通过向第三方函证获取有关期初余额的部分审计证据 (3) 可能需要实施追加的审计程序 例如，针对或有负债，注册会计师还可能需要实施追加的审计程序

经典题解

【例题12·多选题】 下列有关注册会计师首次接受委托时就期初余额获取审计证据的说法中，正确的有(　　)。

A. 对流动资产和流动负债，注册会计师可以通过本期实施的审计程序获取有关期初余额的审计证据

B. 注册会计师可以通过向第三方函证获取有关期初余额的审计证据

C. 如果上期财务报表已经审计，注册会计师可以通过查阅前任注册会计师的审计工作底稿获取有关期初余额的审计证据

D. 对非流动资产和非流动负债，注册会计师可以通过检查形成期初余额的会计记录和其他信息获取有关期初余额的审计证据

【解析】选项A正确，对流动资产和流动负债，注册会计师可以通过本期实施的审计程序获取有关期初余额的部分审计证据。选项B正确，在某些情况下，注册会计师可以通过向第三方函证获取有关期初余额（如长期借款和长期股权投资的期初余额）的部分审计证据。选项C正确，如果上期财务报表已经审计，注册会计师可以通过查阅前任注册会计师的审计工作底稿，以获取有关期初余额的审计证据。选项D正确，对非流动资产和非流动负债，注册会计师可以通过检查形成期初余额的会计记录和其他信息获取审计证据。

【答案】ABCD

04 考点4 审计结论和审计报告（★★）

（一）审计后不能获取充分、适当的审计证据

如果无法获取有关期初余额的充分、适当的审计证据，注册会计师应当在审计报告中发表下列类型之一的非无保留意见：

（1）发表适合具体情况的保留意见或无法表示意见；

（2）除非法律法规禁止，对经营成果和现金流量（如相关）发表保留意见或无法表示意见，而对财务状况发表无保留意见。

（二）期初余额存在对本期财务报表产生重大影响的错报的处理

（1）注册会计师应当告知管理层；

（2）如果上期财务报表由前任注册会计师审计，注册会计师还应当提请管理层告知前任注册会计师；

（3）如果错报的影响未能得到正确的会计处理和恰当的列报与披露，注册会计师应当对财务报表发表保留意见或否定意见。

（三）会计政策变更对审计报告的影响

如果认为按照适用的财务报告编制基础与期初余额相关的会计政策未能在本期得到一贯运用，或者会计政策的变更未能得到恰当的会计处理或适当的列报与披露，注册会计师应当对财务报表发表保留意见或否定意见。

（四）前任注册会计师对上期财务报表发表了非无保留意见

情形	具体内容
无须发表非无保留意见	前任注册会计师对上期财务报表发表了非无保留意见，导致前任注册会计师发表非无保留意见的事项可能与对本期财务报表发表的意见既不相关也不重大，则注册会计师在本期审计时无须因此而发表非无保留意见
需要发表非无保留意见	前任注册会计师对上期财务报表发表了非无保留意见，如果该重大事项在本期仍然存在并且对本期财务报表的影响仍然重大，而被审计单位继续坚持不在本期财务报表附注中予以披露，则注册会计师在本期审计时仍需因此而发表非无保留意见

【相关链接】

1.《中国注册会计师审计准则第1321号—审计会计估计（包括公允价值会计估计）和相关披露》

2.《中国注册会计师审计准则第1321号—审计会计估计（包括公允价值会计估计）和相关披露》应用指南

3.《中国注册会计师审计准则问题解答第11号—会计估计》

4.《中国注册会计师审计准则第1323号—关联方》

5.《中国注册会计师审计准则第1323号—关联方》应用指南

6.《中国注册会计师审计准则问题解答

第6号—关联方》

7.《中国注册会计师审计准则第1324号—持续经营》

8.《中国注册会计师审计准则第1324号—持续经营》应用指南

9.《中国注册会计师审计准则问题解答第13号—持续经营》

10.《中国注册会计师审计准则第1331号—首次审计业务涉及的期初余额》

11.《中国注册会计师审计准则第1331号—首次审计业务涉及的期初余额》应用指南

历年经典试题回顾

（一）针对会计估计的风险评估程序和相关活动

【例题·简答题·部分】甲公司是ABC会计师事务所的常年审计客户。A注册会计师负责审计甲公司2015年度财务报表，确定财务报表整体的重要性为200万元。审计工作底稿中与会计估计审计相关的部分事项摘录如下：

（1）因甲公司2015年度经营情况较上年度没有发生重大变化，A注册会计师通过实施分析程序对上年会计估计在本年的结果进行了复核，以评估与会计估计相关的重大错报风险。

要求：

针对上述第（1）项，指出A注册会计师的做法是否恰当。如不恰当，简要说明理由。（2016年）

（二）复核上期财务报表中会计估计的结果

【例题1·简答题·部分】ABC会计师事务所的A注册会计师负责审计甲公司2017年度财务报表。与会计估计审计相关的部分事项如下：

（2）2016年末，管理层对某项应收款项全额计提了坏账准备。因2017年全额收回该款项，管理层转回了相应的坏账准备。A注册会计师据此认为2016年度财务报表存在重大错报，要求管理层更正2017年度财务报表的对应数据。

要求：

针对上述第（2）项，指出A注册会计师的做法是否恰当。如不恰当，简要说明理由。（2018年）

【例题2·简答题·部分】ABC会计师事务所的A注册会计师负责审计甲公司2017年度财务报表。与会计估计审计相关的部分事项如下：

（3）甲公司的会计政策规定，按照成本与可变现净值孰低计提存货跌价准备。A注册会计师将2016年末的存货跌价准备与相关存货在2017年实际发生的损失进行了比较，未发现重大差异，认为管理层的估计合理，据此认可了2017年末的存货跌价准备余额。

要求：

针对上述第（3）项，指出A注册会计师的做法是否恰当。如不恰当，简要说明理由。（2018年网络回忆版）

（三）识别和评估会计估计的重大错报风险

【例题1·单选题】下列有关估计不确定性的说法中，错误的是（　　）。（2016年网络回忆版）

A. 会计估计涉及的预测期越长，估计不确定性越高

B. 会计估计与实际结果之间的差异越大，估计不确定性越高

C. 会计估计所使用的不可观察输入值越多，估计不确定性越高

D. 历史数据与会计估计预测未来事项的相关性越小，估计不确定性越高

【例题2·多选题】下列各项中，影响会计估计的估计不确定性程度的有（　　）。（2018年）

A. 会计估计涉及的预测期的长度

B. 会计估计对假设变化的敏感性

C. 会计估计对判断的依赖程度

D. 会计估计依据不可观察到的输入数据的程度

【例题3·多选题】下列各项因素中，影响会计估计的估计不确定性程度的因素有（　　）。（2017年网络回忆版）

A. 管理层在作出会计估计时是否利用管理层的专家的工作

B. 是否存在可以降低估计不确定性的经认可的计量技术

C. 是否能够从外部来源获得可靠数据

D. 会计估计对假设变化的敏感性

（四）高度估计不确定性和特别风险

【例题1·多选题】下列各项会计估计中，可能具有高度估计不确定性的有（　　）。（2018年网络回忆版）

A. 未采用经认可的计量技术计算的会计估计

B. 高度依赖管理层判断的会计估计

C. 采用高度专业化的、由被审计单位自主开发的模型作出的公允价值会计估计

D. 在缺乏可观察到的输入数据的情况下作出的公允价值会计估计

【例题2·简答题·部分】ABC会计师事务所的A注册会计师负责审计甲公司2017年度财务报表。与会计估计审计相关的部分事项如下：

（1）2017年末甲公司某项重大未决诉讼的结果极不确定，管理层无法作出合理估计，但在财务报表附注中披露了该事项。因该事项不影响财务报表的确认与计量，A注册会计师认为不存在特别风险。

要求：

针对上述第（1）项，指出A注册会计师的做法是否恰当。如不恰当，简要说明理由。（2018年网络回忆版）

（五）应对会计估计相关的重大错报风险的程序

【例题1·单选题】下列各项中，通常不能应对与会计估计相关的重大错报风险的是（　　）。（2019年网络回忆版）

A. 复核上期财务报表中会计估计的结果

B. 测试管理层在作出会计估计时采用的关键假设

C. 确定截至审计报告日发生的事项是否提供有关会计估计的审计证据

D. 测试与管理层如何作出会计估计相关的控制的运行有效性

【例题2·简答题·部分】甲公司是ABC会计师事务所的常年审计客户。A注册会计师负责审计甲公司2015年度财务报表，确定财务报表整体的重要性为200万元。审计工作底稿中与会计估计审计相关的部分事项摘录如下：

（4）2015年12月，甲公司厂房发生重大火灾，管理层根据保险合同和损失情况估计和确认了应收理赔款1000万元。A注册会计师检查了保险合同和甲公司管理层编制的损失情况说明，据此认为管理层的会计估计合理。

要求：

针对上述第（4）项，指出A注册会计师的做法是否恰当。如不恰当，简要说明理由。（2016年）

（六）针对导致特别风险的会计估计的追加程序（围绕重大假设、替代性假设）

【例题1·简答题·部分】ABC会计师事务所的A注册会计师负责审计甲公司2017年度财务报表。与会计估计审计相关的部分事项如下：

（3）管理层编制盈利预测以评价递延所得税资产的可回收性。A注册会计师向管理层询问了盈利预测中使用的假设的依据，并对盈利预测实施了重新计算，结果满意，据此认可了管理层的评价。

要求：

针对上述第（3）项，指出A注册会计师的做法是否恰当。如不恰当，简要说明理由。（2018年）

【例题2·简答题·部分】甲公司是ABC会计师事务所的常年审计客户。A注册会计师负责审计甲公司2015年度财务报表，确定财务报表整体的重要性为200万元。审计工作底稿中与会计估计审计相关的部分事项摘录如下：

（2）甲公司管理层实施固定资产减值测试时采用的重大假设具有高度估计不确定性，导致特别风险。A注册会计师评价了管理层采用的计量方法，测试了基础数据，并将重大假设与相关历史数据进行了比较，并未发现重大差异，据此认为管理层的减值测试结果合理。

要求：

针对上述第（2）项，指出A注册会计师的做法是否恰当。如不恰当，简要说明理由。（2016年）

（七）缩小区间估计的要求

【例题1·单选题】下列有关注册会计师作出区间估计以评价管理层的点估计的说法中，错误的是（　　）。（2019年）

A. 注册会计师作出区间估计时可以使用与管理层不同的假设

B. 注册会计师作出的区间估计需要包括所有可能的结果

C. 如果注册会计师难以将区间估计的区间缩小至低于实际执行的重要性，可能意味着与会计估计相关的估计不确定性可能导致特别风险

D. 在极其特殊的情况下，注册会计师可能缩小区间估计直至审计证据指向点估计

【例题2·多选题】下列有关注册会计师作出的区间估计的说法中，正确的有（　　）。（2017年）

A. 注册会计师作出的区间估计需要包括所有可能的结果

B. 注册会计师有可能缩小区间估计直至审计证据指向点估计

C. 当区间估计的区间缩小至等于或低于财务报表整体的重要性时，该区间估计对于评价管理层的点估计是适当的

D. 如果使用有别于管理层的假设或方法作出区间估计，注册会计师应当充分了解管理层的假设或方法

【例题3·简答题·部分】ABC会计师事务所的A注册会计师负责审计甲公司2017年度财务报表。与会计估计审计相关的部分事项如下：

（1）A注册会计师就管理层确认的某项预计负债作出了区间估计，该区间包括了甲公司所有可能承担的赔偿金额。管理层确认的预计负债处于该区间内，A注册会计师据此认可了管理层确认的金额。

要求：

针对上述第（1）项，指出A注册会计师的做法是否恰当。如不恰当，简要说明理由。（2018年）

（八）评估会计估计错报

【例题·简答题·部分】ABC会计师事务所的A注册会计师负责审计甲公司2017年度财务报表。与会计估计审计相关的部分事项如下：

（4）2017年末，甲公司确认与产品保修义务相关的预计负债400万元。A注册会

计师作出的点估计为600万元。管理层将预计负债调增至550万元。A注册会计师将未调整的50万元作为错报累积。

要求：

针对上述第（4）项，指出A注册会计师的做法是否恰当。如不恰当，简要说明理由。（2018年）

（九）识别和评估关联方交易的重大错报风险

【例题·单选题】下列情形中，注册会计师应当将其评估为存在特别风险的是（　　）。（2016年）

A. 被审计单位将重要子公司转让给实际控制人控制的企业并取得大额转让收益

B. 被审计单位对母公司的销量占总销量的50%

C. 被审计单位与收购交易的对方签订了对赌协议

D. 被审计单位销售产品给子公司的价格低于销售给第三方的价格

（十）应对超出被审计单位正常经营过程的重大关联方交易导致的重大错报风险

【例题·单选题】下列有关超出被审计单位正常经营过程的重大关联方交易的说法中，错误的是（　　）。（2017年）

A. 此类交易导致的风险可能不是特别风险

B. 注册会计师应当评价此类交易是否已按照适用的财务报告编制基础得到恰当会计处理和披露

C. 注册会计师应当检查与此类交易相关的合同或协议，以评价交易的商业理由

D. 此类交易经过恰当授权和批准，不足以就其不存在由于舞弊或错误导致的重大错报风险得出结论

（十一）应对管理层披露关联方交易是公平交易时可能存在的重大错报风险

【例题·综合题·部分】甲公司是ABC会计师事务所的常年审计客户，主要从事电气设备的生产和销售。A注册会计师负责审计甲公司2016年度财务报表，确定财务报表整体的重要性为300万元，实际执行的重要性为210万元。

资料四：

A注册会计师在审计工作底稿中记录了实施的进一步审计程序，部分内容摘录如下：

（4）甲公司在2016年度财务报表附注中披露关联方采购交易为公平交易，A注册会计师将关联方采购价格与同类材料的公开市场价格及非关联方采购价格进行了比较，未发现明显差异。据此认可了管理层的披露。

要求：

针对资料四第（4）项，假定不考虑其他条件，指出A注册会计师的处理是否恰当。如不恰当，简要说明理由。（2017年网络回忆版）

（十二）识别出事项或情况时实施追加的审计程序

【例题·多选题】如果被审计单位存在可能导致对其持续经营能力产生重大疑虑的事项或情况，下列各项中，注册会计师应当执行的有（　　）。（2018年网络回忆版）

A. 与治理层沟通这些事项或情况

B. 评价管理层与持续经营能力评估相关的未来应对计划

C. 评价财务报表是否对这些事项或情况作出充分披露

D. 要求管理层提供有关未来应对计划及其可行性的书面声明

（十三）持续经营假设适当，但存在重大不确定性

【例题1·简答题·部分】ABC会计师事务所的A注册会计师负责审计多家上市公司2018年度财务报表，遇到下列与审计报告相关的事项：

（4）丁公司的某重要子公司2018年末处于停产状态，其核心技术人员已离职成

立新公司，与丁公司竞争并占据主要市场份额。管理层拟在三年内自主研发替代性技术，基于该假设编制的预计未来现金流量现值显示，收购该子公司形成的大额商誉不存在减值。A注册会计师认为技术研发成功的可能性存在重大不确定性，在无保留意见的审计报告中增加了强调事项段提醒报表使用者关注。

要求：

针对上述第（4）项，指出A注册会计师的做法是否恰当。如不恰当，简要说明理由。（2019年网络回忆版）

【例题2·简答题·部分】 ABC会计师事务所的A注册会计师负责审计多家上市公司2017年度财务报表，遇到下列与审计报告相关的事项：

（4）因原董事长以公司名义违规对外提供多项担保，导致戊公司2017年发生多起重大诉讼，多个银行账户被冻结，业务停止，主要客户和员工流失。管理层在2017年度财务报表中确认了大额预计负债，并披露了持续经营存在的重大不确定性。A注册会计师认为存在多项对财务报表整体具有重要影响的重大不确定性，拟对戊公司财务报表发表无法表示意见。

要求：

针对上述第（4）项，指出A注册会计师的做法是否恰当。如不恰当，简要说明理由。（2018年）

（十四）持续经营假设不适当，应当发表否定意见

【例题·简答题·部分】 ABC会计师事务所的A注册会计师负责审计多家上市公司2016年度财务报表，遇到下列与审计报告相关的事项：

（4）A注册会计师实施审计程序后，认为丁公司管理层运用持续经营假设编制财务报表不适当，拟在审计报告中增加“与持续经营相关的重大不确定性”部分，提醒财务报表使用者关注。

要求：

针对上述第（4）项，指出A注册会计师的做法是否恰当。如不恰当，简要说明理由。（2017年网络回忆版）

（十五）持续经营假设不适当，采用替代基础编制财务报表

【例题·简答题·部分】 ABC会计师事务所的A注册会计师负责审计多家上市公司2015年度财务报表，遇到下列与审计报告相关的事项：

（1）甲公司的某重要子公司将于2016年清算，其2015年度财务报表以非持续经营为基础编制，甲公司管理层在合并财务报表附注中披露了该情况，A注册会计师拟在对甲公司合并财务报表出具的审计报告中增加强调事项段，提醒财务报表使用者关注该事项。

要求：

针对上述第（1）项，假定不考虑其他条件，指出A注册会计师拟出具的审计报告类型是否恰当。如不恰当，请指出应当出具何种类型的审计报告。（2016年网络回忆版）

（十六）与治理层沟通持续经营事项

【例题1·单选题】 如果注册会计师识别出可能导致对被审计单位持续经营能力产生重大疑虑的事项或情况，下列说法中，错误的是（　　）。（2019年）

A. 注册会计师应当通过实施追加的审计程序，以确定这些事项或情况是否存在重大不确定性

B. 注册会计师应当考虑自管理层对持续经营能力作出评估后是否存在其他可获得的事实或信息

C. 注册会计师应当评价管理层与持续经营能力评估相关的未来应对计划对具体情况是否可行

D. 注册会计师应当根据对这些事项或情况是否存在重大不确定性的评估结果，确定是否与治理层沟通

【例题2·综合题·部分】甲公司是ABC会计师事务所的常年审计客户，主要从事肉制品的加工和销售。A注册会计师负责审计甲公司2015年度财务报表，确定财务报表整体的重要性为100万元。审计报告日为2016年4月30日。

资料五：

A注册会计师在审计工作底稿中记录了重大事项的处理情况，部分内容摘录如下：

(3) 甲公司2015年末营运资金为负数，大额银行借款将于2016年到期，存在导致对持续经营能力产生重大疑虑的事项。A注册会计师评估后认为管理层的应对计划可行，甲公司持续经营能力不存在重大不确定性，无需与治理层沟通。

要求：

针对资料五第(3)项，假定不考虑其他条件，指出A注册会计师的做法是否恰当。如不恰当，简要说明理由。(2016年)

(十七) 期初余额的审计目标

【例题·单选题】首次接受委托时，下列审计工作中，注册会计师应当执行的是(　　)。(2018年)

A. 为期初余额确定财务报表整体的重要性和实际执行的重要性

B. 评价期初余额是否含有对上期财务报表产生重大影响的错报

C. 查阅前任注册会计师的审计工作底稿

D. 确定期初余额反映的恰当的会计政策是否在本期财务报表中得到一贯应用

(十八) 期初余额的审计结论和审计报告

【例题·多选题】下列有关首次审计业务的期初余额审计的说法中，正确的有(　　)。(2020年网络回忆版)

A. 为确定期初余额是否含有对本期财务报表产生重大影响的错报，注册会计师应当确定适用于期初余额的重要性水平

B. 查阅前任注册会计师审计工作底稿获取的信息可能影响后任注册会计师对期初余额实施审计程序的范围

C. 即使上期财务报表未经审计，注册会计师也无需专门对期初余额发表审计意见

D. 如果前任注册会计师对上期财务报表发表了非无保留意见，注册会计师在评估本期财务报表重大错报风险时，应当评价导致对上期财务报表发表非无保留意见的事项的影响

历年经典试题回顾参考答案及解析

(一) 针对会计估计的风险评估程序和相关活动

【例题·简答题·部分】

【答案】不恰当。对具有高度估计不确定性的会计估计仅实施分析程序不够。

(二) 复核上期财务报表中会计估计的结果

【例题1·简答题·部分】

【答案】不恰当。2016年度财务报表中的会计估计与实际结果存在差异，并不必然表明2016年度财务报表存在错报。

【名师点题】针对会计估计风险评估程序和相关活动，注册会计师应当复核上期会计估计的结果。但是复核的目的不是质疑上期依据当时可获得的信息而作出的判断，而是为了识别和评估类似的会计估计事项(比如应收款项减值)在本期是否存在重大错报风险。

【例题 2 · 简答题 · 部分】

【答案】不恰当。会计估计的结果与上期财务报表中已确认金额之间不存在重大差异，不能作为评估本期会计估计是否不存在重大错报的依据。

（三）识别和评估会计估计的重大错报风险

【例题 1 · 单选题】

【答案】B

【解析】选项 B 错误，估计不确定性越高，则会计估计与实际结果之间的差异越大。

【例题 2 · 多选题】

【答案】ABCD

【解析】与会计估计相关的估计不确定性的程度受下列因素的影响：(1)会计估计对判断的依赖程度(选项 C)；(2)会计估计对假设变化的敏感性(选项 B)；(3)是否存在可以降低估计不确定性的经认可的计量技术；(4)预测期的长度和从过去事项得出的数据对预测未来事项的相关性(选项 A)；(5)是否能够从外部来源获得可靠数据；(6)会计估计依据可观察到的或不可观察到的输入数据的程度(选项 D)。

【例题 3 · 多选题】

【答案】BCD

【解析】选项 A 属于注册会计师评估重大错报风险时可能考虑的事项。

（四）高度估计不确定性和特别风险

【例题 1 · 多选题】

【答案】ABCD

【解析】可能存在高度估计不确定性的会计估计的例子很多，比如：（1）高度依赖判断的会计估计，如对未决诉讼的结果或未来现金流量的金额和时间安排的判断，而未决诉讼的结果或未来现金流量的金额和时间安排取决于多年后才能确定结果的不确定事项（选项 B）；（2）未采用经认可的计量技术计算的会计估计（选项 A）；（3）注册会计师对上期财务报表中类似会计估计进行复核的结果表明最初会计估计与实际结果之间存在很大差异，在这种情况下管理层作出的会计估计；（4）采用高度专业化的、由被审计单位自主开发的模型，或在缺乏可观察到的输入数据的情况下作出的公允价值会计估计（选项 C、D）。

【例题 2 · 简答题 · 部分】

【答案】不恰当。重大未决诉讼的结果极不确定，注册会计师应当判断该事项是否存在高度估计不确定性导致的特别风险。

（五）应对会计估计相关的重大错报风险的程序

【例题 1 · 单选题】

【答案】A

【解析】选项 A 错误，复核上期财务报表中会计估计的结果属于风险评估程序和相关活动。在应对评估的重大错报风险时，注册会计师应当考虑会计估计的性质，并实施下列一项或多项程序：（1）确定截至审计报告日发生的事项是否提供有关会计估计的审计证据（选项 C 正确）；（2）测试管理层如何作出会计估计以及会计估计所依据的数据（选项 B 正确）；（3）测试与管理层如何作出会计估计相关的控制的运行有效性，并实施恰当的实质性程序（选项 D 正确）；（4）作出注册会计师的点估计或区间估计，以评价管理层的点估计。

【例题 2 · 简答题 · 部分】

【答案】不恰当。应当考虑从保险公司获取相关证据/应当考虑利用专家工作对损失情况进行评估。

（六）针对导致特别风险的会计估计的追加程序（围绕重大假设、替代性假设）

【例题 1 · 简答题 · 部分】

【答案】不恰当。还应当执行程序评价盈

利预测中假设的合理性/仅执行询问和重新计算无法获取有关假设合理性的充分、适当的审计证据。

【例题2·简答题·部分】

【答案】不恰当。对存在特别风险的会计估计，未评价管理层如何考虑替代性的假设/未评价管理层在作出会计估计时如何处理估计不确定性。

(七)缩小区间估计的要求

【例题1·单选题】

【答案】B

【解析】选项B错误，注册会计师作出的区间估计需要包括所有“合理”的结果，而非所有“可能”的结果。

【例题2·多选题】

【答案】BD

【解析】选项A错误，注册会计师作出的区间估计需要包括所有“合理”的结果，而非“可能”的结果。选项C错误，通常情况下，当区间估计的区间已缩小至等于或低于实际执行的重要性（而非财务报表整体的重要性）时，该区间估计对于评价管理层的点估计是适当的。

【例题3·简答题·部分】

【答案】不恰当。作出的区间估计需要包括所有合理的结果而不是所有可能的结果。

(八)评估会计估计错报

【例题·简答题·部分】

【答案】恰当。

(九)识别和评估关联方交易的重大错报风险

【例题·单选题】

【答案】A

【解析】选项A正确，被审计单位与实际控制人之间进行的重要子公司转让，属于超出正常经营过程的重大关联方交易，应评估为存在特别风险。

(十)应对超出被审计单位正常经营过程的重大关联方交易导致的重大错报风险

【例题·单选题】

【答案】A

【解析】选项A错误，注册会计师应当将识别出的、超出被审计单位正常经营过程的重大关联方交易导致的风险确定为特别风险；选项B、C、D均正确，属于注册会计师针对超出被审计单位正常经营过程的重大关联方交易的应对措施及授权和批准的局限性。

(十一)应对管理层披露关联方交易是公平交易时可能存在的重大错报风险

【例题·综合题·部分】

【答案】

事项序号	是否恰当（是/否）	理由
(4)	否	除交易价格外，还需要将关联方交易其他条款和条件与公开市场进行的类似交易或类似的非关联方交易的条款和条件进行比较

(十二)识别出事项或情况时实施追加的审计程序

【例题·多选题】

【答案】ABCD

【解析】如果识别出可能导致对持续经营能力产生重大疑虑的事项或情况，注册会计师应当通过实施追加的审计程序（包括考虑缓解因素），获取充分、适当的审计证据，以确定是否存在重大不确定性。这些程序应当包括：(1)如果管理层尚未对被审计单位持续经营能力作出评估，提请其进行评估。(2)评价管理层与持续经营能力评估相关的未来应对计划，这些计划的结果是否可能改善目前的状况，以及管理层的计划对于具体情况是否可行（选项B）。(3) 如果被审计单位已编制现金流量预测，且对预测的分析是评价管理层未来应对计划时所考虑的事项或情况的未来结果的重要因素，评价用于编制预测的基础数据的可靠性，并确定预测所基于的假设是否具有充分的支持。(4) 考虑自管理层作出评估后是否存在其他可获得的事实或信息。(5) 要求管理层和治理层（如适用）提供有关未来应对计划及其可行性的书面声明（选项D）。如果已识别出可能导致对被审计单位持续经营能力产生重大疑虑的事项或情况，但根据获取的审计证据，注册会计师认为不存在重大不确定性，则注册会计师应当根据适用的财务报告编制基础的规定，评价财务报表是否对这些事项或情况作出充分披露（选项C）。注册会计师应当与治理层就识别出的可能导致对被审计单位持续经营能力产生重大疑虑的事项或情况进行沟通，除非治理层全部成员参与管理被审计单位（选项A）。

（十三）持续经营假设适当，但存在重大不确定性

【例题1·简答题·部分】

【答案】不恰当。丁公司持续经营假设适当但存在重大不确定性，A注册会计师应当在审计报告中增加“与持续经营相关的重大不确定性”部分，而不是增加强调事项段。

【例题2·简答题·部分】

【答案】恰当。

（十四）持续经营假设不适当，应当发表否定意见

【例题·简答题·部分】

【答案】不恰当。丁公司管理层运用持续经营假设不适当，A注册会计师应出具否定意见的审计报告。

（十五）持续经营假设不适当，采用替代基础编制财务报表

【例题·简答题·部分】

【答案】恰当。

（十六）与治理层沟通持续经营事项

【例题1·单选题】

【答案】D

【解析】选项D错误，注册会计师应当与治理层就识别出的可能导致对被审计单位持续经营能力产生重大疑虑的事项或情况进行沟通，除非治理层全部成员参与管理被审计单位。

【例题2·综合题·部分】

【答案】

事项序号	是否恰当（是/否）	理由
(3)	否	存在导致对持续经营能力产生重大疑虑的事项，应当与治理层进行沟通

（十七）期初余额的审计目标

【例题·单选题】

【答案】D

【解析】选项A错误，注册会计师无需为期初余额确定财务报表整体的重要性和实际执行的重要性；选项B错误，注册会计师应当评价期初余额是否含有对本期财务报表产生重大影响的错报；选项C错误，前任注册会计师有自主决定权确定是否允许后任注册会计师查阅、复印或摘录部分审计工作底稿，查阅前任注册会计师的审计工作底稿不是必须的。

（十八）期初余额的审计结论和审计报告

【例题·多选题】

【答案】BCD

【解析】选项A错误，在对财务报表进行审计时，注册会计师一般无须专门对期初余额发表审计意见，也无须确定适用于期初余额的重要性水平。

扫一扫 “码”上做题、看解析

本书同步强化练习题均配备二维码，使用“会计云课堂”App扫码，即可线上做题、看解析。

【“会计云课堂”App下载二维码见封底页】

同步强化练习题

一、单项选择题

1. 关于会计估计审计，下列不属于风险评估阶段实施的程序是（　　）。（★★★）*
   A. 了解管理层如何作出会计估计
   B. 了解管理层如何识别是否需要作出会计估计
   C. 复核上期会计估计
   D. 评价管理层如何考虑替代性的假设或结果

2. 针对会计估计的风险评估程序和相关活动，下列说法中，错误的是（　　）。
   A. 注册会计师主要通过询问管理层，了解管理层如何识别需要作出会计估计的情形
   B. 注册会计师可能考虑复核上期财务报表中会计估计的结果
   C. 注册会计师复核上期财务报表中会计估计的结果的目的不是质疑上期依据当时可获得的信息而作出的判断
   D. 会计估计的结果与财务报表中原来已确认或披露的金额存在差异，并不必然表明财务报表存在错报

3. 下列会计估计事项中，注册会计师通常认为不具有高度估计不确定性的是（　　）。
   A. 采用高度专业化的、由被审计单位自主开发的模型作出的公允价值会计估计
   B. 高度依赖判断的会计估计
   C. 重大交易的会计估计
   D. 对上期财务报表中类似会计估计进行复核的结果表明最初会计估计与实际结果之间存在很大差异，在这种情况下管理层作出的会计估计

4. 针对注册会计师应对会计估计导致的特别风险的审计程序中，以下说法中，错误的是（　　）。（★★★）
   A. 评价管理层如何考虑替代性的假设或结果，以及拒绝采纳的原因
   B. 评价管理层使用的重大假设是否合理
   C. 在管理层没有考虑替代性的假设的情况下，注册会计师无须评价管理层如何处理会计估计不确定性
   D. 当管理层实施特定措施的意图和能力与其使用的重大假设的合理性或对适用的财务报告编制基础的恰当应用相关时，评价这些意图和能力

5. 在识别和评估与关联方交易相关的重大错报风险时，下列说法中，错误的是（　　）。（★★★）

* 为了便于您识别重要题目，本书中针对重点题目通过标注星级的方式进行体现。

A. 注册会计师应当了解和评价与关联方关系和交易相关的内部控制

B. 注册会计师应当将关联方关系及其交易导致的重大错报风险确定为特别风险

C. 注册会计师了解、识别和评估关联方和关联方关系后，才能确定关联方交易和余额是否存在重大错报风险

D. 注册会计师应当将识别出的、超出被审计单位正常经营过程的重大关联方交易导致的风险确定为特别风险

6. 在评估和应对与关联方交易相关的重大错报风险时，下列说法中，注册会计师认为正确的是(　　)。

A. 所有的关联方交易和余额都存在重大错报风险

B. 超出正常经营过程的重大关联方交易导致的风险属于特别风险

C. 有关关联方名称和特征的信息均来自于注册会计师实施的风险评估程序

D. 实施实质性程序应对与关联方交易相关的重大错报风险更有效，因此无须了解和评价与关联方关系和交易相关的内部控制

7. 下列情形中，当存在具有支配性影响的关联方时，不属于可能表明存在由于舞弊导致的特别风险的是(　　)。(★★★)

A. 利用中间机构开展的重大交易，且难以判断是否具有合理商业理由

B. 变更专业顾问

C. 有证据显示关联方过度干涉重大会计估计的作出

D. 有证据显示关联方过度关注会计政策的选择

8. 关于持续经营假设审计，下列说法中，正确的是(　　)。

A. 如果被审计单位持续经营假设不适当，管理层采用了其他适当的替代编制基础编制财务报表，注册会计师应当出具无法表示意见的审计报告

B. 如果管理层对持续经营的评估期间短于审计报告日后 12 个月，注册会计师应当提请管理层将评估期间延伸至自审计报告日起的 12 个月

C. 针对超出管理层评估期间的事项或情况，注册会计师除询问管理层外没有责任实施其他任何审计程序

D. 管理层对持续经营能力的合理评估期间应是自审计报告日起的 12 个月

9. 在财务报表审计中，下列针对管理层和注册会计师对持续经营的责任的表述中，错误的是(　　)。

A. 如果注册会计师未在审计报告中提及持续经营的不确定性，不能被视为对被审计单位持续经营能力的保证

B. 注册会计师应当评价管理层在编制和列报财务报表时运用持续经营假设的适当性，并就持续经营能力是否存在重大不确定性得出结论

C. 如果适用的财务报告编制基础没有明确要求管理层对持续经营能力作出专门评估，则被审计单位管理层无须在编制财务报表时评估持续经营能力

D. 如果适用的财务报告编制基础没有明确要求管理层对持续经营能力作出专门评估，注册会计师应当就管理层运用持续经营假设的适当性获取充分、适当的审计证据并得出结论

10. 注册会计师对被审计单位 2020 年度财务报表进行审计，并于 2021 年 3 月 31 日出具审计报告。下列各项中，管理层在编制 2020 年度财务报表时，评估其持续经营能力应当涵盖的最短期间是(　　)。(★★★)

A. 2020 年 12 月 31 日至 2021 年 12 月 31 日

B. 2020 年 12 月 31 日至 2022 年 1 月 1 日

C. 2021 年 1 月 1 日至 2021 年 12 月 31 日

D. 2021 年 1 月 1 日至 2022 年 1 月 1 日

11. 在财务报表审计中，注册会计师评价管理层对持续经营能力作出的评估，以下表述中，错误的是(　　)。(★★★)
A. 注册会计师对持续经营能力的评价期间应当比管理层按照适用的财务报告编制基础规定作出评估的涵盖期间更长
B. 如果管理层评估持续经营能力涵盖的期间短于自财务报表日起的十二个月，注册会计师应当提请管理层将其至少延长至自财务报表日起的十二个月
C. 在某些情况下，管理层缺乏详细分析以支持其评估，可能不妨碍注册会计师确定管理层运用持续经营假设是否适合具体情况
D. 在评价管理层作出的评估时，注册会计师可以考虑管理层作出评估的程序、依据的假设以及未来应对计划

12. 下列针对期初余额审计的说法中，错误的是(　　)。
A. 前任注册会计师对上期财务报表出具了非无保留意见审计报告，如果该重大事项在本期仍然存在并且对本期财务报表的影响仍然重大，而被审计单位继续坚持不在本期财务报表附注中予以披露，则注册会计师在本期审计时仍需因此而发表非无保留意见
B. 前任注册会计师对上期财务报表出具了非无保留意见审计报告，导致前任注册会计师发表非无保留意见的事项可能与对本期财务报表发表的意见既不相关也不重大，则注册会计师在本期审计时无须因此而发表非无保留意见
C. 注册会计师审计期初余额的目标之一是确认期初余额是否存在重大错报
D. 上期存在审计范围受到限制，但在本期导致范围限制的事项已得到解决，那么注册会计师在本期审计时就无须因此而发表非无保留意见

13. 注册会计师首次接受委托对被审计单位财务报表进行审计时，下列说法中，正确的是(　　)。
A. 应当实施必要的审计程序，获取充分、适当的审计证据，对本期财务报表中的期初余额发表审计意见
B. 可以不与前任注册会计师沟通
C. 如果期初余额存在明显微小的错报，无须对此提出审计调整或披露建议
D. 如果前任注册会计师对上期财务报表发表了无保留意见，即使上期运用的会计政策不恰当，也无须提请被审计单位调整上期财务报表

14. 甲公司2019年度财务报表已经XYZ会计师事务所的X注册会计师审计。ABC会计师事务所的A注册会计师负责审计甲公司2020年度财务报表。下列有关期初余额审计的说法中，错误的是(　　)。
A. A注册会计师应当阅读甲公司财务报表和相关披露，以及X注册会计师出具的审计报告
B. 为确定期初余额是否含有对本期财务报表产生重大影响的错报，A注册会计师需要确定适用于期初余额的重要性水平
C. A注册会计师评估认为X注册会计师具备审计甲公司需要的独立性和专业胜任能力，因此，可能通过查阅其审计工作底稿，获取关于非流动资产期初余额的充分、适当的审计证据
D. A注册会计师未能对2019年12月31日的存货实施监盘，因此，除对存货的期末余额实施审计程序，有必要对存货期初余额实施追加的审计程序

二、多项选择题

1. 在评价会计估计的不确定性时，下列会计估计中，注册会计师通常认为具有高度估计不确定性的有(　　)。
A. 高度依赖判断的会计估计
B. 采用高度专业化的、由被审计单位自

主开发的模型作出的公允价值会计估计

C. 存在公开活跃市场情况下作出的公允价值会计估计

D. 上期财务报表中确认的金额与实际结果存在差异的会计估计

2. 在审计导致特别风险的会计估计时，注册会计师拟实施的进一步实质性程序中需要重点评价的事项有(　　)。(★★★)

A. 管理层对会计估计的相关披露的充分性

B. 管理层如何使用假设

C. 管理层如何评估估计不确定性对会计估计的影响

D. 管理层如何评估估计不确定性对财务报表中会计估计的确认的恰当性可能产生的影响

3. 在运用区间估计评价甲公司管理层点估计的合理性时，下列说法中，注册会计师认为正确的有(　　)。(★★★)

A. 注册会计师的区间估计应当采用与甲公司管理层一致的假设和方法

B. 应当缩小区间估计，直至该区间估计范围内的所有结果均被视为是可能的

C. 从区间估计中剔除不可能发生的极端结果

D. 当区间估计的区间缩小至等于或低于实际执行的重要性时，该区间估计对于评价甲公司管理层的点估计通常是适当的

4. 下列针对导致会计估计错报的说法中，正确的有(　　)。

A. 注册会计师认为管理层对会计估计作出的判断不合理，或认为管理层对会计政策的选择或运用不恰当而产生的差异，此时的错报即为判断错报

B. 当审计证据支持点估计时，注册会计师的点估计与管理层的点估计之间的差异构成错报

C. 当注册会计师认为使用其区间估计能够获取充分、适当的审计证据时，则在注册会计师区间估计之外的管理层的点估计得不到审计证据的支持，此时错报等于或大于管理层的点估计与注册会计师区间估计之间的最小差异

D. 当注册会计师认为使用其区间估计能够获取充分、适当的审计证据时，则在注册会计师区间估计之外的管理层的点估计得不到审计证据的支持，此时错报小于管理层的点估计与注册会计师区间估计之间的最小差异

5. 关于关联方的审计中风险评估程序和相关活动，下列属于项目组内部可能讨论的内容有(　　)。

A. 关联方关系及其交易的性质和范围

B. 可能显示存在关联方交易的记录或文件

C. 对关联方可能如何参与舞弊的特殊考虑

D. 管理层凌驾于相关控制之上的风险

6. 下列关于注册会计师针对持续经营的风险评估程序和相关活动的说法中，正确的有(　　)。

A. 如果管理层已识别出可能导致对持续经营能力产生重大疑虑的事项或情况，注册会计师应当与管理层讨论其应对计划

B. 如果管理层已对持续经营能力作出初步评估，注册会计师应当与管理层讨论并确定是否已识别出单独或汇总起来可能导致对被审计单位持续经营能力产生重大疑虑的事项或情况

C. 如果管理层未对持续经营能力作出初步评估，注册会计师应当与管理层讨论其拟运用持续经营假设的基础

D. 如果管理层未对持续经营能力作出初步评估，注册会计师应当询问管理层是否存在单独或汇总起来可能导致对被审计单位持续经营能力产生重大疑虑的事项或情况

7. 根据对被审计单位持续经营能力的审计结论，注册会计师在判断应出具何种类型的

审计报告时，下列说法中正确的有（　　）。（★★★）

A. 如果被审计单位运用持续经营假设适当但存在重大不确定性，且财务报表附注已作充分披露，应当发表无保留意见，并在审计报告中增加以“与持续经营相关的重大不确定性”为标题的单独部分

B. 如果管理层编制财务报表时运用持续经营假设不适当，应当发表否定意见

C. 在极少数情况下，如果存在多项对财务报表整体具有重要影响的重大不确定性，且财务报表附注已作充分披露，可能认为发表无法表示意见是适当的

D. 如果持续经营假设适当但存在重大不确定性，且财务报表附注未作充分披露，应当发表保留意见

8. 针对期初余额审计目标，下列说法中，正确的有（　　）。（★★★）

A. 期初余额是否存在重大错报

B. 期初余额是否含有对本期财务报表产生重大影响的错报

C. 期初余额反映的恰当的会计政策是否在本期财务报表中得到一贯运用

D. 会计政策的变更是否已按照适用的财务报告编制基础作出恰当的会计处理和充分的列报与披露

三、简答题

1. ABC会计师事务所负责审计甲公司2020年度财务报表，审计项目组在审计工作底稿中记录了与公允价值和会计估计审计相关的情况，部分内容摘录如下：

（1）为确定甲公司管理层在2019年度财务报表中作出的会计估计是否恰当，审计项目组复核了甲公司2019年度财务报表中的会计估计在2020年度的结果。

（2）甲公司持有以公允价值计量的投资性房地产。审计项目组认为该项公允价值计量不存在特别风险，无须了解相关控制，聘请DEF资产评估公司对该投资性房地产的公允价值进行了评估。

（3）2020年年末，甲公司针对一项未决诉讼确认了500万元预计负债。审计项目组作出的区间估计为800万元至950万元，据此认为预计负债至少存在少计300万元的错报。

（4）为减少利润总额和应纳税所得额之间的差异，甲公司自2020年1月1日起将固定资产折旧年限调整为税法规定的最低年限。审计项目组根据变更后的折旧年限检查了甲公司2020年度计提的折旧额，结果满意。

（5）审计项目组向管理层获取了有关会计估计的书面声明，其内容中不涉及未在财务报表中确认或披露的会计估计。

要求：

针对上述第（1）至（5）项，逐项指出审计项目组的做法是否恰当。如不恰当，简要说明理由。

2. ABC会计师事务所的A注册会计师负责审计甲集团公司2020年度财务报表，审计项目组在审计工作底稿中记录了与关联方关系及其交易相关的审计情况，部分内容摘录如下：

（1）2020年度甲公司向其控股股东购入一项重大资产。A注册会计师认为该交易是超出正常经营过程的重大关联方交易，存在特别风险，检查了相关合同或协议。

（2）甲公司管理层在未审财务报表附注中披露，其向关联方采购原材料的交易按照等同于公平交易中通行的条款执行。A注册会计师将甲公司向关联方采购的价格与相同原材料活跃市场价格进行比较，未发现明显差异，据此认为该项披露不存在重大错报。

（3）因不拟信赖甲公司建立的与识别、记录和报告关联方关系及其交易相关的内部控制，A注册会计师未测试这些控制，通过实施细节测试应对相关重大错报风险。

（4）A注册会计师向甲公司管理层获取了下列与关联方关系及其交易相关的书面声明：已向注册会计师披露了全部已知的关联方名称；已按照企业会计准则的规定，对关联方关系及其交易进行了恰当的会计处理和披露；所有关联方交易均不涉及未予披露的“背后协议”。

（5）2020年1月初，甲集团公司以5000万元向具有支配性影响的母公司购买一项资产，A注册会计师了解到该交易已经董事会授权和批准，因此，认为不存在重大错报风险，拟通过检查合同等相关支持性文件获取审计证据。

要求：

针对上述第（1）至（5）项，逐项指出A注册会计师的做法是否恰当。如不恰当，简要说明理由。

同步强化练习题参考答案及解析

“扫码看解析”

使用“微信”或“会计云课堂”App扫码，即可线上对答案、看解析，错题随手收藏，及时巩固复习。

1004308

一、单项选择题

1.【答案】D

解析：针对会计估计的风险评估程序和相关活动包括：（1）了解适用的财务报告编制基础的要求（1/4）；（2）了解管理层如何识别是否需要作出会计估计（2/4，选项B）；（3）了解管理层如何作出会计估计（3/4，选项A）；（4）复核上期会计估计（4/4，选项C）。选项D属于注册会计师应对导致特别风险的会计估计实施的进一步实质性程序，不属于风险评估程序和相关活动。

2.【答案】B

解析：选项B错误，注册会计师针对会计估计的风险评估程序和相关活动中应当包括复核上期财务报表中会计估计的结果。

3.【答案】C

解析：选项C通常不认为属于具有高度估计不确定性的会计估计。可能存在高度估计不确定性的会计估计的例子很多，比如：（1）高度依赖判断的会计估计（选项B）；（2）未采用经认可的计量技术计算的会计估计；（3）注册会计师对上期财务报表中类似会计估计进行复核的结果表明最初会计估计与实际结果之间存在很大差异，在这种情况下管理层作出的会计估计（选项D）；（4）采用高度专业化的、由被审计单位自主开发的模型，或在缺乏可观察到的输入数据的情况下作出的公允价值会计估计（选项A）。

4.【答案】C

解析：应对导致特别风险的会计估计，注册会计师应当实施的审计程序包括：（1）评价管理层如何考虑替代性的假设或结果，以及拒绝采纳的原因，或者在管理层没有考虑替代性的假设或结果的情况下，评价管理层在作出会计估计时如何处理估计不确定性（选项A正确，选项C不正确）；（2）评价管理层使用的重大假设是否合理（选项B正确）；（3）当管理层实施特定措施的意图和能力与其使用的重大假设的合理性或对适用的财务报告编制基础的恰当应用相关时，评价这些意图和能力（选项 D 正确）。

5. 【答案】B

解析：选项 B 错误，注册会计师应当识别和评估关联方关系及其交易导致的重大错报风险，并确定这些风险是否为特别风险。注册会计师应当将识别出的、超出被审计单位正常经营过程的重大关联方交易导致的风险确定为特别风险。

6. 【答案】B

解析：选项 B 正确，注册会计师应当将识别出的、超出被审计单位正常经营过程的重大关联方交易导致的风险确定为特别风险。

7. 【答案】B

解析：如果存在能够对被审计单位或其管理层、治理层施加支配性影响的关联方，并且同时出现其他风险因素，可能表明存在由于舞弊导致的特别风险。例如：（1）异常频繁变更高级管理人员或专业顾问，可能表明被审计单位为关联方谋取利益而从事不道德或虚假的交易（选项 B 不属于）；（2）通过中间机构开展的重大交易，且难以判断通过中间机构开展该交易的必要性以及交易是否具有合理的商业理由，这可能表明关联方或被审计单位出于舞弊目的，通过控制这些中间机构从交易中获利（选项 A）；（3）有证据显示关联方过度干涉或关注会计政策的选择或重大会计估计的作出，可能表明存在虚假财务报告（选项 C、D）。

8. 【答案】C

解析：选项 A 错误，如果被审计单位运用持续经营假设不适当，管理层采用了其他适当的替代基础编制财务报表，并且在财务报表中对此作出了充分披露，注册会计师可以发表无保留意见，但可能还需要在审计报告中增加强调事项段，而不是出具无法表示意见的审计报告；选项 B 错误，如果管理层评估持续经营能力涵盖的期间短于自财务报表日起的 12 个月，注册会计师应当提请管理层将其至少延长至自财务报表日起的 12 个月；选项 D 错误，管理层对持续经营能力的合理评估期间应是自财务报表日起的下一个会计期间。

9. 【答案】C

解析：选项 C 错误，持续经营假设是编制财务报表的基本原则，即使适用的财务报告编制基础没有明确要求管理层对持续经营能力作出专门评估，管理层也需要在编制财务报表时评估持续经营能力。

10. 【答案】C

解析：选项 C 正确。注册会计师对被审计单位 2020 年度财务报表进行审计，要求管理层对持续经营能力的合理评估期间应是自财务报表日起的下一个会计期间（至少 12 个月），即 2021 年 1 月 1 日至 2021 年 12 月 31 日。

11. 【答案】A

解析：选项 A 错误，注册会计师对持续经营能力的评价期间应当与管理层按照适用的财务报告编制基础或法律法规的规定作出评估的涵盖期间相同。

12. 【答案】C

解析：选项 C 错误，注册会计师审计期初余额的目标之一是确认期初余额是否含有对本期财务报表产生重大影响的错报，即使期初余额存在重大错报，只要不影响本期财务报表，注册会计师就无须对此予以特别关注和处理。

13. 【答案】C

解析：注册会计师首次接受委托时，需要获取充分、适当的审计证据以确定期初余额是否含有对本期财务报表产生重大影响的错报，但不需要对其发表审计意见（选项A错误）。注册会计师在接受委托前应当与前任注册会计师沟通（选项B错误）。如果被审计单位上期适用的会计政策不恰当或与本期不一致，注册会计师在实施期初余额审计时应提请被审计单位进行调整或予以披露（选项D错误）。

14. 【答案】B

解析：选项B错误，注册会计师不对期初余额发表审计意见，因此无须确定适用于期初余额的重要性水平。

二、多项选择题

1. 【答案】AB

解析：可能存在高度估计不确定性的会计估计的例子很多，比如：（1）高度依赖判断的会计估计（选项A）；（2）未采用经认可的计量技术计算的会计估计；（3）注册会计师对上期财务报表中类似会计估计进行复核的结果表明最初会计估计与实际结果之间存在很大差异，在这种情况下管理层作出的会计估计；（4）采用高度专业化的、由被审计单位自主开发的模型，或在缺乏可观察到的输入数据的情况下作出的公允价值会计估计（选项B）。

2. 【答案】ACD

解析：在审计导致特别风险的会计估计时，注册会计师在实施进一步实质性程序时需要重点评价：（1）管理层是如何评估估计不确定性对会计估计的影响，以及这种不确定性对财务报表中会计估计的确认的恰当性可能产生的影响（选项C、D）；（2）相关披露的充分性（选项A）。

3. 【答案】CD

解析：注册会计师的区间估计可以使用有别于管理层的假设或方法（选项A错误）。下列方法可以将区间估计的区间缩小至某一区域，使得在该区域内的所有结果视为是合理的：（1）从区间估计中剔除注册会计师认为不可能发生的极端结果（选项C正确）；（2）根据可获得的审计证据，继续缩小区间估计直至注册会计师认为该区间估计内的所有结果均视为是合理的（选项B错误）。通常情况下，当区间估计的区间已缩小至等于或低于实际执行的重要性时，该区间估计对于评价管理层的点估计是适当的（选项D正确）。

4. 【答案】ABC

解析：选项D错误，当注册会计师认为使用其区间估计能够获取充分、适当的审计证据时，则在注册会计师区间估计之外的管理层的点估计得不到审计证据的支持，此时错报不小于管理层的点估计与注册会计师区间估计之间的最小差异。

5. 【答案】ABCD

解析：项目组内部讨论关联方关系及其交易的内容可能包括：（1）关联方关系及其交易的性质和范围（选项A）；（2）强调在整个审计过程中对关联方关系及其交易导致的潜在重大错报风险保持职业怀疑的重要性；（3）可能显示管理层以前未识别或未向注册会计师披露的关联方关系或关联方交易的情形或状况；（4）可能显示存在关联方关系或关联方交易的记录或文件（选项B）；（5）管理层和治理层对关联方关系及其交易进行识别、恰当会计处理和披露的重视程度，以及管理层凌驾于相关控制之上的风险（选项D）；（6）对关联方可能如何参与舞弊的特殊考虑（选项C）。

6. 【答案】ABCD

解析：注册会计师应当考虑是否存在可能导致对被审计单位持续经营能力产生重大疑虑的事项或情况，并确定管理层是否已对被审计单位持续经营能力作出初步评估。如果管理层已对持续经营能力作出初步评估，注册会计师应当与管理层进行讨论，并确定管理层是否已识别出单独或汇总起来可能导致对被审计单位持续经营能力产生重大疑虑的事项或情况（选项B）；如果管理层已识别出这些事项或情况，注册会计师应当与其讨论应对计划（选项A）；如果管理层未对持续经营能力作出初步评估，注册会计师应当与管理层讨论其拟运用持续经营假设的基础（选项C），询问管理层是否存在单独或汇总起来可能导致对被审计单位持续经营能力产生重大疑虑的事项或情况（选项D）。

7. 【答案】ABC

解析：选项D不正确，如果持续经营假设适当但存在重大不确定性，且财务报表附注未作充分披露，应当发表保留意见或否定意见。

8. 【答案】BCD

解析：选项A错误，注册会计师是对本期财务报表发表审计意见，对期初余额的审计主要是确定期初余额是否含有对本期财务报表产生重大影响的错报。

三、简答题

1. 【答案】

（1）不恰当。复核上期财务报表中会计估计的结果，不是质疑上期依据当时可获得的信息而作出的判断，而是为了识别和评估本期会计估计重大错报风险。

（2）不恰当。即使不存在特别风险，注册会计师也应当了解相关控制。

（3）恰当。

（4）不恰当。管理层变更折旧年限的理由不合理。

（5）不恰当。针对会计估计的书面声明，其内容包括在财务报表中确认或披露的会计估计和未在财务报表中确认或披露的会计估计。

2. 【答案】

（1）不恰当。还应当获取交易已经恰当授权和批准的审计证据。

（2）不恰当。还应当关注关联方交易的其他条款和条件是否与独立各方之间通常达成的交易条款相同。

（3）恰当。

（4）不恰当。管理层书面声明还应当包括：已经向注册会计师披露了全部已知的关联方的特征、关联方关系及其交易。

（5）不恰当。母公司对甲集团公司具有支配性影响，甲集团公司与授权和批准相关的控制可能是无效的，因此授权和批准本身不足以就是否不存在重大错报风险得出结论。

第十八章　完成审计工作

本章考情分析

本章需要掌握的知识点包括评价错报（教材 18.1）、复核审计工作（教材 18.1）、期后事项（教材 18.2）和书面声明（教材 18.3）。其中有些知识点需要跨章节学习，比如：评价错报（教材 18.1）需要结合"重要性"（教材 2.3）学习；项目质量复核（教材 18.1）需要结合教材 21.2 学习。

本章是比较重要的考试章节，相关知识点在选择题、简答题和综合题中均有涉及，最近五年平均分值在 4 分左右。

本章需要大家重点掌握的知识点（含可能题型），归纳如下表。

序号	知识点	题型	难易程度
1	对重要性作出修改	单选、多选	易
2	评价错报对审计工作的影响	单选、综合	难
3	考虑每一单项错报	单选、综合	难
4	考虑某一单项错报的抵销	单选、综合	难
5	评价某一分类错报	单选、简答、综合	难
6	评价错报的性质	单选、综合	难
7	错报的沟通和更正	单选、多选	中
8	有关未更正错报的书面声明	单选、综合	中
9	复核审计工作	单选、多选	中
10	期后事项的定义与种类	单选、多选、综合	难
11	主动识别第一时段期后事项	单选、多选、综合	中
12	被动识别第二时段期后事项	单选、多选、综合	中
13	没有义务识别第三时段期后事项	单选、多选、简答	中
14	书面声明的作用	单选、多选	中
15	针对管理层责任的书面声明	单选、多选	易
16	基本书面声明与其他书面声明	单选、多选、综合	易
17	书面声明的日期	单选、综合	中

续表

序号	知识点	题型	难易程度
18	书面声明涵盖的期间	单选、多选、综合	中
19	对书面声明可靠性的疑虑	单选、多选、简答	中
20	管理层不提供要求的书面声明	单选、多选、简答	难

2021 年教材主要变化

1. 增加了评价未更正错报的相关案例。

2. 根据《会计师事务所质量管理准则第 5101 号—业务质量管理》对复核审计工作的内容进行修订。

3. 除上述修订内容外，修改了其他内容的部分文字表述。

本章考点框架

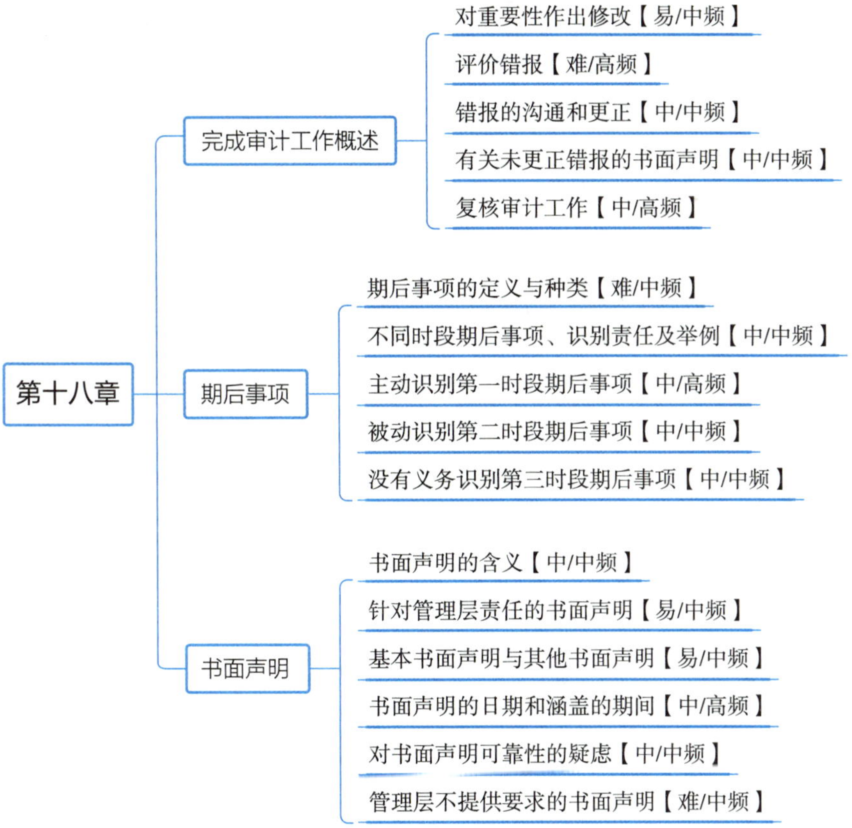

本章重难点精讲

提示	审计完成阶段是财务报表审计的最后一个阶段，其中，最重要的工作是评价并沟通未更正错报以及获取管理层书面声明，以便注册会计师确定其形成的审计结论和出具的审计报告类型。本章属于比较重要的章节，快扫听课二维码，助您“码”上通关

第一节　完成审计工作概述

本节视频详解
使用“会计云课堂” App/ 微信扫码听课

01 考点 1 对重要性作出修改（★★）[!]

评价错报前（审计完成阶段），注册会计师可能需要对重要性（计划阶段的重要性）作出修改。导致修改的原因以及确定较低金额的重要性水平时的考虑的具体内容，归纳如下表。

重要性修改	具体内容
修改原因（财务结果的估计、获知了某项信息）	（1）注册会计师在确定重要性时，通常依据对被审计单位财务结果的估计，因为此时可能尚不知道实际的财务结果。因此，在评价未更正错报的影响之前，注册会计师可能有必要依据实际的财务结果对重要性作出修改 （2）如果在审计过程中获知了某项信息，而该信息可能导致注册会计师确定与原来不同的财务报表整体重要性或者特定类别交易、账户余额或披露的一个或多个重要性水平（如适用），注册会计师应当予以修改。因此，在注册会计师评价未更正错报的影响之前，可能已经对重要性或重要性水平（如适用）作出重大修改
确定较低金额重要性水平时的考虑	如果注册会计师对重要性或重要性水平（如适用）进行的重新评价导致需要确定较低的金额，则应重新考虑实际执行的重要性和进一步审计程序的性质、时间安排和范围的适当性，以获取充分、适当的审计证据，作为发表审计意见的基础

02 考点 2 评价错报（★★★）

（一）考虑每一单项错报

注册会计师需要考虑每一单项错报，以评价其对相关类别的交易、账户余额或披露的影响，包括评价该项错报是否超过特定类别的交易、账户余额或披露的重要性水平（如适用）。

（二）考虑某一单项错报的抵销

如果注册会计师认为某一单项错报是重大的，则该项错报不太可能被其他错报抵销。

例如，如果收入存在重大高估，即使这项错报对收益的影响完全可被相同金额的费用高估所抵销，注册会计师仍认为财务报表整体存在重大错报。

对于同一账户余额或同一类别的交易内

[!] 为方便您在学习中可以快速了解知识点的重要程度，本书中将知识点进行分类。★★★代表重要知识点，★★代表次重要知识点，★代表非重要知识点。

部的错报，这种抵销可能是适当的。然而，在得出抵销非重大错报是适当的这一结论之前，需要考虑可能存在其他未被发现的错报的风险。

（三）评价某一分类错报

（1）确定一项分类错报是否重大，需要进行定性评估。例如，分类错报对负债或其他合同条款的影响，对单个财务报表项目或小计数的影响，以及对关键比率的影响。

（2）即使分类错报超过了在评价其他错报时运用的重要性水平，注册会计师可能仍然认为该分类错报对财务报表整体不产生重大影响。

经典题解

【例题1·简答题·部分】ABC会计师事务所首次接受委托，审计甲公司2020年度财务报表。审计工作底稿中与重要性和错报评价相关的部分内容摘录如下：

（1）甲公司某项应付账款被误计入其他应付款，其金额高于财务报表整体的重要性，因此项错报不影响甲公司的经营业绩和关键财务指标，审计项目组同意管理层不予调整。

要求：

针对上述第（1）项，指出审计项目组的做法是否恰当。如不恰当，简要说明理由。

【答案】恰当。

【名师点题】应付账款和其他应付款均属于流动负债，不影响关键财务比率（不影响营运资金、流动比率、速动比率），也不影响利润，从定性角度分析，对财务报表影响不重大，管理层可以不更正。

【例题2·简答题·部分】A注册会计师负责审计上市公司甲公司2020年度财务报表，审计工作底稿中与确定重要性和评估错报相关的部分内容摘录如下：

（4）甲公司2020年末非流动负债余额中包括一年内到期的长期借款2500万元，占非流动负债总额的60%，A注册会计师认为，该错报对利润表没有影响，不属于重大错报，同意管理层不予调整。

要求：

针对上述第（4）项，指出A注册会计师的做法是否恰当。如不恰当，简要说明理由。

【答案】不恰当。该分类错报可能影响关键财务指标，应当作为重大错报要求管理层调整。

【例题3·综合题·部分】甲集团公司是ABC会计师事务所的常年审计客户，主要从事化妆品的生产、批发和零售。A注册会计师负责审计甲集团公司2020年度财务报表，确定集团财务报表整体的重要性为600万元。

资料五：

A注册会计师在审计工作底稿中记录了处理错报的相关情况，部分内容摘录如下：

（4）2020年10月，甲集团公司账面余额1200万元的一条新建生产线达到预定可使用状态。截至2020年年末，因未办理竣工决算，该生产线尚未转入固定资产。A注册会计师认为该错报为分类错误，涉及折旧金额很小，不构成重大错报，同意管理层不予调整。

要求：

针对资料五第（4）项，假定不考虑其他条件，指出A注册会计师的做法是否恰当。如不恰当，简要说明理由。

【答案】

事项序号	是否恰当（是/否）	理由
（4）	是	—

【名师点题】 确定一项分类错报是否重大，需要进行定性评估。例如，分类错报对负债或其他合同条款的影响，对单个财务报表项目或小计数的影响，以及对关键比率的影响。

（四）评价错报的性质

在某些情况下，即使某些错报低于财务报表整体的重要性，但因与这些错报相关的某些情况，在将其单独或连同在审计过程中累积的其他错报一并考虑时，注册会计师也可能将这些错报评价为重大错报。可能影响注册会计师对错报的评价的情况：

（1）错报对遵守监管要求的影响程度；

（2）错报对遵守债务合同或其他合同条款的影响程度；

（3）错报与会计政策的不正确选择或运用相关，这些会计政策的不正确选择或运用对当期财务报表不产生重大影响，但可能对未来期间财务报表产生重大影响；

（4）错报掩盖收益的变化或其他趋势的程度（尤其是在结合宏观经济背景和行业状况进行考虑时）；

（5）错报对用于评价被审计单位财务状况、经营成果或现金流量的有关比率的影响程度；

（6）错报对财务报表中列报的分部信息的影响程度。例如，错报事项对某一分部或对被审计单位的经营或盈利能力有重大影响的其他组成部分的重要程度；

（7）错报对增加管理层薪酬的影响程度。例如，管理层通过达到有关奖金或其他激励政策规定的要求以增加薪酬；

（8）相对于注册会计师所了解的以前向财务报表使用者传达的信息（如盈利预测），错报是重大的；

（9）错报对涉及特定机构或人员的项目的相关程度。例如，与被审计单位发生交易的外部机构或人员是否与管理层成员有关联关系；

（10）错报涉及对某些信息的遗漏，尽管适用的财务报告编制基础未对这些信息作出明确规定，但是注册会计师根据职业判断认为这些信息对财务报表使用者了解被审计单位的财务状况、经营成果或现金流量是重要的；

（11）错报对其他信息（如包含在“管理层讨论与分析”或“经营与财务回顾”中的信息）的影响程度，这些信息与已审计财务报表一同披露，并被合理预期可能影响财务报表使用者作出的经济决策。

经典题解

【例题4·综合题·部分】 甲集团公司是ABC会计师事务所的常年审计客户，主要从事化妆品的生产、批发和零售。A注册会计师负责审计甲集团公司2020年度财务报表，确定集团财务报表整体的重要性为600万元。

资料五：

A注册会计师在审计工作底稿中记录了处理错报的相关情况，部分内容摘录如下：

（1）2020年，甲集团公司推出销售返利制度，并在ERP系统中开发了返利管理模块。A注册会计师在对某组成部分执行审计时发现，因系统参数设置有误，导致选取的测试项目少计返利2万元。A注册会计师认为该错报低于集团财务报表明显微小错报的临界值，可忽略不计。

要求：

针对资料五第（1）项，假定不考虑其他条件，指出A注册会计师的做法是否恰当。如不恰当，简要说明理由并提出改进建议。

【答案】

事项序号	是否恰当（是/否）	理由及改进建议
(1)	否	理由：该错报为系统性错报/可能发生于其他组成部分 改进建议：集团项目组应当关注并汇总其他组成部分的这类错报，汇总考虑该类错报对集团财务报表的影响

03 考点3 错报的沟通和更正（★★）

项目	内容
与管理层沟通错报	除非法律法规禁止，注册会计师应当及时将审计过程中累积的所有错报（即超过明显微小错报临界值的所有错报）与适当层级的管理层进行沟通。注册会计师还应当要求管理层更正这些错报
法律法规限制通报某些错报	法律法规可能限制注册会计师向管理层或被审计单位内部的其他人员通报某些错报。例如，法律法规可能专门规定禁止通报某事项或采取其他行动，这些通报或行动可能不利于有关权力机构对实际存在的或怀疑存在的违反法律法规行为展开调查。在某些情况下，注册会计师的保密义务与通报义务之间存在的潜在冲突可能很复杂。此时，注册会计师可以考虑征询法律意见
管理层更正所有错报	管理层更正所有错报（包括注册会计师通报的错报），能够保持会计账簿和记录的准确性，降低由于与本期相关的、非重大的且尚未更正的错报的累积影响而导致未来期间财务报表出现重大错报的风险
管理层拒绝更正沟通的错报	如果管理层拒绝更正沟通的部分或全部错报，注册会计师应当了解管理层不更正错报的理由，并在评价财务报表整体是否不存在重大错报时考虑该理由

【提示】需要更正的错报、需要沟通的错报、评价未更正错报是否重大。

(1) 需要更正的错报是指注册会计师识别的超过明显微小错报临界值的所有错报。

(2) 需要沟通的错报是指注册会计师在审计过程中累积的所有错报，沟通的对象是适当层级的管理层。

(3) 评价未更正错报是否重大的目的是为了形成审计结论、发表审计意见、出具审计报告。如果未更正错报超过财务报表整体的重要性，或者超过特定类别的交易、账户余额或披露的重要性水平（如适用），则是重大错报。

经典题解

【例题5·单选题】下列有关注册会计师对错报进行沟通和更正的说法中，错误的是(　　)。

A. 注册会计师应当要求管理层更正审计过程中发现的超过明显微小错报临界值的错报

B. 除非法律法规禁止，注册会计师应当与治理层沟通未更正错报

C. 注册会计师应当与治理层沟通与以前期间相关的未更正错报对相关类别的交易、账户余额或披露以及财务报表整体的影响

D. 除非法律法规禁止，注册会计师应当及时将审计过程中发现的所有错报与适当层级的管理层进行沟通

【解析】选项 D 错误，注册会计师应当及时与适当层级的管理层沟通审计过程中累积的所有错报（即超过明显微小错报临界值的所有错报），注册会计师并不需要沟通其发现的所有错报。

【答案】D

【例题 6·单选题】对于审计过程中累积的错报，下列做法中，正确的是(　　)。

A. 如果错报单独或汇总起来未超过实际执行的重要性，注册会计师可以不要求管理层更正

B. 如果错报单独或汇总起来不影响确定财务报表整体重要性时选定的基准，注册会计师可以不要求管理层更正

C. 如果错报单独或汇总起来未超过财务报表整体的重要性，注册会计师可以不要求管理层更正

D. 注册会计师应当要求管理层更正审计过程中累积的所有错报

【解析】如果错报超过明显微小错报的临界值，则注册会计师应当提请管理层更正这些错报，选项 A、B、C 错误；同时，除非法律法规禁止，注册会计师应当要求管理层更正累积的所有错报，选项 D 正确。

【答案】D

04 考点 4 有关未更正错报的书面声明（★★）

有关未更正错报的书面声明，归纳如下表。

项目	具体内容
总体要求	注册会计师应当要求管理层和治理层（如适用）提供书面声明，说明其是否认为未更正错报单独或汇总起来对财务报表整体的影响不重大
作为书面声明的附件	未更正错报项目的概要应当包含在书面声明中或附在其后
不认为某些未更正错报是错报时的考虑	在某些情况下，管理层和治理层（如适用）可能并不认为注册会计师提出的某些未更正的错报是错报。基于这一原因，他们可能在书面声明中增加以下表述："因为［描述理由］，我们不同意……事项和……事项构成错报。"然而，即使获取了这一声明，注册会计师仍需要对未更正错报的影响形成结论

05 考点 5 复核审计工作（★★★）

审计工作底稿的复核分为两个层次，包括项目组内部复核和项目质量复核（链接教材 21.2），如图 18-1 所示。

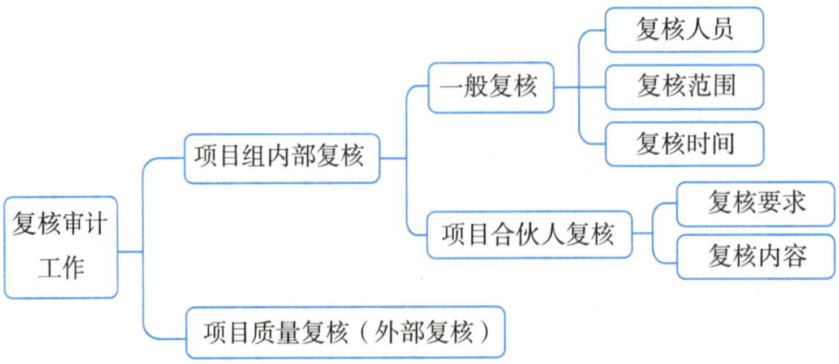

图 18-1　复核审计工作

【看图说话】

（1）项目组内部复核分为一般复核和项目合伙人复核。

（2）项目合伙人复核是基于项目组一般复核基础上的复核。

（3）项目质量复核独立于项目组，因此也称为外部复核。

（一）项目组内部的一般复核

项目组内部的一般复核的复核人员、复核范围和复核时间，具体内容归纳如下表。

一般复核	具体内容
复核人员	由经验较为丰富的项目组成员对经验较为缺乏的项目组成员的工作进行指导、监督和复核
复核范围	执行复核时，复核人员需要考虑的事项包括： （1）审计工作是否已按照职业准则和适用的法律法规的规定执行 （2）重大事项是否已提请进一步考虑 （3）相关事项是否已进行适当咨询，由此形成的结论是否已得到记录和执行 （4）是否需要修改已执行审计工作的性质、时间安排和范围 （5）已执行的审计工作是否支持形成的结论，并已得到适当记录 （6）已获取的审计证据是否充分、适当 （7）审计程序的目标是否已实现
复核时间	审计项目复核贯穿审计全过程

（二）项目合伙人复核

项目合伙人复核的要求和具体内容，归纳如下表。

项目合伙人复核	具体内容
复核要求	对管理和实现审计项目的高质量承担总体责任
复核内容	（1）重大事项 （2）重大判断，包括与在审计中遇到的困难或有争议事项相关的判断，以及得出的结论 （3）根据项目合伙人的职业判断，与项目合伙人的职责有关的其他事项
与项目组讨论	在审计报告日或审计报告日之前，项目合伙人应当通过复核审计工作底稿与项目组讨论，确信已获取充分、适当的审计证据，支持得出的结论和拟出具的审计报告
签署审计报告前复核	项目合伙人应当在签署审计报告前复核财务报表、审计报告以及相关的审计工作底稿，包括对关键审计事项的描述（如适用），项目合伙人应当在与管理层、治理层或相关监管机构签署正式书面沟通文件之前对其进行复核

（二）项目质量复核

会计师事务所应当就项目质量复核制定政策和程序，并对上市实体财务报表审计业务、法律法规要求实施项目质量复核的审计业务或其他业务，以及会计师事务所认为，为应对一项或多项质量风险，有必要实施项目质量复核的审计业务或其他业务实施项目质量复核。

第二节　期后事项

本节视频详解
使用“会计云课堂”App/微信扫码听课

01 考点1 期后事项的定义与种类（★★）

（一）期后事项的定义

期后事项是指财务报表日至审计报告日之间发生的事项，以及注册会计师在审计报告日后知悉的事实。

【易错易混】发生的事项与知悉的事实。

如图18-2所示：

（1）发生的事项是指事项的原因在财务报表日前，结果在审计报告日前；

（2）知悉的事实是指审计报告日后（包括第二时段和第三时段）才发现的事项，这些事项的原因也在财务报表日前，结果也在审计报告日前。

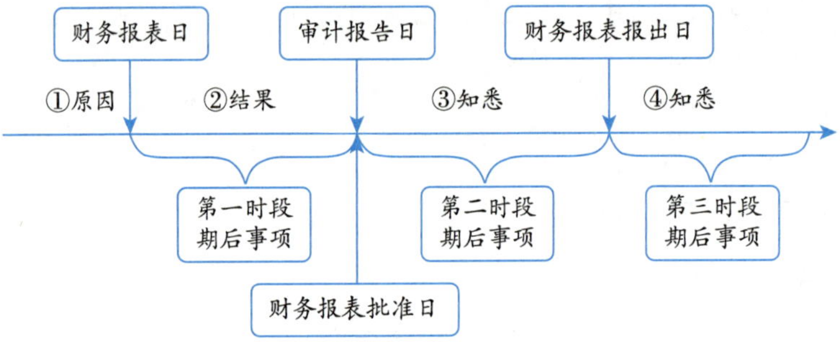

图18-2　不同时段的期后事项

（二）期后事项的种类

期后事项分为财务报表日后调整事项和非调整事项，如下表所示。

财务报表日后调整事项	财务报表日后非调整事项
（1）财务报表日后诉讼案件结案，法院判决证实了企业在财务报表日已经存在现时义务，需要调整原先确认的与该诉讼案件相关的预计负债，或确认一项新负债 （2）财务报表日后取得确凿证据，表明某项资产在财务报表日发生了减值或者需要调整该项资产原先确认的减值金额 （3）财务报表日后进一步确定了财务报表日前购入资产的成本或售出资产的收入 （4）财务报表日后发现了财务报表舞弊或差错	（1）财务报表日后发生重大诉讼、仲裁、承诺 （2）财务报表日后资产价格、税收政策、外汇汇率发生重大变化 （3）财务报表日后因自然灾害导致资产发生重大损失 （4）财务报表日后发行股票和债券以及其他巨额举债 （5）财务报表日后资本公积转增资本 （6）财务报表日后发生巨额亏损 （7）财务报表日后发生企业合并或处置子公司 （8）财务报表日后企业利润分配方案中拟分配的以及经审议批准宣告发放的股利或利润

经典题解

【例题 7·多选题】下列有关期后事项审计的说法中，正确的有（ ）。

A. 期后事项是指财务报表日至财务报表报出日之间发生的事项

B. 期后事项是指财务报表日至审计报告日之间发生的事项，以及注册会计师在审计报告日后知悉的事实

C. 注册会计师仅需主动识别财务报表日至审计报告日之间发生的期后事项

D. 审计报告日后，如果注册会计师知悉某项若在审计报告日知悉将导致修改审计报告的事实，且管理层已就此修改了财务报表，应当对修改后的财务报表实施必要的审计程序，出具新的或经修改的审计报告

【解析】选项 A 错误，期后事项是指财务报表日至审计报告日之间发生的事项，以及注册会计师在审计报告日后知悉的事实。

【答案】BCD

02 考点 2 不同时段期后事项、识别责任及举例（★★）

假设 ABC 会计师事务所审计甲公司 2020 年度财务报表，2021 年 3 月 5 日为审计报告日，2021 年 3 月 10 日为财务报表报出日。不同时段期后事项、识别责任及举例，如下表所示。

不同时段	起止日期	识别责任	具体要求 （针对甲公司发生在 2021 年 3 月 5 日前的事项）
第一时段（发生的事项）	2021 年 1 月 1 日至 2021 年 3 月 5 日	主动识别	应当设计专门的审计程序来识别这些期后事项，并根据这些事项的性质判断其对财务报表的影响，进而确定是进行调整还是披露
第二时段（知悉的事项）	2021 年 3 月 6 日至 2021 年 3 月 10 日	被动识别	（1）与管理层和治理层（如适用）讨论该事项 （2）确定财务报表是否需要修改 （3）如果需要修改，询问管理层将如何在财务报表中处理该事项
第三时段（知悉的事项）	2021 年 3 月 10 日后	没有义务识别	（1）与管理层和治理层（如适用）讨论该事项 （2）确定财务报表是否需要修改 （3）如果需要修改，询问管理层将如何在财务报表中处理该事项

03 考点 3 主动识别第一时段期后事项（★★★）

第一时段事项	具体内容
应当识别	注册会计师应当设计和实施审计程序，获取充分、适当的审计证据，以确定所有在财务报表日至审计报告日之间发生的、需要在财务报表中调整或披露的事项均已得到识别
是否需要追加审计程序	注册会计师并不需要对之前已实施审计程序并已得出满意结论的事项执行追加的审计程序

续表

第一时段事项	具体内容
知悉对财务报表有重大影响的期后事项时的考虑	（1）如果注册会计师识别出对财务报表有重大影响的期后事项，应当确定这些事项是否按照适用的财务报告编制基础的规定在财务报表中得到恰当反映 （2）如果所知悉的期后事项属于调整事项，注册会计师应当考虑被审计单位是否已对财务报表作出适当的调整。如果所知悉的期后事项属于非调整事项，注册会计师应当考虑被审计单位是否在财务报表附注中予以充分披露

04 考点 4 被动识别第二时段期后事项（★★）

第二时段事项	具体内容
没有义务实施任何审计程序	在审计报告日后，注册会计师没有义务针对财务报表实施任何审计程序
第二时段知悉某事实	如果注册会计师在审计报告日后至财务报表报出日前知悉了某事实，且若在审计报告日知悉可能导致修改审计报告，注册会计师应当采取以下措施： （1）与管理层和治理层（如适用）讨论该事项 （2）确定财务报表是否需要修改 （3）如果需要修改，询问管理层将如何在财务报表中处理该事项
管理层同意修改财务报表	如果管理层修改财务报表，注册会计师应当根据具体情况对有关修改实施必要的审计程序；同时，除非下文中的特殊情况适用，注册会计师应当将用以识别期后事项的审计程序延伸至新的审计报告日，并针对修改后的财务报表出具新的审计报告。新的审计报告日不应早于修改后的财务报表被批准的日期 特殊情况是，在有关法律法规或适用的财务报告编制基础未禁止的情况下，如果管理层对财务报表的修改仅限于反映导致修改的期后事项的影响，被审计单位的董事会、管理层或类似机构也仅对有关修改进行批准，注册会计师可以仅针对有关修改将用以识别期后事项的审计程序延伸至新的审计报告日。在这种情况下，注册会计师应当选用下列处理方式之一： （1）修改审计报告，针对财务报表修改部分增加补充报告日期，从而表明注册会计师对期后事项实施的审计程序仅限于财务报表相关附注所述的修改 （2）出具新的或经修改的审计报告，在强调事项段或其他事项段中说明注册会计师对期后事项实施的审计程序仅限于财务报表相关附注所述的修改
管理层不修改财务报表且审计报告未提交时的处理	如果认为管理层应当修改财务报表而没有修改，并且审计报告尚未提交给被审计单位，注册会计师应当按照《中国注册会计师审计准则第 1502 号—在审计报告中发表非无保留意见》的规定发表非无保留意见，然后再提交审计报告

续表

第二时段事项	具体内容
管理层不修改财务报表且审计报告已提交时的处理	（1）如果认为管理层应当修改财务报表而没有修改，并且审计报告已经提交给被审计单位，注册会计师应当通知管理层和治理层（除非治理层全部成员参与管理被审计单位）在财务报表作出必要修改前不要向第三方报出 （2）如果财务报表在未经必要修改的情况下仍被报出，注册会计师应当采取适当措施，以设法防止财务报表使用者信赖该审计报告

经典题解

【例题8·综合题·部分】上市公司甲集团公司是ABC会计师事务所的常年审计客户，主要从事化工产品的生产和销售。A注册会计师负责审计甲集团公司2020年度财务报表，确定集团财务报表整体的重要性为200万元。

资料五：

A注册会计师在审计工作底稿中记录了处理错报的相关情况，部分内容摘录如下：

（5）2021年2月20日，A注册会计师出具了集团审计报告。在财务报表报出前，A注册会计师获悉甲集团公司2021年1月10日发生了一笔大额销售退回，因此，要求管理层修改财务报表，并于2021年2月25日重新出具了审计报告。管理层于2021年2月26日批准并报出修改后的财务报表。

要求：

针对资料五第（5）项，假定不考虑其他条件，指出A注册会计师的做法是否恰当。如不恰当，简要说明理由。

【答案】

事项序号	是否恰当（是/否）	理由
（5）	否	重新出具审计报告的日期不能早于管理层重新批准已审计财务报表的日期

05 考点5 没有义务识别第三时段期后事项（★★）

第三时段事项	具体内容
没有义务实施任何审计程序	注册会计师没有义务针对第三时段期后事项实施任何审计程序
第三时段知悉某事实	如果注册会计师在财务报表报出后知悉了某事实，且若在审计报告日知悉可能导致修改审计报告，注册会计师应当采取以下措施： （1）与管理层和治理层（如适用）讨论该事项 （2）确定财务报表是否需要修改 （3）如果需要修改，询问管理层将如何在财务报表中处理该事项

续表

第三时段事项	具体内容
管理层修改财务报表	如果管理层修改了财务报表，注册会计师应当采取如下必要的措施： （1）根据具体情况对有关修改实施必要的审计程序 （2）复核管理层采取的措施能否确保所有收到原财务报表和审计报告的人士了解这一情况 （3）将用以识别期后事项的审计程序延伸至新的审计报告日，并针对修改后的财务报表出具新的审计报告，新的审计报告日不应早于修改后的财务报表被批准的日期 （4）在特殊情况下，修改审计报告或提供新的审计报告
管理层未采取任何行动	（1）如果管理层没有采取必要措施确保所有收到原财务报表的人士了解这一情况，也没有在注册会计师认为需要修改的情况下修改财务报表，注册会计师应当通知管理层和治理层（除非治理层全部成员参与管理被审计单位），注册会计师将设法防止财务报表使用者信赖该审计报告 （2）如果注册会计师已经通知管理层或治理层，而管理层或治理层没有采取必要措施，注册会计师应当采取适当措施，以设法防止财务报表使用者信赖该审计报告

经典题解

【例题 9 · 多选题】下列有关期后事项审计的说法中，正确的有（　　）。

A. 注册会计师应当恰当应对在审计报告日后知悉的、且如果在审计报告日知悉可能导致注册会计师修改审计报告的事实

B. 在财务报表报出后，注册会计师没有义务针对财务报表实施任何审计程序

C. 注册会计师应当要求管理层提供书面声明，确认所有在财务报表日后发生的、按照适用的财务报告编制基础的规定应予调整或披露的事项均已得到调整或披露

D. 注册会计师应当设计和实施审计程序，获取充分、适当的审计证据，以确定所有在财务报表日至财务报表报出日之间发生的、需要在财务报表中调整或披露的事项均已得到识别

【解析】选项 D 错误，注册会计师应当设计和实施审计程序，获取充分、适当的审计证据，以确定所有在财务报表日至审计报告日之间发生的、需要在财务报表中调整或披露的事项均已得到识别。

【答案】ABC

第三节　书面声明

本节视频详解
使用"会计云课堂" App/ 微信扫码听课

01 考点 1 书面声明的含义（★★）

书面声明	内容
含义	指管理层向注册会计师提供的书面陈述，用以确认某些事项或支持其他审计证据。书面声明不包括财务报表及其认定，以及支持性账簿和相关记录

续表

书面声明	内容
必要信息	书面声明是注册会计师在财务报表审计中需要获取的必要信息，是审计证据的重要来源
并不为所涉及的任何事项提供充分、适当的审计证据	尽管书面声明提供了必要的审计证据，但其本身并不为所涉及的任何事项提供充分、适当的审计证据
并不影响注册会计师获取其他证据	管理层已提供可靠书面声明的事实，并不影响注册会计师就管理层责任履行情况或具体认定获取的其他审计证据的性质和范围

02 考点 2 针对管理层责任的书面声明（★★）

针对管理层责任的书面声明主要有以下三个方面，归纳如下表。

管理层责任书面声明	具体内容
针对财务报表的编制的书面声明	针对财务报表的编制，注册会计师应当要求管理层提供书面声明，确认其根据审计业务约定条款，履行了按照适用的财务报告编制基础编制财务报表并使其实现公允反映（如适用）的责任
针对提供的信息和交易的完整性的书面声明	针对提供的信息和交易的完整性，注册会计师应当要求管理层就下列事项提供书面声明： （1）按照审计业务约定条款，已向注册会计师提供所有相关信息，并允许注册会计师不受限制地接触所有相关信息以及被审计单位内部人员和其他相关人员 （2）所有交易均已记录并反映在财务报表中
书面声明与管理层责任	（1）如果未从管理层获取其确认已履行责任的书面声明，注册会计师在审计过程中获取的有关管理层已履行这些责任的其他审计证据是不充分的 （2）基于管理层认可并理解在审计业务约定条款中提及的管理层的责任，注册会计师可能还要求管理层在书面声明中再次确认其已认可并理解这些责任

经典题解

【例题 10 · 多选题】下列各项中，应当列入书面声明的有(　　)。

A. 管理层认为，未更正错报单独或汇总起来对财务报表整体的影响均不重大

B. 被审计单位已向注册会计师披露了管理层注意到的、可能影响被审计单位与舞弊或舞弊嫌疑相关的所有信息

C. 所有交易均已记录并反映在财务报表中

D. 被审计单位将及时足额支付审计费用

【解析】选项 D 错误，审计费用属于审计业务约定书的内容，不应当列入书面声明中。

【答案】ABC

【例题 11 · 多选题】下列有关书面声明的说法中，错误的有(　　)。

A. 管理层对注册会计师所要求的书面声明内容进行了调整，表明管理层没有提供可靠的书面声明

B. 注册会计师应当要求管理层在书面声明中确认，为作出所要求的书面声明，管理

层已进行了适当询问

C. 如果管理层在书面声明中使用限定性语言，注册会计师不应当接受该书面声明

D. 如果在审计报告中提及的所有期间内，现任管理层均未就任，注册会计师仍然需要向现任管理层获取涵盖整个相关期间的书面声明

【解析】选项A错误，即使管理层对注册会计师所要求的书面声明内容进行了调整，并不一定意味着管理层没有提供可靠的书面声明；选项B错误，为强调管理层作出有依据书面声明的必要性，注册会计师可能要求（不是应当要求）管理层在书面声明中确认，为作出所要求的书面声明，管理层已进行了适当询问；选项C错误，即使管理层在书面声明中使用限定性语言，注册会计师只要确信书面声明是由管理层承担适当责任并了解声明所涉及事项的人员作出的，使用限定性语言的书面声明也是可以接受的。

【答案】ABC

03 考点3 基本书面声明与其他书面声明（★★）

事项	具体内容
基本书面声明	指审计准则要求的有关管理层责任的书面声明
其他书面声明	对基本书面声明的补充，但不构成其组成部分
关于财务报表的额外书面声明	（1）会计政策的选择和运用是否适当 （2）是否按照适用的财务报告编制基础对下列事项（如相关）进行了确认、计量、列报或披露： ①可能影响资产和负债账面价值或分类的计划或意图 ②负债（包括实际负债和或有负债） ③资产的所有权或控制权，资产的留置权或其他物权，用于担保的抵押资产 ④可能影响财务报表的法律法规及合同（包括违反法律法规及合同的行为）
与向注册会计师提供信息有关的额外书面声明	除了针对管理层提供的信息和交易的完整性的书面声明外，注册会计师可能认为有必要要求管理层提供书面声明，确认其已将注意到的所有内部控制缺陷向注册会计师通报
有关特定认定的书面声明	（1）如果管理层的意图对投资的计价基础非常重要，但若不能从管理层获取有关该项投资意图的书面声明，注册会计师就不可能获取充分、适当的审计证据 （2）尽管书面声明能够提供必要的审计证据，但其本身并不能为财务报表特定认定提供充分、适当的审计证据

经典题解

【例题12·多选题】下列各项中，注册会计师应当要求被审计单位管理层提供书面声明的有（　　）。

A. 管理层是否认为在作出会计估计时使用的重大假设是合理的

B. 管理层是否已向注册会计师披露了从现任和前任员工、分析师、监管机构等方面获知的、影响财务报表的舞弊指控或舞弊嫌疑

C. 管理层是否已向注册会计师披露了所有知悉的且在编制财务报表时应当考虑其影响的违反法律法规行为或怀疑存在的违反法律法规行为

D. 管理层是否认为未更正错报单独或汇总起来对财务报表整体的影响均不重大

【解析】选项A、D均属于书面声明中与"财务报表"相关的事项，选项B、C均属于书面声明中与"提供的信息"相关的事项。

【答案】ABCD

04 考点4 书面声明的日期和涵盖的期间（★★★）

（一）书面声明的日期

书面声明的日期应当尽量接近对财务报表出具审计报告的日期，但不得在审计报告日后。书面声明应当涵盖审计报告针对的所有财务报表和期间。

由于书面声明是必要的审计证据，在管理层签署书面声明前，注册会计师不能发表审计意见，也不能签署审计报告。

经典题解

【例题13·单选题】A注册会计师负责审计甲公司2020年度财务报表。审计报告日为2021年3月31日，财务报表批准报出日为2021年4月1日。下列有关书面声明日期的说法中，正确的是（　　）。

A. 应当为2021年4月1日

B. 应当尽量接近2021年3月31日，但不得晚于2021年3月31日

C. 应当为2020年12月31日

D. 应当为2021年4月1日以后

【解析】选项B正确，书面声明的日期应当尽量接近对财务报表出具审计报告的日期，但不得在审计报告日后；选项A、D均晚于审计报告日，选项C不满足接近审计报告日的要求。

【答案】B

（二）书面声明涵盖的期间

（1）在某些情况下，管理层需要再次确认以前期间作出的书面声明是否依然适当，可能需要更新以前期间所作的书面声明。更新后的书面声明需要表明，以前期间所作的声明是否发生了变化，以及发生了什么变化（如有）。

（2）在审计实务中，可能会出现在审计报告中提及的所有期间内，现任管理层均尚未就任的情形，现任管理层可能由此声称无法就审计报告中提及的所有期间提供部分或全部书面声明。然而，这一事实并不能减轻现任管理层对财务报表整体的责任。相应地，注册会计师仍然需要向现任管理层获取涵盖整个相关期间的书面声明。

经典题解

【例题14·综合题·部分】上市公司甲集团公司是ABC会计师事务所的常年审计客户，主要从事化工产品的生产和销售。A注册会计师负责审计甲集团公司2020年度财务报表，确定集团财务报表整体的重要性为200万元。

资料五：

A注册会计师在审计工作底稿中记录了评估错报及处理重大事项的情况，部分内容摘录如下：

（3）2020年12月1日，甲集团公司更换了主要管理层成员，由于现任管理层仅就其任职期间提供书面声明，A注册会计师向前任管理层获取了其在任时相关期间的书面声明。

要求：

针对资料五第（3）项，假定不考虑其他条件，指出A注册会计师的做法是否恰当。如不恰当，简要说明理由。

【答案】

事项序号	是否恰当（是/否）	理由
（3）	否	应当向现任管理层获取涵盖整个相关期间的书面声明

05 考点5 对书面声明可靠性的疑虑（★★）

（一）对管理层的胜任能力、诚信、道德价值观或勤勉尽责存在疑虑

（1）如果对管理层的胜任能力、诚信、道德价值观或勤勉尽责存在疑虑，或者对管理层在这些方面的承诺或贯彻执行存在疑虑，注册会计师应当确定这些疑虑对书面或口头声明和审计证据总体的可靠性可能产生的影响。注册会计师可能认为，管理层在财务报表中作出不实陈述的风险很大，以至于审计工作无法进行。

（2）在上述情况下，除非治理层采取适当的纠正措施，否则注册会计师可能需要考虑解除业务约定（如果法律法规允许）。

（3）很多时候，治理层采取的纠正措施可能并不足以使注册会计师发表无保留意见。

（二）书面声明与其他审计证据不一致

（1）如果书面声明与其他审计证据不一致，注册会计师应当实施审计程序以设法解决这些问题。

（2）注册会计师可能需要考虑风险评估结果是否仍然适当。如果认为不适当，注册会计师需要修正风险评估结果，并确定进一步审计程序的性质、时间安排和范围，以应对评估的风险。

（3）如果问题仍未解决，注册会计师应当重新考虑对管理层的胜任能力、诚信、道德价值观或勤勉尽责的评估，或者重新考虑对管理层在这些方面的承诺或贯彻执行的评估，并确定书面声明与其他审计证据的不一致对书面或口头声明和审计证据总体的可靠性可能产生的影响。

（4）如果认为书面声明不可靠，注册会计师应当采取适当措施，包括确定其对审计意见可能产生的影响。

06 考点6 管理层不提供要求的书面声明（★★）

注册会计师应当对管理层不提供要求的书面声明采取措施并考虑对审计意见的影响，归纳如下表。

事项	具体措施
管理层不提供要求的书面声明时的应对措施	如果管理层不提供要求的一项或多项书面声明，注册会计师应当： （1）与管理层讨论该事项 （2）重新评价管理层的诚信，并评价该事项对书面或口头声明和审计证据总体的可靠性可能产生的影响 （3）采取适当措施，包括确定该事项对审计意见可能产生的影响
发表无法表示意见	如果存在下列情形之一，注册会计师应当对财务报表发表无法表示意见： （1）注册会计师对管理层的诚信产生重大疑虑，以至于认为其作出的书面声明不可靠 （2）管理层不提供相关事项的书面声明
管理层不提供相关事项的书面声明（无法表示意见）	（1）针对财务报表的编制，管理层确认其根据审计业务约定条款，履行了按照适用的财务报告编制基础编制财务报表并使其实现公允反映（如适用）的责任 （2）针对提供的信息和交易的完整性，管理层就以下事项提供书面声明： ①按照审计业务约定条款，已向注册会计师提供所有相关信息，并允许注册会计师不受限制地接触所有相关信息以及被审计单位内部人员和其他相关人员 ②所有交易均已记录并反映在财务报表中

【相关链接】

1.《中国注册会计师审计准则第 1251 号——评价审计过程中识别出的错报》

2.《中国注册会计师审计准则第 1251 号——评价审计过程中识别出的错报》应用指南

3.《会计师事务所质量管理准则第 5101 号——业务质量管理》

4.《中国注册会计师审计准则第 1332 号——期后事项》

5.《中国注册会计师审计准则第 1332 号——期后事项》应用指南

6.《中国注册会计师审计准则第 1341 号——书面声明》

7.《中国注册会计师审计准则第 1341 号——书面声明》应用指南

扫一扫　“码”上做题、看解析

本书历年经典试题均配备二维码，使用“会计云课堂”App 扫码，即可线上做题、看解析。

【“会计云课堂”App 下载二维码见封底页】

历年经典试题回顾

（一）评价错报对审计工作的影响

【例题·综合题·部分】 甲公司是 ABC 会计师事务所的常年审计客户，主要从事肉制品的加工和销售。A 注册会计师负责审计甲公司 2015 年度财务报表，确定财务报表整体的重要性为 100 万元。审计报告日为 2016 年 4 月 30 日。

资料五：

A 注册会计师在审计工作底稿中记录了重大事项的处理情况，部分内容摘录如下：

（2）审计过程中累积的错报合计数为 200 万元。因管理层已全部更正，A 注册会计师认为错报对审计工作和审计报告均无影响。

要求：

针对资料五第（2）项，假定不考虑其他条件，指出 A 注册会计师的做法是否恰当。如不恰当，简要说明理由。（2016 年）

（二）考虑每一单项错报

【例题·综合题·部分】 上市公司甲公司是 ABC 会计师事务所的常年审计客户，主要从事药品的研发、生产和销售。A 注册会计师负责审计甲公司 2017 年度财务报表，确定财务报表整体的重要性为 300 万元，明显微小错报的临界值为 15 万元。

资料五：

A 注册会计师在审计工作底稿中记录了重大事项的处理情况，部分内容摘录如下：

（1）甲公司将 2017 年发生的生产设备日常修理费 1000 万元计入制造费用，导致年末存货余额及 2017 年度利润高估 10 万元，A 注册会计师认为该项错报影响较小，未要求管理层作出更正。

要求：

针对资料五第（1）项，假定不考虑其他条件，指出 A 注册会计师的做法是否恰当。如不恰当，简要说明理由。（2018 年网络回忆版）

（三）考虑某一单项错报的抵销

【例题·综合题·部分】 甲公司是 ABC 会计师事务所的常年审计客户，主要从事电气设备的生产和销售。A 注册会计师负责审计甲公司 2016 年度财务报表，确定财务报表整体的重要性为 300 万元，实际执行的重要性为210万元。

资料五：

A注册会计师在审计工作底稿中记录了审计完成阶段的工作，部分内容摘录如下：

（1）甲公司与乙公司既有采购业务也有销售业务，2016年末，甲公司多计应收乙公司款项400万元，多计应付乙公司款项360万元，A注册会计师认为两项错报相抵后的金额不重大，同意管理层不予调整。

要求：

针对资料五第（1）项，假定不考虑其他条件，指出A注册会计师的做法是否恰当。如不恰当，简要说明理由。（2017年网络回忆版）

（四）评价错报的性质

【例题·综合题·部分】甲公司是ABC会计师事务所的常年审计客户，主要从事轨道交通车辆配套产品的生产和销售。A注册会计师负责审计甲公司2018年度财务报表，确定财务报表整体的重要性为1000万元，实际执行的重要性为500万元。

资料五：

A注册会计师在审计工作底稿中记录了重大事项的处理情况，部分内容摘录如下：

（2）甲公司2018年度财务报表存在一笔未更正错报400万元，系少计提企业所得税所致。因该错报金额小于财务报表整体的重要性，A注册会计师认为该错报不重大，不影响审计结论。

要求：

针对资料五第（2）项，假定不考虑其他条件，指出A注册会计师的做法是否恰当。如不恰当，简要说明理由。（2019年）

（五）复核审计工作

【例题·单选题】下列有关审计工作底稿复核的说法中，错误的是（　　）。（2019年）

A. 项目合伙人应当复核所有审计工作底稿

B. 项目质量复核人员应当在审计报告出具前复核审计工作底稿

C. 审计工作底稿中应当记录复核人员姓名及其复核时间

D. 应当由项目组内经验较丰富的人员复核经验较缺乏的人员编制的审计工作底稿

（六）期后事项的定义与种类

【例题1·综合题·部分】ABC会计师事务所首次接受委托，审计上市公司甲公司2016年度财务报表，委派A注册会计师担任项目合伙人。A注册会计师确定财务报表整体的重要性为1200万元。甲公司主要提供快递物流服务。

资料五：

A注册会计师在审计工作底稿中记录了审计完成阶段的工作，部分内容摘录如下：

（1）甲公司2016年末的一项重大未决诉讼在审计报告日前终审结案，管理层根据判决结果调整了2016年度财务报表。A注册会计师检查了法院判决书以及甲公司的账务处理和披露，结果满意，未再实施其他审计程序。

要求：

针对资料五第（1）项，假定不考虑其他条件，指出A注册会计师的做法是否恰当。如不恰当，简要说明理由。（2017年）

【例题2·综合题·部分】甲公司是ABC会计师事务所的常年审计客户，主要从事电气设备的生产和销售。A注册会计师负责审计甲公司2016年度财务报表，确定财务报表整体的重要性为300万元，实际执行的重要性为210万元。

资料五：

A注册会计师在审计工作底稿中记录了审计完成阶段的工作，部分内容摘录如下：

（2）甲公司在2016年度财务报表附注中披露了2017年1月签署的一项重大收购

协议，A 注册会计师检查了董事会决议及收购协议等相关文件，结果满意。

要求：

针对资料五第（2）项，假定不考虑其他条件，指出 A 注册会计师的做法是否恰当。如不恰当，简要说明理由。（2017 年网络回忆版）

【例题 3·综合题·部分】甲公司是 ABC 会计师事务所的常年审计客户，主要从事肉制品的加工和销售。A 注册会计师负责审计甲公司 2015 年度财务报表，确定财务报表整体的重要性为 100 万元。审计报告日为 2016 年 4 月 30 日。

资料五：

A 注册会计师在审计工作底稿中记录了重大事项的处理情况，部分内容摘录如下：

（1）2016 年 2 月，甲公司因 2015 年的食品安全事件向主管部门缴纳罚款 300 万元，管理层在 2015 年度财务报表中将其确认为营业外支出。A 注册会计师检查了处罚文件和付款单据，认可了管理层的处理。

要求：

针对资料五第（1）项，假定不考虑其他条件，指出 A 注册会计师的做法是否恰当。如不恰当，简要说明理由。（2016 年）

（七）主动识别第一时段期后事项

【例题·综合题·部分】上市公司甲公司是 ABC 会计师事务所的常年审计客户，主要从事汽车的生产和销售。A 注册会计师负责审计甲公司 2017 年度财务报表，确定财务报表整体的重要性为 1000 万元，明显微小错报的临界值为 30 万元。

资料五：

A 注册会计师在审计工作底稿中记录了重大事项的处理情况，部分内容摘录如下：

（1）2018 年 1 月初，甲公司对某型号汽车实施召回，免费更换安全气囊，预计将发生更换费用 4000 万元。管理层在 2017 年度财务报表中确认了该项费用并进行了披露。A 注册会计师在对更换费用及相关披露实施审计程序后，认可了管理层的处理。

要求：

针对资料五第（1）项，假定不考虑其他条件，指出 A 注册会计师的做法是否恰当。如不恰当，简要说明理由。（2018 年）

（八）被动识别第二时段期后事项

【例题·综合题·部分】甲公司是 ABC 会计师事务所的常年审计客户，主要从事轨道交通车辆配套产品的生产和销售。A 注册会计师负责审计甲公司 2018 年度财务报表，确定财务报表整体的重要性为 1000 万元，实际执行的重要性为 500 万元。

资料五：

A 注册会计师在审计工作底稿中记录了重大事项的处理情况，部分内容摘录如下：

（4）在审计报告日后、财务报表报出日前，甲公司 2018 年末的一项重大未决诉讼终审结案，管理层根据判决结果调整了 2018 年度财务报表。在对该调整实施审计程序后，A 注册会计师对重新批准的财务报表出具了新的审计报告。

要求：

针对资料五第（4）项，假定不考虑其他条件，指出 A 注册会计师的做法是否恰当。如不恰当，简要说明理由。（2019 年）

（九）没有义务识别第三时段期后事项

【例题·简答题·部分】ABC 会计师事务所首次接受委托，审计上市公司甲公司 2015 年度财务报表，委派 A 注册会计师担任项目合伙人。相关事项如下：

（4）甲公司 2014 年度财务报表报出后，某客户因改变经营范围，与甲公司协商后将大批产品退回，因这些退回均与 2014 年度销售相关，A 注册会计师要求管理层调整 2015 年度的对应数据。

要求：

针对上述第（4）项，指出 A 注册会计师的做法是否恰当。如不恰当，简要说明理由。（2016 年网络回忆版）

（十）书面声明的作用

【例题·单选题】下列有关管理层书面声明的作用的说法中，错误的是（　　）。（2017年）

A. 书面声明为财务报表审计提供了必要的审计证据

B. 管理层已提供可靠书面声明的事实，可能影响注册会计师就具体认定获取的审计证据的性质和范围

C. 书面声明可以促使管理层更加认真地考虑声明所涉及的事项

D. 书面声明本身不为所涉及的任何事项提供充分、适当的审计证据

（十一）基本书面声明与其他书面声明

【例题·综合题·部分】上市公司甲公司是ABC会计师事务所的常年审计客户，主要从事汽车的生产和销售。A注册会计师负责审计甲公司2017年度财务报表，确定财务报表整体的重要性为1000万元，明显微小错报的临界值为30万元。

资料五：

A注册会计师在审计工作底稿中记录了重大事项的处理情况，部分内容摘录如下：

（2）因不同意A注册会计师提出的某些审计调整建议，管理层拒绝在书面声明中说明未更正错报单独或汇总起来对财务报表整体的影响不重大。考虑到未更正错报对财务报表的影响很小，A注册会计师同意管理层不提供该项声明。

要求：

针对资料五第（2）项，假定不考虑其他条件，指出A注册会计师的做法是否恰当。如不恰当，简要说明理由。（2018年）

（十二）书面声明的日期

【例题·单选题】下列有关书面声明日期的说法中，错误的是（　　）。（2018年）

A. 书面声明的日期不得早于财务报表报出日

B. 书面声明的日期不得晚于审计报告日

C. 书面声明的日期可以和审计报告日是同一天

D. 书面声明的日期可以早于审计报告日

（十三）书面声明涵盖的期间

【例题1·综合题·部分】甲公司是ABC会计师事务所的常年审计客户，主要从事轨道交通车辆配套产品的生产和销售。A注册会计师负责审计甲公司2018年度财务报表，确定财务报表整体的重要性为1000万元，实际执行的重要性为500万元。

资料五：

A注册会计师在审计工作底稿中记录了重大事项的处理情况，部分内容摘录如下：

（3）甲公司于2019年初更换了管理层。因已获取新任管理层有关2018年度财务报表的书面声明，A注册会计师未再要求前任管理层提供书面声明。

要求：

针对资料五第（3）项，假定不考虑其他条件，指出A注册会计师的做法是否恰当。如不恰当，简要说明理由。（2019年）

【例题2·综合题·部分】甲公司是ABC会计师事务所的常年审计客户，主要从事电气设备的生产和销售。A注册会计师负责审计甲公司2016年度财务报表，确定财务报表整体的重要性为300万元，实际执行的重要性为210万元。

资料五：

A注册会计师在审计工作底稿中记录了审计完成阶段的工作，部分内容摘录如下：

（3）2017年3月，甲公司管理层更替。因新任管理层未参与编制2016年度财务报表，A注册会计师要求由原管理层提供书面声明。

要求：

针对资料五第（3）项，假定不考虑其他条件，指出A注册会计师的做法是否恰当。如不恰当，简要说明理由。（2017年网络回忆版）

（十四）管理层不提供要求的书面声明

【例题·单选题】下列有关书面声明的说法中，错误的是（　　）。（2016年）

A. 即使管理层已提供可靠的书面声明，也不影响注册会计师就管理层责任履行情况或具体认定获取的其他审计证据的性质和范围

B. 为支持与财务报表或某项具体认定相关的其他审计证据，注册会计师可以要求管理层提供关于财务报表或特定认定的书面声明

C. 如果管理层不向注册会计师提供所有交易均已记录并反映在财务报表中的书面声明，注册会计师应当对财务报表发表保留意见或无法表示意见

D. 如果在审计报告中提及的所有期间内，现任管理层均尚未就任，注册会计师也需要向现任管理层获取涵盖整个相关期间的书面声明

历年经典试题回顾参考答案及解析

“扫码看解析”

使用“微信”或“会计云课堂”App扫码，即可线上对答案、看解析，错题随手收藏，及时巩固复习。

（一）评价错报对审计工作的影响

【例题·综合题·部分】

【答案】

事项序号	是否恰当（是/否）	理由
（2）	否	累积的错报合计数200万元超过财务报表整体的重要性，没有考虑对审计工作的影响/应当确定是否需要考虑修改审计计划

（二）考虑每一单项错报

【例题·综合题·部分】

【答案】

事项序号	是否恰当（是/否）	理由
（1）	否	属于金额重大的错报，应当要求管理层进行调整

（三）考虑某一单项错报的抵销

【例题·综合题·部分】

【答案】

事项序号	是否恰当（是/否）	理由
（1）	否	如果某一单项错报是重大的，则该错报不太可能被其他错报抵销。应将其作为两项重大错报，要求管理层调整

（四）评价错报的性质

【例题·综合题·部分】

【答案】

事项序号	是否恰当（是/否）	理由
(2)	否	是否构成重大错报还应当考虑错报的性质

【名师点题】在某些情况下，即使某些错报低于财务报表整体的重要性，但因与这些错报相关的某些情况，在将其单独或连同在审计过程中累积的其他错报一并考虑时，注册会计师也可能将这些错报评价为重大错报。

（五）复核审计工作

【例题·单选题】

【答案】A

【解析】选项 A 错误，项目合伙人无须复核所有审计工作底稿。

（六）期后事项的定义与种类

【例题 1·综合题·部分】

【答案】

事项序号	是否恰当（是/否）	理由
(1)	是	—

【例题 2·综合题·部分】

【答案】

事项序号	是否恰当（是/否）	理由
(2)	是	—

【例题 3·综合题·部分】

【答案】

事项序号	是否恰当（是/否）	理由
(1)	是	—

（七）主动识别第一时段期后事项

【例题·综合题·部分】

【答案】

事项序号	是否恰当（是/否）	理由
(1)	是	—

（八）被动识别第二时段期后事项

【例题·综合题·部分】

【答案】

事项序号	是否恰当（是/否）	理由
（4）	否	还应将对期后事项的审计程序延伸至新的审计报告日

（九）没有义务识别第三时段期后事项

【例题·简答题·部分】

【答案】不恰当。财务报表报出后的销货退回不属于2014年财务报表期后事项，应直接冲减2015年度退回当月的销售收入。

（十）书面声明的作用

【例题·单选题】

【答案】B

【解析】选项B错误，书面声明不影响获取其他审计证据的性质和范围，因为书面声明本身并不为所涉及的任何事项提供充分、适当的审计证据。

（十一）基本书面声明与其他书面声明

【例题·综合题·部分】

【答案】

事项序号	是否恰当（是/否）	理由
（2）	否	注册会计师仍应当要求管理层提供有关未更正错报的书面声明/书面声明可以增加有关不同意某事项构成错报的表述

（十二）书面声明的日期

【例题·单选题】

【答案】A

【解析】选项A错误，书面声明的日期应当尽量接近对财务报表出具审计报告的日期，但不得在审计报告日后。

（十三）书面声明涵盖的期间

【例题1·综合题·部分】

【答案】

事项序号	是否恰当（是/否）	理由
（3）	是	—

【例题2·综合题·部分】

【答案】

事项序号	是否恰当（是/否）	理由
（3）	否	应当要求现任管理层提供涵盖整个相关期间的书面声明

（十四）管理层不提供要求的书面声明

【例题·单选题】

【答案】C

【解析】选项C错误，如果管理层不向注册会计师提供所有交易均已记录并反映在财务报表中的书面声明，注册会计师应当对财务报表发表无法表示意见。

扫一扫 “码”上做题、看解析

本书同步强化练习题均配备二维码，使用“会计云课堂”App扫码，即可线上做题、看解析。

【“会计云课堂”App下载二维码见封底页】

同步强化练习题

一、单项选择题

1. 注册会计师在评价错报前可能需要对重要性作出修改，下列说法中，错误的是（　　）。（★★★）*

A. 如果注册会计师对重要性进行的重新评价导致需要确定较低的金额，则应重新考虑实际执行的重要性和进一步审计程序的性质、时间安排和范围的适当性

B. 如果注册会计师对重要性进行的重新评价导致需要确定较高的金额，则应重新考虑实际执行的重要性和进一步审计程序的性质、时间安排和范围的适当性

C. 注册会计师根据期中财务成果估计全年财务成果确定的重要性，评价错报前可能需要修改原来的重要性

D. 注册会计师在审计过程中获知了某项信息可能导致修改重要性，评价错报前需要修改原来的重要性

2. 在评价未更正错报的影响时，下列说法中，错误的是（　　）。

A. 注册会计师应当考虑与以前期间相关的未更正错报对相关类别的交易、账户余额或披露以及财务报表整体的影响

B. 在某些情况下，即使某些错报低于财务报表整体的重要性，但因与这些错报相关的某些情况，在将其单独或连同在审计过程中累积的其他错报一并考虑时，注册会计师也可能将这些错报评价为重大错报

C. 如果错报金额低于财务报表整体的重要性，则属于不重大的错报

D. 注册会计师需要考虑每一单项错报，以评价其对相关类别的交易、账户余额或披露的影响，包括评价该项错报是否超过特定类别的交易、账户余额或披露的重要性水平（如适用）

3. 在评价未更正错报时，注册会计师的下列做法中，错误的是（　　）。

A. 应当要求被审计单位更正所有累积的错报

B. 应当考虑与以前期间相关的未更正错报对相关类别的交易、账户余额或披露以及财务报表整体的影响

C. 从金额上看，未更正错报的金额不得超过明显微小错报的临界值

D. 低于明显微小错报临界值的错报，管理层可以不更正

* 为了便于您识别重要题目，本书中针对重点题目通过标注星级的方式进行体现。

4. 针对错报是否能够抵销，下列说法中，错误的是（　　）。（★★★）

A. 如果收入存在重大高估，即使这项错报对收益的影响完全可被相同金额的费用高估所抵销，注册会计师仍认为财务报表整体存在重大错报

B. 如果认为某一单项错报是重大的，则该错报不太可能被其他错报抵销

C. 针对同一账户余额内部的错报，注册会计师应当认为这种抵销是不适当的

D. 针对同一类别的交易内部的错报，注册会计师可能认为这种抵销是适当的

5. 下列关于项目合伙人复核的说法中，错误的是（　　）。（★★★）

A. 项目合伙人应当对管理和实现审计项目的高质量承担总体责任

B. 项目合伙人应当在审计过程中的适当时点复核审计工作底稿

C. 在审计报告日或审计报告日之前，项目合伙人应当通过复核审计工作底稿与项目组讨论，确信已获取充分、适当的审计证据，支持得出的结论和拟出具的审计报告

D. 对与在审计中遇到的困难或有争议事项相关的判断不应当由项目合伙人复核，而是应当由项目质量复核人复核

6. 下列关于复核审计工作底稿的说法中，正确的是（　　）。

A. 注册会计师需要在每一张审计工作底稿上记录执行人、复核人和项目质量复核人及他们各自完成工作的时间

B. 项目组内部复核时应当要求交叉复核，以确保客观、公正

C. 项目质量复核人员可以是项目组成员中专业胜任能力很强的人员

D. 项目合伙人应当对管理和实现审计项目的高质量承担总体责任

7. 下列关于期后事项审计的说法中，错误的是（　　）。（★★★）

A. 通常情况下，注册会计师针对第一时段的期后事项实施专门的审计程序，其实施时间越接近审计报告日越好

B. 在审计报告日后，注册会计师没有义务针对财务报表实施任何审计程序

C. 如果注册会计师所知悉的期后事项属于调整事项，则应当考虑被审计单位是否已对财务报表作出适当的调整

D. 在财务报表报出后，即使注册会计师知悉可能对财务报表产生重大影响的事实，也没有责任采取措施

8. 下列关于书面声明的说法中，正确的是（　　）。

A. 书面声明提供的审计证据需要其他审计证据予以佐证

B. 如果注册会计师不能获取充分、适当的审计证据，可获取书面声明作为发表审计意见的基础

C. 如果被审计单位管理层已就某事项提供书面声明，可在一定程度上减轻注册会计师的责任

D. 书面声明提供的审计证据可减少注册会计师获取的其他审计证据

9. 下列关于书面声明的日期和涵盖期间的说法中，错误的是（　　）。（★★★）

A. 书面声明应当涵盖审计报告针对的所有财务报表和期间

B. 书面声明的日期可以与审计报告日一致

C. 就某些交易获取的单独书面声明可以晚于审计报告日

D. 书面声明的日期应当尽量接近对财务报表出具审计报告的日期

二、多项选择题

1. 在评价未更正错报的影响时，下列说法中，正确的有（　　）。

A. 注册会计师应当从金额和性质两方面评价未更正错报是否重大

B. 注册会计师应当考虑与以前期间相关

的未更正错报对相关类别的交易、账户余额或披露以及财务报表整体的影响

C. 管理层应当更正注册会计师识别的所有错报

D. 注册会计师识别的累积的错报需要提请管理层更正

2. 下列有关项目合伙人复核的说法中，正确的有(　　)。

A. 项目合伙人无须复核所有审计工作底稿

B. 项目合伙人应当在签署审计报告前复核财务报表、审计报告以及相关的审计工作底稿

C. 在审计报告日后，项目合伙人应当通过复核审计工作底稿与项目组讨论，确信已获取充分、适当的审计证据，支持得出的结论和拟出具的审计报告

D. 项目合伙人复核的内容包括重大事项、重大判断以及根据项目合伙人的职业判断，与项目合伙人的职责有关的其他事项

3. 针对财务报表日至审计报告日之间发生的期后事项，下列说法中，不正确的有(　　)。

A. 尽量在接近财务报表日实施针对期后事项的专门审计程序

B. 尽量在接近审计报告日实施针对期后事项的专门审计程序

C. 不专门设计审计程序识别这些期后事项

D. 设计专门的审计程序识别这些期后事项

4. 如果注册会计师在财务报表报出后知悉了若在审计报告日知悉可能导致修改审计报告的某事实，且管理层已就该事项修改了财务报表，则下列应对措施恰当的有(　　)。(★★★)

A. 针对修改后的财务报表出具新的审计报告

B. 对有关修改实施必要的审计程序

C. 复核管理层采取的措施能否确保所有收到原财务报表和审计报告的人士了解这一情况

D. 在针对被审计单位下一年度财务报表的审计报告中增加强调事项段，提醒财务报表使用者注意修改了上一年度财务报表的原因

5. 下列有关期后事项审计的说法中，正确的有(　　)。

A. 注册会计师应当恰当应对在审计报告日后发生的事项

B. 在审计报告日后，注册会计师没有义务针对财务报表实施任何审计程序

C. 在财务报表报出后，注册会计师没有义务针对财务报表实施任何审计程序

D. 注册会计师有责任应对在审计报告日后知悉的、且如果在审计报告日知悉可能导致注册会计师修改审计报告的事实

6. 在被审计单位财务报表报出后，如果注册会计师知悉了某事实，且在审计报告日知悉可能导致修改审计报告，则下列措施中可能恰当的有(　　)。(★★★)

A. 重新出具审计报告

B. 提请被审计单位管理层修改财务报表

C. 修改审计报告或提供新的审计报告，并增加强调事项段或其他事项段

D. 采取措施防止被审计单位财务报表使用者信赖该审计报告

7. 如果被审计单位管理层拒绝就其责任的履行情况提供书面声明，下列说法中，正确的有(　　)。(★★★)

A. 重新评价被审计单位管理层的诚信情况

B. 重新评价获取审计证据总体的可靠性

C. 对财务报表出具无法表示意见的审计报告

D. 对财务报表出具保留意见的审计报告

同步强化练习题参考答案及解析

“扫码看解析”

使用“微信”或“会计云课堂”App扫码，即可线上对答案、看解析，错题随手收藏，及时巩固复习。

一、单项选择题

1. 【答案】B

解析：如果注册会计师对重要性或重要性水平（如适用）进行的重新评价导致需要确定较低的金额，则应重新考虑实际执行的重要性和进一步审计程序的性质、时间安排和范围的适当性，以获取充分、适当的审计证据，作为发表审计意见的基础。

2. 【答案】C

解析：选项C错误，某些错报低于财务报表整体的重要性，但因与这些错报相关的某些情况，在将其单独或连同在审计过程中累积的其他错报一并考虑时，也可能评价为重大错报。

3. 【答案】C

解析：选项C错误，未更正错报的金额是超过明显微小错报临界值且未予以更正的错报。

4. 【答案】C

解析：选项C错误，对于同一账户余额或同一类别的交易内部的错报，这一类错报相互抵销可能是适当的。

5. 【答案】D

解析：项目合伙人复核的内容包括：（1）重大事项；（2）重大判断，包括与在审计中遇到的困难或有争议事项相关的判断，以及得出的结论（选项D错误）；（3）根据项目合伙人的职业判断，与项目合伙人的职责有关的其他事项。

6. 【答案】D

解析：选项A错误，通常每一张审计工作底稿都会有执行人、复核人及时间，但只有进行项目质量复核后才会记录项目质量复核人及时间；选项B错误，项目组内部复核的原则是项目组内经验较为丰富的人员复核经验较为缺乏的人员的工作，不是交叉复核；选项C错误，项目质量复核人员应当独立于项目组，不能由项目组成员兼任。

7. 【答案】D

解析：选项D错误，在财务报表报出后，如果注册会计师知悉了某事实，且若在审计报告日知悉该事实可能导致修改审计报告，则注册会计师有责任采取以下措施：与管理层和治理层（如适用）讨论该事项；确定财务报表是否需要修改；如果需要修改，询问管理层将如何在财务报表中处理该事项。

8. 【答案】A

解析：选项A正确，书面声明是注册会计师在财务报表审计中需要获取的必要信息，是审计证据的重要来源，但其本身并不为所涉及的任何事项提供充分、适当的审计证据，需要其他审计证据予以佐证。

9. 【答案】C

解析：选项C错误，书面声明的日期应当尽量接近对财务报表出具审计报告的日期，但不得晚于审计报告日。

二、多项选择题

1. 【答案】ABD

解析：注册会计师识别的超过明显微小错报临界值的错报，需要累积并提请管理层更正；但是低于明显微小错报临界值的错报管理层可以不更正，故选项 C 错误。

2. 【答案】ABD

解析：选项 C 错误，项目合伙人应当在审计报告日或审计报告日之前，通过复核审计工作底稿与项目组讨论，确信已获取充分、适当的审计证据，支持得出的结论和拟出具的审计报告。

3. 【答案】AC

解析：注册会计师对截至审计报告日为止的第一时段的期后事项负有主动识别的义务，应当设计专门的审计程序来识别这些期后事项，故选项 D 正确、选项 C 错误。通常情况下，针对期后事项的专门审计程序，其实施时间越接近审计报告日越好，故选项 A 错误、选项 B 正确。

4. 【答案】ABC

解析：在被审计单位财务报表报出后，如果注册会计师知悉了某事实，若在审计报告日知悉可能导致修改审计报告，则应当实施恰当的审计程序。如果管理层修改了财务报表，注册会计师应当采取如下必要的措施：(1) 根据具体情况对有关修改实施必要的审计程序（选项 B 正确）；(2) 复核管理层采取的措施能否确保所有收到原财务报表和审计报告的人士了解这一情况（选项 C 正确）；(3) 延伸实施审计程序，并针对修改后的财务报表出具新的审计报告（选项 A 正确）；(4) 在特殊情况下，修改审计报告或提供新的审计报告。选项 D 错误，在特殊情况下，注册会计师应当在新的或经修改的审计报告中增加强调事项段或其他事项段，而不是在针对下一年度财务报表的审计报告中增加强调事项段。

5. 【答案】BCD

解析：选项 A 错误，针对审计报告日后发生的事项，注册会计师没有义务针对财务报表实施任何审计程序。

6. 【答案】ABCD

解析：注册会计师应当考虑是否需要提请被审计单位修改报表，并与管理层讨论（选项 B 正确）；如果管理层修改了财务报表，注册会计师应当针对修改后的财务报表出具新的审计报告（选项 A 正确），在特殊情况下，修改审计报告或提供新的审计报告，并增加强调事项段或其他事项段（选项 C 正确）；如果管理层未采取任何行动，注册会计师应当采取措施防止财务报表使用者信赖该审计报告（选项 D 正确）。

7. 【答案】ABC

解析：如果管理层拒绝就其责任的履行情况提供书面声明，注册会计师应当重新评价管理层的诚信（选项 A 正确），并评价该事项对书面或口头声明和审计证据总体的可靠性可能产生的影响（选项 B 正确）；如果注册会计师对管理层的诚信存在重大疑虑，以至于认为其作出的书面声明不可靠，或者管理层不提供有关其责任的书面声明，应当对财务报表发表无法表示意见（选项 C 正确，选项 D 错误）。

第十九章　审计报告

本章考情分析

本章需要重点掌握的知识点包括：第一，审计报告要素（教材 19.3）；第二，关键审计事项（教材 19.4）；第三，非无保留意见类型及审计报告举例（教材 19.5）；第四，强调事项段、其他事项段（教材 19.6）；第五，其他信息（教材 19.8）。

本章考题以简答题为主，重点考查内容有关键审计事项、强调事项段、其他事项段、其他信息以及非无保留意见类型的判断。

本章是非常重要的考试章节，平均考试分值 8 分左右。

本章需要大家重点掌握的知识点（含可能题型），归纳如下表。

序号	知识点	题型	难易程度
1	审计报告日	单选、简答	易
2	关键审计事项定义	简答	难
3	关键审计事项适用范围	多选、简答	中
4	关键审计事项不能替代相关事项	简答	中
5	无法表示意见审计报告中不得包含关键审计事项	简答	易
6	需要在关键审计事项的引言中增加说明的事项	简答	难
7	保留或无法表示意见（审计范围受到限制）	单选、简答	中
8	保留或否定意见（财务报表存在重大错报）	单选、简答	中
9	强调事项段不能替代非无保留意见	简答	中
10	强调事项段不能替代关键审计事项	单选、多选、简答	中
11	其他事项段不能替代强调事项段	单选、多选、简答	中
12	在其他事项段中提及前任注册会计师	单选、简答	中
13	上期非无保留事项已解决，无需提及对应数据	单选、简答、综合	中
14	上期非无保留事项未解决，影响对应数据与本期数据	单选、多选、简答	中
15	审计报告日前获取年度报告	综合	难
16	审计报告日后管理层拒绝更正其他信息重大错报	简答、综合	难
17	与审计范围受到限制的保留意见事项相关的其他信息	简答	难
18	无法表示意见审计报告中不宜包含其他信息部分	简答	中

2021 年教材主要变化

1. 对审计报告收件人的相关内容进行重新表述。

2. 增加“与财务报表一同列报的补充信息”的相关内容。

3. 对描述关键审计事项的具体要求进行了修订。

4. 对不在审计报告中沟通关键审计事项的情形进行了修订。

5. 增加审计报告参考格式 19-5“由于合并财务报表存在重大错报而发表否定意见的审计报告”。

6. 删除原审计报告参考格式 19-6“带强调事项段的保留意见审计报告”。

7. 增加审计报告参考格式 19-7“包含关键审计事项部分、强调事项段和其他事项段的审计报告”。

8. 调整比较信息一般审计程序相关内容。

9. 增加“年度报告”相关内容。

10. 对“其他信息”内容进行调整。

11. 除上述修订内容外，修改了其他内容的部分文字表述。

本章考点框架

- 第十九章（一）
  - 审计报告概述（略）
  - 审计意见的形成
    - 审计意见类型【易/低频】
  - 审计报告的基本内容
    - 审计报告要素【易/低频】
    - 审计报告日期【易/低频】
  - 在审计报告中沟通关键审计事项
    - 关键审计事项的概念【难/中频】
    - 确定关键审计事项的决策框架【易/低频】
    - 在审计报告中单设关键审计事项部分【易/低频】
    - 在审计报告中逐项描述每一关键审计事项【易/低频】
    - 不在审计报告中沟通关键审计事项的情形【中/高频】
    - 沟通关键审计事项不能替代审计报告其他报告要素【中/中频】
  - 非无保留意见审计报告
    - 发表非无保留意见的情形【中/中频】
    - 确定非无保留意见的类型【中/中频】
  - 在审计报告中增加强调事项段和其他事项段
    - 强调事项段【中/中频】
    - 其他事项段【中/中频】
  - 比较信息
    - 比较信息的定义【易/低频】
    - 对比较信息的审计责任【中/低频】
    - 注意到比较信息可能存在重大错报时的审计要求【中/低频】
    - 在审计报告中提及对应数据【中/中频】
    - 在审计报告中提及比较财务报表【中/中频】

- 第十九章（二）
  - 注册会计师对其他信息的责任
    - 其他信息定义及相关责任【难/中频】
    - 当似乎存在重大不一致或其他信息似乎存在重大错报时的应对【中/低频】
    - 审计报告日前获取的其他信息存在重大错报【难/中频】
    - 审计报告日后获取的其他信息存在重大错报【难/中频】
    - 以“其他信息”为标题在审计报告中单独部分披露【中/低频】

本章重难点精讲

提示	注册会计师计划审计工作，实施审计程序，获取充分、适当的审计证据，形成结论，发表意见，最终出具审计报告。注册会计师除了发表相应的审计意见提示审计报告使用者外，在审计报告中可能增加相应的关键审计事项（19.4）、与持续经营相关的重大不确定性事项（17.3）、强调事项和其他事项（19.6）以及其他信息（19.8）等不影响审计意见类型的信息提示审计报告使用者关注。本章属于非常重要的章节，快扫听课二维码，助您“码”上通关

第一节　审计报告概述（略）

第二节　审计意见的形成

本节视频详解
使用“会计云课堂” App/微信扫码听课

01 考点 审计意见类型（★）❶

在财务报表审计中，注册会计师可能发表的审计意见类型分为两大类，即无保留意见和非无保留意见。如下图所示。

- 审计意见类型
  - 无保留意见
  - 非无保留意见
    - 保留意见
    - 否定意见
    - 无法表示意见

图 19-1　审计意见类型

❶ 为方便您在学习中可以快速了解知识点的重要程度，本书中将知识点进行分类。★★★代表重要知识点，★★代表次重要知识点，★代表非重要知识点。

【看图说话】

（1）无保留意见是指当注册会计师认为财务报表在所有重大方面按照适用的财务报告编制基础编制并实现公允反映时发表的审计意见。

（2）非无保留意见是指对财务报表发表的保留意见、否定意见或无法表示意见。

第三节　审计报告的基本内容

本节视频详解
使用"会计云课堂" App/微信扫码听课

01 考点1 审计报告要素（★）

（一）审计报告的要素

审计报告应当包括下列要素：

（1）标题。

（2）收件人。

（3）审计意见。

（4）形成审计意见的基础。

（5）管理层对财务报表的责任。

（6）注册会计师对财务报表审计的责任。

（7）按照相关法律法规的要求报告的事项（如适用，略）。

（8）注册会计师的签名和盖章。

（9）会计师事务所的名称、地址和盖章。

（10）报告日期。

（二）无保留意见审计报告的参考格式

【例1】

审计报告（1-标题）

ABC股份有限公司全体股东：(2-收件人)

一、审计意见(3-审计意见)

我们审计了ABC股份有限公司（以下简称"ABC公司"）财务报表，包括20×1年12月31日的资产负债表，20×1年度的利润表、现金流量表、股东权益变动表以及相关财务报表附注。

我们认为，后附的财务报表在所有重大方面按照企业会计准则的规定编制，公允反映了ABC公司20×1年12月31日的财务状况以及20×1年度的经营成果和现金流量。

二、形成审计意见的基础(4-形成审计意见的基础)

我们按照中国注册会计师审计准则的规定执行了审计工作。审计报告的"注册会计师对财务报表审计的责任"部分进一步阐述了我们在这些准则下的责任。按照中国注册会计师职业道德守则，我们独立于ABC公司，并履行了职业道德方面的其他责任。我们相信，我们获取的审计证据是充分、适当的，为发表审计意见提供了基础。

三、与持续经营相关的重大不确定性(不影响审计意见类型，针对某一财务报表审计出具审计报告时，可能没有此部分，详见教材17.3)

四、关键审计事项(不影响审计意见类型，针对某一财务报表审计出具审计报告时，可能没有此部分，详见教材19.4)

五、强调事项(不影响审计意见类型，针对某一财务报表审计出具审计报告时，可能没有此部分，详见教材19.6)

六、其他事项(不影响审计意见类型，针对某一财务报表审计出具审计报告时，可能没有此部分，详见教材19.6)

七、其他信息(具体描述内容请参见本章【例12】，此处略)

八、管理层和治理层对财务报表的责任(5-管理层对财务报表的责任)

管理层负责按照企业会计准则的规定编制财务报表，使其实现公允反映，并设计、执行和维护必要的内部控制，以使财务报表不存在由于舞弊或错误导致的重大错报。

在编制财务报表时，管理层负责评估ABC公司的持续经营能力，披露与持续经营相关的事项（如适用），并运用持续经营假设，除非计划清算ABC公司、停止营运或别无其他现实的选择。

治理层负责监督ABC公司的财务报告过程。

九、注册会计师对财务报表审计的责任

（6-注册会计师对财务报表审计的责任）

我们的目标是对财务报表整体是否不存在由于舞弊或错误导致的重大错报获取合理保证，并出具包含审计意见的审计报告。合理保证是高水平的保证，但并不能保证按照审计准则执行的审计在某一重大错报存在时总能被发现。错报可能由于舞弊或错误导致，如果合理预期错报单独或汇总起来可能影响财务报表使用者依据财务报表作出的经济决策，则通常认为错报是重大的。

在按照审计准则执行审计的过程中，我们运用职业判断，保持职业怀疑。同时，我们也执行下列工作：

（1）识别和评估由于舞弊或错误导致的财务报表重大错报风险；对这些风险有针对性地设计和实施审计程序，获取充分、适当的审计证据，作为发表审计意见的基础。由于舞弊可能涉及串通、伪造、故意遗漏、虚假陈述或凌驾于内部控制之上，未能发现由于舞弊导致的重大错报的风险高于未能发现由于错误导致的重大错报的风险。

（2）了解与审计相关的内部控制，以设计恰当的审计程序，但目的并非对内部控制的有效性发表意见。

（3）评价管理层选用会计政策的恰当性和作出会计估计及相关披露的合理性。

（4）对管理层使用持续经营假设的恰当性得出结论。同时，根据获取的审计证据，就可能导致对ABC公司持续经营能力产生重大疑虑的事项或情况是否存在重大不确定性得出结论。如果我们得出结论认为存在重大不确定性，审计准则要求我们在审计报告中提请报表使用者注意财务报表中的相关披露；如果披露不充分，我们应当发表非无保留意见。我们的结论基于审计报告日可获得的信息。然而，未来的事项或情况可能导致ABC公司不能持续经营。

（5）评价财务报表的总体列报、结构和内容，并评价财务报表是否公允反映相关交易和事项。

我们与治理层就计划的审计范围、时间安排和重大审计发现等事项进行沟通，包括沟通我们在审计中识别的值得关注的内部控制缺陷。

我们还就已遵守与独立性相关的职业道德要求向治理层提供声明，并与治理层沟通可能被合理认为影响我们独立性的所有关系和其他事项，以及相关的防范措施（如适用）。

从与治理层沟通的事项中，我们确定哪些事项对本期财务报表审计最为重要，因而构成关键审计事项。我们在审计报告中描述这些事项，除非法律法规禁止公开披露这些事项，或在极其罕见的情形下，如果合理预期在审计报告中沟通某事项造成的负面后果超过在公众利益方面产生的益处，我们确定不应在审计报告中沟通该事项。

××会计师事务所　　　中国注册会计师：×××
（盖章）　　　（项目合伙人）
（签名并盖章）
中国注册会计师：×××
（签名并盖章）
（8-注册会计师的签名和盖章）

中国××市

（9-会计师事务所的名称、地址和盖章）

二〇×二年×月×日

（10-报告日期）

【提示】特别提请大家多关注上述【例1】审计报告基本要素及其专业术语表达，这些内容构成了本章其他审计报告举例的基础。

02 考点2 审计报告日期（★）

审计报告日期的原则要求、评价审计证据以及审计报告日的确定，归纳如下表。

事项	具体内容
原则要求	审计报告日不应早于注册会计师获取充分、适当的审计证据，并在此基础上对财务报表形成审计意见的日期
评价审计证据（“左手”管理层对财务报表的责任）	（1）构成整套财务报表的所有报表（含披露）已编制完成 （2）被审计单位的董事会、管理层或类似机构已经认可其对财务报表负责
确定审计报告日（“右手”注册会计师对财务报表审计的责任）	（1）如果法律法规没有对财务报表在报出前获得批准作出规定，则注册会计师在正式签署审计报告前，通常把审计报告草稿随同附管理层已按审计调整建议修改后的财务报表一起提交给管理层 （2）如果管理层签署已按审计调整建议修改后的财务报表，注册会计师即可签署审计报告 （3）注册会计师签署审计报告的日期可能与管理层签署已审计财务报表的日期为同一天，也可能晚于管理层签署已审计财务报表的日期

第四节　在审计报告中沟通关键审计事项

01 考点1 关键审计事项的概念（★★）

关键审计事项的定义、适用范围以及作用，归纳如下表。

关键审计事项	具体内容
定义	指注册会计师根据职业判断认为对当期财务报表审计最为重要的事项
适用范围	（1）对上市实体整套通用目的财务报表进行审计，以及注册会计师决定或委托方要求在审计报告中沟通关键审计事项的其他情形 （2）法律法规要求注册会计师在审计报告中沟通关键审计事项的情形
作用	（1）旨在通过提高已执行审计工作的透明度增加审计报告的沟通价值 （2）能够帮助财务报表预期使用者了解被审计单位，以及已审计财务报表中涉及重大管理层判断的领域 （3）能够为财务报表预期使用者就与被审计单位、已审计财务报表或已执行审计工作相关的事项进一步与管理层和治理层沟通提供基础

【提示】除非法律法规另有规定，当对财务报表发表无法表示意见时，注册会计师不得在审计报告中包含关键审计事项部分。

02 考点 2 确定关键审计事项的决策框架（★）

注册会计师确定关键审计事项时需要“三步走”，如图 19-2 所示。

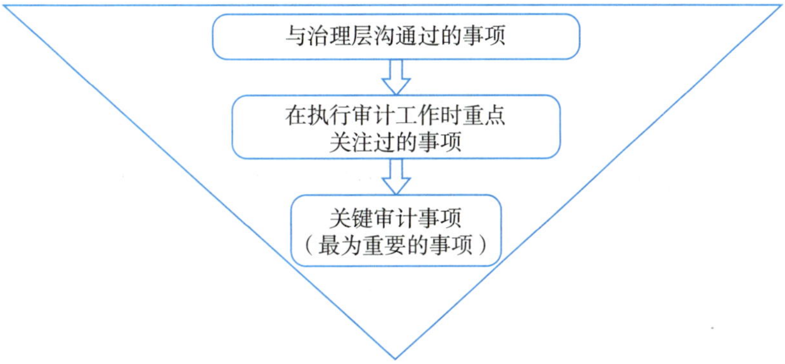

图 19-2 关键审计事项的决策框架

【看图说话】

（1）以“与治理层沟通过的事项”为起点(第 1 步)。

（2）从“与治理层沟通过的事项”中选出“在执行审计工作时重点关注过的事项”(第 2 步)。

（3）从“在执行审计工作时重点关注过的事项”中确定对本期财务报表审计“最为重要的事项”，作为在审计报告中披露的关键审计事项（第 3 步）。

具体内容：

第一步：以“与治理层沟通过的事项”为起点。

注册会计师在确定关键审计事项的决策过程中，旨在从与治理层沟通过的事项中筛选出数量较少的事项，这基于注册会计师就哪些事项对本期财务报表审计最为重要作出的判断。

第二步：从“与治理层沟通过的事项”中选出“在执行审计工作时重点关注过的事项”。

注册会计师确定“重点关注过的事项”时应当考虑“三大领域”；确定是否构成关键审计事项时可能考虑“七大因素”，如图 19-3 所示。

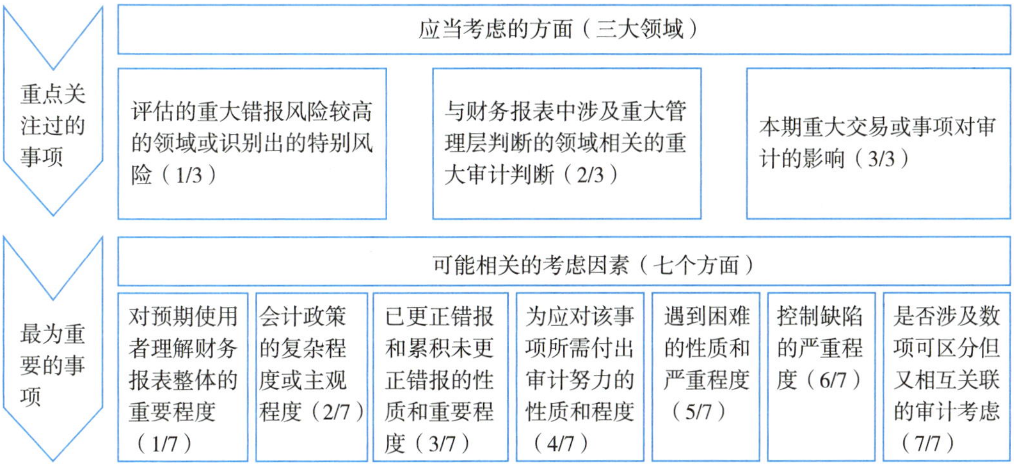

图 19-3 考虑“三大领域”和“七大因素”

考虑“三大领域”的具体内容，归纳如下表。

考虑“三大领域”	具体含义	举例
高风险	评估的重大错报风险较高的领域或识别出的特别风险	重大非常规交易、收入确认方面存在舞弊风险、管理层凌驾于控制之上的行为导致的舞弊风险等
高判断	与财务报表中涉及重大管理层判断的领域相关的重大审计判断	具有高度估计不确定性的会计估计等
高金额	本期重大交易或事项对审计的影响	本期发生的并购事项、重组事项、重大投资事项等

第三步：从“在执行审计工作时重点关注过的事项”中确定对本期财务报表审计“最为重要的事项”（“七大因素”）。

考虑因素（“七大因素”）	具体内容
重要程度（1/7）	该事项对预期使用者理解财务报表整体的重要程度，尤其是对财务报表的重要性
会计政策（2/7）	与该事项相关的会计政策的性质或者与同行业其他实体相比，管理层在选择适当的会计政策时涉及的复杂程度或主观程度
已更正错报和累积未更正错报（3/7）	从定性和定量方面考虑，与该事项相关的由于舞弊或错误导致的已更正错报和累积未更正错报(如有）的性质和重要程度
付出的审计努力（4/7）	为应对该事项所需要付出的审计努力的性质和程度，包括： （1）为应对该事项而实施审计程序或评价这些审计程序的结果（如有）在多大程度上需要特殊的知识或技能 （2）就该事项在项目组之外进行咨询的性质
遇到的困难（5/7）	在实施审计程序、评价实施审计程序的结果、获取相关和可靠的审计证据以作为发表审计意见的基础时，注册会计师遇到的困难的性质和严重程度，尤其是当注册会计师的判断变得更加主观时
控制缺陷（6/7）	识别出的与该事项相关的控制缺陷的严重程度
审计考虑的事项（7/7）	该事项是否涉及数项可区分但又相互关联的审计考虑。例如，长期合同的收入确认、诉讼或其他或有事项等方面，可能需要重点关注，并且可能影响其他会计估计

03 考点 3 在审计报告中单设关键审计事项部分（★）

（一）单设关键审计事项部分

为能够突出关键审计事项，同时向财务报表预期使用者展示项目特定信息在其眼中的价值，注册会计师应当在审计报告中单设一部分，以“关键审计事项”为标题，并在该部分使用恰当的子标题逐项描述关键审计事项。

（二）关键审计事项部分的引言

关键审计事项部分的引言应当同时说明下列事项：

（1）关键审计事项是注册会计师根据职业判断，认为对本期财务报表审计最为重要的事项。

（2）关键审计事项的应对以对财务报表整体进行审计并形成审计意见为背景，注册会计师对财务报表整体形成审计意见，而不对关键审计事项单独发表意见。

【例 2】导致保留意见的事项不得作为关键审计事项列示，但是需要在关键审计事项的引言中增加说明，请参考下面关键审计事项引言中的划线部分。

审计报告

ABC 股份有限公司全体股东：

一、保留意见

我们审计了 ABC 股份有限公司（以下简称“ABC 公司”）财务报表，包括 20×1 年 12 月 31 日的资产负债表，20×1 年度的利润表、现金流量表、股东权益变动表以及相关财务报表附注。

我们认为，除“形成保留意见的基础”部分所述事项产生的影响外，后附的财务报表在所有重大方面按照企业会计准则的规定编制，公允反映了ABC 公司 20×1 年 12 月 31 日的财务状况以及 20×1 年度的经营成果和现金流量。

二、形成保留意见的基础

ABC 公司 20×1 年 12 月 31 日资产负债表中存货的列示金额为×元。ABC 公司管理层（以下简称“管理层”）根据成本对存货进行计量，而没有根据成本与可变现净值孰低的原则进行计量，这不符合企业会计准则的规定。ABC 公司的会计记录显示，如果管理层以成本与可变现净值孰低来计量存货，存货列示金额将减少×元。相应地，资产减值损失将增加×元，所得税、净利润和股东权益将分别减少×元、×元和×元。

我们按照中国注册会计师审计准则的规定执行了审计工作。审计报告的“注册会计师对财务报表审计的责任”部分进一步阐述了我们在这些准则下的责任。按照中国注册会计师职业道德守则，我们独立于 ABC 公司，并履行了职业道德方面的其他责任。我们相信，我们获取的审计证据是充分、适当的，为发表保留意见提供了基础。

三、关键审计事项

关键审计事项是我们根据职业判断，认为对本期财务报表审计最为重要的事项。这些事项的应对以对财务报表整体进行审计并形成审计意见为背景，我们不对这些事项提供单独的意见。<u>除“形成保留意见的基础”部分所述事项外</u>，我们确定下列事项是需要在审计报告中沟通的关键审计事项。

（具体描述内容请参见本章【例 4】，此处略）

四、其他信息（具体描述内容请参见本章【例 12】，此处略）

五、管理层和治理层对财务报表的责任（具体描述内容请参见本章【例 1】，此处略）

六、注册会计师对财务报表审计的责任（具体描述内容请参见本章【例 1】，此处略）

××会计师事务所	中国注册会计师：×××
（盖章）	（项目合伙人）
	（签名并盖章）
	中国注册会计师：×××
	（签名并盖章）
中国××市	二〇×二年×月×日

【例 3】持续经营存在重大不确定性，不得作为关键审计事项列示，但是需要在关键审计事项的引言中增加说明，请参考下面关键审计事项引言中的划线部分。

审计报告

ABC 股份有限公司全体股东：

一、审计意见

我们审计了 ABC 股份有限公司（以下简称“ABC 公司”）财务报表，包括 20×1 年

12 月 31 日的资产负债表，20×1 年度的利润表、现金流量表、股东权益变动表以及相关财务报表附注。

我们认为，后附的财务报表在所有重大方面按照企业会计准则的规定编制，公允反映了 ABC 公司 20×1 年 12 月 31 日的财务状况以及 20×1 年度的经营成果和现金流量。

二、形成审计意见的基础

我们按照中国注册会计师审计准则的规定执行了审计工作。审计报告的“注册会计师对财务报表审计的责任”部分进一步阐述了我们在这些准则下的责任。按照中国注册会计师职业道德守则，我们独立于 ABC 公司，并履行了职业道德方面的其他责任。我们相信，我们获取的审计证据是充分、适当的，为发表审计意见提供了基础。

三、与持续经营相关的重大不确定性

我们提醒财务报表使用者关注，如财务报表附注×所述，ABC 公司 20×1 年发生净亏损×元，且于 20×1 年 12 月 31 日，ABC 公司流动负债高于资产总额×元。如财务报表附注×所述，这些事项或情况，连同财务报表附注×所示的其他事项，表明存在可能导致对 ABC 公司持续经营能力产生重大疑虑的重大不确定性。该事项不影响已发表的审计意见。

四、关键审计事项

关键审计事项是我们根据职业判断，认为对本期财务报表审计最为重要的事项。这些事项的应对以对财务报表整体进行审计并形成审计意见为背景，我们不对这些事项单独发表意见。除“与持续经营相关的重大不确定性”部分所描述的事项外，我们确定下列事项是需要在审计报告中沟通的关键审计事项。

（具体描述内容请参见本章【例 4】，此处略）

五、其他信息（具体描述内容请参见本章【例 12】，此处略）

六、管理层和治理层对财务报表的责任（具体描述内容请参见本章【例 1】，此处略）

七、注册会计师对财务报表审计的责任（具体描述内容请参见本章【例 1】，此处略）

××会计师事务所　　　　中国注册会计师：×××
（盖章）　　　　（项目合伙人）
（签名并盖章）
中国注册会计师：×××
（签名并盖章）

中国××市　　　　二〇×二年×月×日

04 考点 4 在审计报告中逐项描述每一关键审计事项（★）

（一）逐项描述的内容

注册会计师应当在审计报告的关键审计事项部分逐项描述每一关键审计事项，在描述时，注册会计师还应当分别索引至财务报表的相关披露（如有），并同时说明下列方面：

（1）该事项被认定为审计中最为重要的事项之一，因而被确定为关键审计事项的原因；

（2）该事项在审计中是如何应对的。

（二）说明关键审计事项在审计中如何应对

注册会计师可以描述下列要素：

（1）审计应对措施或审计方法中，与该事项最为相关或对评估的重大错报风险最有针对性的方面；

（2）对已实施审计程序的简要概述；

（3）实施审计程序的结果；

（4）对该事项的主要看法。

（三）就关键审计事项与治理层沟通

注册会计师应当就下列事项与治理层沟通：

（1）注册会计师确定的关键审计事项；

（2）根据被审计单位和审计业务的具体情况，注册会计师确定不存在需要在审计报告中沟通的关键审计事项（如适用）。

【提示】审计准则并不要求注册会计师记录与治理层沟通过的事项不构成重点关注过的事项的原因。

【例4】审计报告中逐项描述每一关键审计事项的审计报告举例。

审计报告

ABC股份有限公司全体股东：

一、审计意见

我们审计了ABC股份有限公司（以下简称“ABC公司”）财务报表，包括20×1年12月31日的资产负债表，20×1年度的利润表、现金流量表、股东权益变动表以及相关财务报表附注。

我们认为，后附的财务报表在所有重大方面按照企业会计准则的规定编制，公允反映了ABC公司20×1年12月31日的财务状况以及20×1年度的经营成果和现金流量。

二、形成审计意见的基础

我们按照中国注册会计师审计准则的规定执行了审计工作。审计报告的“注册会计师对财务报表审计的责任”部分进一步阐述了我们在这些准则下的责任。按照中国注册会计师职业道德守则，我们独立于ABC公司，并履行了职业道德方面的其他责任。我们相信，我们获取的审计证据是充分、适当的，为发表审计意见提供了基础。

三、与持续经营相关的重大不确定性（如适用，此处略）

四、关键审计事项（举例部分）

关键审计事项是我们根据职业判断，认为对本期财务报表审计最为重要的事项。这些事项的应对以对财务报表整体进行审计并形成审计意见为背景，我们不对这些事项单独发表意见。

（一）政府补助

1. 事项描述

如财务报表附注五（四十四）营业外收入所述，报告期ABC公司营业外收入合计71000万元是Y市政府对ABC公司的财政补助。由于上述补助款金额较大，对报告期净利润产生重大影响，因此我们将政府补助作为关键审计事项。

2. 审计应对

（1）检查政府补助相关原始凭证；

（2）检查政府补助对应文件，审核其内容的真实性和依据的充分性；

（3）核对资金流水，查看银行回单；

（4）对政府补助进行发函确认；

（5）获取ABC公司区分与资产相关政府补助和与收益相关政府补助的具体标准，判断政府补助的相关划分是否正确。

（二）固定资产及在建工程减值

1. 事项描述

如报表附注五（十）固定资产、五（十一）在建工程所述，截至20×1年12月31日，合并报表固定资产减值准备余额为32507万元；在建工程减值准备余额为3162万元。由于固定资产及在建工程减值准备金额重大，且减值准备的评估涉及管理层的重大判断，因此我们将固定资产及在建工程减值作为关键审计事项。

2. 审计应对

（1）了解ABC公司关于固定资产及在建工程减值的相关内部控制；

（2）对固定资产、在建工程实施监盘程序，观察是否存在封存或闲置的资产；

（3）获取计提减值的固定资产及在建工程明细，以及计提减值的主要依据；

（4）报告期末，ABC公司聘请甲资产评估有限公司和丁（北京）资产评估有限公司对ABC公司相关固定资产及在建工程进行了评估，我们获取了相关评估报告，分析评估基础假设的合理性；

（5）结合报告期ABC公司主要机器设备的状态变化和产能利用率情况，以及相关产品的价格和毛利情况，分析计提减值的对象、时点和金额是否合理，是否符合企业会计准则。

五、其他信息（具体描述内容请参见本章【例12】，此处略）

六、管理层和治理层对财务报表的责任（具体描述内容请参见本章【例1】，此处略）

七、注册会计师对财务报表审计的责任（具体描述内容请参见本章【例1】，此处略）

××会计师事务所　　中国注册会计师：×××
（盖章）　　（项目合伙人）
（签名并盖章）
中国注册会计师：×××
（签名并盖章）
中国××市　　二〇×二年×月×日

05 考点5 不在审计报告中沟通关键审计事项的情形（★★★）

（一）除非存在下列情形之一，注册会计师应当在审计报告中逐项描述关键审计事项

（1）法律法规禁止公开披露某事项。

（2）极少数情况下，如果合理预期在审计报告中沟通某事项造成的负面后果超过产生的公众利益方面的益处，注册会计师确定不在审计报告中沟通该事项。

（二）不在关键审计事项部分披露（张冠李戴问题）

如果注册会计师根据被审计单位和审计业务的具体事项和情况，确定不存在需要沟通的关键审计事项，或者仅有的需要沟通的关键审计事项是导致非无保留意见的事项或可能导致对被审计单位持续经营能力产生重大疑虑的事项或情况存在重大不确定性，注册会计师应当在审计报告中单设的关键审计事项部分对此进行说明。这一要求包括三种情形：

（1）注册会计师确定不存在关键审计事项，可以在审计报告中表述为“我们确定不存在需要在审计报告中沟通的关键审计事项。”

（2）因法律法规禁止公开披露某事项或注册会计师合理预期在审计报告中沟通某事项造成的负面后果超过产生的公众利益方面的益处，注册会计师确定不在审计报告中沟通某一关键审计事项，并且不存在其他关键审计事项。注册会计师可以在审计报告中表述为“我们确定不存在需要在审计报告中沟通的关键审计事项。”

（3）仅有的关键审计事项是导致非无保留意见的事项、可能导致对被审计单位持续经营能力产生重大疑虑的事项或情况存在重大不确定性。就其性质而言，这些事项都属于关键审计事项，但这些事项在审计报告中专门的部分披露，不在审计报告的关键审计事项部分进行描述。进一步说，在关键审计事项部分披露的关键审计事项是已经得到满意解决的事项，既不存在审计范围受到限制，也不存在注册会计师与被审计单位管理层意见分歧的情况。注册会计师应当按照适用的审计准则的规定报告这些事项，并在关键审计事项部分提及形成保留（否定）意见的基础部分或与持续经营相关的重大不确定性部分，可以表述为“除形成保留（否定）意见的基础部分或与持续经营相关的重大不确定性部分所描述的事项外，我们确定不存在其他需要在审计报告中沟通的关键审计事项。”

【提示】下列与关键审计事项相关的5种情形，请认真理解和掌握。

（1）当持续经营存在重大不确定性时，需要在“与持续经营相关的重大不确定性”部分描述，不得作为关键审计事项列示，否则“张冠李戴”。

（2）在无保留意见审计报告中，不存在关键审计事项的情形是极其少见的，除非法律法规禁止公开披露某事项或涉及到敏感信息。

（3）在无保留意见审计报告中，即使不存在需要在审计报告中沟通的关键审计事项，也要在审计报告中增加关键审计事项部分，在关键审计事项引言中指出没有需要沟通的关键审计事项。

（4）在保留或否定意见审计报告中，对于导致保留意见或否定意见的事项，需要在形成保留（否定）意见的基础部分中描述，不得作为关键审计事项列示，否则“张冠李戴”。

（5）在保留或否定意见审计报告中，即使不存在需要在审计报告中沟通的关键审计事项，也要在审计报告中增加关键审计事项部分，在关键审计事项引言中指出没有需要沟通的关键审计事项。

【例5】 导致否定意见的事项不在关键审计事项部分披露，但是需要在关键审计事项的引言中增加说明。请参考下面关键审计事项引言中的划线部分。

审计报告

ABC股份有限公司全体股东：

一、否定意见

我们审计了ABC股份有限公司及其子公司（以下简称"ABC集团"）的合并财务报表，包括20×1年12月31日的合并资产负债表，20×1年度的合并利润表、合并现金流量表、合并股东权益变动表以及相关合并财务报表附注。

我们认为，由于"形成否定意见的基础"部分所述事项的重要性，后附的合并财务报表没有在所有重大方面按照××财务报告编制基础的规定编制，未能公允反映ABC集团20×1年12月31日的合并财务状况以及20×1年度的合并经营成果和合并现金流量。

二、形成否定意见的基础

如财务报表附注×所述，20×1年ABC集团通过非同一控制下的企业合并获得对XYZ公司的控制权，因未能取得购买日XYZ公司某些重要资产和负债的公允价值，故未将XYZ公司纳入合并财务报表的范围。按照××财务报告编制基础的规定，该集团应将这一子公司纳入合并范围，并以暂估金额为基础核算该项收购。如果将XYZ公司纳入合并财务报表的范围，后附的ABC集团合并财务报表的多个报表项目将受到重大影响。但我们无法确定未将XYZ公司纳入合并范围对合并财务报表产生的影响。

我们按照中国注册会计师审计准则的规定执行了审计工作。审计报告的"注册会计师对合并财务报表审计的责任"部分进一步阐述了我们在这些准则下的责任。按照中国注册会计师职业道德守则，我们独立于ABC集团，并履行了职业道德方面的其他责任。我们相信，我们获取的审计证据是充分、适当的，为发表否定意见提供了基础。

三、关键审计事项

关键审计事项是我们根据职业判断，认为对本期财务报表审计最为重要的事项。这些事项的应对以对财务报表整体进行审计并形成审计意见为背景，我们不对这些事项单独发表意见。<u>除"形成否定意见的基础"部分所述事项外</u>，我们认为，没有其他需要在审计报告中沟通的关键审计事项。

四、其他信息（具体描述内容请参见本章【例12】，此处略）

五、管理层和治理层对合并财务报表的责任（具体描述内容请参见本章【例1】，此处略）

六、注册会计师对合并财务报表审计的责任（具体描述内容请参见本章【例1】，此处略）

××会计师事务所	中国注册会计师：×××
（盖章）	（项目合伙人）
	（签名并盖章）
	中国注册会计师：×××
	（签名并盖章）
中国××市	二○×二年×月×日

【例6】 导致保留意见的事项不在关键审计事项部分披露，但是需要在关键审计事项的引言中增加说明。请参考下面关键审计事项引言中的划线部分。

审计报告

ABC股份有限公司全体股东：

一、保留意见（具体描述内容请参见本章【例2】，此处略）

二、形成保留意见的基础（具体描述内容请参见本章【例2】，此处略）

三、关键审计事项

关键审计事项是我们根据职业判断，认

为对本期财务报表审计最为重要的事项。这些事项的应对以对财务报表整体进行审计并形成审计意见为背景，我们不对这些事项单独发表意见。除“形成保留意见的基础”部分所描述的事项外，我们确定不存在其他需要在审计报告中沟通的关键审计事项。

四、其他信息（具体描述内容请参见本章【例 12】，此处略）

五、管理层和治理层对财务报表的责任（具体描述内容请参见本章【例 1】，此处略）

六、注册会计师对财务报表审计的责任（具体描述内容请参见本章【例 1】，此处略）

××会计师事务所　　中国注册会计师：×××
（盖章）　　（项目合伙人）
（签名并盖章）
中国注册会计师：×××
（签名并盖章）
中国××市　　二〇×二年×月×日

06 考点 6 沟通关键审计事项不能替代审计报告其他报告要素（★★）

（1）管理层按照适用的财务报告编制基础在财务报表中作出的披露，或为使财务报表实现公允反映而作出的披露。

（2）注册会计师按照《中国注册会计师审计准则第 1502 号—在审计报告中发表非无保留意见》的规定，根据审计业务的具体情况发表保留（或否定）意见。

（3）当可能导致对被审计单位持续经营能力产生重大疑虑的事项或情况存在重大不确定性时，注册会计师按照《中国注册会计师审计准则第 1324 号—持续经营》的规定进行报告。

【提示】如果管理层在财务报表中遗漏披露，或者披露不充分属于财务报表本身存在错报，不符合关键审计事项定义，不属于注册会计师在关键审计事项部分披露的范畴。

第五节　非无保留意见审计报告

本节视频详解
使用“会计云课堂” App/ 微信扫码听课

01 考点 1 发表非无保留意见的情形（★★）

（一）非无保留意见的成因

当存在下列情形之一时，注册会计师应当在审计报告中发表非无保留意见：

（1）根据获取的审计证据，得出财务报表整体存在重大错报的结论（保留意见或否定意见）。

（2）无法获取充分、适当的审计证据，不能得出财务报表整体不存在重大错报的结论（保留意见或无法表示意见）。

（二）错报的可能来源及具体情形

错报来源	具体情形
会计政策的选择	（1）选择的会计政策与适用的财务报告编制基础不一致 （2）财务报表没有正确描述与资产负债表、利润表、所有者权益变动表或现金流量表中的重大项目相关的会计政策 （3）财务报表没有按照公允反映的方式列报交易和事项

续表

错报来源	具体情形
会计政策的运用	（1）管理层没有按照适用的财务报告编制基础的要求一贯运用所选择的会计政策，包括管理层未在不同会计期间或对相似的交易和事项一贯运用所选择的会计政策（运用的一致性） （2）不当运用所选择的会计政策（如运用中的无意错误）
财务报表的披露	（1）财务报表没有包括适用的财务报告编制基础要求的所有披露 （2）财务报表的披露没有按照适用的财务报告编制基础列报 （3）财务报表没有作出适用的财务报告编制基础特定要求之外的其他必要的披露以实现公允反映

（三）审计范围受到限制的情形及具体内容列示

审计范围受到限制	具体内容列示
超出被审计单位控制	（1）被审计单位的会计记录已被毁坏 （2）重要组成部分的会计记录已被政府有关机构无限期地查封
与注册会计师工作的性质或时间安排相关	（1）被审计单位需要使用权益法对联营企业进行核算，注册会计师无法获取有关联营企业财务信息的充分、适当的审计证据以评价是否恰当运用了权益法 （2）注册会计师接受审计委托的时间安排，使注册会计师无法实施存货监盘 （3）注册会计师确定仅实施实质性程序是不充分的，但被审计单位的控制是无效的
管理层施加限制	（1）管理层阻止注册会计师实施存货监盘 （2）管理层阻止注册会计师对特定账户余额实施函证

02 考点2 确定非无保留意见的类型（★★）

（一）影响非无保留意见类型的事项

（1）导致非无保留意见的事项的性质，是财务报表存在重大错报，还是在无法获取充分、适当的审计证据的情况下，财务报表可能存在重大错报。

（2）注册会计师就导致非无保留意见的事项对财务报表产生或可能产生影响的广泛性作出的判断。

（二）判断广泛性的情形

（1）不限于对财务报表的特定要素、账户或项目产生影响。

（2）虽然仅对财务报表的特定要素、账户或项目产生影响，但这些要素、账户或项目是或可能是财务报表的主要组成部分。

（3）当与披露相关时，产生的影响对财务报表使用者理解财务报表至关重要。

发表非无保留意见的情形

导致发表非无保留意见的事项的性质	这些事项对财务报表产生或可能产生影响的广泛性	
	重大但不具有广泛性	重大且具有广泛性
财务报表存在重大错报	保留意见	否定意见
无法获取充分、适当的审计证据	保留意见	无法表示意见

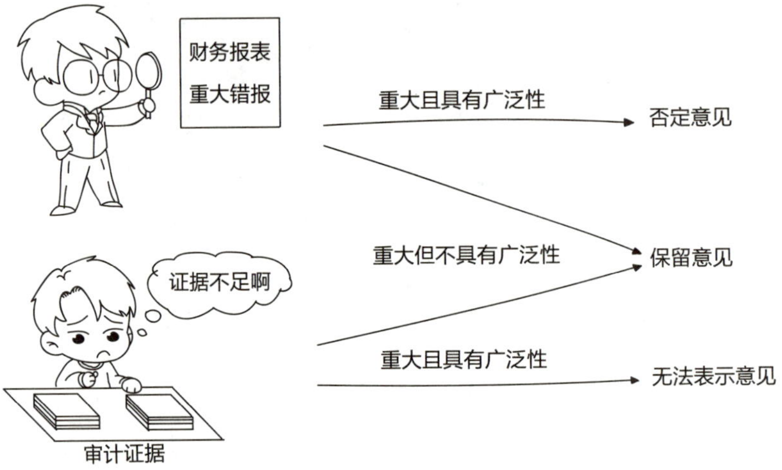

图 19-4　非无保留意见类型的判断

（三）保留意见审计报告参考格式（教材参考格式 19-4，本章【例 2】）

（四）无法表示意见审计报告参考格式

【例 7】由于注册会计师无法针对财务报表多个要素获取充分、适当的审计证据而发表无法表示意见的审计报告（教材参考格式 19-6）。

审计报告

ABC 股份有限公司全体股东：

一、无法表示意见

我们接受委托，审计 ABC 股份有限公司（以下简称“ABC 公司”）财务报表，包括 20×1 年 12 月 31 日的资产负债表，20×1 年度的利润表、现金流量表、股东权益变动表以及相关财务报表附注。

我们不对后附的 ABC 公司财务报表发表审计意见。由于“形成无法表示意见的基础”部分所述事项的重要性，我们无法获取充分、适当的审计证据以作为财务报表发表审计意见的基础。

二、形成无法表示意见的基础

我们于 20×2 年 1 月接受 ABC 公司的审计委托，因而未能对 ABC 公司 20×1 年初金额为×元的存货和年末金额为×元的存货实施监盘程序。此外，我们也无法实施替代审计程序获取充分、适当的审计证据。并且，ABC 公司于 20×1 年 9 月采用新的应收账款电算化系统，由于存在系统缺陷导致应收账款出现大量错误。截至报告日，管理层仍在纠正系统缺陷并更正错误，我们也无法实施替代审计程序，以对截至 20×1 年 12 月 31 日的应收账款总额×元获取充分、适当的审计证据。因此，我们无法确定是否有必要对存货、应收账款以及财务报表其他项目作出调整，也无法确定应调整的金额。

三、管理层和治理层对财务报表的责任

（具体描述内容请参见本章【例 1】，此处略）

四、注册会计师对财务报表审计的责任

（具体描述内容请参见本章【例 1】，此处略）

××会计师事务所　　中国注册会计师：×××
（盖章）　　（项目合伙人）
（签名并盖章）
中国注册会计师：×××
（签名并盖章）

中国××市　　二〇×二年×月×日

第六节 在审计报告中增加强调事项段和其他事项段

本节视频详解
使用"会计云课堂"App/微信扫码听课

01 考点1 强调事项段（★★）

（一）强调事项段的含义

强调事项段，是指审计报告中含有的一个段落，该段落提及已在财务报表中恰当列报或披露的事项，且根据注册会计师的职业判断，该事项对财务报表使用者理解财务报表至关重要。

（二）增加强调事项段的条件

在同时满足下列条件时，注册会计师应当在审计报告中增加强调事项段：

（1）按照《中国注册会计师审计准则第1502号—在审计报告中发表非无保留意见》的规定，该事项不会导致注册会计师发表非无保留意见；

（2）当《中国注册会计师审计准则第1504号—在审计报告中沟通关键审计事项》适用时，该事项未被确定为在审计报告中沟通的关键审计事项。

（三）增加强调事项段的情形

某些审计准则对注册会计师在特定情况下在审计报告中增加强调事项段提出具体要求。这些情形包括：

（1）法律法规规定的财务报告编制基础不可接受，但其是基于法律或法规作出的规定。

（2）提醒财务报表使用者注意财务报表按照特殊目的编制基础编制。

（3）注册会计师在审计报告日后知悉了某些事实（即期后事项），并且出具了新的或经修改的审计报告。

注册会计师可能认为需要增加强调事项段的情形举例如下：

（1）异常诉讼或监管行动的未来结果存在不确定性。

（2）在财务报表日至审计报告日之间发生的重大期后事项。

（3）在允许的情况下，提前应用对财务报表有重大影响的新会计准则。

（4）存在已经或持续对被审计单位财务状况产生重大影响的特大灾难。

（四）包含强调事项段时采取的措施

如果在审计报告中包含强调事项段，注册会计师应当采取下列措施：

（1）将强调事项段作为单独的一部分置于审计报告中，并使用包含"强调事项"这一术语的适当标题。

（2）明确提及被强调事项以及相关披露的位置，以便能够在财务报表中找到对该事项的详细描述。强调事项段应当仅提及已在财务报表中列报或披露的信息。

（3）指出审计意见没有因该强调事项而改变。

（五）强调事项段不能代替的情形

在审计报告中包含强调事项段不影响审计意见。包含强调事项段不能代替下列情形：

（1）根据审计业务的具体情况，按照《中国注册会计师审计准则第1502号—在审计报告中发表非无保留意见》的规定发表非无保留意见；

（2）适用的财务报告编制基础要求管理层在财务报表中作出的披露，或为实现公允列报所需的其他披露；

（3）按照《中国注册会计师审计准则第1324号—持续经营》的规定，当可能导致对被审计单位持续经营能力产生重大疑虑的事项或情况存在重大不确定性时作出的报告。

02 考点2 其他事项段（★★）

（一）其他事项段的含义

其他事项段，是指审计报告中含有的一个段落，该段落提及未在财务报表中列报或披露的事项，且根据注册会计师的职业判断，该事项与财务报表使用者理解审计工作、注册会计师的责任或审计报告相关。

（二）增加其他事项段的条件

在同时满足下列条件时，注册会计师应当在审计报告中增加其他事项段：

（1）未被法律法规禁止。

（2）当《中国注册会计师审计准则第1504号—在审计报告中沟通关键审计事项》适用时，该事项未被确定为在审计报告中沟通的关键审计事项。

（三）可能需要增加其他事项段的情形

（1）与使用者理解审计工作相关的情形。

在极少数情况下，即使由于管理层对审计范围施加的限制导致无法获取充分、适当的审计证据可能产生的影响具有广泛性，注册会计师也不能解除业务约定。在这种情况下，注册会计师可能认为有必要在审计报告中增加其他事项段，解释为何不能解除业务约定。

（2）与使用者理解注册会计师的责任或审计报告相关的情形。

法律法规或得到广泛认可的惯例可能要求或允许注册会计师详细说明某些事项，以进一步解释注册会计师在财务报表审计中的责任或审计报告。

（3）对两套以上（包括两套）财务报表出具审计报告的情形。

如果注册会计师已确定两个财务报告编制基础在各自情形下是可接受的，可以在审计报告中增加其他事项段，说明该被审计单位根据另一个通用目的编制基础编制了另一套财务报表以及注册会计师对这些财务报表出具了审计报告。

（4）限制审计报告分发和使用的情形。

由于审计报告旨在提供给特定使用者，注册会计师可能认为在这种情况下需要增加其他事项段，说明审计报告只是提供给财务报表预期使用者，不应被分发给其他机构或人员或被其他机构或人员使用。

【例8】当审计报告中同时包含关键审计事项部分、强调事项段和其他事项段时，有关它们之间相互影响的审计意见（详见教材参考格式19-7）。

审计报告

ABC股份有限公司全体股东：

一、审计意见

我们审计了ABC股份有限公司（以下简称“ABC公司”）财务报表，包括20×1年12月31日的资产负债表，20×1年度的利润表、现金流量表、股东权益变动表以及相关财务报表附注。

我们认为，后附的财务报表在所有重大方面按照企业会计准则的规定编制，公允反映了ABC公司20×1年12月31日的财务状况以及20×1年度的经营成果和现金流量。

二、形成审计意见的基础

我们按照中国注册会计师审计准则的规定执行了审计工作。审计报告的“注册会计师对财务报表审计的责任”部分进一步阐述了我们在这些准则下的责任。按照中国注册会计师职业道德守则，我们独立于ABC公司，并履行了职业道德方面的其他责任。我们相信，我们获取的审计证据是充分、适当的，为发表审计意见提供了基础。

三、强调事项

我们提醒财务报表使用者关注，财务报表附注×描述了火灾对ABC公司的生产设备造成的影响。本段内容不影响已发表的审计意见。

四、关键审计事项

关键审计事项是根据我们的职业判断，认为对本期财务报表审计最为重要的事项。这些事项是在对财务报表整体进行审计并形成意见的背景下进行处理的，我们不对这些事项单独发表意见。

（具体描述内容请参见本章【例4】，此处略）

五、其他事项

20×0年12月31日的资产负债表、20×0年度的利润表、现金流量表、股东权益变动表以及相关财务报表附注由其他会计师事务所审计，并于20×1年3月31日发表了无保留意见。

六、其他信息（具体描述内容请参见本章【例12】，此处略）

七、管理层和治理层对财务报表的责任（具体描述内容请参见本章【例1】，此处略）

八、注册会计师对财务报表审计的责任（具体描述内容请参见本章【例1】，此处略）

××会计师事务所　　中国注册会计师：×××

（盖章）　　（项目合伙人）

（签名并盖章）

中国注册会计师：×××

（签名并盖章）

中国××市　　二〇×二年×月×日

第七节 比较信息

本节视频详解

使用“会计云课堂”App/微信扫码听课

01 考点1 比较信息的定义（★）

项目	含义
比较信息	是指包含于财务报表中的、符合适用的财务报告编制基础的、与一个或多个以前期间相关的金额和披露。比较信息包括对应数据和比较财务报表
对应数据	属于比较信息，是指作为本期财务报表组成部分的上期金额和相关披露，这些金额和披露只能与本期相关的金额和披露（称为“本期数据”）联系起来阅读。对应数据列报的详细程度主要取决于其与本期数据的相关程度
比较财务报表	属于比较信息，是指为了与本期财务报表相比较而包含的上期金额和相关披露。比较财务报表包含信息的详细程度与本期财务报表包含信息的详细程度相似

02 考点2 对比较信息的审计责任（★）

（一）对比较信息的审计目标

（1）获取充分、适当的审计证据，确定在财务报表中包含的比较信息是否在所有重大方面按照适用的财务报告编制基础有关比较信息的要求进行列报；

（2）按照注册会计师的报告责任出具审计报告。

（二）报告责任

（1）对于对应数据，审计意见仅提及本期；

（2）对于比较财务报表，审计意见提及列报的财务报表所属的各期。

03 考点3 注意到比较信息可能存在重大错报时的审计要求（★）

（一）本期财务报表中的比较信息出现重大错报的情形

（1）上期财务报表存在重大错报，该财务报表虽经审计，但注册会计师因未发现而未在针对上期财务报表出具的审计报告中对该事项发表非无保留意见，本期财务报表中的比较信息未作更正。

（2）上期财务报表存在重大错报，该财务报表未经注册会计师审计，比较信息未作更正。

（3）上期财务报表不存在重大错报，但比较信息与上期财务报表存在重大不一致，由此导致重大错报。

（4）上期财务报表不存在重大错报，但在某些特殊情形下，比较信息未按照适用的财务报告编制基础的要求恰当重述。

（二）追加必要的审计程序

在实施本期审计时，如果注意到比较信息可能存在重大错报，注册会计师应当根据实际情况追加必要的审计程序，获取充分、适当的审计证据，以确定是否存在重大错报。

（三）上期财务报表已经审计的情形

如果上期财务报表已经审计，注册会计师还应当遵守《中国注册会计师审计准则第1332号—期后事项》的相关规定，如果上期财务报表已经得到更正，注册会计师应当确定比较信息与更正后的财务报表是否一致。

（四）考虑是否修改上期财务报表

注册会计师在对本期财务报表进行审计时，可能注意到影响上期财务报表的重大错报，而以前未就该重大错报出具非无保留意见的审计报告。注册会计师应当考虑是否需要修改上期财务报表，并与管理层讨论，同时根据具体情况采取适当措施：

（1）如果上期财务报表未经更正，也未重新出具审计报告，且比较数据未经恰当重述和充分披露，注册会计师应当对本期财务报表出具非无保留意见的审计报告，说明比较数据对本期财务报表的影响；

（2）如果上期财务报表已经更正，并已重新出具审计报告，注册会计师应当获取充分、适当的审计证据，以确定比较信息与更正的财务报表是否一致。

04 考点4 在审计报告中提及对应数据（★★）

（一）总体要求

当财务报表中列报对应数据时，由于审计意见是针对包括对应数据的本期财务报表整体的，审计意见通常不提及对应数据。只有在特定情形下，注册会计师才应当在审计报告中提及对应数据。

（二）需要提及的特定情形

特定情形	审计报告中的处理
上期导致非无保留意见的事项仍未解决	（1）如果未解决事项对本期数据的影响或可能的影响是重大的，注册会计师应当在形成非无保留意见的基础部分同时提及本期数据和对应数据 （2）如果未解决事项对本期数据的影响或可能的影响不重大，注册会计师应当说明，由于未解决事项对本期数据和对应数据之间可比性的影响或可能的影响，因此发表了非无保留意见
上期财务报表存在重大错报	（1）如果注册会计师已经获取上期财务报表存在重大错报的审计证据，而以前对该财务报表发表了无保留意见，且对应数据未经适当重述或恰当披露，注册会计师应当就包括在财务报表中的对应数据，在审计报告中对本期财务报表发表保留意见或否定意见 （2）如果存在错报的上期财务报表尚未更正，并且没有重新出具审计报告，但对应数据已在本期财务报表中得到适当重述或恰当披露，注册会计师可以在审计报告中增加强调事项段，以描述这一情况，并提及详细描述该事项的相关披露在财务报表中的位置

（三）上期财务报表未经审计

注册会计师应当在审计报告的其他事项段中说明对应数据未经审计。但这种说明并不减轻注册会计师获取充分、适当的审计证据，以确定期初余额不含有对本期财务报表产生重大影响的错报的责任。

（四）上期财务报表已由前任注册会计师审计

如果上期财务报表已由前任注册会计师审计，注册会计师在审计报告中可以提及前任注册会计师对对应数据出具的审计报告。当注册会计师决定提及时，应当在审计报告的其他事项段中说明：

（1）上期财务报表已由前任注册会计师审计。

（2）前任注册会计师发表的意见的类型（如果是非无保留意见，还应当说明发表非无保留意见的理由）。

（3）前任注册会计师出具的审计报告的日期。

（五）对应数据审计报告举例

【例 9】“对应数据”导致保留意见情形（详见教材参考格式 19-8）。

审计报告

ABC 股份有限公司全体股东：

一、保留意见

我们审计了 ABC 股份有限公司（以下简称“ABC 公司”）财务报表，包括 20×1 年 12 月 31 日的资产负债表，20×1 年度的利润表、现金流量表、股东权益变动表以及相关财务报表附注。

我们认为，除“形成保留意见的基础”部分所述事项产生的影响外，后附的财务报表在所有重大方面按照企业会计准则的规定编制，公允反映了ABC 公司 20×1 年 12 月 31 日的财务状况以及 20×1 年度的经营成果和现金流量。

二、形成保留意见的基础

如财务报表附注×所述，ABC 公司未按照企业会计准则的规定对房屋建筑物和机器设备计提折旧。这项决定是管理层在上一会计年度开始时作出的，导致我们对该年度财务报表发表了保留意见。如果按照房屋建筑物 5% 和机器设备 20% 的年折旧率计提折旧，20×1 年度和 20×0 年度的当年亏损将分别增加×元和×元，20×1 年末和 20×0 年末的房屋建筑物和机器设备的净值将因累计折旧而减少×元和×元，并且 20×1 年末和 20×0 年末的累计亏损将分别增加×元和×元。

我们按照中国注册会计师审计准则的规定执行了审计工作。审计报告的“注册会计师对财务报表审计的责任”部分进一步阐述了我们在这些准则下的责任。按照中国注册会计师职业道德守则，我们独立于 ABC 公司，并履行了职业道德方面的其他责任。我们相信，我们获取的审计证据是充分、适当的，为发表保留意见提供了基础。

三、关键审计事项（如适用，此处略）

四、其他信息（具体描述内容请参见本章【例 12】，此处略）

五、管理层和治理层对财务报表的责任（具体描述内容请参见本章【例 1】，此处略）

六、注册会计师对财务报表审计的责任（具体描述内容请参见本章【例 1】，此处略）

××会计师事务所　　中国注册会计师：×××
（盖章）　　（项目合伙人）
（签名并盖章）
中国注册会计师：×××
（签名并盖章）
中国××市　　二〇×二年×月×日

（六）对应数据审计报告的其他事项举例

【例 10】“对应数据”的其他事项（详见教材参考格式 19-10）。

审计报告

ABC 股份有限公司全体股东：

一、审计意见

我们审计了 ABC 股份有限公司（以下简称“ABC 公司”）财务报表，包括 20×1 年 12 月 31 日的资产负债表，20×1 年度的利润表、现金流量表、股东权益变动表以及相关财务报表附注。

我们认为，后附的财务报表在所有重大方面按照企业会计准则的规定编制，公允反映了ABC 公司 20×1 年 12 月 31 日的财务状况以及 20×1 年度的经营成果和现金流量。

二、形成审计意见的基础

我们按照中国注册会计师审计准则的规定执行了审计工作。审计报告的“注册会计师对财务报表审计的责任”部分进一步阐述了我们在这些准则下的责任。按照中国注册会计师职业道德守则，我们独立于ABC公司，并履行了职业道德方面的其他责任。我们相信，我们获取的审计证据是充分、适当的，为发表审计意见提供了基础。

三、关键审计事项（如适用，此处略）

四、其他信息（具体描述内容请参见本章【例12】，此处略）

五、其他事项

20×0年12月31日的资产负债表，20×0年度的利润表、现金流量表和股东权益变动表以及财务报表附注由其他会计师事务所审计，并于20×1年3月31日发表了无保留意见。

六、管理层和治理层对财务报表的责任（具体描述内容请参见本章【例1】，此处略）

七、注册会计师对财务报表审计的责任（具体描述内容请参见本章【例1】，此处略）

××会计师事务所　　中国注册会计师：×××
（盖章）　　（项目合伙人）
（签名并盖章）
中国注册会计师：×××
（签名并盖章）
中国××市　　二〇×二年×月×日

05 考点5 在审计报告中提及比较财务报表（★★）

（一）总体要求

（1）当列报比较财务报表时，审计意见应当提及列报财务报表所属的各期，以及发表的审计意见涵盖的各期。

（2）由于对比较财务报表出具的审计报告涵盖所列报的每期财务报表，注册会计师可以对一期或多期财务报表发表保留意见、否定意见或无法表示意见，或者在审计报告中增加强调事项段，而对其他期间的财务报表发表不同的审计意见。

（二）特定情形的处理

特定情形	审计报告中的处理
对上期财务报表发表的意见与以前发表的意见不同	当因本期审计而对上期财务报表发表审计意见时，如果对上期财务报表发表的意见与以前发表的意见不同，注册会计师应当在其他事项段中披露导致不同意见的实质性原因
认为存在影响上期财务报表的重大错报，且前任出具了无保留意见的审计报告	（1）注册会计师应当就此与适当层级的管理层沟通，并要求其告知前任注册会计师。注册会计师还应当与治理层进行沟通，除非治理层全部成员参与管理被审计单位 （2）如果上期财务报表已经更正，且前任注册会计师同意对更正后的上期财务报表出具新的审计报告，注册会计师应当仅对本期财务报表出具审计报告 （3）前任注册会计师可能无法或不愿对上期财务报表重新出具审计报告。注册会计师可以在审计报告中增加其他事项段，指出前任注册会计师对更正前的上期财务报表出具了报告
上期财务报表已由前任注册会计师审计	如果上期财务报表已由前任注册会计师审计，除非前任注册会计师对上期财务报表出具的审计报告与财务报表一同对外提供，注册会计师除对本期财务报表发表意见外，还应当在其他事项段中说明： （1）上期财务报表已由前任注册会计师审计 （2）前任注册会计师发表的意见的类型（如果是非无保留意见，还应当说明发表非无保留意见的理由） （3）前任注册会计师出具的审计报告的日期

续表

特定情形	审计报告中的处理
上期财务报表未经审计	如果上期财务报表未经审计，注册会计师应当在其他事项段中说明比较财务报表未经审计。但这种说明并不减轻注册会计师获取充分、适当的审计证据，以确定期初余额不含有对本期财务报表产生重大影响的错报的责任

（三）比较财务报表审计报告举例

【例 11】“比较财务报表”导致保留意见情形（详见教材参考格式 19-11）。

审计报告

ABC 股份有限公司全体股东：

一、保留意见

我们审计了 ABC 股份有限公司（以下简称“ABC 公司”）财务报表，包括 20×1 年 12 月 31 日和 20×0 年 12 月 31 日的资产负债表，20×1 年度和 20×0 年度的利润表、现金流量表、股东权益变动表以及相关财务报表附注。

我们认为，除“形成保留意见的基础”部分所述事项产生的影响外，后附的财务报表在所有重大方面按照企业会计准则的规定编制，公允反映了 ABC 公司 20×1 年 12 月 31 日和 20×0 年 12 月 31 日的财务状况以及 20×1 年度和 20×0 年度的经营成果和现金流量。

二、形成保留意见的基础

如财务报表附注×所述，ABC 公司未按照企业会计准则的规定对房屋建筑物和机器设备计提折旧。如果按照房屋建筑物 5% 和机器设备 20% 的年折旧率计提折旧，20×1 年度和 20×0 年度的当年亏损将分别增加×元和×元，20×1 年末和 20×0 年末的房屋建筑物和机器设备的净值将因累计折旧而分别减少×元和×元，并且 20×1 年末和 20×0 年末的累计亏损将分别增加×元和×元。

我们按照中国注册会计师审计准则的规定执行了审计工作。审计报告的“注册会计师对财务报表审计的责任”部分进一步阐述了我们在这些准则下的责任。按照中国注册会计师职业道德守则，我们独立于 ABC 公司，并履行了职业道德方面的其他责任。我们相信，我们获取的审计证据是充分、适当的，为发表保留意见提供了基础。

三、关键审计事项（如适用，此处略）

四、其他信息（具体描述内容请参见本章【例 12】，此处略）

五、管理层和治理层对财务报表的责任（具体描述内容请参见本章【例 1】，此处略）

六、注册会计师对财务报表审计的责任（具体描述内容请参见本章【例 1】，此处略）

××会计师事务所　　中国注册会计师：×××
（盖章）　　（项目合伙人）
（签名并盖章）
中国注册会计师：×××
（签名并盖章）

中国××市　　二〇×二年×月×日

第八节　注册会计师对其他信息的责任

01 考点 1 其他信息定义及相关责任（★★）

（一）其他信息

其他信息，是指在被审计单位年度报告中包含的除财务报表和审计报告以外的财务信息和非财务信息。

（二）获取其他信息

注册会计师应当：

（1）通过与管理层讨论，确定哪些文件

组成年度报告，以及被审计单位计划公布这些文件的方式和时间安排。

（2）就及时获取组成年度报告的文件的最终版本与管理层作出适当安排。如果可能，在审计报告日之前获取。

（3）如果组成年度报告的部分或全部文件在审计报告日后才能取得，要求管理层提供书面声明，声明上述文件的最终版本将在可获取时并且在被审计单位公布前提供给注册会计师，以使注册会计师可以完成准则要求的程序。

（三）审计意见不涵盖其他信息

注册会计师对财务报表发表的审计意见不涵盖其他信息，但注册会计师应当阅读和考虑其他信息。

（四）无法表示意见审计报告中不包含其他信息

除非法律法规另有规定，当对财务报表发表无法表示意见时，注册会计师不得在审计报告中包含其他信息部分。

02 考点2 当似乎存在重大不一致或其他信息似乎存在重大错报时的应对（★）

如果注册会计师识别出似乎存在重大不一致，或者知悉其他信息似乎存在重大错报，注册会计师应当与管理层讨论该事项，必要时，实施其他程序以确定：

（1）其他信息是否存在重大错报。

（2）财务报表是否存在重大错报。

（3）注册会计师对被审计单位及其环境的了解是否需要更新。

03 考点3 审计报告日前获取的其他信息存在重大错报（★★）

审计报告日前获取的其他信息存在重大错报，且在与治理层沟通后其他信息仍未得到更正，注册会计师应当采取恰当的措施，包括：

（1）考虑对审计报告的影响，并就注册会计师计划如何在审计报告中处理重大错报与治理层进行沟通。注册会计师可在审计报告中指明其他信息存在重大错报。在少数情况下，当拒绝更正其他信息的重大错报导致对管理层和治理层的诚信产生怀疑，进而质疑审计证据总体上的可靠性时，对财务报表发表无法表示意见可能是恰当的。

（2）在相关法律法规允许的情况下，解除业务约定。当拒绝更正其他信息的重大错报导致对管理层和治理层的诚信产生怀疑，进而质疑审计过程中从其获取声明的可靠性时，解除业务约定可能是适当的。

04 考点4 审计报告日后获取的其他信息存在重大错报（★★）

审计报告日后获取的其他信息存在重大错报应当采取的措施包括：

（1）如果其他信息得以更正，注册会计师应当根据具体情形实施必要的程序，包括确定更正已经完成，也可能包括复核管理层为与收到其他信息（如果之前已经公告）的人士沟通并告知其修改而采取的步骤。

（2）如果与治理层沟通后其他信息未得到更正，注册会计师应当考虑其法律权利和义务，并采取恰当的措施，以提醒审计报告使用者恰当关注未更正的重大错报。在法律法规允许的情况下，注册会计师可能采取的设法提醒审计报告使用者适当关注未更正错报的措施包括：

①向管理层提供一份新的或修改后的审计报告，其中指出其他信息的重大错报。同时要求管理层将该新的或修改后的审计报告提供给审计报告使用者。在此过程中，注册会计师可能需要基于审计准则和适用的法律法规的要求，考虑对新的或修改后的审计报告的日期产生的影响。注册会计师也可以复

核管理层采取的、向这些使用者提供新的或修改后的审计报告的步骤。

②提醒审计报告使用者关注其他信息的重大错报，例如，在股东大会上通报该事项。

③与监管机构或相关职业团体沟通未更正的重大错报。

④考虑对持续承接业务的影响。

05 考点5 以“其他信息”为标题在审计报告中单独部分披露（★）

（一）需要作为“其他信息”单独部分在审计报告中披露的情形

如果在审计报告日存在下列两种情况之一，审计报告应当包括一个单独部分，以“其他信息”为标题：

（1）对于上市实体财务报表审计，注册会计师已获取或预期将获取其他信息；

（2）对于上市实体以外其他被审计单位的财务报表审计，注册会计师已获取部分或全部其他信息。

（二）其他信息部分应包括的内容

（1）管理层对其他信息负责的说明。

（2）指明：

①注册会计师于审计报告日前已获取的其他信息（如有）；

②对于上市实体财务报表审计，预期将于审计报告日后获取的其他信息（如有）；

③说明注册会计师的审计意见未涵盖其他信息，因此，注册会计师对其他信息不发表（或不会发表）审计意见或任何形式的鉴证结论；

④描述注册会计师根据审计准则的要求，对其他信息进行阅读、考虑和报告的责任；

⑤如果审计报告日前已经获取其他信息，则选择下列两种做法之一进行说明：说明注册会计师无任何需要报告的事项；如果注册会计师认为其他信息存在未更正的重大错报，说明其他信息中的未更正重大错报。

（三）导致非无保留意见的事项对其他信息的影响

如果注册会计师根据《中国注册会计师审计准则第1502号—在审计报告中发表非无保留意见》的规定发表保留或者否定意见，注册会计师应当考虑导致非无保留意见的事项对上述说明的影响。

审计范围受到限制的保留意见审计报告中，注册会计师需要在其他信息部分说明无法判断与导致保留意见的事项相关的其他信息是否存在重大错报。

（四）其他信息举例

【例12】其他信息不存在重大错报的审计报告举例

审计报告

ABC股份有限公司全体股东：

一、审计意见（具体描述内容请参见本章【例1】，此处略）

二、形成审计意见的基础（具体描述内容请参见本章【例1】，此处略）

三、关键审计事项（如适用，此处略）

四、其他信息

管理层对其他信息负责。其他信息包括ABC公司20×1年年度报告中涵盖的信息，但不包括财务报表和我们的审计报告。

我们对财务报表发表的审计意见并不涵盖其他信息，我们也不对其他信息发表任何形式的鉴证结论。

结合我们对财务报表的审计，我们的责任是阅读其他信息，在此过程中，考虑其他信息是否与财务报表或我们在审计过程中了解到的情况存在重大不一致或者似乎存在重大错报。基于我们已执行的工作，如果我们确定其他信息存在重大错报，我们应当报告该事实。在这方面，我们无任何事项需要报告。

五、管理层和治理层对财务报表的责任（具体描述内容请参见本章【例1】，此处略）

六、注册会计师对财务报表审计的责任

（具体描述内容请参见本章【例 1】，此处略）

××会计师事务所　　　　中国注册会计师：×××

（盖章）　　　　　　　　　　（项目合伙人）

（签名并盖章）

中国注册会计师：×××

（签名并盖章）

中国××市　　　　　　　二〇×二年×月×日

【相关链接】

1.《中国注册会计师审计准则第 1501 号—对财务报表形成审计意见和出具审计报告》

2.《中国注册会计师审计准则第 1501 号—对财务报表形成审计意见和出具审计报告》应用指南

3.《中国注册会计师审计准则第 1502 号—在审计报告中发表非无保留意见》

4.《中国注册会计师审计准则第 1502 号—在审计报告中发表非无保留意见》应用指南

5.《中国注册会计师审计准则第 1503 号—在审计报告中增加强调事项段和其他事项段》

6.《中国注册会计师审计准则第 1503 号—在审计报告中增加强调事项段和其他事项段》应用指南

7.《中国注册会计师审计准则第 1504 号—在审计报告中沟通关键审计事项》

8.《中国注册会计师审计准则第 1504 号—在审计报告中沟通关键审计事项》应用指南

9.《中国注册会计师审计准则第 1511 号—比较信息：对应数据和比较财务报表》

10.《中国注册会计师审计准则第 1511 号—比较信息：对应数据和比较财务报表》应用指南

11.《中国注册会计师审计准则第 1521 号—注册会计师对其他信息的责任》

12.《中国注册会计师审计准则第 1521 号—注册会计师对其他信息的责任》应用指南

历年经典试题回顾

（一）审计报告日

【例题·单选题】下列有关审计报告日的说法中，错误的是（　　）。（2016 年）

A. 审计报告日可以晚于管理层签署已审计财务报表的日期

B. 审计报告日不应早于管理层书面声明的日期

C. 在特殊情况下，注册会计师可以出具双重日期的审计报告

D. 审计报告日应当是注册会计师获取充分、适当的审计证据，并在此基础上对财务报表形成审计意见的日期

（二）关键审计事项定义

【例题 1·简答题·部分】ABC 会计师事务所的 A 注册会计师负责审计多家上市公司 2017 年度财务报表，遇到下列与审计报告相关的事项：

（5）戊公司管理层 2017 年确认了一笔大额长期职工福利，未将其折现，并拒

绝了A注册会计师的审计调整建议。A注册会计师认为该项未更正错报对财务报表整体没有重大影响。因将长期职工福利作为审计中最为重要的事项并与治理层沟通过，A注册会计师拟将其作为关键审计事项在审计报告中进行沟通。

要求：

针对上述第（5）项，指出A注册会计师的做法是否恰当。如不恰当，简要说明理由。（2018年网络回忆版）

【例题2·简答题·部分】ABC会计师事务所的A注册会计师负责审计多家上市公司2016年度财务报表，遇到下列与审计报告相关的事项：

（4）丁公司2016年发生重大经营亏损。A注册会计师实施审计程序并与治理层沟通后，认为可能导致对持续经营能力产生重大疑虑的事项或情况不存在重大不确定性。因在审计工作中对该事项进行过重点关注，A注册会计师拟将其作为关键审计事项在审计报告中沟通。

要求：

针对上述第（4）项，指出A注册会计师的做法是否恰当。如不恰当，简要说明理由。（2017年）

【例题3·简答题·部分】ABC会计师事务所的A注册会计师负责审计多家被审计单位与审计工作底稿相关的部分事项如下：

（1）A注册会计师在审计工作底稿中记录了与甲公司治理层沟通过、且在执行审计工作时重点关注过的事项，以及针对每一事项是否将其确定为关键审计事项及理由，未记录与治理层沟通过、但不构成重点关注过的事项的理由。

要求：

针对上述第（1）项，指出A注册会计师的做法是否恰当。如不恰当，简要说明理由。（2017年网络回忆版）

（三）关键审计事项适用范围

【例题·简答题·部分】ABC会计师事务所的A注册会计师负责审计多家上市公司2018年度财务报表，遇到下列与审计报告相关的事项：

（2）A注册会计师无法就乙公司2018年末存放在第三方的存货获取充分、适当的审计证据，对财务报表发表了保留意见。A注册会计师认为除这一事项外，不存在其他关键审计事项，因此，未在审计报告中包含关键审计事项部分。

要求：

针对上述第（2）项，指出A注册会计师的做法是否恰当。如不恰当，简要说明理由。（2019年网络回忆版）

（四）关键审计事项不能替代相关事项（张冠李戴）

【例题·简答题·部分】ABC会计师事务所的A注册会计师负责审计多家上市公司2016年度财务报表，遇到下列与审计报告相关的事项：

（1）A注册会计师对甲公司关联方关系及交易实施审计程序并与治理层沟通后，对是否存在未在财务报表中披露的关联方关系及交易仍存有疑虑，拟将其作为关键审计事项在审计报告中沟通。

要求：

针对上述第（1）项，指出A注册会计师的做法是否恰当。如不恰当，简要说明理由。（2017年）

（五）无法表示意见审计报告中不得包含关键审计事项

【例题·简答题·部分】ABC会计师事务所的A注册会计师负责审计多家上市公司2018年度财务报表，遇到下列与审计报告相关的事项：

（1）因无法就甲公司2018年度财务报表的多个项目获取充分、适当的审计证据，A注册会计师发表了无法表示意见，并在审计报告的关键审计事项部分说明：除形成无法表示意见的基础部分所述事项外，不存在其他需要在审计报告中沟通的关键审计事项。

要求：

针对上述第（1）项，指出A注册会计师的做法是否恰当。如不恰当，简要说明理由。（2019年）

（六）需要在关键审计事项的引言中增加说明的事项

【例题·简答题·部分】 ABC会计师事务所的A注册会计师负责审计多家上市公司2016年度财务报表，遇到下列与审计报告相关的事项：

（6）A注册会计师拟对己公司2016年度财务报表发表或出具无保留意见，并确定不存在需要在审计报告中沟通的关键审计事项，因此，在审计报告中拟不包含关键审计事项部分。

要求：

针对上述第（6）项，指出A注册会计师的做法是否恰当。如不恰当，简要说明理由。（2017年网络回忆版）

（七）保留或无法表示意见（审计范围受到限制）

【例题1·简答题·部分】 ABC会计师事务所的A注册会计师负责审计多家上市公司2018年度财务报表，遇到下列与审计报告相关的事项：

（4）2018年11月初，丁公司因处置重要子公司戊公司的部分股权而对其丧失控制，自此不再将其纳入合并财务报表范围。由于无法获取戊公司2018年度财务报表和相关财务信息，A注册会计师认为无法就与剩余股权相关的财务报表项目获取充分、适当的审计证据，对财务报表发表了保留意见。

要求：

针对上述第（4）项，指出A注册会计师的做法是否恰当。如不恰当，简要说明理由。（2019年）

【例题2·简答题·部分】 ABC会计师事务所的A注册会计师负责审计多家上市公司2016年度财务报表，遇到下列与审计报告相关的事项：

（5）因戊公司财务部多位关键人员离职，A注册会计师无法实施必要的审计程序就营业收入、营业成本、存货等多个重要财务报表项目获取充分、适当的审计证据，拟对2016年度财务报表发表保留意见。

要求：

针对上述第（5）项，指出A注册会计师的做法是否恰当。如不恰当，简要说明理由。（2017年网络回忆版）

【例题3·简答题·部分】 ABC会计师事务所的A注册会计师负责审计多家上市公司2015年度财务报表，遇到下列与审计报告相关的事项：

（2）乙集团公司的某联营企业为重要组成部分，A注册会计师已就其2015年度财务报表获取了与集团审计相关的充分、适当的审计证据，截至乙集团公司审计报告日，该联营企业财务报表未经其董事会批准，A注册会计师拟就此对乙集团公司财务报表发表保留意见。

要求：

针对上述第（2）项，指出A注册会计师的做法是否恰当。如不恰当，简要说明理由。（2016年网络回忆版）

（八）保留或否定意见（财务报表存在重大错报）

【例题1·简答题·部分】 ABC会计师事务所的A注册会计师负责审计多家上市公司2018年度财务报表，遇到下列与审计报告相关的事项：

（5）戊公司2016年度和2017年度连续亏损，2018年度实现净利润1.4亿元，其中包括控股股东债务豁免收益2亿元。A注册会计师认为该交易不具有商业实质，对2018年度财务报表发表了保留意见。

要求：

针对上述第（5）项，指出A注册会计师的做法是否恰当。如不恰当，简要说明理由。（2019年网络回忆版）

【例题2·简答题·部分】ABC会计师事务所的A注册会计师负责审计多家上市公司2015年度财务报表，遇到下列与审计报告相关的事项：

（4）2015年8月，丁公司取得戊公司60%的股权，因2015年度合并财务报表时未将戊公司纳入合并范围，并在财务报表附注中披露了这一重大事项，A注册会计师拟在审计报告中增加强调事项段，提醒财务报表使用者关注该事项。

要求：

针对上述第（4）项，指出A注册会计师的做法是否恰当。如不恰当，简要说明理由。（2016年网络回忆版）

（九）强调事项段不能替代非无保留意见（避重就轻）

【例题1·简答题·部分】ABC会计师事务所的A注册会计师负责审计多家上市公司2018年度财务报表，遇到下列与审计报告相关的事项：

（3）丙公司某子公司于2019年1月1日起停止营业并开始清算，债权人申报的债权金额比该子公司2018年末相应的账面余额多5亿元，占丙公司2018年末合并财务报表净资产的15%。丙公司管理层解释系该子公司与债权人就工程款存在争议，最终需要支付的金额尚不确定，故未在财务报表中予以确认。A注册会计师认为该事项对财务报表使用者理解财务报表至关重要，在无保留意见的审计报告中增加了强调事项段提醒报表使用者关注。

要求：

针对上述第（3）项，指出A注册会计师的做法是否恰当。如不恰当，简要说明理由。（2019年网络回忆版）

【例题2·简答题·部分】ABC会计师事务所的A注册会计师负责审计多家上市公司2015年度财务报表，遇到下列与审计报告相关的事项：

（5）A注册会计师认为己公司的商誉年末存在重大减值，但管理层未计提减值准备，因缺少相关信息，A注册会计师无法对减值金额作出估计，拟在审计报告中增加强调事项段，提请财务报表使用者关注财务报表附注中与商誉相关的披露。

要求：

针对上述第（5）项，指出A注册会计师的做法是否恰当。如不恰当，简要说明理由。（2016年网络回忆版）

（十）强调事项段不能替代关键审计事项（张冠李戴）

【例题·简答题·部分】ABC会计师事务所的A注册会计师负责审计多家上市公司2017年度财务报表，遇到下列与审计报告相关的事项：

（1）2017年10月，甲公司因严重破坏环境被环保部门责令停产并对居民进行赔偿，管理层确认了大额预计负债并在财务报表附注中予以披露。A注册会计师将其作为审计中最为重要的事项与治理层进行了沟通，拟在审计报告的关键审计事项部分沟通该事项。同时，A注册会计师认为该事项对财务报表使用者理解财务报表至关重要，拟在审计报告中增加强调事项段予以说明。

要求：

针对上述第（1）项，指出A注册会计师的做法是否恰当。如不恰当，简要说明理由。（2018年网络回忆版）

（十一）其他事项段不能替代强调事项段（张冠李戴）

【例题·简答题·部分】ABC会计师事务所的A注册会计师负责审计多家上市公司2016年度财务报表，遇到下列与审计报告相关的事项：

(5) 戊公司管理层在2016年度财务报表附注中披露了2017年1月发生的一项重大收购。A注册会计师认为该事项对财务报表使用者理解财务报表至关重要，拟在审计报告中增加其他事项段予以说明。

要求：

针对上述第(5)项，指出A注册会计师的做法是否恰当。如不恰当，简要说明理由。(2017年)

(十二) 在其他事项段中提及前任注册会计师（提及与否、提及内容）

【例题·简答题·部分】 ABC会计师事务所的A注册会计师负责审计多家上市公司2016年度财务报表，遇到下列与审计报告相关的事项：

(3) ABC会计师事务所首次接受委托，审计丙公司2016年度财务报表。A注册会计师拟在审计报告中增加其他事项段，说明上期财务报表由前任注册会计师审计及其出具的审计报告的日期。

要求：

针对上述第(3)项，指出A注册会计师的做法是否恰当。如不恰当，简要说明理由。(2017年)

(十三) 上期非无保留事项已解决，无需提及对应数据

【例题·简答题·部分】 ABC会计师事务所的A注册会计师负责审计多家上市公司2016年度财务报表，遇到下列与审计报告相关的事项：

(3) 因发现2015年度财务报表中存在重大错报，丙公司管理层在编制2016年度财务报表时对对应数据进行了恰当重述和披露，A注册会计师就2015年度财务报表重新出具审计报告，拟在2016年度审计报告中增加强调事项段，提醒财务报表使用者关注重述事项。

要求：

针对上述第(3)项，指出A注册会计师的做法是否恰当。如不恰当，简要说明理由。(2017年网络回忆版)

(十四) 上期非无保留事项未解决，影响对应数据与本期数据

【例题1·简答题·部分】 ABC会计师事务所首次接受委托审计甲公司等多家被审计单位2018年度财务报表，委派A注册会计师担任项目合伙人。与首次承接审计业务相关的部分事项如下：

(5) 因戊公司未计提存货跌价准备，前任注册会计师对其2017年度财务报表发表了保留意见。A注册会计师在执行审计工作后，认可了管理层于2018年末计提的存货跌价准备。由于管理层拒绝更正对应数据，A注册会计师因该事项影响本期数据和对应数据之间的可比性而发表了保留意见。

要求：

针对上述第(5)项，指出A注册会计师的做法是否恰当。如不恰当，简要说明理由。(2019年网络回忆版)

【例题2·简答题·部分】 ABC会计师事务所的A注册会计师负责审计多家上市公司2018年度财务报表，遇到下列与审计报告相关的事项：

(2) 乙公司管理层2017年末未计提商誉减值准备，A注册会计师无法就此获取充分、适当的审计证据，对2017年度财务报表发表了保留意见。管理层于2018年末根据减值测试结果计提了商誉减值准备，并在2018年度利润表中确认了资产减值损失。A注册会计师认为导致上年度发表保留意见的事项已经解决，对2018年度财务报表发表了无保留意见。

要求：

针对上述第(2)项，指出A注册会计师的做法是否恰当。如不恰当，简要说明理由。(2019年)

【例题3·简答题·部分】甲公司是ABC会计师事务所的常年审计客户。A注册会计师负责审计甲公司2015年度财务报表，确定财务报表整体的重要性为200万元。审计工作底稿中与会计估计审计相关的部分事项摘录如下：

（5）因2014年末少计无形资产减值准备300万元，A注册会计师对甲公司2014年度财务报表发表了保留意见，甲公司于2015年处置了相关无形资产，并在2015年度财务报表中确认了处置损益，A注册会计师认为导致对上期财务报表发表保留意见的事项已经解决，不影响2015年度审计报告。

要求：

针对上述第（5）项，指出A注册会计师的做法是否恰当。如不恰当，简要说明理由。（2016年）

（十五）审计报告日前获取年度报告（最终版本）

【例题1·综合题·部分】上市公司甲公司是ABC会计师事务所的常年审计客户，主要从事汽车零部件的研发、制造和销售。A注册会计师负责审计甲公司2018年度财务报表，确定财务报表整体的重要性为600万元，实际执行的重要性为450万元，明显微小错报的临界值为30万元。

资料五：

A注册会计师在审计工作底稿中记录了重大事项和错报的处理情况，部分内容摘录如下：

（3）因在出具审计报告前未能取得甲公司年度报告最终版本，A注册会计师要求管理层在书面声明中承诺，最终版本的年度报告将在对外公布时提供给A注册会计师。

要求：

针对资料五第（3）项，假定不考虑其他条件，指出A注册会计师的做法是否恰当。如不恰当，简要说明理由。（2019年网络回忆版）

【例题2·综合题·部分】上市公司甲公司是ABC会计师事务所的常年审计客户，主要从事汽车的生产和销售。A注册会计师负责审计甲公司2017年度财务报表，确定财务报表整体的重要性为1000万元，明显微小错报的临界值为30万元。

资料五：

A注册会计师在审计工作底稿中记录了重大事项和错报的处理情况，部分内容摘录如下：

（3）因未能在审计报告日前获取甲公司2017年年度报告，A注册会计师于审计报告日后从网上下载了甲公司公布的年度报告进行阅读，结果满意。

要求：

针对资料五第（3）项，假定不考虑其他条件，指出A注册会计师的做法是否恰当。如不恰当，简要说明理由。（2018年）

【例题3·综合题·部分】ABC会计师事务所首次接受委托，审计上市公司甲公司2016年度财务报表，委派A注册会计师担任项目合伙人。A注册会计师确定财务报表整体的重要性为1200万元。甲公司主要提供快递物流服务。

资料五：

A注册会计师在审计工作底稿中记录了审计完成阶段的工作，部分内容摘录如下：

（3）A注册会计师未能在审计报告日前获取甲公司2016年年度报告的最终版本，因此，未要求管理层提供有关其他信息的书面声明。

要求：

针对资料五第（3）项，假定不考虑其他条件，指出A注册会计师的做法是否恰当。如不恰当，简要说明理由。（2017年）

（十六）审计报告日后管理层拒绝更正其他信息重大错报

【例题·简答题·部分】ABC会计师事务所的A注册会计师负责审计多家上市公司

2016年度财务报表，遇到下列与审计报告相关的事项：

（2）A注册会计师在乙公司审计报告日后获取并阅读了乙公司2016年年度报告的最终版本，发现其他信息存在重大错报，与管理层和治理层沟通后，该错报未得到更正。A注册会计师拟重新出具审计报告，指出其他信息存在的重大错报。

要求：

针对上述第（2）项，指出A注册会计师的做法是否恰当。如不恰当，简要说明理由。（2017年）

（十七）与审计范围受到限制的保留意见事项相关的其他信息

【例题1·简答题·部分】ABC会计师事务所的A注册会计师负责审计多家上市公司2017年度财务报表，遇到下列与审计报告相关的事项：

（2）A注册会计师无法就丙公司年末与重大诉讼相关的预计负债获取充分、适当的审计证据，拟对财务报表发表保留意见。A注册会计师在审计报告日前取得并阅读了丙公司2017年年度报告，未发现其他信息与财务报表有重大不一致或存在重大错报，拟在保留意见审计报告的其他信息部分说明无任何需要报告的事项。

要求：

针对上述第（2）项，指出A注册会计师的做法是否恰当。如不恰当，简要说明理由。（2018年）

【例题2·简答题·部分】ABC会计师事务所的A注册会计师负责审计多家上市公司2016年度财务报表，遇到下列与审计报告相关的事项：

（2）因无法就乙公司对某联营企业投资的账面价值及投资收益获取充分、适当的审计证据，A注册会计师拟对乙公司财务报表发表保留意见，并在审计报告的其他信息部分说明，无法确定年度报告中与该联营企业投资相关的其他信息是否存在重大错报。

要求：

针对上述第（2）项，指出A注册会计师的做法是否恰当。如不恰当，简要说明理由。（2017年网络回忆版）

历年经典试题回顾参考答案及解析

“扫码看解析”

使用“微信”或“会计云课堂”App扫码，即可线上对答案、看解析，错题随手收藏，及时巩固复习。

1004311

（一）审计报告日

【例题·单选题】

【答案】D

【解析】选项D错误，审计报告日不应早于注册会计师获取充分、适当的审计证据，并在此基础上对财务报表形成审计意见的日期。

【名师点题】审计报告日可以是（不是应当）注册会计师获取充分、适当的审计证据，并在此基础上对财务报表形成审计意见的日期。选项D没有考虑审计报告日可以晚于注册会计师获取充分、适当的审计证据，并在此基础上对财务报表形成审计意见的日期这种情况。

（二）关键审计事项定义

【例题1·简答题·部分】

【答案】不恰当。该事项不应作为关键审计事项在审计报告中沟通。在关键审计事项部分披露的关键审计事项是已经得到满意解决的事项，即不存在审计范围受到限制，也不存在注册会计师与被审计单位管理层意见分歧的情况。

【例题 2·简答题·部分】

【答案】恰当。

【例题 3·简答题·部分】

【答案】恰当。

【名师点题】关键审计事项“当选”需要同时满足三个条件：第一，与治理层沟通过的事项；第二，审计过程中识别的“三高（高风险、高判断、高金额）事项”；第三，通过实施 n 多审计程序已经 ok 了的（即得到满意解决的）事项。

（三）关键审计事项适用范围

【例题·简答题·部分】

【答案】不恰当。除非发表无法表示意见和其他特定情况，注册会计师应当在审计报告中包含关键审计事项部分。

【名师点题】如果仅有的需要沟通的关键审计事项是导致非无保留意见的事项，注册会计应当在审计报告中单设关键审计事项部分对此说明，可以表述为“除形成保留（否定）意见的基础部分所描述的事项外，我们确定不存在其他需要在审计报告中沟通的关键审计事项”。

（四）关键审计事项不能替代相关事项（张冠李戴）

【例题·简答题·部分】

【答案】不恰当。关键审计事项必须是已经得到满意解决的事项/关键审计事项不能替代非无保留意见/应发表非无保留意见。

【名师点题】关键审计事项不能替代以下事项，否则“避重就轻”或“张冠李戴”：

（1）管理层应当披露而未予披露的事项（等于财务报表重大错报没有解决）；

（2）保留（否定）意见的事项（有实锤证据表明财务报表存在重大错报）；

（3）持续经营存在重大不确定性事项（存在的重大不确定性事项在审计报告中有自己的披露“专区”）。

（五）无法表示意见审计报告中不得包含关键审计事项

【例题·简答题·部分】

【答案】不恰当。当对财务报表发表无法表示意见时，注册会计师不得在审计报告中包含关键审计事项部分。

（六）需要在关键审计事项的引言中增加说明的事项

【例题·简答题·部分】

【答案】不恰当。在无保留意见审计报告中，即使不存在需要在审计报告中沟通的关键审计事项，注册会计师也要在关键审计事项引言中指出不存在需要沟通的关键审计事项。

【名师点题】在无保留意见、保留意见和否定意见审计报告中，即使不存在需要在审计报告中沟通的关键审计事项，也要在审计报告中增加关键审计事项部分，指出不存在需要沟通的关键审计事项，可以表述为“我们确定不存在需要在审计报告中沟通的关键审计事项”。

（七）保留或无法表示意见（审计范围受到限制）

【例题 1·简答题·部分】

【答案】不恰当。戊公司为重要子公司，2018 年 1 月至 10 月的经营成果对丁公司合并财务报表具有重大且广泛的影响/应发表无法表示意见。

【例题 2·简答题·部分】

【答案】不恰当。审计范围受到重大且广泛的限制，应当出具无法表示意见的审计报告。

【例题3·简答题·部分】

【答案】不恰当。A注册会计师已获取充分、适当的审计证据，应当出具无保留意见的审计报告。

（八）保留或否定意见（财务报表存在重大错报）

【例题1·简答题·部分】

【答案】不恰当。因该错报导致被审计单位扭亏为盈，影响重大且广泛，应出具否定意见的审计报告。

【例题2·简答题·部分】

【答案】不恰当。未纳入合并范围的子公司将导致财务报表存在重大且广泛的错报，应当发表否定意见。

（九）强调事项段不能替代非无保留意见（避重就轻）

【例题1·简答题·部分】

【答案】不恰当。A注册会计师应当发表非无保留意见，而不是增加强调事项段。

【名师点题】导致非无保留意见的事项不能以强调事项段来代替，否则避重就轻误导审计报告使用者。

【例题2·简答题·部分】

【答案】不恰当。强调事项段不能替代非无保留意见。

（十）强调事项段不能替代关键审计事项（张冠李戴）

【例题·简答题·部分】

【答案】不恰当。被确定为在审计报告中沟通的关键审计事项不应再在强调事项段中说明。

【名师点题】

（1）同一事项不能在审计报告中重复披露。

（2）该事项属于与治理层沟通过的、注册会计师重点关注过的、已经得到满意解决过的事项，属于关键审计事项，应当在审计报告中作为关键审计事项沟通。

（3）同一事项既满足关键审计事项的定义，又符合强调事项段定义，关键审计事项优于强调事项段。

（十一）其他事项段不能替代强调事项段（张冠李戴）

【例题·简答题·部分】

【答案】不恰当。应当增加强调事项段/其他事项段用于提及未在财务报表附注中列报或披露的事项/其他事项段与财务报表使用者理解审计工作、注册会计师的责任或审计报告相关。

（十二）在其他事项段中提及前任注册会计师（提及与否、提及内容）

【例题·简答题·部分】

【答案】不恰当。应当说明前任注册会计师发表的审计意见类型。

【名师点题】上期财务报表已由前任注册会计师审计时，如果在本期审计报告中提及前任注册会计师，则应当增加其他事项段。并在其他事项段中说明三个方面的内容：（1）上期财务报表已由前任注册会计师审计；（2）前任注册会计师发表的意见的类型（如果是非无保留意见，还应当说明理由）；（3）前任注册会计师出具的审计报告的日期。

（十三）上期非无保留事项已解决，无需提及对应数据

【例题·简答题·部分】

【答案】不恰当。A注册会计师已对2015年度财务报表重新出具审计报告，本期（2016年）财务报表对应数据已经恰当重述，无须在本期审计报告中提及对应数据。

（十四）上期非无保留事项未解决，影响对应数据与本期数据

【例题1·简答题·部分】

【答案】恰当。

【例题2·简答题·部分】

【答案】不恰当。导致上期发表保留意见的事项未得到解决/对本期数据仍有影响，应发表保留意见。

【例题3·简答题·部分】

【答案】不恰当。该事项对本期财务报表影响重大，应当考虑该事项对2015年审计意见的影响。

（十五）审计报告日前获取年度报告（最终版本）

【例题1·综合题·部分】

【答案】

事项序号	是否恰当（是/否）	理由
(3)	否	应当要求管理层声明在年度报告的最终版本可获取并且在被审计单位对外公布前提供给注册会计师

【例题2·综合题·部分】

【答案】

事项序号	是否恰当（是/否）	理由
(3)	否	注册会计师应当获取管理层提供的年度报告的最终版本/不应在网上下载。应当在公布前获取年度报告

【例题3·综合题·部分】

【答案】

事项序号	是否恰当（是/否）	理由
(3)	否	未能在审计报告日前获取年度报告的最终版本，应当要求管理层提供书面声明

【名师点题】注册会计师获取管理层年度报告最终版本的要求：

(1) 通过与管理层讨论，确定哪些文件组成年度报告，以及被审计单位公布这些文件的方式和时间安排；

(2) 如有可能，注册会计师在审计报告日前获取年度报告的最终版本；

(3) 如未能在审计报告日前获取年度报告的最终版本，要求管理层提供书面声明表明年度报告的最终版本将在可获取时并且在公布前提供给注册会计师。

（十六）审计报告日后管理层拒绝更正其他信息重大错报

【例题·简答题·部分】

【答案】恰当。

【名师点题】审计报告日后管理层拒绝更正其他信息重大错报，注册会计师可能采取的设法提醒审计报告使用者适当关注未更正错报的措施包括：

(1) 向管理层提供一份新的或修改后的审计报告，其中指出其他信息的重大错报。

(2) 提醒审计报告使用者关注其他信息的重大错报，例如，在股东大会上通报该事项。

(3) 与监管机构或相关职业团体沟通未更正的重大错报。

(4) 考虑对持续承接业务的影响。

(十七) 与审计范围受到限制的保留意见事项相关的其他信息

【例题1·简答题·部分】

【答案】不恰当。注册会计师需要考虑导致保留意见的事项对其他信息的影响/注册会计师需要在其他信息部分说明无法判断与导致保留意见的事项相关的其他信息是否存在重大错报。

【例题2·简答题·部分】

【答案】恰当。

【名师点题】在审计范围受到限制的保留意见审计报告中，注册会计师应当指明导致保留意见事项未获取充分、适当的审计证据，导致保留意见事项相关内容是否与其他信息一致或不一致，注册会计师无法回答，因此应当在其他信息部分增加说明。

扫一扫　“码”上做题、看解析

本书同步强化练习题均配备二维码，使用“会计云课堂”App扫码，即可线上做题、看解析。

【“会计云课堂”App下载二维码见封底页】

同步强化练习题

一、单项选择题

1. 针对管理层应披露而未披露信息导致的财务报表重大错报，注册会计师以下做法中，错误的是(　　)。
   A. 与治理层讨论未披露信息的情况
   B. 在形成审计意见的基础部分描述未披露信息的性质
   C. 在意见段后增加其他事项段说明与未披露信息相关的重大错报
   D. 如果可行并且已针对未披露信息获取了充分、适当的审计证据，在形成审计意见的基础部分包含对未披露信息的披露，除非法律法规禁止

2. 关于沟通关键审计事项的适用范围，以下说法中，错误的是(　　)。(★★★)*
   A. 注册会计师应当在上市实体整套通用目的财务报表审计报告中沟通关键审计事项
   B. 注册会计师应当在上市实体财务报表审计报告中增加关键审计事项部分
   C. 根据委托方要求，注册会计师可以在审计报告中沟通关键审计事项
   D. 除对财务报表发表无法表示意见外，根据注册会计师的决定，可以决定不在审计报告中沟通关键审计事项

3. 下列关于关键审计事项的说法中，错误的是(　　)。(★★★)
   A. 导致否定意见的事项本身是审计中最为重要的事项，需要列示在关键审计事项中
   B. 如果沟通某些敏感信息可能会给被审

* 为了便于您识别重要题目，本书中针对重点题目通过标注星级的方式进行体现。

计单位带来较为严重的负面影响，不宜在审计报告中作为关键审计事项沟通

C. 如果对财务报表发表无法表示意见，通常情况下，审计报告中不应存在关键审计事项部分

D. 某事项被确定为在审计报告中沟通的关键审计事项，该事项不能同时在强调事项部分披露

4. 下列各项错报中，通常对财务报表不具有广泛影响的是(　　)。(★★★)

A. 被审计单位更换全新的会计操作系统

B. 被审计单位没有将年内收购的一家重要子公司纳入合并范围

C. 针对已经减值的重要固定资产，没有计提固定资产减值准备

D. 当与披露相关时，产生的影响对财务报表使用者理解财务报表至关重要

5. 下列事项中，不会导致注册会计师在审计报告中增加强调事项段的是(　　)。

A. 在允许的情况下，提前应用对财务报表有重大影响的新会计准则

B. 审计的财务报表采用特殊目的编制基础编制

C. 审计报告日后发现，含有已审计财务报表的文件中的其他信息与财务报表存在重大不一致，并且需要对其他信息作出修改，但管理层拒绝修改

D. 存在已经或持续对被审计单位财务状况产生重大影响的特大灾难

6. 下列各项中，涉及注册会计师在审计报告中增加强调事项段的是(　　)。(★★★)

A. 该事项未被确定为关键审计事项

B. 该事项未被确定为其他事项

C. 该事项未被确定为导致注册会计师发表非无保留意见的事项

D. 财务报表未按照通用目的编制基础编制，而是按照特殊目的编制基础编制

7. 针对在审计报告中增加其他事项段，以下说法中，错误的是(　　)。

A. 对两套以上财务报表出具审计报告时，可以在审计报告中增加其他事项段

B. 已被确定为在审计报告中沟通的关键审计事项，不能再确认为其他事项

C. 与限制审计报告分发和使用相关的事项，可以在审计报告其他事项段中说明

D. 被审计单位提前应用对财务报表有重大影响的新会计准则，可能在审计报告其他事项段中说明

8. 针对对应数据的列报与披露事项，以下说法中，错误的是(　　)。

A. 对应数据是当期财务报表的附加部分

B. 当期财务报表的列报，至少应当提供所有列报项目上一可比会计期间的比较数据，以及与理解财务报表相关的说明

C. 注册会计师在对财务报表发表审计意见时，应当考虑对应数据对审计意见的影响

D. 注册会计师应当获取充分、适当的审计证据，确定在财务报表中包含的对应数据是否在所有重大方面按照适用的财务报告编制基础有关对应数据的要求进行列报

9. 针对注册会计师在财务报表审计中获取其他信息，以下说法中，错误的是(　　)。

A. 注册会计师应当阅读其他信息

B. 如果部分文件在审计报告日后才能取得，要求管理层提供书面声明，声明这些文件的最终版本将在可获取时并且在被审计单位公布后提供给注册会计师

C. 通过与管理层讨论，确定哪些文件组成年度报告，以及被审计单位计划公布这些文件的方式和时间安排

D. 其他信息是指在被审计单位年度报告中包含的除财务报表和审计报告以外的财务信息和非财务信息

10. 针对其他信息存在重大错报，以下注册会计师的应对措施中，错误的是(　　)。(★★★)

A. 针对其他信息存在重大错报，注册会计师应当要求管理层更正其他信息

B. 针对其他信息存在重大错报但管理层同意作出更正，注册会计师应当确定管理层的更正已经完成

C. 针对其他信息存在重大错报但管理层拒绝更正，如果注册会计师在审计报告日后发现，则不应当承接下一个年度财务报表审计业务

D. 针对其他信息存在重大错报但管理层拒绝更正，如果注册会计师在审计报告日前发现且与治理层沟通后其他信息仍未得到更正，则应当考虑对审计报告的影响，甚至在相关法律法规允许的情况下，解除业务约定

二、多项选择题

1. 针对上市实体整套通用目的财务报表审计，有关在审计报告中沟通关键审计事项的说法中，正确的有(　　)。(★★★)

A. 在审计报告中沟通关键审计事项应视为注册会计师对单一事项单独发表意见

B. 在审计报告中沟通关键审计事项不能代替管理层按照适用的财务报告编制基础在财务报表中作出的披露，或为使财务报表实现公允反映而作出的披露

C. 在审计报告中沟通关键审计事项不能代替注册会计师根据审计业务的具体情况发表非无保留意见

D. 在审计报告中沟通关键审计事项不能代替注册会计师对可能导致对被审计单位持续经营能力产生重大疑虑的事项或情况存在重大不确定性的报告

2. 针对关键审计事项的下列表述中，错误的有(　　)。(★★★)

A. 如果确定不存在需要在审计报告中沟通的关键审计事项，则无须与被审计单位治理层沟通

B. 注册会计师应当从与治理层沟通过的事项中，确定哪些事项对本期财务报表审计最为重要，从而构成关键审计事项

C. 关键审计事项的应对以对财务报表整体进行审计并形成审计意见为背景，注册会计师不对关键审计事项单独发表意见

D. 如果被审计单位运用持续经营假设是适当的，但存在重大不确定性，且财务报表对重大不确定性已作出充分披露，注册会计师应当在审计报告中的“关键审计事项”部分予以反映

3. 针对影响非无保留意见类型的事项，以下说法中，正确的有(　　)。

A. 在关键审计事项部分沟通的事项不会导致对财务报表发表非无保留意见

B. 确定对财务报表发表何种审计意见时，应当考虑已发现的重大错报对财务报表的影响是否广泛

C. 如果存在重大错报的项目不止一个，那么对财务报表的影响是广泛的

D. 如果财务报表中未披露某个应披露事项，可能会对财务报表产生广泛的影响

4. 如果因管理层对审计范围施加了限制，注册会计师无法获取充分、适当的审计证据，则下列说法中正确的有(　　)。

A. 如果未发现的错报可能对财务报表产生的影响重大且具有广泛性，以至于发表保留意见不足以反映情况的严重性，应当在可行时解除业务约定

B. 如果未发现的错报可能对财务报表产生的影响重大，但不具有广泛性，应当发表保留意见

C. 如果在出具审计报告之前解除业务约定被禁止或不可行，应当发表否定意见

D. 注册会计师应当在解除业务约定前，与治理层沟通在审计过程中发现的、将会导致发表非无保留意见的所有错报事项

5. 针对审计报告中增加的其他事项段，以下说法中，恰当的有(　　)。

A. 如果在审计报告中包含其他事项段，注册会计师应当将该段落作为单独的一部

分，并使用“其他事项”或其他适当标题

B. 如果拟在审计报告中包含其他事项段，注册会计师应当就该事项和拟使用的措辞与治理层沟通

C. 针对管理层未在财务报表中恰当列报的事项，注册会计师应当在审计报告其他事项段中披露

D. 在审计报告的其他事项段中提及的是未在财务报表中列报或披露的事项，且根据注册会计师的职业判断，该事项与财务报表使用者理解审计工作、注册会计师的责任或审计报告相关

6. 如果注册会计师发现比较信息与上期财务报表列报的金额和相关披露不一致，则检查的内容通常包括(　　)。

A. 会计政策变更是否符合会计准则和会计制度的规定

B. 出现不一致是否是由于适用的财务报告编制基础引起的，或是法律法规的要求

C. 金额是否作出适当调整，包括报表项目的重新分类和归集，以及附注中前期对应数的调整等

D. 是否已在附注中充分披露对比较信息作出调整的原因和性质，以及比较信息中受影响的项目名称和更正金额

7. 如果审计报告日后获取的其他信息存在重大错报，注册会计师采取的以下措施中，不正确的有(　　)。(★★★)

A. 在相关法律法规允许的情况下，解除业务约定

B. 考虑对审计报告的影响，并就注册会计师计划如何在审计报告中处理重大错报与治理层进行沟通

C. 如果与治理层沟通后其他信息未得到更正，注册会计师应当考虑其法律权利和义务，并采取恰当的措施，以提醒审计报告使用者恰当关注未更正的重大错报

D. 如果其他信息得以更正，注册会计师应当根据具体情形实施必要的程序

8. 针对上市实体财务报表审计中，审计报告包含的其他信息部分应当包括(　　)。(★★★)

A. 注册会计师于审计报告日前已获取的其他信息（如有）

B. 预期将于审计报告日后获取的其他信息（如有）

C. 如果其他信息存在重大错报，注册会计师应对其他信息发表非无保留意见

D. 如果认为其他信息存在未更正的重大错报，说明其他信息中的未更正重大错报

三、简答题

1. ABC会计师事务所的A注册会计师负责审计多家上市公司2020年度财务报表，遇到下列与审计报告相关的事项：

(1) 因无法就甲公司2020年度财务报表的营业收入、存货等多个项目获取充分、适当的审计证据，A注册会计师发表了无法表示意见，并在审计报告的关键审计事项部分说明：除形成无法表示意见的基础部分所述事项外，不存在其他需要在审计报告中沟通的关键审计事项。

(2) A注册会计师无法就乙公司2020年末商誉减值获取充分、适当的审计证据，对财务报表发表了保留意见。A注册会计师认为除这一事项外，不存在其他关键审计事项，因此，未在审计报告中包含关键审计事项部分。

(3) 由于丙公司与会计估计相关的内部控制存在重大缺陷，A注册会计师拟对丙公司2020年12月31日的财务报告内部控制发表否定意见。因丙公司管理层未在财务报表附注中披露该情况，A注册会计师拟在对财务报表出具的审计报告中增加强调事项段，提请财务报表使用者关注这一情况。

(4) 丁公司2020年流动资产小于流动负债，A注册会计师实施审计程序并与治理层沟通后，认为可能导致对持续经营能力产生重大疑虑的事项或情况不存在重大不确定性。因在审计工作中对该事项进行过

重点关注，A注册会计师拟将其作为关键审计事项在审计报告中沟通。

（5）戊公司的某重要子公司因环保问题被监管部门调查并停业整顿。A注册会计师将该事项识别为关键审计事项。因戊公司管理层未在财务报表附注中披露该子公司停业整顿的具体原因，A注册会计师拟在审计报告的关键审计事项部分进行补充说明。

（6）己公司2020年通过向非关联方销售自用办公楼扭亏为盈，并在财务报表附注中充分披露该事项，因该交易较为简单，不构成对本期财务报表审计最为重要的事项，但对财务报表使用者理解财务报表至关重要，A注册会计师拟在审计报告的关键审计事项部分进行沟通，并索引至相关财务报表附注。

要求：

针对上述第（1）至（6）项，逐项指出A注册会计师的做法是否恰当。如不恰当，简要说明理由。

2. ABC会计师事务所的A注册会计师负责审计多家上市公司2020年度财务报表，遇到下列与审计报告相关的事项：

（1）甲公司2020年末商誉、无形资产、存货等多项资产存在减值迹象。因管理层未提供相关资料，A注册会计师无法就上述资产的减值准备获取充分、适当的审计证据，拟对财务报表发表无法表示意见，并在审计报告的其他信息部分说明注册会计师无法确定与资产减值准备相关的其他信息是否存在重大错报。

（2）ABC会计师事务所首次承接并审计乙公司2020年度财务报表，A注册会计师发现前任注册会计师对乙公司2019年度财务报表出具了保留意见审计报告，但该事项对本期财务报表既不相关也不重大，A注册会计师拟发表保留意见。

（3）丙公司2020年初开始使用新的存货管理系统，因系统缺陷导致2020年度成本核算混乱，审计项目组无法对营业成本、存货等项目实施审计程序，A注册会计师认为该事项对财务报表使用者理解财务报表重要，在审计报告中的强调事项段予以提示。

（4）2020年1月，丁公司按照新发布的租赁会计准则进行会计核算，由于丁公司未对比较数据进行追溯调整，因此A注册会计师出具了否定意见审计报告。

（5）戊公司管理层2020年确认了一笔大额关联方交易收入，A注册会计师提出调整建议，管理层未更正，A注册会计师将该笔收入确认作为最为重要的事项与治理层沟通后，拟将其作为关键审计事项在审计报告中进行沟通。

（6）审计项目组发现己公司2020年12月25日被药监局处罚，该事项对财务报表产生重大影响，A注册会计师要求己公司管理层在财务报表中进行恰当反映，管理层予以拒绝，A注册会计师拟在强调事项段予以披露。

要求：

针对上述第（1）至（6）项，逐项指出A注册会计师的做法是否恰当。如不恰当，简要说明理由。

3. ABC会计师事务所的A注册会计师负责审计多家上市公司2020年度财务报表，遇到下列与审计报告相关的事项：

（1）甲公司的重要子公司在海外，A注册会计师无法对2020年末的存货资产实施监盘，也无法实施替代程序，拟对财务报表发表保留意见，并在审计报告的其他信息部分说明除了导致保留意见的存货之外，甲公司其他信息不存在重大错报。

（2）2020年10月，乙公司因产品质量安全问题被监管部门责令停产并对居民进行赔偿，管理层确认了大额预计负债并在财务报表附注中予以披露。A注册会计师将其作为审计中最为重要的事项与治理层进行了沟通，拟在审计报告的关键审计事项部分沟通该事项。

（3）2020年10月，丙公司的董事因涉嫌内幕交易被证券监管机构立案调查，截至审计报告日，尚无调查结论。A注册会计师将其作为审计中最为重要的事项与治理层进行了沟通，拟在审计报告的关键审计事项部分沟通该事项。

（4）丁公司管理层2019年末未计提无形资产减值准备，A注册会计师无法就此获取充分、适当的审计证据，对2019年度财务报表发表了保留意见。管理层于2020年末根据减值测试结果计提了无形资产减值准备，并在2020年度利润表中确认了资产减值损失。A注册会计师认为导致上年度发表保留意见的事项已经解决，对2020年度财务报表发表了无保留意见。

（5）2020年末，戊公司将一大批产成品销售给母公司P公司，A注册会计师无法就该交易的商业理由获取充分、适当的审计证据，对2020年戊公司财务报表发表了保留意见。

要求：

针对上述第（1）至（5）项，逐项指出A注册会计师的做法是否恰当。如不恰当，简要说明理由。

同步强化练习题参考答案及解析

“扫码看解析”

使用“微信”或“会计云课堂”App扫码，即可线上对答案、看解析，错题随手收藏，及时巩固复习。

一、单项选择题

1.【答案】C

解析：注册会计师如果发现财务报表中存在与应披露而未披露信息相关的重大错报，应当采取以下措施：（1）与治理层讨论未披露信息的情况（选项A）；（2）在形成审计意见的基础部分描述未披露信息的性质（选项B）；（3）如果可行并且已针对未披露信息获取了充分、适当的审计证据，在形成审计意见的基础部分包含对未披露信息的披露，除非法律法规禁止（选项D）。

2.【答案】B

解析：选项B错误，针对上市实体非整套通用目的财务报表审计，并没有强制要求在审计报告中增加关键审计事项部分。

3.【答案】A

解析：选项A错误，导致非无保留意见的事项、可能导致对被审计单位持续经营能力产生重大疑虑的事项或情况存在重大不确定性在审计报告中专门的部分披露，不在关键审计事项部分披露。

4.【答案】C

解析：注册会计师判断广泛性的情形包括：（1）不限于对财务报表的特定要素、账户或项目产生影响（选项A、B）；（2）虽然仅对财务报表的特定要素、账户或项目产生影响，但这些要素、账户或项目是或可能是财务报表的主要组成部分；（3）当与披露相关时，产生的影响对财务报表使用者理解财务报表至关重要（选项D）。选项C属于仅对财务报表的特定账户产生影响，且不涉及财务报表的主要组成部分，通常对财务报表不具有广泛影响。

5.【答案】C

解析：选项C错误，在审计报告日后知悉其他信息存在重大错报，管理层拒绝更正，即使向管理层提供新的或修改后的审计报告，也是在其他信息部分指出其他信息存在重大错报，不涉及增加强调事项段。

6. 【答案】D

解析：某些审计准则对注册会计师在特定情况下在审计报告中增加强调事项段提出具体要求，这些情况包括：（1）法律法规规定的财务报告编制基础不可接受，但其是基于法律或法规作出的规定；（2）提醒财务报表使用者注意财务报表按照特殊目的编制基础编制（选项D正确）；（3）注册会计师在审计报告日后知悉了某些事实（即期后事项），并且出具了新的或经修改的审计报告。

7. 【答案】D

解析：选项D属于可能在审计报告中增加强调事项段的情形，而非增加其他事项段的情形。

8. 【答案】A

解析：选项A错误，当期财务报表的列报至少应当提供所有列报项目上一可比会计期间的比较数据，以及与理解财务报表相关的说明。所以对应数据是当期财务报表的不可缺少的组成部分。

9. 【答案】B

解析：选项B错误，管理层应当声明这些文件的最终版本将在可获取时并且在被审计单位公布前提供给注册会计师。

10. 【答案】C

解析：审计报告日后，针对其他信息存在重大错报但管理层拒绝更正，注册会计师应当考虑其法律权利和义务，并采取恰当的措施，采取的措施包括：（1）向管理层提供一份新的或修改后的审计报告，其中指出其他信息的重大错报；（2）提醒审计报告使用者关注其他信息的重大错报；（3）与监管机构或相关职业团体沟通未更正的重大错报；（4）考虑对持续承接业务的影响（选项C错误）。

二、多项选择题

1. 【答案】BCD

解析：选项A错误，在审计报告中沟通关键审计事项不应视为注册会计师对单一事项单独发表意见。

2. 【答案】ABD

解析：选项A错误，如果注册会计师确定不存在需要在审计报告中沟通的关键审计事项，应当与治理层沟通；选项B错误，注册会计师应当从与治理层沟通过的事项中确定执行审计工作时重点关注过的事项，再从“执行审计工作时重点关注过的事项”中确定哪些事项对本期财务报表审计最为重要，从而构成关键审计事项；选项D错误，如果被审计单位运用持续经营假设是适当的，但存在重大不确定性，且财务报表对重大不确定性已作出充分披露，注册会计师应当在审计报告中增加“与持续经营相关的重大不确定性”部分予以反映。

3. 【答案】ABD

解析：选项C错误，对财务报表的影响具有广泛性的情形，虽然包括对财务报表的特定要素、账户或项目（主要组成部分）产生影响，但并不意味着只要存在重大错报的项目不止一个，对财务报表的影响就一定是广泛的。

4. 【答案】ABD

解析：注册会计师如果无法获取充分、适当的审计证据，且在出具审计报告之前解除业务约定被禁止或不可行，应当发表无法表示意见（选项C错误）。

5. 【答案】ABD

解析：选项C错误，针对管理层未在财

务报表中恰当列报的事项，可能需要注册会计师发表非无保留意见。

6. 【答案】BCD
解析：注册会计师发现比较信息与上期财务报表列报的金额和相关披露不一致时，检查的内容通常包括：(1) 出现不一致是否是由于适用的财务报告编制基础引起的，或是法律法规的要求（选项B）；(2) 金额是否作出适当调整，包括报表项目的重新分类和归集，以及附注中前期对应数的调整等（选项C）；(3) 是否已在附注中充分披露对比较信息作出调整的原因和性质，以及比较信息中受影响的项目名称和更正金额（选项D）。

7. 【答案】AB
解析：如果注册会计师认为审计报告日后获取的其他信息存在重大错报，应采取以下措施：(1) 如果其他信息得以更正，注册会计师应当根据具体情形实施必要的程序（选项D正确）；(2) 如果与治理层沟通后其他信息未得到更正，注册会计师应当考虑其法律权利和义务，并采取恰当的措施，以提醒审计报告使用者恰当关注未更正的重大错报（选项C正确）。

8. 【答案】ABD
解析：审计报告包含的其他信息部分应当包括：(1) 管理层对其他信息负责的说明。(2) 指明：①注册会计师于审计报告日前已获取的其他信息（如有）（选项A）；②对于上市实体财务报表审计，预期将于审计报告日后获取的其他信息（如有）（选项B）；③说明注册会计师的审计意见未涵盖其他信息，因此，注册会计师对其他信息不发表（或不会发表）审计意见或任何形式的鉴证结论（选项C错误）；④描述注册会计师根据审计准则的要求，对其他信息进行阅读、考虑和报告的责任；⑤如果审计报告日前已经获取其他信息，则选择下列两种做法之一进行说明：a. 说明注册会计师无任何需要报告的事项；b. 如果注册会计师认为其他信息存在未更正的重大错报，说明其他信息中的未更正重大错报（选项D）。

三、简答题

1. 【答案】
(1) 不恰当。除法律法规另有规定外，无法表示意见审计报告中不得包含关键审计事项部分。
(2) 不恰当。应当在关键审计事项部分说明：除形成保留意见的基础部分所描述的事项外，我们确定不存在其他需要在审计报告中沟通的关键审计事项。
(3) 不恰当。管理层未在财务报表附注中披露该情况，不应当增加强调事项段说明。
(4) 恰当。
(5) 不恰当。关键审计事项不能替代管理层未披露事项。
(6) 不恰当。该事项应当在强调事项段进行沟通。

2. 【答案】
(1) 不恰当。无法表示意见审计报告中不得包含其他信息部分，除非法律法规另有规定。
(2) 不恰当。如果导致上期财务报表出具非无保留意见的事项对本期既不相关也不重大，则注册会计师无须因此对本期财务报表发表非无保留意见。
(3) 不恰当。由于无法获取充分、适当的审计证据，注册会计师应当出具保留意见/无法表示意见审计报告。
(4) 不恰当。比较数据存在重大错报但不广泛，应当出具保留意见的审计报告。
(5) 不恰当。关键审计事项必须是已经得到满意解决的事项/关键审计事项不能替代非无保留意见。

（6）不恰当。违反法律法规行为对财务报表具有重大影响，且未能在财务报表中得到恰当反映，注册会计师应当出具保留意见或否定意见的审计报告。

3. 【答案】

（1）恰当。

（2）恰当。

（3）不恰当。截至审计报告日监管调查尚无结论，表明监管行动的未来结果存在不确定性，应当考虑在强调事项段中说明。

（4）不恰当。导致上期发表保留意见的事项未得到解决/对本期数据仍有影响，应发表保留意见。

（5）恰当。

第二十章　企业内部控制审计

本章考情分析

本章需要重点掌握的知识点包括：第一，内部控制审计的概念（教材 20.1）；第二，自上而下的方法（教材 20.3）；第三，测试控制的有效性（教材 20.4）；第四，内部控制缺陷评价（教材 20.8）；第五，出具审计报告（教材 20.9）。

本章是比较重要的考试章节，最近三年的考题均为客观题，平均考试分值 3 分左右。

本章需要大家重点掌握的知识点（含可能题型），归纳如下表。

序号	知识点	题型	难易程度
1	内部控制审计概念	单选	中
2	财务报表审计与内部控制审计	单选、多选	难
3	内部控制审计的范围	单选	难
4	内部控制审计基准日	单选	中
5	对内部控制有效性的初步判断	多选	中
6	总体审计策略和具体审计计划	单选、多选	易
7	自上而下的方法	单选、多选	中
8	识别重要账户、列报及其相关认定	单选、多选	难
9	了解潜在错报的来源	单选、多选	中
10	实施穿行测试	单选、多选	中
11	选择拟测试的控制	单选、多选	中
12	控制测试的时间安排	单选、多选	难
13	控制测试的范围	单选、多选	难
14	预防性控制与检查性控制	单选、多选	中
15	评价控制缺陷	单选	中
16	内部控制缺陷整改	单选、多选	中
17	无保留意见内部控制审计报告的适用情况	单选、多选	中
18	内部控制存在重大缺陷时的处理	单选、多选	难
19	审计范围受到限制时的处理	单选、多选	难

续表

序号	知识点	题型	难易程度
20	强调事项	多选	中
21	非财务报告内部控制重大缺陷	多选	中

2021 年教材主要变化

1. 增加整合审计相关内容。
2. 增加应对舞弊风险的考虑相关内容。
3. 增加以前审计获取的有关控制运行有效性的审计证据相关内容。
4. 除上述修订内容外，修改了其他内容的部分文字表述。

本章考点框架

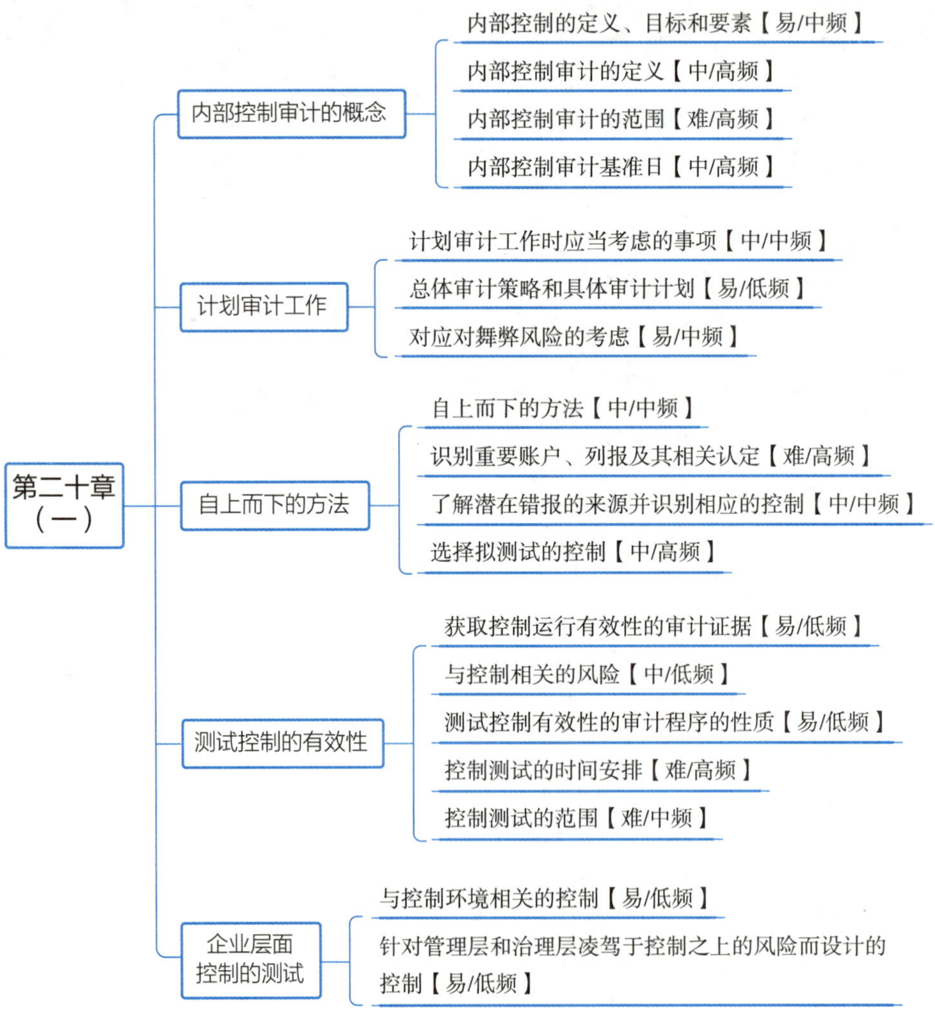

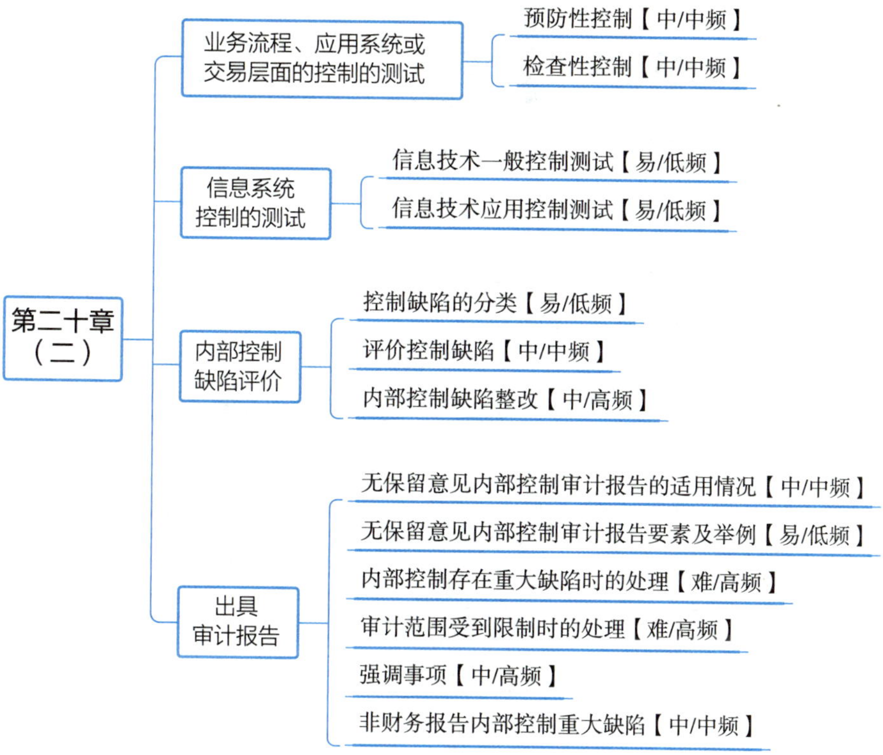

本章重难点精讲

提示

本章教材内容体系如图 20-1 所示：

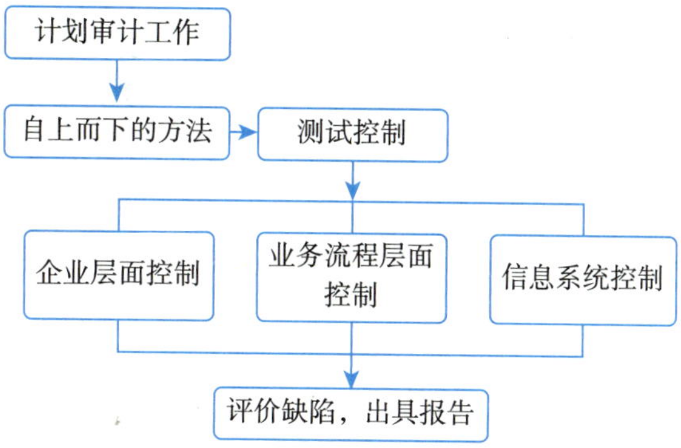

图 20-1 本章内容框架

本章内部控制审计是针对财务报表审计（教材第 1 至 19 章）而言的另一项审计业务。包括承接业务后的计划审计工作、实施内部控制测试、评价内部控制缺陷、形成审计结论、出具内部控制审计报告的体系。其中，自上而下的方法是内部控制审计业务中比较特殊的内容。本章属于比较重要的章节，快扫听课二维码，助您“码”上通关

第一节　内部控制审计的概念

本节视频详解
使用“会计云课堂”App/微信扫码听课

01 考点 1 内部控制的定义、目标和要素（★★）

根据《企业内部控制基本规范》（财会［2008］7 号），企业内部控制是一个由控制目标、控制要素和被控制业务单元和职能部门构成的控制系统，如图 20-2 所示。

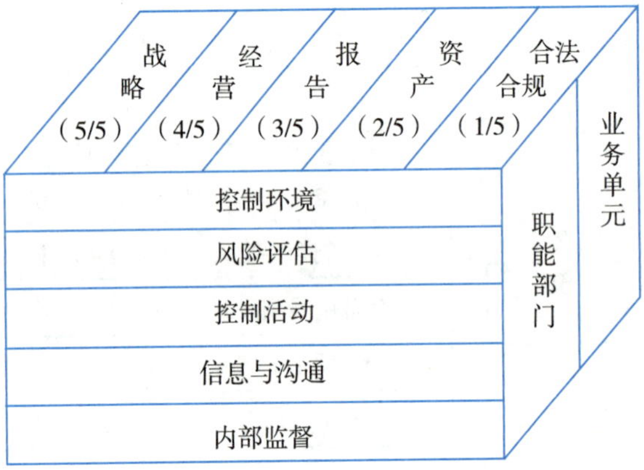

图 20-2　内部控制目标与要素

【看图说话】企业内部控制目标和要素（5 目标+5 要素），不同于财务报表审计中的内部控制概念（教材 7.4 中的3 目标+5 要素）。

企业内部控制定义、目标和类别的具体内容，归纳如下表。

内部控制	具体内容
定义	是由企业董事会、监事会、经理层和全体员工实施的旨在实现控制目标的过程
目标	合法合规目标（1/5，经营管理合法合规） 资产目标（2/5，资产安全） 报告目标（3/5，财务报告及相关信息的真实完整） 经营目标（4/5，经营效率和效果） 战略目标（5/5，实现发展战略）
财务报告内部控制	与报告目标（3/5）、资产目标（2/5）相关的部分
非财务报告内部控制	与合法合规目标（1/5）、经营目标（4/5）和战略目标（5/5）相关的部分

为方便您在学习中可以快速了解知识点的重要程度，本书中将知识点进行分类。★★★代表重要知识点，★★代表次重要知识点，★代表非重要知识点。

02 考点2 内部控制审计的定义（★★★）

（一）内部控制审计与整合审计

类别	内容
内部控制审计的定义	指会计师事务所接受委托，对特定基准日内部控制设计与运行的有效性进行审计
整合审计的定义	指注册会计师将内部控制审计与财务报表审计整合进行
整合审计中可同时实现的目标	（1）获取充分、适当的证据，支持其在内部控制审计中对内部控制有效性发表的意见 （2）获取充分、适当的证据，支持其在财务报表审计中对控制风险的评估结果

（二）内部控制审计与财务报表审计

事项	内部控制审计	财务报表审计
审计目的	对财务报告内部控制的有效性发表审计意见，并对内部控制审计过程中注意到的非财务报告内部控制的重大缺陷，在内部控制审计报告中增加“非财务报告内部控制重大缺陷描述段”予以披露	对财务报表是否在所有重大方面按照适用的财务报告编制基础编制并实现公允反映发表审计意见
了解和测试内部控制的目的	对内部控制的有效性发表审计意见	识别、评估和应对重大错报风险，据此确定实质性程序的性质、时间安排和范围，并获取与财务报表是否在所有重大方面按照适用的财务报告编制基础编制相关的审计证据，以支持对财务报表发表的审计意见
测试范围	针对所有重要账户和列报的每一个相关认定获取控制设计和运行有效性的审计证据	存在下列情形之一时，应当实施控制测试： （1）在评估认定层次重大错报风险时，预期控制的运行是有效的 （2）仅实施实质性程序并不能够提供认定层次充分、适当的审计证据
测试期间	仅需要针对内部控制在基准日前足够长的一段时间（可能短于整个审计期间）内的运行有效性获取审计证据	一旦确定需要测试，则应当测试内部控制在整个拟信赖期间运行的有效性
测试样本量	对结论可靠性的要求高，测试的样本量大	对结论可靠性的要求取决于计划从控制测试中获取的保证程度（或减少实质性程序工作量的程度），样本量相对较小
结果报告	（1）对外披露 （2）以正面、积极的方式对财务报告内部控制是否有效发表审计意见	（1）通常不对外披露 （2）以管理建议书的方式向管理层或治理层报告财务报表审计过程中发现的内部控制重大缺陷，没有义务专门实施审计程序，以发现和报告内部控制重大缺陷

03 考点3 内部控制审计的范围（★★★）

内部控制审计的范围、审计意见涵盖的范围、企业层面的内部控制等具体内容，归纳如下表。

事项	具体内容
内部控制审计的范围	（1）内部控制审计的范围严格限定为财务报告内部控制审计 （2）财务报告内部控制分为企业层面的内部控制和业务流程、应用系统或交易层面的内部控制
审计意见涵盖的范围	（1）审计意见涵盖的范围针对的是特定基准日（时间维度）的财务报告内部控制（空间维度）设计与运行的有效性 （2）虽然注册会计师不对非财务报告内部控制的有效性发表审计意见，但应当针对审计过程中注意到的非财务报告内部控制的重大缺陷，在内部控制审计报告中增加“非财务报告内部控制重大缺陷描述段”予以披露
企业层面的内部控制（链接教材20.3）	（1）与控制环境相关的控制 （2）针对管理层和治理层凌驾于控制之上的风险而设计的控制 （3）被审计单位的风险评估过程 （4）对内部信息传递和期末财务报告流程的控制 （5）对控制有效性的内部监督和内部控制评价 （6）集中化的处理和控制、监控经营成果的控制以及针对重大经营控制及风险管理实务的政策

04 考点4 内部控制审计基准日（★★★）

内部控制审计基准日需要从以下四个层面分析和理解。具体内容，归纳如下表。

基准日	具体内容
定义	指注册会计师评价内部控制在某一时日是否有效所涉及的基准日，也是被审计单位评价基准日，即最近一个会计期间截止日
发表审计意见针对的是特定基准日	注册会计师是对特定基准日内部控制的有效性发表意见，而不是对财务报表涵盖的整个期间的财务报告内部控制的有效性发表意见
考察足够长一段时间	对特定基准日内部控制的有效性发表意见，并不意味着注册会计师只测试基准日这一天的内部控制，而是需要考察足够长一段时间内部控制设计和运行的情况
整合审计中的特定基准日	在整合审计中，控制测试所涵盖的期间应当尽量与财务报表审计中拟信赖内部控制的期间保持一致

第二节　计划审计工作

本节视频详解
使用“会计云课堂”App/微信扫码听课

01 考点 1 计划审计工作时应当考虑的事项（★★）

注册会计师在计划审计工作时应当评价的事项包括以下八个方面，归纳如下表。

了解事项	了解目的	了解内容
与企业相关的风险（1/8）	识别重要账户、重要列报和相关认定以及识别重大业务流程，对内部控制审计的重大风险形成初步评价	企业在经营活动中面临的各种风险，重点关注那些对财务报表可能产生重要影响的风险以及这些风险当年的变化
相关法律法规和行业概况（2/8）	对被审计单位经营环境的影响	与被审计单位业务相关的法律法规及其合规性以及行业因素
企业组织结构、经营特点和资本结构等相关重要事项（3/8）	评价是否存在重大的、可能引起财务报表重大错报的非常规业务和关联交易，是否构成财务报表重大错报风险，以及相关控制是否可能存在重大缺陷	（1）被审计单位的股权结构、企业的实际控制人及关联方 （2）企业的子公司、合营公司、联营公司以及财务报表合并范围 （3）企业的组织机构、治理结构 （4）业务及区域的分部设置和管理架构 （5）企业的负债结构和主要条款，包括资产负债表外的筹资安排等
企业内部控制最近发生变化的程度（4/8）	根据内部控制发生的变化及变化程度，相应地调整审计计划	本期内部控制发生的变化以及变化的程度，包括新增的业务流程、原有业务流程的变更、内部控制执行人的变更等
与企业沟通过的内部控制缺陷（5/8）	评价未得到有效整改的以前年度发现的内部控制缺陷对当期内部控制审计意见的影响	被审计单位对以前年度审计中发现的内部控制缺陷所采取的改进措施及改进结果
重要性、风险等与确定内部控制重大缺陷相关的因素（6/8）	识别高风险领域	更多关注内部控制审计的高风险领域，而没有必要测试那些即使有缺陷也不可能导致财务报表重大错报的控制
对内部控制有效性的初步判断（7/8）	形成对内部控制有效性的初步判断（即对控制测试的计划）	对于内部控制可能存在重大缺陷的领域，注册会计师应给予充分的关注，具体表现在： （1）对相关的内部控制亲自进行测试而非利用他人工作 （2）在接近内部控制评价基准日的时间测试内部控制 （3）选择更多的组成部分进行测试 （4）扩大相关内部控制的控制测试范围等

续表

了解事项	了解目的	了解内容
可获取的、与内部控制有效性相关的证据的类型和范围(8/8)	计划内部控制测试的时间安排、性质和范围	可获取的、与内部控制有效性相关的证据的类型和范围

02 考点2 总体审计策略和具体审计计划（★）

内部控制审计的审计计划包括两个层次，即总体审计策略和具体审计计划。具体内容，归纳如下表。

审计计划	具体内容
总体审计策略	(1) 确定审计业务的特征，以界定审计范围 (2) 明确审计业务的报告目标，以计划审计的时间安排和所需沟通的性质 (3) 根据职业判断，考虑用以指导项目组工作方向的重要因素 (4) 考虑初步业务活动的结果，并考虑对被审计单位执行其他业务时获得的经验是否与内部控制审计业务相关 (5) 确定执行业务所需资源的性质、时间安排和范围
具体审计计划	(1) 了解和识别内部控制的程序的性质、时间安排和范围 (2) 测试控制设计有效性的程序的性质、时间安排和范围 (3) 测试控制运行有效性的程序的性质、时间安排和范围

03 考点3 对应对舞弊风险的考虑（★★）

(1) 在计划和实施内部控制审计工作时，注册会计师应当考虑财务报表审计中对舞弊风险的评估结果。

(2) 在识别和测试企业层面控制以及选择其他控制进行测试时，注册会计师应当评价被审计单位的内部控制是否足以应对识别出的、由于舞弊导致的重大错报风险，并评价为应对管理层和治理层凌驾于控制之上的风险而设计的控制。

(3) 如果在内部控制审计中识别出旨在防止或发现并纠正舞弊的控制存在缺陷，注册会计师应当按照规定，在财务报表审计中制定重大错报风险的应对方案时考虑这些缺陷。

第三节 自上而下的方法

本节视频详解
使用"会计云课堂"App/微信扫码听课

01 考点1 自上而下的方法（★★）

自上而下的方法的工作思路和工作步骤，归纳如下表。

自上而下的方法	内容
工作思路	（1）始于财务报表层次，从注册会计师对财务报告内部控制整体风险的了解开始 （2）重点放在企业层面的控制上，并将工作逐渐下移至重要账户、列报及其相关认定 （3）落实到评估的每个相关认定，并选择能足以应对评估的每个相关认定的重大错报风险的控制进行测试
工作步骤	（1）从财务报表层次初步了解内部控制整体风险 （2）识别、了解和测试企业层面控制 （3）识别重要账户、列报及其相关认定 （4）了解潜在错报的来源并识别相应的控制 （5）选择拟测试的控制

【提示】

（1）自上而下的方法最终需要落地的是测试重要账户、列报及其相关认定的控制。

（2）注册会计师不需要测试所有账户、列报及其相关认定的控制。

02 考点2 识别重要账户、列报及其相关认定（★★★）

（一）重要账户或列报的含义

如果某账户或列报可能存在一个错报，该错报单独或连同其他错报将导致财务报表发生重大错报，则该账户或列报为重要账户或列报。

（二）评价重要账户或列报（定量+定性）

评价事项	具体要求
定量评价	（1）超过财务报表整体重要性的账户，无论是在内部控制审计还是在财务报表审计中，通常情况下被认定为重要账户 （2）一个账户或列报，即使从性质方面考虑与之相关的风险较小，但其金额超过财务报表整体重要性越多，该账户或列报被认定为重要账户或列报的可能性也就越大 （3）一个账户或列报的金额超过财务报表整体重要性，并不必然表明其属于重要账户或列报，因为注册会计师还需要考虑定性的因素；同理，定性的因素也可能导致注册会计师将低于财务报表整体重要性的账户或列报认定为重要账户或列报

续表

评价事项	具体要求
定性评价	即使某账户或列报从金额上看并不重大，但这些固有风险或舞弊风险很有可能导致重大错报（该错报单独或连同其他错报将导致财务报表发生重大错报）
不应考虑控制的影响	在识别重要账户、列报及其相关认定时，注册会计师不应考虑控制的影响，因为内部控制审计的目标本身就是评价控制的有效性
确定重大错报的可能来源	可以通过考虑在特定的重要账户或列报中错报可能发生的领域和原因，确定重大错报的可能来源
以前年度审计中了解的情况影响对固有风险的评估	以前年度审计中识别的错报会影响注册会计师对某账户、列报及其相关认定固有风险的评估

03 考点3 了解潜在错报的来源并识别相应的控制（★★）

（一）了解潜在错报的来源（4个目标）

注册会计师应当实现下列目标，以进一步了解潜在错报的来源，并为选择拟测试的控制奠定基础：

（1）了解与相关认定有关的交易的处理流程，包括这些交易如何生成、批准、处理及记录；

（2）验证注册会计师识别出的业务流程中可能发生重大错报（包括由于舞弊导致的错报）的环节；

（3）识别被审计单位用于应对这些错报或潜在错报的控制；

（4）识别被审计单位用于及时防止或发现并纠正未经授权的、导致重大错报的资产取得、使用或处置的控制。

注册会计师应当亲自执行能够实现上述目标的程序，或对提供直接帮助的人员的工作进行督导。

（二）实施穿行测试

穿行测试	具体内容
目的	实现了解潜在错报的来源的四个目标和评价控制设计的有效性以及确定控制是否得到执行的有效方法
需要实施的情形	下列情况下，注册会计师一般会实施穿行测试： （1）存在较高固有风险的复杂领域 （2）以前年度审计中识别出的缺陷(需要考虑缺陷的严重程度） （3）由于引入新的人员、新的系统、收购和采取新的会计政策而导致流程发生重大变化
首次审计时的考虑	如果注册会计师首次接受委托执行内部控制审计，通常预期注册会计师会对重要流程实施穿行测试
测试规模	（1）一般而言，对每个重要流程，选取一笔交易或事项实施穿行测试即可 （2）如果被审计单位采用集中化的系统为多个组成部分执行重要流程，则可能不必在每个重要的经营场所或业务单位选取一笔交易或事项实施穿行测试

04 考点4 选择拟测试的控制（★★★）

（一）选择拟测试控制的基本要求

（1）注册会计师应当针对每一相关认定获取控制有效性的审计证据，以便对内部控制整体的有效性发表意见，但没有责任对单项控制的有效性发表意见。

（2）注册会计师应当对被审计单位的控制是否足以应对评估的每个相关认定的错报风险形成结论。因此，注册会计师应当选择对形成这一评价结论具有重要影响的控制进行测试。

（3）对特定的相关认定而言，可能有多项控制用以应对评估的错报风险；反之，一项控制也可能应对评估的多项相关认定的错报风险。注册会计师没有必要测试与某项相关认定有关的所有控制。

（4）在确定是否测试某项控制时，注册会计师应当考虑该项控制单独或连同其他控制，是否足以应对评估的某项相关认定的错报风险，而不论该项控制的分类和名称如何。

（二）选择关键控制测试

注册会计师在选取拟测试的控制时，通常不会选取整个流程中的所有控制，而是选择关键控制，即能够为一个或多个重要账户或列报的一个或多个相关认定提供最有效果或最有效率的证据的控制。每个重要账户、认定和/或重大错报风险至少应当有一个对应的关键控制。

（三）可能不必测试所有流程、交易或应用层面的控制

（1）在采用自上而下的方法执行内部控制审计时，如果识别并选取了能够充分应对重大错报风险的控制，则不需要再测试针对同样认定的其他控制。

（2）注册会计师在考虑是否有必要测试业务流程、应用系统或交易层面的控制之前，首先要考虑测试那些与重要账户的认定相关的企业层面控制的有效性。如果企业层面控制是有效的且得到精确执行，能够及时防止或发现并纠正影响一个或多个认定的重大错报，注册会计师可能不必就所有流程、交易或应用层面的控制的运行有效性获取审计证据。

（四）选择能够以最有效的方式予以测试的控制

（1）注册会计师应当选择测试那些对形成内部控制审计意见有重大影响的控制。对于与所有重要账户和列报相关的所有相关认定，注册会计师都需要取得关于控制设计和运行是否有效的证据。

（2）如果存在多个控制均应对相关认定的重大错报风险，注册会计师通常会选择那个（些）能够以最有效的方式予以测试的控制。

（五）管理层执行内部控制自我评价时选择测试的控制可能多于注册会计师测试的控制

（1）企业管理层在执行内部控制自我评价时选择测试的控制，可能多于注册会计师认为为了评价内部控制的有效性有必要测试的控制。

（2）管理层执行内部控制自我评价时选择测试哪些控制的决定，不影响注册会计师的控制测试决策，注册会计师只需要测试那些对形成内部控制审计意见有重大影响的控制。

第四节　测试控制的有效性

01 考点 1 获取控制运行有效性的审计证据（★）

注册会计师获取的有关控制运行有效性的审计证据包括：

（1）控制在所审计期间的相关时点是如何运行的；

（2）控制是否得到一贯执行；

（3）控制由谁或以何种方式执行。

02 考点 2 与控制相关的风险（★）

（一）与控制相关的风险的内涵

与控制相关的风险包括一项控制可能无效的风险，以及如果该控制无效，可能导致重大缺陷的风险。与控制相关的风险越高，注册会计师需要获取的审计证据就越多。

（二）与某项控制相关的风险的影响因素

（1）该项控制拟防止或发现并纠正的错报的性质和重要程度；

（2）相关账户、列报及其认定的固有风险；

（3）交易的数量和性质是否发生变化，进而可能对该项控制设计或运行的有效性产生不利影响；

（4）相关账户或列报是否曾经出现错报；

（5）企业层面控制（特别是监督其他控制的控制）的有效性；

（6）该项控制的性质及其执行频率；

（7）该项控制对其他控制（如控制环境或信息技术一般控制）有效性的依赖程度；

（8）执行该项控制或监督该项控制执行的人员的专业胜任能力，以及其中的关键人员是否发生变化；

（9）该项控制是人工控制还是自动化控制；

（10）该项控制的复杂程度，以及在运行过程中依赖判断的程度。

在连续审计中，影响与控制相关的风险的因素还包括：

（1）以前审计所执行的审计程序的性质、时间安排和范围；

（2）以前审计控制测试的结果；

（3）自上次审计以来控制或流程是否发生变化。

03 考点 3 测试控制有效性的审计程序的性质（★）

注册会计师测试控制有效性的程序包括以下四种，归纳如下表。

程序	具体要求
询问	注册会计师通过与被审计单位有关人员进行讨论可以取得与内部控制相关的信息
观察	观察可以提供执行有关过程或程序的审计证据，但观察所提供的审计证据仅限于观察发生的时点，而且被观察人员的行为可能因被观察而受到影响，这也会使观察提供的审计证据受到限制
检查	检查记录和文件可以提供可靠程度不同的审计证据，审计证据的可靠性取决于记录或文件的性质和来源，而在检查内部记录和文件时，其可靠性则取决于生成该记录或文件的内部控制的有效性

续表

程序	具体要求
重新执行	重新执行的目的是评价控制的有效性，而不是测试特定交易或余额的存在或准确性，即定性而非定量，因此一般不必选取大量的项目，也不必特意选取金额重大的项目进行测试

04 考点4 控制测试的时间安排（★★★）

与控制测试的时间安排相关的事项，归纳如下表。

控制测试的时间安排	具体要求
确定测试时间的考虑因素	为了获取充分、适当的审计证据，注册会计师应当在下列两个因素之间作出平衡，以确定测试的时间： （1）尽量在接近基准日实施测试 （2）实施的测试需要涵盖足够长的期间
整合审计中的测试时间	在整合审计中测试控制在整个会计年度的运行有效性时，注册会计师可以进行期中测试，然后对剩余期间实施前推测试，或将样本分成两部分，一部分在期中测试，另一部分在临近年末的期间测试
可以实施期中测试的情形	与所测试的控制相关的风险越低，注册会计师需要对该控制获取的审计证据就越少，可能对该控制实施期中测试就可以为其运行有效性提供充分、适当的审计证据
应当选择更接近基准日的测试时间	如果与所测试的控制相关的风险越高，需要获取的证据就越多，注册会计师应当取得一部分更接近基准日的证据
不再需要测试被取代的控制	如果注册会计师认为新的控制能够满足控制的相关目标，而且新控制已运行足够长的时间，足以使注册会计师通过实施控制测试评估其设计和运行的有效性，则注册会计师不再需要测试被取代的控制的设计和运行有效性
适当地测试被取代的控制	如果被取代的控制的运行有效性对注册会计师执行财务报表审计时的控制风险评估具有重要影响，注册会计师应当适当地测试这些被取代的控制的设计和运行的有效性
不能利用以前审计中获取的审计证据	对于内部控制审计，除考虑对自动化应用控制实施与基准相比较的策略外，注册会计师不能利用以前审计中获取的有关控制运行有效性的审计证据，而是需要每年获取有关控制有效性的审计证据
剩余期间所需补充审计证据的影响因素	在将期中测试结果前推至基准日时，注册会计师应当考虑下列因素以确定需获取的补充审计证据： （1）基准日之前测试的特定控制，包括与控制相关的风险、控制的性质和测试的结果 （2）期中获取的有关审计证据的充分性和适当性 （3）剩余期间的长短 （4）期中测试之后，内部控制发生重大变化的可能性 （5）注册会计师基于对控制的依赖程度拟减少进一步实质性程序的程度（仅适用于整合审计） （6）控制环境

续表

控制测试的时间安排	具体要求
是否需要对自动化控制实施前推测试	(1) 如果信息技术一般控制有效且关键的自动化控制未发生任何变化，注册会计师就不需要对该自动化控制实施前推测试 (2) 如果注册会计师在期中对重要的信息技术一般控制实施了测试，则通常还需要对其实施前推程序
需要在接近基准日的期间测试	(1) 如果注册会计师认为一个或一个以上重要的信息技术一般控制无效，注册会计师需要评估其对总体信息技术环境以及对任何依赖这些信息技术一般控制的自动化控制的持续有效性的影响 (2) 如果重要的信息技术一般控制无效，且无法获得其他替代证据以证实关键的自动化控制自其上次被测试后未发生变化，注册会计师在执行内部控制审计时，通常就需要获取有关该自动化控制在接近基准日的期间内是否有效运行的证据

05 考点5 控制测试的范围（★★）

（一）测试人工控制的最小样本规模

在测试人工控制时，如果采用检查或重新执行程序，注册会计师测试的最小样本规模区间参见下表。

测试人工控制的最小样本规模区间

控制运行频率	控制运行的总次数	测试的最小样本规模区间
每年1次	1	1
每季1次	4	2
每月1次	12	2～5
每周1次	52	5～15
每天1次	250	20～40
每天多次	大于250次	25～60

【提示】在运用上表时，注册会计师应当注意下列事项：

(1) 测试的最小样本规模是指所需测试的控制运行次数；

(2) 注册会计师应当根据与控制相关的风险，基于最小样本规模区间确定具体的样本规模；

(3) 上表假设控制的运行偏差率预期为零。如果预期偏差率不为零，注册会计师应当扩大样本规模；

(4) 如果注册会计师不能确定控制运行的频率，但是知道控制运行的总次数，仍可根据“控制运行的总次数”一列确定测试的最小样本规模。

（二）对自动化控制的考虑

除非系统（包括系统使用的表格、文档或其他永久性数据）发生变动，注册会计师通常不需要增加自动化控制的测试范围。

（三）发现控制偏差时应当考虑的事项

如果发现控制偏差，注册会计师应当确定对下列事项的影响：

（1）与所测试控制相关的风险的评估；

（2）需要获取的审计证据；

（3）控制运行有效性的结论。

（四）考虑偏差的性质

如果发现的控制偏差是系统性偏差或人为有意造成的偏差，注册会计师应当考虑舞弊的可能迹象以及对审计方案的影响。

（五）考虑偏差是否构成控制缺陷时涉及的因素

在评价控制测试中所发现的某项控制偏差是否为控制缺陷时，注册会计师可以考虑的因素包括：

（1）该偏差是如何被发现的。例如，如果某控制偏差是被另外一项控制所发现的，则可能意味着被审计单位存在有效的检查性控制。

（2）该偏差是与某一特定的地点、流程或应用系统相关，还是对被审计单位有广泛影响。

（3）就被审计单位的内部政策而言，该控制出现偏差的严重程度。例如，某项控制在执行上晚于被审计单位政策要求的时间，但仍在编制财务报表之前得以执行，还是该项控制根本没有得以执行。

（4）与控制运行频率相比，偏差发生的频率高低。

（六）针对发现的偏差的应对措施

（1）由于有效的内部控制不能为实现控制目标提供绝对保证，单项控制并非一定要毫无偏差地运行，才被认为有效。

（2）如果发现控制偏差，注册会计师应当考虑偏差的原因及性质，并考虑采用扩大样本规模等适当的应对措施以判断该偏差是否对总体不具有代表性。

例如，对每日发生多次的控制，如果初始样本规模为 25 个，当测试发现一项控制偏差，且该偏差不是系统性偏差时，注册会计师可以扩大样本规模进行测试。如果测试后再次发现偏差，则注册会计师可以得出该控制无效的结论。如果扩大样本规模没有再次发现偏差，则注册会计师可以得出控制有效的结论。

第五节　企业层面控制的测试

本节视频详解
使用“会计云课堂” App/ 微信扫码听课

01 考点 1 与控制环境相关的控制（★）

与控制环境相关的含义、作用以及了解和测试的要素，归纳如下表。

控制环境	具体内容
含义	控制环境包括治理职能和管理职能，以及治理层和管理层对内部控制及其重要性的态度、认识和行动
基础作用	控制环境设定了被审计单位的内部控制基调，影响员工的内部控制意识。良好的控制环境是实施有效内部控制的基础
了解和测试的要素	（1）在进行内部控制审计时，注册会计师可以首先了解控制环境的各个要素，在此过程中注册会计师应当考虑其是否得到执行 （2）在了解的基础上，注册会计师可以选择那些对财务报告内部控制有效性的结论产生重要影响的企业层面控制进行测试

02 考点 2 针对管理层和治理层凌驾于控制之上的风险而设计的控制（★）

与凌驾风险相关的含义、总体要求以及凌驾风险的控制，归纳如下表。

凌驾风险	具体内容
含义	指管理层和治理层凌驾于控制之上的风险
总体要求	注册会计师可以根据对被审计单位进行的舞弊风险评估作出判断，选择相关的企业层面控制进行测试，并评价这些控制是否能有效应对已识别的可能导致财务报表发生重大错报的凌驾风险
了解凌驾风险的控制	一般而言，针对凌驾风险采用的控制包括但不限于： （1）针对重大的异常交易（尤其是那些导致会计分录延迟或异常的交易）的控制 （2）针对关联方交易的控制 （3）与管理层的重大估计相关的控制 （4）能够减弱管理层伪造或不恰当操纵财务结果的动机及压力的控制 （5）建立内部举报投诉制度

第六节 业务流程、应用系统或交易层面的控制的测试

本节视频详解
使用“会计云课堂” App/ 微信扫码听课

01 考点 1 预防性控制（★★）

预防性控制的适用范围、更多依赖自动控制和对程序修改的控制和访问控制，归纳如下表。

预防性控制	具体内容
适用范围	通常用于正常业务流程的每一项交易，以防止错报的发生
更多依赖自动控制	对于较复杂的业务流程，被审计单位通常更依赖自动控制
对程序修改的控制和访问控制	（1）对于处理大量业务的复杂业务流程，被审计单位通常使用对程序修改的控制和访问控制，来确保自动控制的持续有效 （2）实施针对程序修改的控制，是为了确保所有对计算机程序的修改在实施前都经过适当的授权、测试以及核准 （3）实施访问控制，是为了确保只有经过授权的人员和程序才有权访问数据，且只能在预先授权情况下才能处理数据（如查询、执行和更新） （4）程序修改的控制和访问控制通常不能直接防止错报，但对于确保自动控制在整个拟信赖期间内的有效性有着十分重要的作用

02 考点 2 检查性控制（★★）

检查性控制的适用范围、目的、方式以及评价，归纳如下表。

检查性控制	具体内容
适用范围	通常并不适用于业务流程中的所有交易，而适用于一般业务流程以外的已经处理或部分处理的某类交易，可能一年只运行几次，如每月将应收账款明细账与总账比较；也可能每周运行，甚至一天运行几次
控制目的	（1）发现流程中可能发生的错报 （2）监督其流程和相应的预防性控制能否有效地发挥作用 （3）用来监督实现流程目标
控制方式	（1）可以由人工执行也可以由信息系统自动执行 （2）可能是正式建立的程序，如编制银行存款余额调节表，并追查调节项目或异常项目，也可能是非正式的程序
评价检查性控制	如果确信存在以下情况，那么就可以将检查性控制作为一个主要的手段，来合理保证某特定认定发生重大错报的可能性较小： （1）控制所检查的数据是完整、可靠的 （2）控制对于发现重大错报足够敏感 （3）发现的所有重大错报都将被纠正

第七节　信息系统控制的测试

本节视频详解
使用"会计云课堂"App/ 微信扫码听课

01 考点 1 信息技术一般控制测试（★）

信息技术一般控制的定义、与财务报告认定的关系及内容，归纳如下表。

信息技术一般控制	具体内容
定义	指为了保证信息系统的安全，对整个信息系统以及外部各种环境要素实施的、对所有的应用或控制模块具有普遍影响的控制措施
与财务报告认定的关系	通常会对实现部分或全部财务报告认定做出间接贡献。在有些情况下，也可能对实现信息处理目标和财务报告认定做出直接贡献
内容	包括程序开发、程序变更、程序和数据访问以及计算机运行四个方面

02 考点2 信息技术应用控制测试（★）

信息技术应用控制的要素、与信息技术一般控制的对比、与手工控制的对比等具体内容，归纳如下表。

信息技术应用控制	具体内容
要素	与手工控制一样，自动系统控制同样关注信息处理目标的四个要素：完整性、准确性、经过授权和访问限制
比信息技术一般控制要显著得多	自动系统控制造成的影响程度比信息技术一般控制要显著得多
需要手工调查	自动系统控制需要进一步的手工调查
与手工控制对应	所有的自动应用控制都会有一个手工控制与之相对应
与手工控制一起进行测试	在测试的时候，每个自动系统控制都要与其对应的手工控制一起进行测试，才能得到控制是否可信赖的结论

第八节 内部控制缺陷评价

本节视频详解
使用“会计云课堂”App/微信扫码听课

01 考点1 控制缺陷的分类（★）

（一）内部控制缺陷按其成因分类

内部控制缺陷类别	含义
设计缺陷	缺少为实现控制目标所必需的控制，或现有控制设计不适当，即使正常运行也难以实现预期的控制目标
运行缺陷	现存设计适当的控制没有按设计意图运行，或执行人员没有获得必要授权或缺乏胜任能力，无法有效地实施内部控制

（二）内部控制缺陷按其严重程度分类

内部控制缺陷类别	含义
重大缺陷	内部控制中存在的、可能导致不能及时防止或发现并纠正财务报表出现重大错报的一项控制缺陷或多项控制缺陷的组合
重要缺陷	内部控制中存在的、其严重程度不如重大缺陷但足以引起负责监督被审计单位财务报告的人员（如审计委员会或类似机构）关注的一项控制缺陷或多项控制缺陷的组合
一般缺陷	内部控制中存在的、除重大缺陷和重要缺陷之外的控制缺陷

02 考点2 评价控制缺陷（★★）

评价控制缺陷需要从影响因素、控制缺陷是否构成重大缺陷以及评价补偿性控制等方面考虑。具体内容，归纳如下表。

控制缺陷	具体内容
影响控制缺陷严重程度的因素	控制缺陷严重程度取决于（可能性+重大性）： （1）控制不能防止或发现并纠正账户或列报发生错报的可能性的大小（可能性） （2）因一项或多项控制缺陷导致的潜在错报的金额大小（重大性）
评价可能性的风险因素	在评价一项控制缺陷或多项控制缺陷的组合是否可能导致账户或列报发生错报时，注册会计师应当考虑的风险因素包括： （1）所涉及的账户、列报及其相关认定的性质 （2）相关资产或负债易于发生损失或舞弊的可能性 （3）确定相关金额时所需判断的主观程度、复杂程度和范围 （4）该项控制与其他控制的相互作用或关系 （5）控制缺陷之间的相互作用 （6）控制缺陷在未来可能产生的影响
评价重大性的风险因素	在评价因一项或多项控制缺陷导致的潜在错报的金额大小时，注册会计师应当考虑的因素包括： （1）受控制缺陷影响的财务报表金额或交易总额 （2）在本期或预计的未来期间受控制缺陷影响的账户余额或各类交易涉及的交易量
控制缺陷组合起来是否构成重大缺陷	（1）如果多项控制缺陷影响财务报表的同一账户或列报，错报发生的概率会增加 （2）在存在多项控制缺陷时，即使这些缺陷从单项看不重要，但组合起来也可能构成重大缺陷 （3）注册会计师应当确定，对同一重要账户、列报及其相关认定或内部控制要素产生影响的各项控制缺陷，组合起来是否构成重大缺陷
评价补偿性控制	（1）在确定一项控制缺陷或多项控制缺陷的组合是否构成重大缺陷时，注册会计师应当评价补偿性控制的影响 （2）在评价补偿性控制是否能够弥补控制缺陷时，注册会计师应当考虑补偿性控制是否有足够的精确度以防止或发现并纠正可能发生的重大错报

【提示】

（1）控制缺陷的严重程度与错报是否发生无关，而取决于控制不能防止或发现并纠正错报的可能性的大小。

（2）补偿性控制与内部控制重大缺陷"息息相关"，如果补偿性控制不能"亡羊补牢"，内部控制很可能就存在重大缺陷。

03 考点3 内部控制缺陷整改（★★★）

（一）整改的时间要求

如果被审计单位在基准日前对存在缺陷的控制进行了整改，整改后的控制需要运行足够长的时间，才能使注册会计师得出其是否有效的审计结论。

（二）整改后控制运行的最短期间

注册会计师应当根据控制的性质和与控制相关的风险，合理运用职业判断，确定整改后控制运行的最短期间（或整改后控制的最少运行次数）以及最少测试数量。

整改后控制运行的最短期间（或最少运行次数）和最少测试数量

控制运行频率	整改后控制运行的最短期间或最少运行次数	最少测试数量
每季 1 次	2 个季度	2
每月 1 次	2 个月	2
每周 1 次	5 周	5
每天 1 次	20 天	20
每天多次	25 次（分布于涵盖多天的期间，通常不少于 15 天）	25

（三）内部控制在基准日存在重大缺陷

如果被审计单位在基准日前对存在重大缺陷的内部控制进行了整改，但新控制尚没有运行足够长的时间，注册会计师应当将其视为内部控制在基准日存在重大缺陷。

第九节 出具审计报告

本节视频详解
使用"会计云课堂"App/微信扫码听课

01 考点 1 无保留意见内部控制审计报告的适用情况（★★）

如果符合下列所有条件，注册会计师应当对财务报告内部控制出具无保留意见的内部控制审计报告：

（1）在基准日，被审计单位按照适用的内部控制标准的要求，在所有重大方面保持了有效的内部控制。

（2）注册会计师已经按照《企业内部控制审计指引》的要求计划和实施审计工作，在审计过程中未受到限制。

02 考点 2 无保留意见内部控制审计报告要素及举例（★）

（一）标准内部控制审计报告要素

（1）标题；

（2）收件人；

（3）引言段；

（4）企业对内部控制的责任段；

（5）注册会计师的责任段；

（6）内部控制固有局限性的说明段；

（7）财务报告内部控制审计意见段；

（8）非财务报告内部控制重大缺陷描述段；

（9）注册会计师的签名和盖章；

（10）会计师事务所的名称、地址及盖章；

（11）报告日期。

（二）无保留意见内部控制审计报告举例

内部控制审计报告（1-标题）

××股份有限公司全体股东：（2-收件人）

按照《企业内部控制审计指引》及中国注册会计师执业准则的相关要求，我们审计了××股份有限公司（以下简称"××公司"）××年×月×日的财务报告内部控制的有效性。（3-引言段）

一、企业对内部控制的责任

按照《企业内部控制基本规范》《企业内部控制应用指引》《企业内部控制评价指引》的规定，建立健全和有效实施内部控制，并评价其有效性是××公司董事会的责任。（4-企业对内部控制的责任段）

二、注册会计师的责任

我们的责任是在实施审计工作的基础上，对财务报告内部控制的有效性发表审计意见，并对注意到的非财务报告内部控制的重大缺陷进行披露。（5-注册会计师的责任段）

三、内部控制的固有局限性

内部控制具有固有局限性，存在不能防止和发现错报的可能性。此外，由于情况的变化可能导致内部控制变得不恰当，或对控制政策和程序遵循的程度降低，根据内部控制审计结果推测未来内部控制的有效性具有一定风险。（6-内部控制固有局限性的说明段）

四、财务报告内部控制审计意见

我们认为，××公司于××年×月×日按照《企业内部控制基本规范》和相关规定在所有重大方面保持了有效的财务报告内部控制。（7-财务报告内部控制审计意见段）

五、非财务报告内部控制的重大缺陷

在内部控制审计过程中，我们注意到××公司的非财务报告内部控制存在重大缺陷[描述该缺陷的性质及其对实现相关控制目标的影响程度]。由于存在上述重大缺陷，我们提醒本报告使用者注意相关风险。需要指出的是，我们并不对××公司的非财务报告内部控制发表意见或提供保证。本段内容不影响对财务报告内部控制有效性发表的审计意见。（8-非财务报告内部控制重大缺陷描述段）

××会计师事务所　　　　中国注册会计师：×××
（盖章）　　　　　　　　（签名并盖章）
中国注册会计师：×××
（签名并盖章）
（9-注册会计师的签名和盖章）

中国××市
（10-会计师事务所的名称、地址及盖章）

××年×月×日
（11-报告日期）

03 考点3 内部控制存在重大缺陷时的处理（★★★）

内部控制存在重大缺陷时，不仅仅考虑发表否定意见，还应当考虑企业内部控制评价报告中是否包含重大缺陷以及对财务报表审计的影响。具体内容，归纳如下表。

对内部控制重大缺陷的考虑	具体内容
发表否定意见	（1）如果认为内部控制存在一项或多项重大缺陷，除非审计范围受到限制，注册会计师应当对内部控制发表否定意见 （2）否定意见的内部控制审计报告还应当包括重大缺陷的定义、重大缺陷的性质及其对内部控制的影响程度
内部控制评价报告中是否包含重大缺陷	（1）如果重大缺陷尚未包含在企业内部控制评价报告中，注册会计师应当在内部控制审计报告中说明重大缺陷已经识别、但没有包含在企业内部控制评价报告中 （2）如果企业内部控制评价报告中包含了重大缺陷，但注册会计师认为这些重大缺陷未在所有重大方面得到公允反映，注册会计师应当在内部控制审计报告中说明这一结论，并公允表达有关重大缺陷的必要信息

续表

对内部控制重大缺陷的考虑	具体内容
考虑对财务报表审计的影响	如果对内部控制的有效性发表否定意见，注册会计师应当确定该意见对财务报表审计意见的影响，并在内部控制审计报告中予以说明。例如，如果对财务报表发表的审计意见受到影响，注册会计师应当在内部控制审计报告的导致否定意见的事项段中增加以下类似说明："在××公司××年财务报表审计中，我们已经考虑了上述重大缺陷对审计程序的性质、时间安排和范围的影响。"

04 考点4 审计范围受到限制时的处理（★★★）

在内部控制审计中，注册会计师审计范围受到限制不同于财务报表审计中的审计范围受到限制。具体内容，归纳如下表。

事项	具体内容
要求	如果审计范围受到限制，注册会计师应当解除业务约定或出具无法表示意见的内部控制审计报告
考虑相关豁免规定，不构成审计范围受到限制	如果法律法规的相关豁免规定允许被审计单位不将某些实体纳入内部控制的评价范围，注册会计师可以不将这些实体纳入内部控制审计的范围。这种情况不构成审计范围受到限制，但注册会计师应当在内部控制审计报告中增加强调事项段或者在注册会计师的责任段中，就这些实体未被纳入评价范围和内部控制审计范围这一情况，作出与被审计单位类似的恰当陈述
豁免权的陈述不恰当	如果认为被审计单位有关该项豁免的陈述不恰当，注册会计师应当提请其作出适当修改。如果被审计单位未作出恰当修改，注册会计师应当在内部控制审计报告的强调事项段中说明被审计单位的陈述需要修改的理由
应当指明审计范围受到限制	在出具无法表示意见的内部控制审计报告时，注册会计师应当在内部控制审计报告中指明审计范围受到限制，无法对内部控制的有效性发表意见，并单设段落说明无法表示意见的实质性理由
不应指明所执行的程序	注册会计师不应在无法表示意见的内部控制审计报告中指明所执行的程序，也不应描述内部控制审计的特征，以避免对无法表示意见的误解
应当指明有限程序中发现内部控制重大缺陷	如果在已执行的有限程序中发现内部控制存在重大缺陷，注册会计师应当在内部控制审计报告中对重大缺陷作出详细说明

【提示】在出具无法表示意见的内部控制审计报告时，之前执行的有限程序不能提及，执行有限程序发现的内部控制存在的重大缺陷要提及。

05 考点 5 强调事项（★★★）

内部控制审计报告中增加强调事项段的情形和具体要求，归纳如下表。

增加强调事项段的情形	具体内容
存在重大事项	如果认为内部控制虽然不存在重大缺陷，但仍有一项或多项重大事项需要提请内部控制审计报告使用者注意，注册会计师应当在内部控制审计报告中增加强调事项段予以说明
内部控制评价报告对要素的列报不完整或不恰当	如果确定企业内部控制评价报告对要素的列报不完整或不恰当，注册会计师应当在内部控制审计报告中增加强调事项段，说明这一情况并解释得出该结论的理由
知悉在基准日并不存在、但在期后期间发生的事项	如果注册会计师知悉在基准日并不存在、但在期后期间发生的事项，且这类期后事项对内部控制有重大影响，注册会计师应当在内部控制审计报告中增加强调事项段，描述该事项及其影响，或提醒内部控制审计报告使用者关注企业内部控制评价报告中披露的该事项及其影响
强调事项段举例	我们提醒内部控制审计报告使用者关注，［描述强调事项的性质及其对内部控制的重大影响。］本段内容不影响已对财务报告内部控制发表的审计意见

06 考点 6 非财务报告内部控制重大缺陷（★★）

如果在审计过程中注意到的非财务报告内部控制存在重大缺陷，注册会计师应当在内部控制审计报告中增加非财务报告内部控制重大缺陷描述段，对重大缺陷的性质及其对实现相关控制目标的影响程度进行披露，提示内部控制审计报告使用者注意相关风险，但无须对其发表审计意见。

【相关链接】

1.《企业内部控制审计指引》
2.《企业内部控制审计指引实施意见》
3.《企业内部控制审计问题解答》

扫一扫　“码”上做题、看解析

本书历年经典试题均配备二维码，使用“会计云课堂”App 扫码，即可线上做题、看解析。

【“会计云课堂”App 下载二维码见封底页】

历年经典试题回顾

（一）财务报表审计与内部控制审计

【例题·多选题】下列有关财务报表审计与内部控制审计的共同点的说法中，正确的有（　　）。（2017 年）

A. 两者识别的重要账户、列报及其相关认定相同

B. 两者的审计报告意见类型相同

C. 两者了解和测试内部控制设计和运行有效性的审计程序类型相同

D. 两者测试内部控制运行有效性的范围相同

（二）对内部控制有效性的初步判断

【例题·多选题】在执行集团公司内部控制审计时，对于内部控制可能存在重大缺陷的业务流程，下列做法中，正确的有（　　）。（2019年）

A. 亲自测试相关内部控制而非利用他人工作

B. 选择更多的组成部分进行内部控制测试

C. 扩大相关内部控制的控制测试范围

D. 在接近内部控制评价基准日的时间测试内部控制

（三）识别重要账户、列报及其相关认定

【例题1·单选题】注册会计师执行内部控制审计时，下列有关识别重要账户、列报及其相关认定的说法中，错误的是（　　）。（2017年）

A. 注册会计师应当从定性和定量两个方面识别重要账户、列报及其相关认定

B. 在识别重要账户、列报及其相关认定时，注册会计师应当确定重大错报的可能来源

C. 注册会计师通常将超过财务报表整体重要性的账户认定为重要账户

D. 在识别重要账户、列报及其相关认定时，注册会计师应当考虑控制的影响

【例题2·多选题】对于内部控制审计，下列有关重要账户的说法中，正确的有（　　）。（2019年网络回忆版）

A. 超过财务报表整体重要性的账户未必是重要账户

B. 在识别重要账户时，注册会计师不应考虑控制的影响

C. 在识别重要账户时，注册会计师无需确定重大错报的可能来源

D. 存在舞弊风险的账户，即使其金额小于财务报表整体重要性，仍是重要账户

（四）选择拟测试的控制

【例题·单选题】在执行内部控制审计时，下列有关注册会计师选择拟测试的控制的说法中，错误的是（　　）。（2018年）

A. 注册会计师应当选择测试对形成内部控制审计意见有重大影响的控制

B. 注册会计师无须测试即使有缺陷也合理预期不会导致财务报表重大错报的控制

C. 注册会计师选择拟测试的控制，应当涵盖企业管理层在执行内部控制自我评价时测试的控制

D. 注册会计师通常选择能够为一个或多个重要账户或列报的一个或多个相关认定提供最有效果或最有效率的证据的控制进行测试

（五）控制测试的时间安排

【例题·单选题】对于内部控制审计业务，下列有关控制测试的时间安排的说法中，错误的是（　　）。（2019年）

A. 注册会计师应当获取内部控制在基准日之前一段足够长的期间内有效运行的审计证据

B. 注册会计师对控制有效性测试的实施越接近基准日，提供的控制有效性的审计证据越有力

C. 如果被审计单位在所审计年度内对控制作出改变，注册会计师应当对新的控制和被取代的控制分别实施控制测试

D. 如果已获取有关控制在期中运行有效性的审计证据，注册会计师应当获取补充审计证据，将期中测试结果前推至基准日

（六）控制测试的范围

【例题·多选题】在执行内部控制审计时，下列有关控制偏差的说法中，正确的有（　　）。（2020年网络回忆版）

A. 如果发现的控制偏差是系统性偏差，注册会计师应当扩大样本规模进行测试

B. 如果发现控制偏差，注册会计师应当确定偏差对与所测试控制相关的风险评估的影响

C. 如果发现的控制偏差是人为有意造成的，注册会计师应当考虑舞弊的可能迹象

D. 如果发现的控制偏差是系统性偏差，注册会计师应当考虑对审计方案的影响

（七）评价控制缺陷

【例题·单选题】注册会计师执行内部控制审计时，下列有关评价控制缺陷的说法中，错误的是（　　）。（2017 年）

A. 如果一项控制缺陷存在补偿性控制，注册会计师不应将该控制缺陷评价为重大缺陷

B. 注册会计师评价控制缺陷的严重程度时，无须考虑错报是否已经发生

C. 注册会计师评价控制缺陷是否可能导致错报时，无须量化错报发生的概率

D. 注册会计师评价控制缺陷导致的潜在错报的金额大小时，应当考虑本期或未来期间受控制缺陷影响的账户余额或各类交易涉及的交易量

（八）内部控制缺陷整改

【例题·单选题】在执行内部控制审计时，下列有关注册会计师评价控制缺陷的说法中，错误的是（　　）。（2019 年）

A. 在评价控制缺陷的严重程度时，注册会计师无需考虑错报是否发生

B. 在评价一项控制缺陷或多项控制缺陷的组合是否构成重大缺陷时，注册会计师应当考虑补偿性控制的影响

C. 在评价控制缺陷是否可能导致错报时，注册会计师无需量化错报发生的概率

D. 如果被审计单位在基准日完成了对所有存在缺陷的内部控制的整改，注册会计师可以评价认为内部控制在基准日运行有效

（九）审计范围受到限制时的处理

【例题·多选题】在执行内部控制审计时，如果审计范围受到限制，导致注册会计师无法获取充分、适当的审计证据，下列做法中，正确的有（　　）。（2018 年网络回忆版）

A. 在内部控制审计报告中指明已执行的有限程序

B. 出具无法表示意见的内部控制审计报告

C. 在内部控制审计报告中对在已执行的有限程序中发现的内部控制重大缺陷进行详细说明

D. 在内部控制审计报告中指明审计范围受到限制

（十）强调事项

【例题·多选题】下列情形中，注册会计师应当在内部控制审计报告中增加强调事项段予以说明的有（　　）。（2017 年网络回忆版）

A. 被审计单位的企业内部控制评价报告的要素列报不完整

B. 注册会计师知悉在基准日并不存在，但在期后期间发生的事项，且这类期后事项对财务报告内部控制有重大影响

C. 被审计单位在基准日前对存在的财务报告内部控制重大缺陷进行了整改且运行了足够长的时间，注册会计师测试后认为其运行有效

D. 被审计单位存在财务报告内部控制重要缺陷

历年经典试题回顾参考答案及解析

（一）财务报表审计与内部控制审计

【例题·多选题】

【答案】AC

【解析】企业内部控制审计意见类型包括无保留意见、否定意见和无法表示意见三种类型，没有保留意见，故选项B错误；财务报表审计中，如果注册会计师预期控制运行无效，则不进行控制测试，但在内部控制审计中，注册会计师应当针对所有重要账户和列报的每一个相关认定获取控制设计和运行有效性的审计证据，故选项D错误。

【名师点题】财务报表审计意见类型中包括保留意见，内部控制审计意见类型中不包括保留意见，请结合本章第九节知识点掌握。

（二）对内部控制有效性的初步判断

【例题·多选题】

【答案】ABCD

【解析】对于内部控制可能存在重大缺陷的领域，注册会计师应给予充分的关注，具体表现在：（1）对相关的内部控制亲自进行测试而非利用他人工作（选项A）；（2）在接近内部控制评价基准日的时间测试内部控制（选项D）；（3）选择更多的组成部分进行测试（选项B）；（4）扩大相关内部控制的控制测试范围等（选项C）。

【名师点题】内部控制可能存在重大缺陷，注册会计师拟计划执行更为严格的程序，即亲自测试、测试范围更大、测试时间更接近基准日。

（三）识别重要账户、列报及其相关认定

【例题1·单选题】

【答案】D

【解析】选项D错误，在识别重要账户、列报及其相关认定时，注册会计师不应考虑控制的影响，因为内部控制审计的目标本身就是评价控制的有效性。

【名师点题】注意不要将选项C与下题选项A混淆，注册会计师通常会将超过财务报表整体重要性的账户认定为重要账户，但不排除在考虑性质的影响后，不将该类账户认定为重要账户的可能性，故超过财务报表整体重要性的账户未必是重要账户的说法是正确的。

【例题2·多选题】

【答案】ABD

【解析】选项A正确，一个账户或列报的金额超过财务报表整体重要性并不必然表明其属于重要账户或列报，还需考虑定性因素。选项B正确，在识别重要账户、列报及其相关认定时，注册会计师不应考虑控制的影响，因为内部控制审计的目标本身就是评价控制的有效性。选项C错误，在确定某账户、列报是否重要和某认定是否相关时，注册会计师应当将所有可获得的信息加以综合考虑。例如，在识别重要账户、列报及其相关认定时，注册会计师还应当确定重大错报的可能来源。选项D正确，从性质上说，注册会计师可能因为某账户或列报受固有风险或舞弊风险的影响而将其确定为重要账户或列报，因为即使该账户或列报从金额上看并不重大，但

这些固有风险或舞弊风险很有可能导致重大错报。

【名师点题】重要账户需要从性质和金额两个方面考虑，金额超过财务报表整体重要性的账户可能因为性质的原因不会成为重要账户，而金额低于财务报表整体重要性的账户也可能因为性质的原因而成为重要账户。

（四）选择拟测试的控制

【例题·单选题】

【答案】C

【解析】选项 C 错误，企业管理层在执行内部控制自我评价时选择测试的控制，可能多于注册会计师认为为了评价内部控制的有效性有必要测试的控制。

（五）控制测试的时间安排

【例题·单选题】

【答案】C

【解析】选项 C 错误，如果被审计单位为了提高控制效果和效率或整改控制缺陷而对控制作出改变，注册会计师应当考虑这些变化并适当予以记录。如果注册会计师认为新的控制能够满足控制的相关目标，而且新控制已运行足够长的时间，足以使注册会计师通过实施控制测试评估其设计和运行的有效性，则注册会计师不再需要测试被取代的控制的设计和运行有效性。

【名师点题】当控制被改变时，是否测试被取代的控制取决于新控制已经运行的时间以及有效性，即被取代的控制并非一定会被测试。

（六）控制测试的范围

【例题·多选题】

【答案】BCD

【解析】如果发现的控制偏差是系统性偏差或人为有意造成的偏差，注册会计师应当考虑舞弊的可能迹象以及对审计方案的影响（选项 A 错误，选项 C、D 正确）。

如果发现控制偏差，注册会计师应当确定对下列事项的影响：

（1）与所测试控制相关的风险的评估（选项 B 正确）；

（2）需要获取的审计证据；

（3）控制运行有效性的结论。

（七）评价控制缺陷

【例题·单选题】

【答案】A

【解析】选项 A 错误，在确定一项控制缺陷或多项控制缺陷的组合是否构成重大缺陷时，注册会计师应当评价补偿性控制的影响。在评价补偿性控制是否能够弥补控制缺陷时，注册会计师应当考虑补偿性控制是否有足够的精确度以防止或发现并纠正可能发生的重大错报。

【名师点题】存在补偿性控制，不意味着补偿性控制一定能弥补缺陷。即使一项控制缺陷存在补偿性控制，该项控制缺陷也可能为重大缺陷，关键是看补偿性控制是否有足够的精确度以防止或发现并纠正可能发生的重大错报，是否能够“亡羊补牢”。

（八）内部控制缺陷整改

【例题·单选题】

【答案】D

【解析】选项 D 错误，如果被审计单位在基准日前对存在缺陷的控制进行了整改，整改后的控制需要运行足够长的时间，才能使注册会计师得出其是否有效的审计结论；如果被审计单位在基准日前对存在重大缺陷的内部控制进行了整改，但新控制尚没有运行足够长的时间，注册会计师应当将其视为内部控制在基准日存在重大缺陷。

【名师点题】注册会计师是对基准日这一天的内部控制的有效性发表意见，但是为了发表该意见需要测试基准日之前足够长的一段时间的控制运行的有效性，对存在内部控制缺陷的控制进行整改，并不意味着整改之后的控制到基准日为止运行了足够长的一段时间，故不能因为对控制的整改而得出内部控制在基准日运行有效的结论。

（九）审计范围受到限制时的处理

【例题·多选题】

【答案】BCD

【解析】注册会计师不应在内部控制审计报告中指明所执行的程序，也不应描述内部控制审计的特征，以避免报告使用者对无法表示意见的误解，如果在已执行的有限程序中发现内部控制存在重大缺陷，注册会计师应当在内部控制审计报告中对重大缺陷作出详细说明，选项 A 错误，选项 C 正确；如果审计范围受到限制，注册会计师应当解除业务约定或出具无法表示意见的内部控制审计报告，选项 B 正确；在出具无法表示意见的内部控制审计报告时，注册会计师应当在内部控制审计报告中指明审计范围受到限制，无法对内部控制的有效性发表意见，并单设段落说明无法表示意见的实质性理由，选项 D 正确。

【名师点题】在出具无法表示意见的内部控制审计报告时，之前执行的有限程序不能提及，执行的有限程序发现的内部控制存在的重大缺陷要提及。

（十）强调事项

【例题·多选题】

【答案】AB

【解析】如果存在下列情况，注册会计师应当考虑在内部控制审计报告中增加强调事项段：（1）如果确定企业内部控制评价报告对要素的列报不完整或不恰当，注册会计师应当在内部控制审计报告中增加强调事项段，说明这一情况并解释得出该结论的理由（选项 A 正确）；（2）如果注册会计师知悉在基准日并不存在、但在期后期间发生的事项，且这类期后事项对内部控制有重大影响，注册会计师应当在内部控制审计报告中增加强调事项段，描述该事项及其影响，或提醒内部控制审计报告使用者关注企业内部控制评价报告中披露的该事项及其影响（选项 B 正确）。

同步强化练习题

一、单项选择题

1. 下列关于内部控制审计的说法中，错误的是(　　)。

A. 内部控制审计是指会计师事务所接受委托，对特定基准日内部控制设计与运行的有效性进行审计

B. 内部控制审计中并不是仅测试特定基准日当天的内部控制设计与运行的有效性，而是需要考察足够长的运行时间

C. 注册会计师执行内部控制审计时，是对所有内部控制的有效性发表审计意见

D. 注册会计师执行内部控制审计时，不是针对财务报表涵盖的整个期间内部控制设计与运行的有效性发表意见

2. 对于内部控制审计，下列有关重要账户的说法中，正确的是(　　)。

A. 注册会计师应当基于认定层次识别重要账户

B. 一个账户从性质方面考虑风险较小，但其金额超过财务报表整体重要性越多，被认定为重要账户的可能性也就越大

C. 注册会计师在内部控制审计中识别的重要账户与财务报表审计中识别出的重要账户可能相同

D. 重要账户是指存在的错报单独考虑会导致财务报表发生重大错报的账户

3. 在内部控制审计中，下列与控制相关的风险的说法中，错误的是(　　)。

A. 与控制相关的风险包括控制可能无效的风险和因控制无效而可能导致重大缺陷的风险

B. 与控制相关的风险越高，注册会计师需要获取的证据就越少

C. 相关账户、列报及其认定的固有风险影响与某项控制相关的风险

D. 在测试所选定控制的有效性时，注册会计师应当根据与控制相关的风险，确定所需获取的证据

4. 在内部控制审计中，注册会计师需要了解的企业层面控制中，不包括的是(　　)。

A. 针对管理层和治理层凌驾于控制之上的风险而设计的控制

B. 对期末财务报告流程的控制

C. 复核和调节

D. 集中化的处理和控制

5. 下列内容不属于期末财务报告流程的是(　　)。

A. 对财务报表进行调整的程序

B. 记录重大关联方交易

C. 与会计政策的选择和运用相关的程序

D. 将交易总额登入总分类账的程序

6. 在执行内部控制审计时，下列各项中，不属于在评价控制缺陷是否可能导致账户或列报发生错报时考虑的因素的是(　　)。

A. 控制缺陷之间的相互作用

B. 相关资产或负债易于发生损失或舞弊的可能性

C. 受控制缺陷影响的财务报表金额或交易总额

D. 所涉及的账户、列报及其相关认定的性质

7. 下列有关选择拟测试控制的说法中，错误的是(　　)。(★★★)*

A. 应当针对每一相关认定获取控制有效性的审计证据，以便对内部控制整体的有效性发表意见，但没有责任对单项控制的有效性发表意见

B. 应当对被审计单位的控制是否足以应对评估的每个相关认定的错报风险形成结论

C. 对特定的相关认定而言，注册会计师应当测试与某项相关认定有关的所有控制

D. 在确定是否测试某项控制时，注册会计师应当考虑该项控制单独或连同其他控制，是否足以应对评估的某项相关认定的错报风险，而不论该项控制的分类和名称如何

8. 下列有关控制测试时间安排的说法中，错误的是(　　)。

A. 如果与所测试的控制相关的风险越高，需要获取的证据就越多，注册会计师应当取得一部分更接近基准日的证据

B. 如果与所测试的控制相关的风险越低，注册会计师应当取得一部分更接近基准日的证据

C. 如果注册会计师认为新的控制能够满足控制的相关目标，而且新控制已运行足够长的时间，足以使注册会计师通过实施控制测试评估其设计和运行的有效性，则注册会计师不再需要测试被取代的控制的

* 为了便于您识别重要题目，本书中针对重点题目通过标注星级的方式进行体现。

设计和运行有效性

D. 如果被取代的控制的运行有效性对注册会计师执行财务报表审计时的控制风险评估具有重要影响，注册会计师应当适当地测试这些被取代的控制的设计和运行的有效性

9. 针对内部控制审计报告的下列说法中，错误的是(　　)。

A. 如果审计范围受到限制，注册会计师应当解除业务约定或出具无法表示意见的内部控制审计报告

B. 如果认为内部控制虽然不存在重大缺陷，但仍有一项或多项重大事项需要提请内部控制审计报告使用者注意，注册会计师应当在内部控制审计报告中增加关键审计事项的单独部分

C. 如果认为内部控制存在一项或多项重大缺陷，除非审计范围受到限制，注册会计师应当对内部控制发表否定意见

D. 如果拟对内部控制的有效性发表无法表示意见，注册会计师不应在审计报告中指明所执行的程序

10. 下列有关内部控制重大缺陷的说法中，正确的是(　　)。(★★★)

A. 如果重大缺陷尚未包含在企业内部控制评价报告中，注册会计师应当在内部控制审计报告中说明重大缺陷已经识别、但没有包含在企业内部控制评价报告中

B. 如果对内部控制的有效性发表否定意见，注册会计师无须确定该意见对财务报表审计意见的影响

C. 如果认为内部控制存在一项或多项重大缺陷，注册会计师应当对内部控制发表否定意见

D. 在出具无法表示意见的内部控制审计报告时，注册会计师不能在内部控制审计报告中指明已执行的程序所发现的内部控制存在的重大缺陷，以避免对无法表示意见的误解

二、多项选择题

1. 下列有关财务报表审计与内部控制审计的说法中，正确的有(　　)。

A. 测试内部控制运行有效性的范围相同

B. 识别的重要账户、列报及其相关认定相同

C. 了解和测试内部控制的审计程序类型相同

D. 审计报告意见类型不同

2. 下列有关财务报表审计与内部控制审计的说法中，正确的有(　　)。

A. 在财务报表审计中，注册会计师通常不对外披露内部控制的情况，除非内部控制影响对财务报表发表的审计意见

B. 在内部控制审计中，注册会计师对发表的意见应当以正面、积极的方式提出，并对外披露

C. 在财务报表审计中，注册会计师拟减少实质性程序工作量越多，需要测试的控制的样本量相对越小

D. 在财务报表审计中，注册会计师对控制有效性结论的可靠性的要求越高，需要测试的样本量越大

3. 下列关于内部控制审计与财务报表审计的说法中，错误的有(　　)。(★★★)

A. 在内部控制审计中，注册会计师了解和测试内部控制的目的是为了对控制风险进行评估

B. 在内部控制审计中，注册会计师测试内部控制的目的是为了对特定基准日财务报告内部控制的有效性发表意见

C. 在财务报表审计中，一旦确定需要测试的内部控制，注册会计师就需要测试内部控制在整个拟信赖的期间的运行有效性

D. 在财务报表审计中，注册会计师为了减少实质性程序的工作量，无需实施更多的控制测试

4. 下列有关选择拟测试控制的说法中，正确的有(　　)。

A. 企业管理层在执行内部控制自我评价时选择测试的控制，可能多于注册会计师认为为了评价内部控制的有效性有必要测试的控制

B. 在确定是否测试某项控制时，注册会计师应当考虑该项控制的分类

C. 注册会计师在选取拟测试的控制时，通常选择的是能够为一个或多个重要账户或列报的一个或多个相关认定提供最有效果或最有效率的证据的控制

D. 注册会计师没有必要测试与某项认定有关的所有控制

5. 在内部控制审计中，关于控制测试涵盖期间的下列说法中，正确的有(　　)。

A. 如果已获取有关控制在期中运行有效性的审计证据，注册会计师应当确定还需要获取哪些补充审计证据，以证实剩余期间控制的运行情况

B. 对控制有效性的测试涵盖的期间越长，提供的控制有效性的审计证据越多

C. 针对所有重要账户和列报的每个相关认定，每连续三年中至少测试一次

D. 在整合审计中，控制测试所涵盖的期间应当尽量与财务报表审计中拟信赖内部控制的期间保持一致

6. 在内部控制审计中，下列关于注册会计师识别重要账户、列报及其相关认定的说法中，正确的有(　　)。

A. 超过财务报表整体重要性的账户，通常是重要账户

B. 存在较高的固有风险或者舞弊风险的账户，属于重要账户

C. 金额较小的账户不属于重要账户

D. 在识别重要账户、列报及其相关认定时，不应考虑控制的影响

7. 下列属于针对凌驾风险采用的控制有(　　)。

A. 针对关联方交易的控制

B. 与管理层的重大估计相关的控制

C. 建立内部举报投诉制度

D. 能够减弱管理层不恰当操纵财务结果的动机及压力的控制

8. 在内部控制审计中，下列有关自动化控制的测试的说法中，正确的有(　　)。

A. 如果信息技术一般控制有效且关键的自动化控制未发生任何变化，注册会计师应当对该自动化控制实施前推测试

B. 如果注册会计师在期中对重要的信息技术一般控制实施了测试，则通常还需要对其实施前推程序

C. 如果重要的信息技术一般控制无效，且无法获得其他替代证据以证实关键的自动化控制自其上次被测试后未发生变化，注册会计师在执行内部控制审计时，通常就需要获取有关该自动化控制在接近基准日的期间内是否有效运行的证据

D. 如果注册会计师认为一个或一个以上重要的信息技术一般控制无效，注册会计师需要评估其对总体信息技术环境以及对任何依赖这些信息技术一般控制的自动化控制的持续有效性的影响

9. 在内部控制审计中，针对审计范围受到限制的说法中，错误的有(　　)。

A. 注册会计师只有实施了必要的审计程序，才能对内部控制的有效性发表意见

B. 如果审计范围受到限制，注册会计师应当解除业务约定

C. 如果法律法规的相关豁免规定允许被审计单位不将某些实体纳入内部控制的评价范围，这种情况不构成审计范围受到限制

D. 如果认为被审计单位有关豁免的相关陈述不恰当，则属于审计范围受到限制

10. 在内部控制审计中，需要在内部控制审计报告中增加强调事项段的情形有(　　)。(★★★)

A. 注册会计师知悉在基准日并不存在、但在期后期间发生的事项，且这类期后

事项对内部控制有重大影响

B. 确定企业内部控制评价报告对要素的列报不完整或不恰当

C. 注册会计师认为内部控制不存在重大缺陷，但仍有一项重大事项需提请内部控制审计报告使用者注意

D. 如果法律法规的相关豁免规定允许被审计单位不将某些实体纳入内部控制的评价范围，但被审计单位有关该项豁免的陈述不恰当且被审计单位未作出恰当修改

11. 在内部控制审计中，将期中测试的结果前推至基准日时，注册会计师应当考虑下列因素以确定需获取的补充证据，其中正确的有(　　)。

A. 剩余期间的长短

B. 内部控制自我评价报告的评价结果

C. 期中获取的有关审计证据的充分性和适当性

D. 基准日之前测试的特定控制，包括与控制相关的风险、控制的性质和测试的结果

同步强化练习题参考答案及解析

“扫码看解析”

使用“微信”或“会计云课堂”App扫码，即可线上对答案、看解析，错题随手收藏，及时巩固复习。

一、单项选择题

1. 【答案】C

解析：选项C错误，注册会计师执行内部控制审计时，针对财务报告内部控制，注册会计师对其有效性发表审计意见；针对非财务报告内部控制，注册会计师针对内部控制审计过程中注意到的非财务报告内部控制的重大缺陷，在内部控制审计报告中增加“非财务报告内部控制重大缺陷描述段”予以披露。

2. 【答案】B

解析：选项A错误，注册会计师应当基于财务报表层次识别重要账户、列报及其相关认定；选项C错误，在内部控制审计中，注册会计师在识别重要账户、列报及其相关认定时应当评价的风险因素，与财务报表审计中考虑的因素相同，两种审计中识别的重要账户、列报及其相关认定应当相同；选项D错误，如果某账户可能存在一个错报，该错报单独或连同其他错报将导致财务报表发生重大错报，则该账户为重要账户。

3. 【答案】B

解析：选项B错误，与控制相关的风险越高，注册会计师需要获取的证据就越多。

4. 【答案】C

解析：选项C属于业务流程、应用系统或交易层面的内部控制。

5. 【答案】B

解析：选项B不正确，期末财务报告流程包括：（1）将交易总额登入总分类账的程序（选项D）；（2）与会计政策的选择和运用相关的程序（选项C）；（3）总分类账中会计分录的编制、批准等处理程序；（4）对财务报表进行调整的程序（选项A）；（5）编制财务报表的程序。

6. 【答案】C

解析：在评价一项控制缺陷或多项控制缺

陷的组合是否可能导致账户或列报发生错报时，注册会计师应当考虑的风险因素包括：（1）所涉及的账户、列报及其相关认定的性质（选项 D）；（2）相关资产或负债易于发生损失或舞弊的可能性（选项 B）；（3）确定相关金额时所需判断的主观程度、复杂程度和范围；（4）该项控制与其他控制的相互作用或关系；（5）控制缺陷之间的相互作用（选项 A）；（6）控制缺陷在未来可能产生的影响。选项 C 属于在评价因一项或多项控制缺陷导致的潜在错报的金额大小时的考虑因素。

7. 【答案】C

解析：选项 C 错误，对特定的相关认定而言，可能有多项控制用以应对评估的错报风险，注册会计师没有必要测试与某项相关认定有关的所有控制。

8. 【答案】B

解析：选项 B 错误，与所测试的控制相关的风险越低，可能对该控制实施期中测试就可以为其运行有效性提供充分、适当的审计证据。

9. 【答案】B

解析：选项 B 错误，如果认为内部控制虽然不存在重大缺陷，但仍有一项或多项重大事项需要提请内部控制审计报告使用者注意，注册会计师应当在内部控制审计报告中增加强调事项段予以说明。

10. 【答案】A

解析：选项 B 错误，如果对内部控制的有效性发表否定意见，注册会计师应当确定该意见对财务报表审计意见的影响；选项 C 错误，如果认为内部控制存在一项或多项重大缺陷，除非审计范围受到限制，注册会计师应当对内部控制发表否定意见；选项 D 错误，在出具无法表示意见的内部控制审计报告时，如果在已执行的有限程序中发现内部控制存在重大缺陷，注册会计师应当在内部控制审计报告中对重大缺陷作出详细说明。

二、多项选择题

1. 【答案】BCD

解析：在财务报表审计中，如果注册会计师预期控制无效，则不拟进行控制测试，但在内部控制审计中，注册会计师应当针对所有重要账户和列报的每一个相关认定获取控制设计和运行有效性的审计证据，选项 A 不正确。

2. 【答案】ABD

解析：选项 C 错误，在财务报表审计中，注册会计师对控制有效性结论的可靠性要求取决于计划从控制测试中得到的保证程度，控制有效性要求越高，拟减少实质性程序工作量的程度越大，需要测试的控制的样本量相对越大；反之，样本量相对越小。

3. 【答案】AD

解析：选项 A 错误，在内部控制审计中，注册会计师了解和测试内部控制的目的是为了对财务报告内部控制的有效性发表审计意见；选项 D 错误，在财务报表审计中，注册会计师为了减少实质性程序的工作量，应当实施更多的控制测试。

4. 【答案】ACD

解析：选项 B 错误，在确定是否测试某项控制时，注册会计师应当考虑该项控制单独或连同其他控制，是否足以应对评估的某项相关认定的错报风险，而不论该项控制的分类和名称如何。

5. 【答案】ABD

解析：对于内部控制审计，除考虑对自动化应用控制实施与基准相比较的策略外，注册会计师不能利用以前审计中获取的有关控制运行有效性的审计证据，而是需要每年获取有关控制有效性的审计证据，故选项C错误。

6. 【答案】ABD
解析：金额较小的账户在定性考虑时可能被确认为重要账户，选项C错误。

7. 【答案】ABCD
解析：一般而言，针对凌驾风险采用的控制包括但不限于：(1) 针对重大的异常交易（尤其是那些导致会计分录延迟或异常的交易）的控制；(2) 针对关联方交易的控制（选项A）；(3) 与管理层的重大估计相关的控制（选项B）；(4) 能够减弱管理层伪造或不恰当操纵财务结果的动机及压力的控制（选项D）；(5) 建立内部举报投诉制度（选项C）。

8. 【答案】BCD
解析：选项A错误，如果信息技术一般控制有效且关键的自动化控制未发生任何变化，注册会计师就不需要对该自动化控制实施前推测试。

9. 【答案】BD
解析：选项B错误，如果审计范围受到限制，注册会计师应当解除业务约定或出具无法表示意见的内部控制审计报告；选项D错误，如果法律法规的相关豁免规定允许被审计单位不将某些实体纳入内部控制的评价范围，但被审计单位对该项豁免的陈述不恰当，注册会计师应当提请其作出适当修改。如果被审计单位未作出恰当修改，注册会计师应当在内部控制审计报告的强调事项段中说明被审计单位的陈述需要修改的理由。

10. 【答案】ABCD

11. 【答案】ACD
解析：选项B错误。注册会计师应当考虑下列因素以确定需获取的补充证据：(1) 基准日之前测试的特定控制，包括与控制相关的风险、控制的性质和测试的结果（选项D）；(2) 期中获取的有关审计证据的充分性和适当性（选项C）；(3) 剩余期间的长短（选项A）；(4) 期中测试之后，内部控制发生重大变化的可能性；(5) 注册会计师基于对控制的依赖程度拟减少进一步实质性程序的程度（仅适用于整合审计）；(6) 控制环境。

第二十一章　会计师事务所业务质量管理

本章考情分析

本章教材需要重点掌握的知识点包括：质量管理体系的目标、总体要求和要素（教材 21.1）、项目质量复核（教材 21.2）和审计项目合伙人管理、业务执行（教材 21.3）。

本章知识点除以简答题形式出题外，2020 年主要以选择题形式出题，分值 6 分左右。

本章需要大家重点掌握的知识点（含可能考查题型），归纳如下表。

序号	知识点	题型	难易程度
1	质量管理体系的目标	单选、多选	易
2	质量管理体系的总体要求	单选、多选	中
3	质量管理体系要素	单选、多选	易
4	会计师事务所的风险评估程序	单选、多选	易
5	治理和领导层	单选、多选、简答	难
6	相关职业道德要求	简答	中
7	客户关系和具体业务的接受与保持	单选、多选、简答	难
8	业务执行	单选、多选、简答	难
9	资源	单选、多选	易
10	监控和整改程序	单选、多选	易
11	评价质量管理体系	单选、多选	易
12	对质量管理体系的记录	单选、多选	易
13	项目质量复核人员的委派和资质要求	单选、简答	难
14	项目质量复核人员的客观性	单选、简答	难
15	项目质量复核的实施与记录	单选、简答	难
16	审计项目合伙人管理	单选、简答	难
17	复核审计工作底稿等相关文件（业务执行）	单选、多选	易
18	咨询（业务执行）	单选、多选	易

续表

序号	知识点	题型	难易程度
19	项目质量复核（业务执行）	单选、多选	中
20	意见分歧（业务执行）	单选、多选	难

2021 年教材主要变化

根据《会计师事务所质量管理准则第 5101 号——业务质量管理》对内容进行重新编写。

本章考点框架

- 第二十一章
  - 会计师事务所质量管理体系
    - 质量管理体系的目标【易/低频】
    - 质量管理体系的总体要求【中/中频】
    - 质量管理体系要素【易/低频】
    - 会计师事务所的风险评估程序【易/低频】
    - 治理和领导层【难/高频】
    - 相关职业道德要求【中/中频】
    - 客户关系和具体业务的接受与保持【难/高频】
    - 业务执行【难/高频】
    - 资源【易/低频】
    - 信息与沟通【易/低频】
    - 监控和整改程序【易/低频】
    - 评价质量管理体系【易/低频】
    - 对质量管理体系的记录【易/低频】
  - 项目质量复核
    - 项目质量复核人员的委派和资质要求【难/高频】
    - 项目质量复核人员的客观性【难/高频】
    - 项目质量复核的实施与记录【难/高频】
  - 对财务报表审计实施的质量管理
    - 审计项目合伙人管理【难/高频】
    - 复核审计工作底稿等相关文件（业务执行）【易/低频】
    - 咨询（业务执行）【易/低频】
    - 项目质量复核（业务执行）【中/中频】
    - 意见分歧（业务执行）【难/高频】

本章重难点精讲

提示	会计师事务所应当按照《会计师事务所质量管理准则第 5101 号—业务质量管理》的要求，结合本事务所及其业务的实际情况，设计、实施和运行适合本所的质量管理体系，并定期对质量管理体系进行评价（教材 21.1）。其中，项目质量复核（教材 21.2）是会计师事务所业务质量管理中的一项应对措施。针对财务报表审计，审计项目合伙人责任以及业务执行中的咨询、意见分歧处理以及底稿复核是审计项目层面的业务质量管理要求 本章是 2021 年教材完全重新编写的章节，需要全面展开学习。快扫听课二维码，助您“码”上通关

【导航】本章依据的会计师事务所质量管理准则是注册会计师职业准则体系中的重要组成部分，如图 21-1 所示。

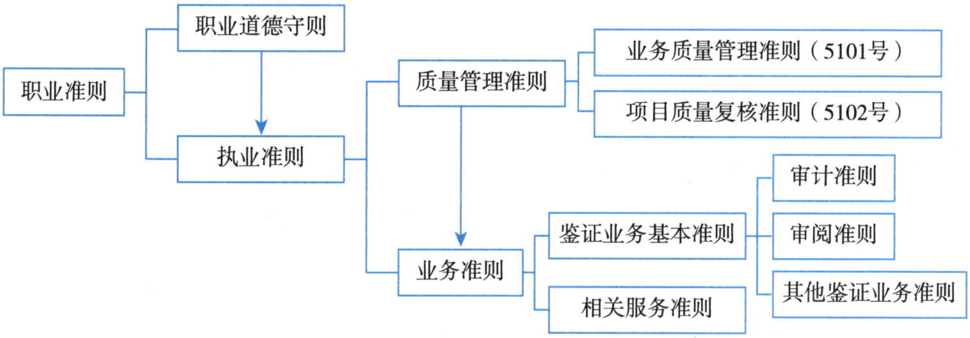

图 21-1 注册会计师职业准则体系

【看图说话】

（1）业务质量管理准则（5101 号）和项目质量复核准则（5102 号）是注册会计师执业准则体系中所有其他准则（即图中的业务准则）的前提和基础。

（2）业务质量管理准则（5101 号）和项目质量复核准则（5102 号）是在职业道德守则框架下的执业准则，需要与职业道德守则保持一致，比如项目质量复核人员冷却期，就应当与独立性保持一致。

第一节 会计师事务所质量管理体系

本节视频详解
使用“会计云课堂”App/微信扫码听课

【导航】会计师事务所质量管理体系可以从以下五个方面展开，如图 21-2 所示。

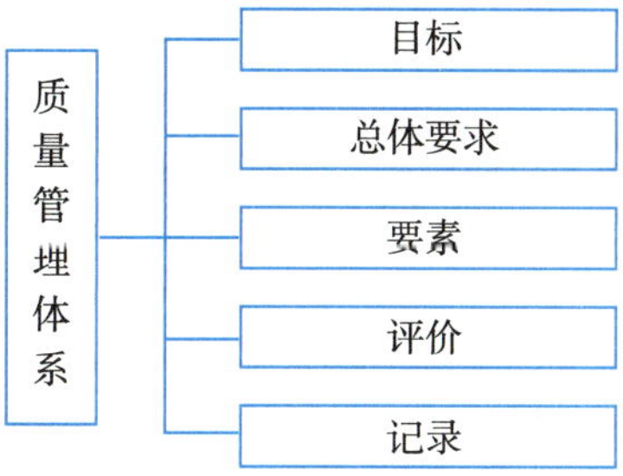

图 21-2 本节内容框架

【看图说话】质量管理体系八个要素的具体内容会在本节【考点4】至【考点11】展开。

01 考点1 质量管理体系的目标（★）

质量管理体系是会计师事务所为实施质量管理而设计、实施和运行的系统。其目标是在以下两个方面提供合理保证。如下表所示。

主体	质量管理体系目标的具体内容	
	审计语言	关键点
（1）会计师事务所及其人员	按照适用的法律法规和职业准则的规定履行职责，并根据这些规定执行业务	“过程”遵守
（2）会计师事务所和项目合伙人	出具适合具体情况的业务报告	“结果”恰当

02 考点2 质量管理体系的总体要求（★★）

（一）全所范围内统一

（1）人事、财务、业务、技术标准和信息管理五方面统一管理。

（2）如果会计师事务所通过合并、新设等方式成立分所（或分部），应当将该分所（或分部）纳入质量管理体系中统一实施质量管理。

（二）设计、实施和运行的步骤

会计师事务所设计、实施和运行质量管理体系的步骤，如图21-3所示。

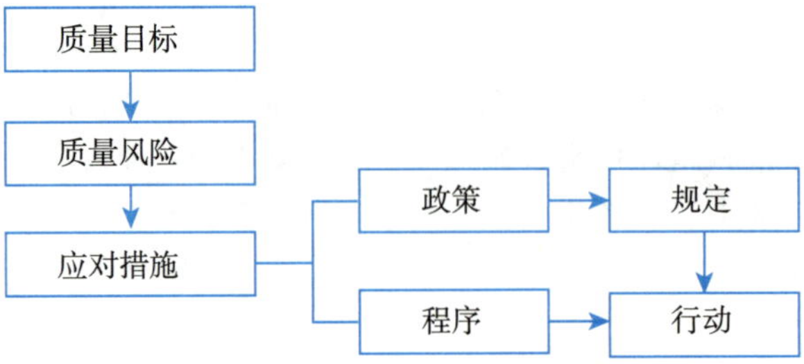

图21-3　质量管理体系的步骤

（三）动态调整要求

质量管理体系应当是动态的，而不是一成不变的。实务中，会计师事务所应当根据本所及其业务在性质和具体情况方面的变化，对质量管理体系的设计、实施和运行进行动态调整。

03 考点3 质量管理体系要素（★）

会计师事务所质量管理体系要素，如图21-4所示。

为方便您在学习中可以快速了解知识点的重要程度，本书中将知识点进行分类。★★★代表重要知识点，★★代表次重要知识点，★代表非重要知识点。

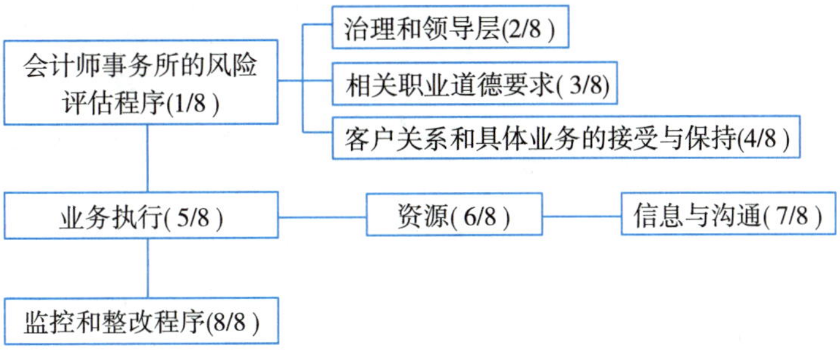

图 21-4　质量管理体系要素

【看图说话】会计师事务所质量管理体系的八个要素应当有效衔接、互相支撑、协同运行。

04 考点 4 会计师事务所的风险评估程序（1/8，★）

会计师事务所实施风险评估程序的思路、需要了解的情况和动态调整，具体内容归纳如下表。

项目	具体内容
思路	设定质量目标、识别和评估质量风险，并设计和采取应对措施以应对质量风险
需要了解情况	（1）会计师事务所的性质和具体情况 （2）会计师事务所业务的性质和具体情况
动态调整	会计师事务所或业务的性质和具体情况可能发生变化。如果识别出变化，会计师事务所应当考虑调整之前实施风险评估程序的结果，并在适当时采取下列措施： （1）设定额外的质量目标或调整之前设定的额外质量目标 （2）识别和评估额外的质量风险、调整之前评估的质量风险或重新评估质量风险 （3）设计和采取额外的应对措施，或调整已采取的应对措施

05 考点 5 治理和领导层（2/8，★★★）

（一）治理和领导层的质量目标

针对治理和领导层，会计师事务所应当设定的质量目标包括五个方面，具体内容归纳如下表。

质量目标	主体	具体要求
质量至上	事务所及其人员	有责任持续高质量地执行业务
	所有人员	树立正确的职业价值观、职业道德和职业态度
	所有人员	对其执行业务的质量承担责任，或者对其在质量管理体系中执行工作的质量承担责任，并且这些人员的行为应当得当
	事务所所有战略决策和行动	都应当坚持质量优先，都不能以牺牲质量为代价

续表

质量目标	主体	具体要求
行动展示	领导层	对质量负责，并通过实际行动展示出其对质量的重视
传递理念，培育文化	领导层	向会计师事务所人员传递“质量至上”的执业理念，培育以质量为导向的文化
角色、职责、权限的分配	事务所的组织结构以及相关人员	角色、职责、权限的分配是恰当的，能够满足质量管理体系设计、实施和运行的需要
资源	事务所的资源（包括财务资源）	需求得到恰当的计划，并且资源的取得和分配能够为会计师事务所持续高质量地执行业务提供保障

（二）质量管理领导层

质量管理领导层是一个领导体系，如图21-5所示。

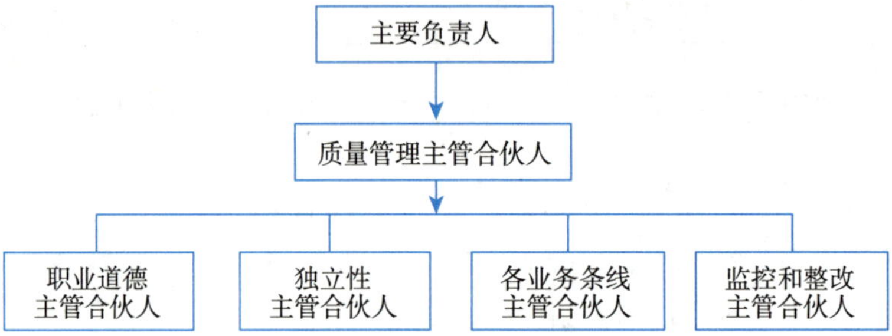

图21-5　质量管理领导层

质量管理领导层有三种角色，归纳如下表。

质量管理领导层	具体要求
主要负责人，如首席合伙人、主任会计师或者同等职位的人员	对质量管理体系承担最终责任
质量管理主管合伙人（或同等职位的人员）	对质量管理体系的运行承担责任，具体负责质量管理体系的设计、实施和运行
职业道德主管合伙人 独立性主管合伙人 各业务条线的主管合伙人 监控和整改主管合伙人	对质量管理体系特定方面的运行承担责任
上述三类人员应当同时满足： （1）具备适当的知识、经验和资质 （2）在会计师事务所内具有履行其责任所需要的权威性和影响力 （3）具有充足的时间和资源履行其责任 （4）充分理解其应负的责任并接受对这些责任履行情况的问责	

【提示】对质量管理体系承担最终责任的只有一个人，即首席合伙人/主任会计师/同等职位的人员，概括而言是主要负责人。

（三）合伙人管理

合伙人管理	具体内容
管理环节	晋升、培训、考核、分配、转入、退出
晋升合伙人	（1）应当综合考虑拟晋升人员的执业理念、职业价值观、职业道德、专业胜任能力和执业诚信记录，建立以质量为导向的晋升机制 （2）建立和实施质量一票否决制度
考核和收益分配	（1）应当综合考虑合伙人的执业质量、管理能力、经营业绩、社会声誉等指标 （2）不得以承接和执行业务的收入或利润作为首要指标 （3）不应直接或变相以分所、部门、合伙人所在团队作为利润中心进行收益分配

06 考点6 相关职业道德要求（3/8，★★）

注册会计师行业的职业道德与质量密切相关，会计师事务所应当制定相关政策和程序，关注并管理本所执业人员的职业道德水平。具体内容归纳如下表。

职业道德要求	具体内容
书面确认	至少每年一次向所有需要按照相关职业道德要求保持独立性的人员获取其已遵守独立性要求的书面确认
关键审计合伙人轮换机制（针对公众利益实体审计业务）	（1）对关键审计合伙人的轮换情况进行实时监控 （2）建立关键审计合伙人服务年限清单 （3）每年对轮换情况实施复核，并在全所范围内统一进行轮换
完善利益分配机制	（1）全所的人力资源和客户资源实现一体化统筹管理 （2）定期评价利益分配机制的设计和执行情况，避免某合伙人或项目组的利益与特定客户长期直接挂钩

【提示】公众利益实体和关键审计合伙人属于跨章节知识点，可以链接教材23.1、23.4和23.5。

07 考点7 客户关系和具体业务的接受与保持（4/8，★★★）

会计师事务所应当制定有关客户关系和具体业务的接受与保持的政策和程序。具体内容归纳如下表。

客户关系和具体业务		具体内容
质量目标	作出判断是否适当	（1）会计师事务所是否针对业务的性质和具体情况以及客户（包括客户的管理层和治理层）的诚信和道德价值观获取了足以支持其判断的充分信息 （2）会计师事务所是否具备按照适用的法律法规和职业准则的规定执行业务的能力
	特别考虑财务和运营方面的影响	会计师事务所在财务和运营方面对优先事项的安排，并不会导致对是否接受或保持客户关系或具体业务作出不恰当的判断

续表

客户关系和具体业务		具体内容
应对情形	拒绝接受客户关系或业务的情形（敢于说 byebye）	会计师事务所在接受或保持某一客户关系或具体业务后知悉了某些信息，而这些信息如果在接受或保持该客户关系或具体业务之前知悉，将会导致其拒绝接受该客户关系或业务
	有义务接受某项客户关系或具体业务（勇于担当）	根据法律法规的规定，会计师事务所有义务接受某项客户关系或具体业务
树立风险意识	针对存在高风险的业务的应对措施（有敬畏之心）	对于会计师事务所认定存在高风险的业务，应当设计和实施专门的质量管理程序，并经质量管理主管合伙人（或类似职位的人员）或其授权的人员审批 专门的质量管理程序示例如下： （1）加强与前任注册会计师的沟通 （2）与相关监管机构沟通 （3）访谈拟承接客户以了解有关情况 （4）加强内部质量复核等

【提示】特别注意，针对高风险的业务需要审批。

08 考点8 业务执行（5/8，★★★）

业务执行是会计师事务所质量管理体系要素的核心内容，包括七个方面，具体内容如下。

（一）项目合伙人的定义、委派与评价

对项目合伙人的要求	具体内容
项目合伙人的定义	指会计师事务所中负责某项业务及其执行，并代表会计师事务所在出具的报告上签字的合伙人
委派项目合伙人	在全所范围内统一委派具有足够专业胜任能力、时间，并且无不良执业诚信记录的项目合伙人执行业务
评价项目合伙人的专业胜任能力	（1）是否充分了解相关法律法规和监管要求 （2）是否能够熟练掌握和运用相关职业准则的规定 （3）是否充分了解客户所在行业的业务特点、发展趋势、重大风险，以及该行业对信息技术的运用情况等
会计师事务所应当按照质量管理体系的要求，对项目合伙人的委派进行复核	

【提示】晋升项目合伙人的质量一票否决制和委派项目合伙人的无不良执业诚信记录都是强化质量管理体系的新要求。

（二）项目组的定义、项目组内部复核的定义和要求

项目组内部复核	具体内容
项目组的定义	是指执行某项业务的所有合伙人和员工，以及为该项业务实施程序的所有其他人员。项目组不包括的人员： （1）外部专家 （2）为项目组提供直接协助的内部审计人员 （3）项目质量复核人员
项目组内部复核的定义	是指在项目组内部实施的复核
项目组内部复核的要求	会计师事务所应当制定与内部复核相关的政策和程序，对内部复核的层级、各层级的复核范围、执行复核的具体要求以及对复核的记录要求等作出规定

（三）项目质量复核

项目质量复核	具体内容
项目质量复核的定义	是指在报告日或报告日之前，项目质量复核人员对项目组作出的重大判断及据此得出的结论作出的客观评价
项目质量复核人员的定义	是指会计师事务所中实施项目质量复核的合伙人或其他类似职位的人员，或者由会计师事务所委派实施项目质量复核的外部人员
项目质量复核的对象	（1）上市实体财务报表审计业务 （2）法律法规要求实施项目质量复核的审计业务或其他业务 （3）会计师事务所认为，为应对一项或多项质量风险，有必要实施项目质量复核的审计业务或其他业务

（四）项目组内部复核与项目质量复核

区别	项目组内部复核	项目质量复核
复核的主体不同	项目组内部人员执行复核，通常包括多个复核层级	独立于项目组的项目质量复核人员复核
适用的业务范围不同	适用于所有业务	适用于下列业务： （1）上市实体财务报表审计业务 （2）法律法规要求实施项目质量复核的审计业务或其他业务 （3）会计师事务所政策和程序要求实施项目质量复核的审计业务或其他业务
复核的内容不同	内容比较宽泛，涉及项目的各个方面	主要聚焦于复核以下内容： （1）项目组作出的重大判断 （2）根据重大判断得出的结论

（五）意见分歧

<table>
<tr><th colspan="2">意见分歧</th><th>具体内容</th></tr>
<tr><td colspan="2">意见分歧来源</td><td>（1）项目组内部
（2）项目组与被咨询者之间
（3）项目合伙人与项目质量复核人员之间</td></tr>
<tr><td rowspan="3">制定与解决意见分歧的政策和程序</td><td>双主体复核—项目合伙人和项目质量复核人员（如有）</td><td>项目合伙人和项目质量复核人员（如有）复核并评价项目组是否已就疑难问题或涉及意见分歧的事项进行适当咨询，以及咨询得出的结论是否得到执行</td></tr>
<tr><td>底稿记录</td><td>（1）记录意见分歧的解决过程和结论
（2）如果项目质量复核人员（如有）、项目组成员以外的其他人员参与形成业务报告中的专业意见，也应当在业务工作底稿中作出适当记录</td></tr>
<tr><td>原则要求</td><td>确保所执行的项目在意见分歧解决后才能出具业务报告</td></tr>
</table>

（六）出具业务报告

出具业务报告	具体内容
复核确认人员	业务报告在出具前，应当经项目合伙人、项目质量复核人员（如有）复核确认
复核确认事项	确保业务报告的内容、格式符合职业准则的规定
报告的签署人员	项目合伙人及其他适当的人员（如适用）签署

【提示】项目质量复核人员不在审计报告中签字。

（七）投诉和指控

投诉和指控	具体内容
投诉和指控的环节	会计师事务所应当制定政策和程序，以接收、调查、解决投诉和指控
投诉和指控的事项	（1）未能按照适用的法律法规、职业准则的要求执行业务 （2）未能遵守会计师事务所制定的政策和程序

09 考点 9 资源（6/8，★）

（一）资源的质量目标

会计师事务所应当设定资源的质量目标，以及时且适当地获取、开发、利用、维护和分配资源，支持质量管理体系的设计、实施和运行。具体内容归纳如下表。

资源的质量目标	具体内容
招聘、培养和留住人员	招聘、培养和留住在下列方面具备胜任能力的人员： (1) 具备与会计师事务所执行的业务相关的知识和经验，能够持续高质量地执行业务 (2) 执行与质量管理体系运行相关的活动或承担与质量管理体系相关的责任
展示出对质量的重视（money）	通过及时的业绩评价、薪酬调整、晋升和其他奖惩措施对事务所人员进行问责或认可
外部获取支持	在质量管理体系的运行方面缺乏充分、适当的人员时，能够从外部（如网络、网络事务所或服务提供商）获取必要的人力资源支持
为每项业务分派资源	为每项业务分派具有适当胜任能力的项目合伙人和其他项目组成员，并保证其有充足的时间持续高质量地执行业务
为各项活动分派资源	分派具有适当胜任能力的人员执行质量管理体系内的各项活动，并保证其有充足的时间执行这些活动
技术资源	获取、开发、维护、利用适当的技术资源
知识资源	获取、开发、维护、利用适当的知识资源
从服务提供商获取资源	从服务提供商获取人力资源、技术资源或知识资源

（二）投入足够资源

资源的投入	具体内容
组建一支团队	组建一支专业性强、经验丰富、运作规范的质量管理体系团队，以维持质量管理体系的日常运行
专业技术支持	配备具备相应专业胜任能力、时间和权威性的技术支持人员，确保相关业务能够获得必要的专业技术支持
工时管理系统	完善的工时管理系统，确保相关人员投入足够的时间执行业务，并为业绩评价提供依据
执行与记录	与业务操作规程、业务软件等有关的指引，把职业准则的要求从实质上执行到位，确保执业人员恰当记录判断过程、程序执行情况及得出的结论

10 考点 10 信息与沟通（7/8，略）

11 考点 11 监控和整改程序（8/8，★）

需要掌握的监控和整改的具体内容，归纳如下表。

监控和整改		具体内容
监控	周期性检查	在每个周期内，对每个项目合伙人，至少选择一项已完成的项目进行检查
	上市实体检查周期	对承接上市实体审计业务的每个项目合伙人，检查周期最长不得超过三年
	执行监控活动人员的要求（能力、客观性）	（1）具备有效执行监控活动所必需的胜任能力、时间和权威性 （2）具有客观性，项目组成员和项目质量复核人员不得参与对其项目的监控活动
质量管理体系的缺陷	表明存在缺陷的情形	（1）未能设定某些质量目标，而这些质量目标对实现质量管理体系的目标是必要的 （2）未能识别或恰当评估一项或多项质量风险 （3）未能恰当设计和采取应对措施，或者应对措施未能有效发挥作用，导致一项应对措施或者多项应对措施的组合未能将相关质量风险发生的可能性降低至可接受的低水平 （4）质量管理体系的某些方面缺失，或者某些方面未能得到恰当的设计、实施或有效运行
	评价缺陷严重程度和广泛性的方法	（1）调查缺陷的根本原因 （2）评价这些缺陷单独或累积起来对质量管理体系的影响
整改	对缺陷的问责	（1）针对缺陷的性质和影响程度，会计师事务所应当对相关人员进行问责 （2）问责应当与相关责任人员的考核、晋升和薪酬挂钩 （3）对执业中存在重大缺陷的项目合伙人，会计师事务所应当对其是否具备从事相关业务的职业道德水平和专业胜任能力作出评价

12 考点 12 评价质量管理体系（★）

对质量管理体系的评价的重要内容，归纳如下表。

评价质量管理体系	具体内容
评价主体	主要负责人
评价要求	以某一时点为基准，至少每年一次

续表

评价质量管理体系	具体内容
定期业绩评价	会计师事务所应当定期对下列人员进行业绩评价： （1）主要负责人 （2）对质量管理体系承担运行责任的人员 （3）对质量管理体系特定方面承担运行责任的人员

13 考点 13 对质量管理体系的记录（★）

对质量管理体系的记录的重要内容，归纳如下表。

对质量管理体系的记录	具体内容
记录的内容	（1）主要负责人和对质量管理体系承担运行责任的人员各自的身份 （2）会计师事务所的质量目标和质量风险 （3）对应对措施的描述以及这些措施是如何应对质量风险的 （4）实施的监控和整改程序 （5）主要负责人对质量管理体系作出的评价及其依据
记录的保存期限	（1）应当涵盖足够长的期间，以使会计师事务所能够监控质量管理体系的设计、实施和运行情况 （2）如果法律法规要求更长的期限，应当遵守法律法规的要求

第二节　项目质量复核

本节视频详解
使用"会计云课堂"App/微信扫码听课

01 考点 1 项目质量复核人员的委派和资质要求（★★★）

项目质量复核人员的委派和资质要求，归纳如下表。

项目质量复核人员	具体内容
统一委派	在全所范围内（包括分所或分部）统一委派项目质量复核人员，并确保负责实施委派工作的人员具有必要的胜任能力和权威性
资质要求	项目质量复核人员应当独立于执行业务的项目组，项目合伙人和项目组其他成员不得成为本项目的项目质量复核人员，项目质量复核人员还应同时满足： （1）具备适当的胜任能力，包括充足的时间和适当的权威性以实施项目质量复核 （2）遵守相关职业道德要求，并在实施项目质量复核时保持独立、客观、公正 （3）遵守与项目质量复核人员任职资质要求相关的法律法规（如有）

续表

项目质量复核人员	具体内容
不再符合任职资质要求的应对措施（不再承担/立即停止）	当项目质量复核人员意识到其不再符合任职资质要求时，应当通知会计师事务所适当人员，并采取下列措施： （1）如果项目质量复核尚未开始，不再承担项目质量复核责任 （2）如果项目质量复核已经开始实施，立即停止实施项目质量复核

【提示】项目质量复核人员的胜任能力应当至少与项目合伙人相当。

02 考点2 项目质量复核人员的客观性（★★★）

实务中，拟委派项目质量复核人员的客观性可能受到影响的情形，归纳如下表。

情形	可能受到影响的情形举例	应对措施
项目之间交叉复核	在同一年度内，由A项目的项目合伙人对B项目实施项目质量复核，同时，由B项目的项目合伙人对A项目实施项目质量复核	应当尽量避免在同一年度内交叉实施项目质量复核
某一项目的前任项目合伙人被委任为该项目的项目质量复核人员	甲注册会计师于2020年度担任某项目的项目合伙人，在2021年度被委派担任同一项目的项目质量复核人员，将可能对其客观性产生不利影响	在冷却期结束之前，前任项目合伙人不得担任该项目的项目质量复核人员，这段冷却期至少应当为两年

03 考点3 项目质量复核的实施与记录（★★★）

（一）项目质量复核程序

复核程序	具体内容
阅读并了解相关信息（1/7）	（1）与项目组就项目和客户的性质和具体情况进行沟通获取的信息 （2）与会计师事务所就监控和整改程序进行沟通获取的信息，特别是针对可能与项目组的重大判断相关或影响该重大判断的领域识别出的缺陷进行的沟通
讨论重大事项（2/7）	与项目合伙人及项目组其他成员讨论重大事项，以及在项目计划、实施和报告时作出的重大判断
选取与作出重大判断相关的底稿进行复核（3/7）	（1）评价作出这些重大判断的依据，包括项目组对职业怀疑的运用（如适用） （2）评价业务工作底稿能否支持得出的结论 （3）评价得出的结论是否恰当
独立性（4/7）	对于财务报表审计业务，评价项目合伙人确定独立性要求已得到遵守的依据

续表

复核程序	具体内容
咨询（5/7）	评价是否已就疑难问题或争议事项、涉及意见分歧的事项进行适当咨询，并评价咨询得出的结论
评价项目合伙人得出结论的依据（6/7）	针对财务报表审计业务，评价项目合伙人得出下列结论的依据： （1）项目合伙人对整个审计过程的参与程度是充分且适当的 （2）项目合伙人能够确定作出的重大判断和得出的结论适合项目的性质和具体情况
复核事项（7/7）	（1）针对财务报表审计业务，复核被审计财务报表和审计报告，以及审计报告中对关键审计事项的描述（如适用） （2）针对财务报表审阅业务，复核被审阅财务报表或财务信息，以及拟出具的审阅报告 （3）针对财务报表审计和审阅以外的其他鉴证业务或相关服务业务，复核业务报告和鉴证对象信息（如适用）

（二）与项目质量复核相关的政策和程序

要点	具体内容
适当时点复核	项目质量复核人员有责任在项目的适当时点实施复核程序，为客观评价项目组作出的重大判断和据此得出的结论奠定适当基础
责任	项目合伙人与项目质量复核相关的责任，包括禁止项目合伙人在收到项目质量复核人员就已完成项目质量复核发出的通知之前签署业务报告
客观性	对项目质量复核人员的客观性产生不利影响的情形，以及在这些情形下需要采取的适当行动

（三）项目质量复核的完成

相关事项	具体内容
告知项目合伙人	如果项目质量复核人员怀疑项目组作出的重大判断或据此得出的结论不恰当，应当告知项目合伙人
通知适当人员	如果项目质量复核人员对项目组作出的重大判断或据此得出的结论不恰当的怀疑不能得到满意的解决，应当通知会计师事务所适当人员项目质量复核无法完成
签字确认	如果项目质量复核人员确定项目质量复核已经完成，应当签字确认并通知项目合伙人

（四）项目质量复核工作底稿

项目质量复核	具体内容
项目质量复核工作底稿应记录的内容	（1）项目质量复核人员及协助人员的姓名 （2）已复核的业务工作底稿的识别特征 （3）项目质量复核人员确定项目质量复核已经完成的依据 （4）项目质量复核人员就无法完成项目质量复核或项目质量复核已完成所发出的通知 （5）完成项目质量复核的日期

第三节　对财务报表审计实施的质量管理

本节视频详解
使用"会计云课堂"App/微信扫码听课

01 考点 1 审计项目合伙人管理（★★★）

审计项目合伙人	具体内容
定义	指会计师事务所中负责某项审计项目及其执行，并代表会计师事务所在出具的审计报告上签字的合伙人
承担总体责任	审计项目合伙人应当对管理和实现审计项目的高质量承担总体责任。这种责任包括： （1）为审计项目组营造一个良好的环境 （2）强调会计师事务所对诚信和高质量的重视 （3）明确对审计项目组成员的行为期望
应当向审计项目组强调的执业理念	（1）审计项目组所有成员都有责任为在项目层面管理和实现业务的高质量作出贡献 （2）审计项目组成员的职业价值观、职业道德和职业态度至关重要 （3）在审计项目组内部进行开放、顺畅、深入的沟通非常重要，这种沟通应当能够使每位审计项目组成员都能够提出自己的质疑，而不怕遭受报复 （4）审计项目组成员在整个审计项目中保持职业怀疑非常重要
参与整个审计过程	审计项目合伙人应当充分、适当地参与整个审计过程，从而能够根据审计项目的性质和具体情况，确定审计项目组作出的重大判断和据此得出的结论是否适当
签署审计报告前确定的事项	（1）审计项目合伙人已经充分、适当地参与了审计项目的全过程，能够确定审计项目组作出的重大判断和据此得出的结论是适当的 （2）考虑了审计项目的性质和具体情况、发生的任何变化，以及会计师事务所与之相关的政策和程序

02 考点 2 复核审计工作底稿等相关文件（业务执行）（★）

审计项目合伙人应当在审计过程中的适当时点复核审计工作底稿。具体内容归纳如下表。

复核审计工作底稿	具体要求
复核内容	（1）重大事项 （2）重大判断，包括与在审计中遇到的困难或有争议事项相关的判断，以及得出的结论 （3）根据审计项目合伙人的职业判断，与审计项目合伙人的职责有关的其他事项
在审计报告日或之前复核	在审计报告日或审计报告日之前，审计项目合伙人应当通过复核审计工作底稿以及与审计项目组讨论，确保已获取充分、适当的审计证据，以支持得出的结论和拟出具的审计报告
在签署审计报告前复核	在签署审计报告前，为确保拟出具的审计报告适合审计项目的具体情况，审计项目合伙人应当复核财务报表、审计报告以及相关的审计工作底稿，包括对关键审计事项的描述（如适用）
签署正式书面沟通文件之前复核	审计项目合伙人应当在与管理层、治理层或相关监管机构签署正式书面沟通文件之前对其进行复核

03 考点 3 咨询（业务执行）（★）

在业务执行中，针对咨询的必要性、审计项目合伙人的责任，归纳如下表。

咨询	具体内容
必要性	审计项目组在执行审计项目的过程中时常会遇到各种各样的疑难问题或者争议事项。当这些问题和事项不能在审计项目组内部得到解决时，有必要向审计项目组之外的适当人员咨询
审计项目合伙人对咨询承担的责任	（1）对审计项目组就下列事项进行咨询承担责任： ①困难或有争议的事项，以及会计师事务所政策和程序要求咨询的事项 ②审计项目合伙人根据职业判断认为需要咨询的其他事项
	（2）确定审计项目组成员已在审计过程中就相关事项进行了适当咨询，咨询可能在审计项目组内部进行，或者在审计项目组与会计师事务所内部或外部的其他适当人员之间进行
	（3）确定已与被咨询者就咨询的性质、范围以及形成的结论达成一致意见
	（4）确定咨询形成的结论已得到执行

04 考点4 项目质量复核（业务执行）（★★）

在业务执行中，针对需要实施项目质量复核的审计项目，审计项目合伙人应当承担的责任，归纳如下表。

审计项目合伙人的责任	具体要求
已委派人员	审计项目合伙人确定会计师事务所已委派项目质量复核人员
已配合	配合项目质量复核人员的工作，并要求审计项目组其他成员配合项目质量复核人员的工作
已讨论	与项目质量复核人员讨论在审计中遇到的重大事项和重大判断，包括在项目质量复核过程中识别出的重大事项和重大判断
已完成	只有在项目质量复核完成后，才签署审计报告

【提示】审计项目合伙人对项目质量复核过程中识别出的重大事项和重大判断也有责任进行讨论，只有重大事项和重大判断得到满意解决才能出具审计报告。

05 考点5 意见分歧（业务执行）（★★★）

在业务执行中，针对意见分歧的来源、审计项目合伙人对意见分歧的责任，归纳如下表。

意见分歧	具体内容
来源	（1）审计项目组内部 （2）审计项目组与项目质量复核人员之间（如适用） （3）审计项目组与在会计师事务所质量管理体系内执行相关活动的人员（包括提供咨询的人员）之间
责任	（1）对按照会计师事务所的政策和程序处理和解决意见分歧承担责任 （2）确定咨询得出的结论已经记录并得到执行 （3）在所有意见分歧得到解决之前，不得签署审计报告

【相关链接】

1.《中国注册会计师审计准则第1121号——对财务报表审计实施的质量管理》
2.《会计师事务所质量管理准则第5101号——业务质量管理》
3.《会计师事务所质量管理准则第5102号——项目质量复核》

历年经典试题回顾

【提示】本章教材内容根据新准则进行重新编写，绝大多数历年真题不再适用，建议使用同步强化练习题（已根据新准则进行编写）内容进行习题演练。

扫一扫　“码”上做题、看解析

本书同步强化练习题均配备二维码，使用“会计云课堂”App 扫码，即可线上做题、看解析。

【“会计云课堂”App 下载二维码见封底页】

同步强化练习题

一、单项选择题

1. 关于质量管理体系的设计、实施和运行的方法和步骤，下列说法中，错误的是（　　）。（★★★）*

A. 会计师事务所应当识别和评估质量风险

B. 会计师事务所应当设计和采取应对措施以应对质量风险

C. 会计师事务所设计和采取的应对措施取决于对质量管理体系承担最终责任的人员的判断

D. 会计师事务所应当针对质量管理体系的各个要素设定质量目标

2. 关于承担质量管理体系责任的相关人员，下列说法中，错误的是（　　）。（★★★）

A. 质量管理主管合伙人具体负责质量管理体系的设计、实施和运行

B. 职业道德主管合伙人至少每年一次向主要负责人报告与职业道德相关的政策和程序、事件和结果以及后续计划

C. 独立性主管合伙人至少每年一次向主要负责人报告与独立性相关的所有事项

D. 主要负责人是质量管理体系最终责任人

3. 下列与评价质量管理体系相关的说法中，错误的是（　　）。

A. 项目合伙人应当代表会计师事务所对质量管理体系进行评价

B. 主要负责人应当确认评价中的缺陷

C. 评价应当以某一时点为基准

D. 评价工作至少每年一次

4. 在形成质量至上的文化时，下列会计师事务所的做法中，错误的是（　　）。

A. 在财务和运营方面对优先事项的安排，不能以牺牲质量为代价

B. 会计师事务所有责任通过持续高质量地执行业务从而更好地服务于公众利益

C. 对会计师事务所所有人员树立正确的职业价值观、职业道德和职业态度，对于持续高质量地执行业务至关重要

D. 质量管理领导层对其执行业务的质量承担责任，其他员工无须对其执行业务的质量承担责任

5. 针对治理和领导层，下列有关会计师事务所质量目标的说法中，错误的是（　　）。（★★★）

A. 强调质量至上的文化，树立质量意识

B. 主要负责人对质量负责

C. 领导层通过实际行动展示其对质量的重视

D. 会计师事务所的资源的取得和分配能够保障会计师事务所履行其对质量的承诺

6. 针对客户关系和具体业务的接受与保持，会计师事务所质量目标的下列说法中，错误的是（　　）。

A. 针对业务的性质和具体情况以及客户的诚信和道德价值观，获取了足以支持接

---

* 为了便于您识别重要题目，本书中针对重点题目通过标注星级的方式进行体现。

受与保持某项客户或具体业务的充分信息
B. 会计师事务所无须考虑客户的诚信和道德价值观问题
C. 会计师事务所在财务和运营方面对优先事项的安排，并不会导致对是否接受或保持客户或具体业务作出不恰当判断
D. 会计师事务所具备了按照适用的法律法规和职业准则的规定执行业务的能力

7. 下列关于项目质量复核的说法中，错误的是（　　）。
A. 项目质量复核是会计师事务所质量管理体系中的一项应对措施
B. 项目质量复核由项目质量复核人员在项目层面代表会计师事务所实施
C. 项目质量复核是对项目组作出的重大判断和据此得出的结论作出的客观评价
D. 项目质量复核旨在评价整个项目是否遵守了适用的法律法规和职业准则的规定，或者会计师事务所的政策和程序

8. 会计师事务所委派项目质量复核人员的下列做法中，错误的是（　　）。（★★★）
A. 如果在同一年度内需要实施项目质量复核的两个项目之间交叉实施项目质量复核，会计师事务所应当向这两位项目质量复核人员分别获取客观性的书面确认函
B. 除非出现特殊情况，应当尽量避免某一项目的项目合伙人对另一项目实施项目质量复核，同时由后者的项目合伙人对前者实施项目质量复核
C. 会计师事务所应当在全所范围内统一委派项目质量复核人员，并确保负责实施委派工作的人员具备必要的胜任能力和权威性
D. 为某一具体项目委派项目质量复核人员时，应当充分考虑拟委派人员的胜任能力和客观性

9. 有关项目质量复核人员的下列说法中，错误的是（　　）。（★★★）
A. 项目质量复核人员在实施项目质量复核时应保持独立、客观、公正
B. 项目之间交叉实施项目质量复核可能会影响项目质量复核人员的客观性
C. 在冷却期结束之前，前任项目合伙人不得担任该项目的项目质量复核人员
D. 前任项目合伙人担任该项目的项目质量复核人员至少要经过一年的冷却期

10. 针对项目质量复核的时间，以下说法中，正确的是（　　）。
A. 与审计委员会沟通后完成项目质量复核
B. 与治理层沟通后完成项目质量复核
C. 与管理层沟通后完成项目质量复核
D. 在出具审计报告前完成项目质量复核

11. 下列有关项目质量复核的说法中，错误的是（　　）。
A. 会计师事务所应当委派项目质量复核人员对审计业务的部分事项作出判断并形成结论
B. 项目质量复核是独立于项目组的项目质量复核人员执行的复核
C. 项目质量复核人员是指会计师事务所中实施项目质量复核的合伙人，或其他类似职位的人员，或者由会计师事务所委派实施项目质量复核的外部人员
D. 项目质量复核是指在报告日或报告日之前，项目质量复核人员对项目组作出的重大判断及据此得出的结论作出的客观评价

12. 项目质量复核人员任职资质的下列说法中，错误的是（　　）。
A. 项目质量复核人员的胜任能力应当高于项目合伙人
B. 遵守与项目质量复核人员任职资质要求相关的法律法规规定（如有）
C. 遵守相关职业道德要求
D. 项目质量复核人员不能从项目组成员中挑选

13. 针对公众利益实体审计业务，下列关于关键审计合伙人定期轮换的说法中，错

误的是(　　)。(★★★)

A. 建立关键审计合伙人服务年限清单

B. 对关键审计合伙人的轮换情况进行实时监控

C. 根据关键审计合伙人相关信息，每三年至少需要对关键审计合伙人轮换情况实施复核

D. 根据关键审计合伙人相关信息，在全所范围内对关键审计合伙人统一进行轮换

14. 针对合伙人晋升的下列说法中，错误的是(　　)。(★★★)

A. 会计师事务所对合伙人晋升、培训、考核、分配、转入和退出的管理环节中均应当体现以质量为导向的文化

B. 针对合伙人晋升建立和实施质量一票否决制度

C. 针对员工晋升合伙人的管理中，不得以承接和执行业务的收入或利润作为晋升合伙人的考核指标

D. 针对外部转入人员晋升合伙人，也应当建立以质量为导向的晋升机制

15. 针对合伙人考核和收益分配，会计师事务所的下列做法中，错误的是(　　)。

A. 全所范围内统一进行合伙人考核和收益分配

B. 新晋升的合伙人或者从外部转入的合伙人应当重点考核其承接和执行业务的收入

C. 不得直接或变相以分所、部门、合伙人所在团队作为利润中心进行收益分配

D. 综合考虑合伙人的执业质量、管理能力、经营业绩、社会声誉等指标

16. 下列各项中，不属于项目质量复核工作底稿包含的内容的是(　　)。

A. 项目质量复核人员及协助人员的姓名

B. 完成项目质量复核的日期

C. 已复核的业务工作底稿的识别特征

D. 对财务报表形成的审计意见

17. 针对项目质量复核的实施和记录，会计师事务所制定的政策和程序中，错误的是(　　)。

A. 项目质量复核人员应当客观评价项目组作出的重大判断和据此得出的结论

B. 项目合伙人应当在收到项目质量复核人员就已完成项目质量复核发出的通知前签署报告

C. 应制定对项目质量复核人员的客观性产生不利影响的情形，以及在这些情形下需要采取的适当行动相关的政策和程序

D. 应当制定政策和程序，要求项目质量复核人员负责就项目质量复核的实施情况形成工作底稿

二、多项选择题

1. 会计师事务所负责设计、实施和运行质量管理体系是为了在下列方面提供合理保证(　　)。(★★★)

A. 会计师事务所及其人员按照适用的法律法规的规定履行职责，并根据这些规定执行业务

B. 会计师事务所及其人员按照职业准则的规定履行职责，并根据这些规定执行业务

C. 会计师事务所和项目合伙人出具无保留意见审计报告

D. 会计师事务所和项目合伙人出具适合具体情况的业务报告

2. 针对治理和领导层，下列有关会计师事务所质量目标的说法中，正确的有(　　)。(★★★)

A. 向全体人员传递质量至上的执业理念，培育以质量为导向的文化

B. 会计师事务所的组织结构恰当

C. 会计师事务所的资源（包括财务资源）需求得到恰当的计划

D. 会计师事务所对相关人员角色、职责、权限的分配恰当

3. 会计师事务所的下列人员中，不属于对质量管理体系承担运行责任的人员有(　　)。

A. 质量管理主管合伙人
B. 职业道德主管合伙人
C. 主要负责人
D. 独立性主管合伙人

4. 针对具有较高风险的业务，应当设计和实施的专门质量管理程序有（　　）。（★★★）
A. 加强与前任注册会计师的沟通
B. 与相关监管机构沟通
C. 访谈拟承接客户以了解有关情况
D. 加强内部质量复核

5. 会计师事务所质量管理领导层应满足的条件包括（　　）。
A. 具有充足的时间和资源履行其责任
B. 充分理解其应负的责任并接受对这些责任履行情况的问责
C. 在会计师事务所内具有公认的权威性和公关能力
D. 具备适当的知识、经验和资质

6. 下列有关会计师事务所的项目组人员委派的说法中，正确的有（　　）。
A. 会计师事务所应当对每项业务委派至少一名项目合伙人
B. 会计师事务所应当统一委派具有足够专业胜任能力、时间，并且无不良执业诚信记录的项目合伙人执行业务
C. 对所有业务均应当委派项目质量复核人员
D. 为了保证项目质量复核人员的权威性和客观性，应当委派合伙人或类似人员，或事务所外部人员担任项目质量复核人员

7. 下列有关项目质量复核的说法中，正确的有（　　）。
A. 对法律法规要求实施项目质量复核的审计业务或其他业务实施项目质量复核
B. 由项目合伙人委派项目质量复核人员
C. 对所有上市实体财务报表审计实施项目质量复核
D. 对会计师事务所认为，为应对一项或多项质量风险，有必要实施项目质量复核的审计业务或其他业务实施项目质量复核

8. 下列关于项目质量复核人员任职资质的说法中，正确的有（　　）。
A. 当项目质量复核人员意识到其不再符合任职资质要求时，如果项目质量复核已经开始实施，立即停止实施项目质量复核
B. 如果项目质量复核人员不再符合任职资质要求，会计师事务所应当委任一位新的项目质量复核人员
C. 当项目质量复核人员意识到其不再符合任职资质要求时，如果项目质量复核尚未开始，则不再承担项目质量复核责任
D. 当项目质量复核人员意识到其不再符合任职资质要求时，如果项目质量复核已经开始实施，由项目合伙人协助完成

9. 下列各项中，属于审计项目组成员的有（　　）。（★★★）
A. 执行某项审计业务的员工
B. 审计项目合伙人
C. 外部专家
D. 为审计项目组提供直接协助的内部审计人员

10. 下列业务中，需要实施项目质量复核的有（　　）。
A. 为应对一项或多项质量风险，有必要实施项目质量复核的审计业务
B. 法律法规要求实施项目质量复核的审计业务
C. 为应对一项或多项质量风险，有必要实施项目质量复核的其他业务
D. 法律法规要求实施项目质量复核的其他业务

11. 下列各项中，属于项目质量复核人员的有（　　）。
A. 会计师事务所委派实施项目质量复核的外部人员
B. 会计师事务所委派的审计项目合伙人

C. 与实施项目质量复核的合伙人类似职位的其他人员

D. 实施项目质量复核的合伙人

12. 在质量管理体系的设计、实施或运行中，表明会计师事务所质量管理体系存在缺陷的有(　　)。

A. 未能设定对实现质量管理体系必要的质量目标

B. 未能恰当评估和应对所服务的客户管理层提出的诉求

C. 未能恰当设计和采取应对措施

D. 未能识别或恰当评估一项或多项质量风险

13. 下列有关意见分歧的说法中，正确的有(　　)。

A. 项目合伙人应当复核并评价项目组是否已就疑难问题或涉及意见分歧的事项进行适当咨询，以及咨询得出的结论是否得到执行

B. 项目质量复核人员（如有）应当复核并评价项目组是否已就疑难问题或涉及意见分歧的事项进行适当咨询，以及咨询得出的结论是否得到执行

C. 如果需要项目质量复核人员、项目组成员以外的其他人员参与形成业务报告中的专业意见，应当在业务工作底稿中作出适当记录

D. 确保所执行的项目在意见分歧解决后才能出具报告

14. 上市实体的审计报告在出具前，下列与审计报告确认或签章相关的做法中，正确的有(　　)。(★★★)

A. 项目合伙人应当复核确认并签字盖章

B. 项目质量复核人员应当复核确认并签字盖章

C. 项目合伙人应当确保审计报告内容、格式符合职业准则的规定

D. 项目质量复核人员应当确保审计报告内容、格式符合职业准则的规定

三、简答题

1. ABC 会计师事务所质量管理体系的部分内容摘录如下：

(1) 针对会计师事务所制定的质量管理体系，承接和执行鉴证业务时应当遵守，相关服务业务不作强制要求。

(2) 合伙人的晋升与考核以业务收入排名为主要依据。

(3) 完成审计工作后，所有审计工作底稿应当在审计报告日后 60 日内归档完成。

(4) 对于尚未取得上市资格的业务，不予执行项目质量复核。

(5) 无论审计项目组内部的分歧是否得到解决，审计项目组必须保证按时出具审计报告。

(6) 以每三年为一个周期，选取项目合伙人已完成业务进行检查，检查对象为当年年度考核等级位列最后的 3 名项目合伙人。

要求：

针对上述第（1）至（6）项，逐项指出 ABC 会计师事务所的质量管理体系是否恰当。如不恰当，简要说明理由。(★★★)

2. ABC 会计师事务所质量管理体系和注册会计师职业道德守则的部分内容摘录如下：

(1) 独立性主管合伙人应当周期性地向主要负责人报告与独立性相关的所有事项，周期最长不得超过 3 年（含 3 年）。

(2) 针对公众利益实体审计业务，会计师事务所对关键审计合伙人轮换情况进行实时监控，每三年对轮换情况复核一次，并在全所范围内统一进行轮换。

(3) A 注册会计师是甲上市公司 2017 年至 2020 年财务报表审计项目合伙人，事务所委派 B 注册会计师担任甲公司 2018 年财务报表项目质量复核人员；B 注册会计师是乙公司 2019 年至 2021 年财务报表审计合伙人，事务所委派 A 注册会计师担任乙公司 2020 年财务报表项目质量复核人员。

（4）C注册会计师于2011年至2015年度担任丙上市公司审计项目合伙人，在2020年度被委派担任丙公司项目质量复核人员。

（5）会计师事务所为了强化主体责任，明确要求签发审计报告前，应当经项目合伙人、项目质量复核人员（如有）在审计报告中签字。

要求：

针对上述第（1）至（5）项，逐项指出ABC会计师事务所的质量管理体系和注册会计师职业道德守则有关独立性的情况是否恰当。如不恰当，简要说明理由。

3. ABC会计师事务所质量管理体系和注册会计师职业道德守则的部分内容摘录如下：

（1）会计师事务所至少每年一次向所有需要按照相关职业道德要求保持独立性的人员获取其将遵守独立性要求的书面确认。

（2）针对公众利益实体审计业务，会计师事务所委派审计合伙人时需要确保其最近三年不存在不良执业诚信记录。

（3）A注册会计师作为甲上市公司财务报表审计项目合伙人，事务所委派B注册会计师作为项目质量复核人员，B注册会计师完成项目质量复核签字确认即可，无需通知A注册会计师。

（4）A注册会计师于2011年至2015年度担任乙上市公司审计项目合伙人，在2021年度被委派担任乙公司项目质量复核人员。

（5）会计师事务所在首次承接某一上市实体财务报表审计后知悉了该公司管理层缺乏诚信，这些信息如果在承接业务之前知悉，按照会计师事务所质量管理体系要求不能承接该业务，因此会计师事务所终止了该审计业务。

（6）会计师事务所拟承接存在高风险的业务时，应当在职业道德主管合伙人签字批准后，事务所才能承接。

要求：

针对上述第（1）至（6）项，逐项指出ABC会计师事务所的质量管理体系和注册会计师职业道德守则有关独立性的情况是否恰当。如不恰当，简要说明理由。

4. ABC会计师事务所接受委托审计上市公司甲银行2020年度财务报表，委派A注册会计师担任审计项目合伙人，B注册会计师担任项目质量复核人员。相关事项如下：

（1）在出具审计报告前，A注册会计师就一项重大会计问题向质量管理部门进行了咨询。由于双方意见一致，A注册会计师没有就咨询事项和结果形成审计工作底稿。

（2）A注册会计师怀疑甲银行出纳员挪用单位资金，B注册会计师根据其对甲银行的了解，认为出纳员不会挪用资金，建议审计项目合伙人不再对此实施审计程序。

（3）会计师事务所建立专门的系统用于记录对审计客户关系和具体业务的接受与保持的评估。该系统中记录的信息无须纳入业务工作底稿。

（4）会计师事务所明确要求，定期对质量管理体系中承担运行责任的人员进行业绩评价，其他人员无需定期进行业绩评价。

（5）A注册会计师就一项疑难税务问题咨询专家，并完整详细的记录咨询相关事项。

要求：

针对上述第（1）至（5）项，逐项指出注册会计师或会计师事务所的做法是否恰当。如不恰当，简要说明理由。

同步强化练习题参考答案及解析

一、单项选择题

1. 【答案】C

解析：选项C错误，会计师事务所设计和采取的应对措施的性质、时间安排和范围取决于相关质量风险的评估结果及得出该评估结果的理由，并非由对质量管理体系承担最终责任的人员（主要负责人）判断。

2. 【答案】C

解析：选项C错误，独立性主管合伙人至少每年一次向主要负责人报告与独立性相关的重大事项，并非所有事项。

3. 【答案】A

解析：选项A错误，主要负责人应当代表会计师事务所对质量管理体系进行评价。

4. 【答案】D

解析：选项D错误，会计师事务所所有人员对其执行业务的质量均应当承担责任。会计师事务所在全所范围内形成一种“质量至上”的文化，树立质量意识。这种文化应当认可并强调下列方面：（1）会计师事务所及其人员有责任持续高质量地执行业务，从而更好地服务于公众利益（选项B）；（2）会计师事务所人员树立正确的职业价值观、职业道德和职业态度，对于持续高质量地执行业务至关重要（选项C）；（3）会计师事务所所有人员都对其执行业务的质量承担责任，或对质量管理体系中执行工作的质量承担责任，并且这些人员的行为应当得当；（4）会计师事务所的所有战略决策和行动，都应当坚持质量优先，都不能以牺牲质量为代价（选项A）。

5. 【答案】B

解析：针对治理和领导层，会计师事务所应当设定下列质量目标：（1）在全所范围内形成一种质量至上的文化，树立质量意识（选项A）；（2）领导层对质量负责（选项B错误），并通过实际行动展示其对质量的重视（选项C）；（3）领导层向会计师事务所人员传递“质量至上”的执业理念，培育以质量为导向的文化；（4）会计师事务所的组织结构以及对相关人员角色、职责、权限的分配是恰当的，能够满足质量管理体系设计、实施和运行的需要；（5）会计师事务所的资源（包括财务资源）需求得到恰当的计划，并且资源的取得和分配能够为会计师事务所持续高质量地执行业务提供保障（选项D）。

6. 【答案】B

解析：选项B错误，会计师事务所需要考虑客户的诚信和道德价值观问题。

7. 【答案】D

解析：选项D错误，项目质量复核并不旨在评价整个项目是否遵守了适用的法律法规和职业准则的规定，或者会计师事务所的政策和程序。

8. 【答案】A

解析：选项A错误，除非出现特殊情况，应当尽量避免在同一年度内需要实施项目质量复核的两个项目之间交叉实施项目质量复核，即使获取客观性的书面确认函，也不能降低对客观性的不利影响。

9. 【答案】D

解析：选项D错误,冷却期至少应当为两年。

10. 【答案】D

解析：选项D正确，项目质量复核是指在报告日或报告日之前，项目质量复核人员应当对项目组作出的重大判断及据此得出的结论作出的客观评价。

11. 【答案】A

解析：选项A错误，项目质量复核人员应当对项目组作出的重大判断和据此得出的结论作出客观评价。

12. 【答案】A

解析：选项A错误，项目质量复核人员的胜任能力应当至少与项目合伙人相当，不一定需要高于项目合伙人。

13. 【答案】C

解析：选项C错误，针对公众利益实体审计业务，会计师事务所应当对关键审计合伙人的轮换情况进行实时监控，通过建立关键审计合伙人服务年限清单等方式，管理关键审计合伙人相关信息，每年对轮换情况实施复核，并在全所范围内统一进行轮换。

14. 【答案】C

解析：选项C错误，针对员工晋升合伙人的管理，不得以承接和执行业务的收入或利润作为晋升合伙人的首要指标，并非不考虑承接和执行业务的收入或利润。

15. 【答案】B

解析：选项B错误，会计师事务所在全所范围内统一进行合伙人考核和收益分配时，应综合考虑合伙人的执业质量、管理能力、经营业绩、社会声誉等指标，不得以承接和执行业务的收入或利润作为首要指标。

16. 【答案】D

解析：选项D错误，对财务报表形成的审计意见属于项目合伙人的职责，不属于项目质量复核人员实施的复核工作，不记录在项目质量复核底稿中。

17. 【答案】B

解析：选项B错误，禁止项目合伙人在收到项目质量复核人员就已完成项目质量复核发出的通知前签署报告。

二、多项选择题

1. 【答案】ABD

解析：会计师事务所负责设计、实施和运行质量管理体系是为了在下列方面提供合理保证：(1) 会计师事务所及其人员按照适用的法律法规和职业准则的规定履行职责，并根据这些规定执行业务（选项A、B）；(2) 会计师事务所和项目合伙人出具适合具体情况的业务报告（选项D）。

2. 【答案】ABCD

解析：针对治理和领导层，会计师事务所应当设定下列质量目标：(1) 在全所范围内形成一种质量至上的文化，树立质量意识；(2) 领导层对质量负责，并通过实际行动展示其对质量的重视；(3) 领导层向会计师事务所人员传递质量至上的执业理念，培育以质量为导向的文化（选项A）；(4) 会计师事务所的组织结构（选项B）以及对相关人员角色、职责、权限的分配是恰当的（选项D），能够满足质量管理体系设计、实施和运行的需要；(5) 会计师事务所的资源（包括财务资源）需求得到恰当的计划（选项C），并且资源的取得和分配能够为会计师事务所提供高质量地执行业务提供保障。

3. 【答案】BCD

解析：选项A属于对事务所质量管理体系承担运行责任。选项B、D均属于对管理体系特定方面的运行承担责任，选项C对事务所质量管理体系承担最终责任。

4. 【答案】ABCD

解析：对于在客户关系和具体业务的接受与保持方面具有较高风险的客户，会计师事务所应当设计和实施专门的质量管理程序，如加强与前任注册会计师的沟通（选项 A)、与相关监管机构沟通（选项 B)、访谈拟承接客户以了解有关情况（选项 C)、加强内部质量复核（选项 D）等。

5. 【答案】ABD

解析：会计师事务所质量管理领导层应同时符合下列条件：(1) 具备适当的知识、经验和资质（选项 D)；(2) 在会计师事务所内具有履行其责任所需要的权威性和影响力（选项 C 错误)；(3) 具有充足的时间和资源履行其责任（选项 A)；(4) 充分理解其应负的责任并接受对这些责任履行情况的问责（选项 B)。

6. 【答案】ABD

解析：选项 C 不正确。会计师事务所并非需要对所有业务委派项目质量复核人员。需要实施项目质量复核的对象包括：(1) 上市实体财务报表审计业务；(2) 法律法规要求实施项目质量复核的审计业务或其他业务；(3) 会计师事务所认为，为应对一项或多项质量风险，有必要实施项目质量复核的审计业务或其他业务。

7. 【答案】ACD

解析：选项 B 错误，项目质量复核人员应当由会计师事务所统一委派。

8. 【答案】ABC

解析：选项 D 错误，当项目质量复核人员意识到其不再符合任职资质要求，如果项目质量复核已经开始实施，立即停止实施项目质量复核。

9. 【答案】AB

解析：审计项目组是指执行某项审计业务的所有合伙人（选项 B）和员工（选项 A)，以及为该项业务实施审计程序的所有其他人员，但不包括外部专家（选项 C)，也不包括为审计项目组提供直接协助的内部审计人员（选项 D)。

10. 【答案】ABCD

解析：会计师事务所应当就项目质量复核制定政策和程序，并对下列业务实施项目质量复核：(1) 上市实体财务报表审计业务；(2) 法律法规要求实施项目质量复核的审计业务（选项 B）或其他业务（选项 D)；(3) 会计师事务所认为，为应对一项或多项质量风险，有必要实施项目质量复核的审计业务（选项 A）或其他业务（选项 C)。

11. 【答案】ACD

解析：项目质量复核人员，是指会计师事务所中实施项目质量复核的合伙人（选项 D）或其他类似职位的人员（选项 C)，或者由会计师事务所委派实施项目质量复核的外部人员（选项 A)。审计项目合伙人不能同时兼任该项目的项目质量复核人员，故选项 B 错误。

12. 【答案】ACD

解析：选项 B 错误，会计师事务所质量管理体系的缺陷与所服务的客户提出的诉求无关。当存在下列情况之一时，表明会计师事务所质量管理体系存在缺陷：(1) 未能设定某些质量目标，而这些质量目标对实现质量管理体系的目标是必要的（选项 A)；(2) 未能识别或恰当评估一项或多项质量风险（选项 D)；(3) 未能恰当设计和采取应对措施（选项 C)，或者应对措施未能有效发挥作用，导致一项应对措施或者多项应对措施的组合未能将相关质量风险发生的可能性降低至可接受的低水平；(4) 质量管理体系的某些方面缺失，或者某些方面未能得到恰当的设计、实施或有效运行。

13.【答案】ABCD

解析：会计师事务所应当制定与解决意见分歧相关的政策和程序，包括下列方面：（1）明确要求项目合伙人（选项A）和项目质量复核人员（如有）（选项B）复核并评价项目组是否已就疑难问题或涉及意见分歧的事项进行适当咨询，以及咨询得出的结论是否得到执行；（2）明确要求在业务工作底稿中适当记录意见分歧的解决过程和结论。如果项目质量复核人员（如有）、项目组成员以外的其他人员参与形成业务报告中的专业意见，也应当在业务工作底稿中作出适当记录（选项C）；（3）确保所执行的项目在意见分歧解决后才能出具业务报告（选项D）。

14.【答案】ACD

解析：选项B错误，项目质量复核人员应当复核确认但不在审计报告中签字盖章。会计师事务所应当制定与出具业务报告相关的政策和程序，要求业务报告在出具前，应当经项目合伙人、项目质量复核人员复核确认，确保其内容、格式符合职业准则的规定（选项C、D），并由项目合伙人（选项A）及其他适当的人员（如适用）签署。

三、简答题

1.【答案】

（1）不恰当。质量管理体系涵盖相关服务业务。

（2）不恰当。会计师事务所应建立以质量为导向的晋升机制，综合考虑合伙人的执业质量、管理能力、经营业绩、社会声誉等指标，不得以承接和执行业务的收入或利润作为考核的首要指标。

（3）恰当。

（4）不恰当。会计师事务所应当就下列业务实施项目质量复核：上市实体财务报表审计业务；法律法规要求实施项目质量复核的审计业务或其他业务；会计师事务所认为，为应对一项或多项质量风险，有必要实施项目质量复核的审计业务或其他业务。

（5）不恰当。只有项目组内部意见分歧得到解决后，项目合伙人才能出具报告。

（6）不恰当。在每个周期内，应对每个项目合伙人已完成的业务至少选取一项进行检查。

2.【答案】

（1）不恰当。独立性主管合伙人至少每年一次向主要负责人（首席合伙人/主任会计师）报告与独立性相关的重大事项，并非所有事项。

（2）不恰当。事务所应当每年对轮换情况实施复核。

（3）恰当。

（4）不恰当。担任该公众利益实体审计项目合伙人的冷却期不足5年，不能担任该项目的项目质量复核人员。

（5）不恰当。项目质量复核人员需要确认项目质量复核已经完成，签字确认并通知项目合伙人，在审计报告中签字确认的是项目合伙人，并非项目质量复核人员。

3.【答案】

（1）不恰当。应当获取已遵守独立性要求的书面确认。

（2）不恰当。应当在全所范围内统一委派具有足够专业胜任能力、时间，并且无不良执业诚信记录的项目合伙人执行业务。

（3）不恰当。B注册会计师确定项目质量复核已经完成，应当签字并通知项目合伙人。

（4）恰当。

（5）恰当。

（6）不恰当。针对高风险的业务，需要设计和实施专门的质量管理程序，并经质量管理主管合伙人（或类似职位的人员）或其授权的人员审批。

4.【答案】

(1) 不恰当。审计工作底稿应当记录在审计过程中进行咨询的性质、范围、得出的结论，以及这些结论如何得到执行的。

(2) 不恰当。项目质量复核人员不应代替审计项目合伙人作出判断和决策及参与审计业务。

(3) 不恰当。应将有关客户关系和审计业务的接受与保持的评估纳入审计工作底稿。

(4) 不恰当。除了定期对质量管理体系承担运行责任的人员进行业绩评价外，还应对特定方面承担运行责任的合伙人以及主要负责人进行定期业绩评价。

(5) 恰当。

第二十二章　职业道德基本原则和概念框架

本章考情分析

本章与第二十三章属于中国注册会计师职业道德规范体系。

本章重点是注册会计师对职业道德概念框架的具体运用（教材22.3）。

本章知识点与“独立性”（第23章）合并出题，题型以简答题为主，涉及本章的分值在1分左右。

本章需要大家重点掌握的知识点（含可能题型），归纳如下表。

序号	知识点	题型	难易程度
1	职业道德基本原则	单选、多选	易
2	诚信	单选、多选	中
3	保密	单选、简答	易
4	近亲属	单选、简答	易
5	职业道德概念框架图解	单选、简答	易
6	识别对职业道德基本原则的不利影响	单选、简答	难
7	第二意见	单选、简答	中
8	收费	单选、简答	易
9	利益诱惑	单选、多选、简答	中

2021年教材主要变化

根据《中国注册会计师职业道德守则（2020）》对内容进行了重新编写。

本章考点框架

- 第二十二章
  - 职业道德基本原则
    - 职业道德基本原则【易/低频】
    - 诚信【中/低频】
    - 保密【易/中频】
    - 近亲属【易/低频】
  - 职业道德概念框架
    - 职业道德概念框架图解【易/低频】
  - 注册会计师对职业道德概念框架的具体运用
    - 识别对职业道德基本原则的不利影响【难/高频】
    - 第二意见【中/低频】
    - 收费【易/中频】
    - 利益诱惑【中/中频】
  - 非执业会员对职业道德概念框架的运用（略）

本章重难点精讲

提示

本章和第二十三章属于中国注册会计师协会（CICPA）会员的职业道德规范体系的核心内容。中国注册会计师协会会员，包括执业会员和非执业会员，如图 22-1 所示：

- 中国注册会计师协会会员
  - 执业会员
    - 注册会计师（个人会员）
    - 会计师事务所（团体会员）
  - 非执业会员（个人会员）

图 22-1 中国注册会计师协会会员体系

本章重点是职业道德基本原则以及可能对职业道德基本原则产生不利影响的因素。本章属于一般重要的章节，建议结合第二十三章一起学习。快扫听课二维码，助您“码”上通关

第一节 职业道德基本原则

本节视频详解

使用“会计云课堂” App/ 微信扫码听课

01 考点 1 职业道德基本原则（★）❶

职业道德基本原则的具体内容，归纳如下表。

基本原则	含义	基本原则对会员的要求
诚信 （1/6）	诚实、守信	在所有的职业活动中保持正直、诚实可信

❶ 为方便您在学习中可以快速了解知识点的重要程度，本书中将知识点进行分类。★★★代表重要知识点，★★代表次重要知识点，★代表非重要知识点。

续表

基本原则	含义	基本原则对会员的要求
客观公正（2/6）	（1）客观，是指按照事物的本来面目去考察，不添加个人的偏见 （2）公正，是指公平、正直、不偏袒	（1）公正处事、实事求是，不得由于偏见、利益冲突或他人的不当影响而损害自己的职业判断 （2）如果存在对职业判断产生过度不当影响的情形，会员不得从事与之相关的职业活动
独立性（3/6）	指不受外来力量控制、支配，按照一定之规行事	在执行鉴证业务时，注册会计师必须保持独立性
专业胜任能力和勤勉尽责（4/6）	会员通过教育、培训和执业实践获取和保持专业胜任能力	持续了解并掌握当前法律、技术和实务的发展变化，将专业知识和技能始终保持在应有的水平，确保为客户提供具有专业水准的服务
保密（5/6）	保护客户涉密信息	对职业活动中获知的涉密信息保密
良好职业行为（6/6）	遵守相关法律法规，避免发生任何可能损害职业声誉的行为	诚实、实事求是，不得有下列行为： （1）夸大宣传提供的服务、拥有的资质或获得的经验 （2）贬低或无根据地比较他人的工作

【提示】对职业道德六个基本原则的归纳总结：

（1）诚信、客观公正、独立性、专业胜任能力和勤勉尽责、保密、良好职业行为，需要大家能“脱口而出”。

（2）职业道德基本原则（六项）与某些章节内容彼此关联，比如，保持职业怀疑（教材1.4）、合理运用职业判断（教材1.4），均涉及到职业道德基本原则。

（3）除了独立性原则，其他五项基本原则适用于所有的会员，所有的职业活动。

（4）独立性原则通常是对注册会计师而不是非执业会员提出的要求。

（5）在执行非鉴证业务时，注册会计师无需保持独立性。

02 考点2 诚信（★）

注册会计师应当在所有的职业活动中保持正直、诚实可信，具体内容或要求归纳如下表。

项目	具体内容或要求
不得与有问题的信息发生关联	有问题的信息如下： （1）含有虚假记载、误导性陈述 （2）含有缺乏充分根据的陈述或信息 （3）存在遗漏或含糊其辞的信息，而这种遗漏或含糊其辞可能会产生误导

续表

项目	具体内容或要求
可能导致出现有问题的信息的情形	(1) 引起重大风险的事项，如舞弊行为 (2) 财务信息存在重大错报而客户未对此作出调整或反映 (3) 导致在实施审计程序时出现重大困难的情况，例如，客户未能提供充分、适当的审计证据，注册会计师难以作出结论性陈述 (4) 与会计准则或其他相关规定的选择、应用和一致性相关的重大发现和问题，而客户未对此在其报告或申报资料中反映 (5) 在出具审计报告时，未解决的重大审计差异
消除关联	如果注册会计师注意到已与有问题的信息发生关联，应当采取措施消除关联
不被视为违反	在鉴证业务中，如果注册会计师依据职业准则的规定出具了恰当的业务报告（例如，在审计业务中，出具恰当的非无保留意见审计报告），不被视为违反诚信原则

03 考点3 保密（★★）

注册会计师在职业活动中应当对其获知的审计客户的涉密信息保密，警惕无意泄密。具体内容或要求，归纳如下表。

项目	具体内容或要求
保密信息	(1) 对所在会计师事务所、工作单位内部的涉密信息保密 (2) 对职业活动中获知的涉及国家安全的信息保密 (3) 对拟承接的客户、拟受雇的工作单位向其披露的涉密信息保密 【提示】采取适当措施，确保下级员工以及为注册会计师提供建议和帮助的人员履行保密义务
禁止行为	(1) 在未经客户、工作单位授权的情况下，不得向会计师事务所、工作单位以外的第三方披露其所获知的涉密信息，除非法律法规或职业准则规定会员在这种情况下有权利或义务进行披露 (2) 不得利用因职业关系而获知的涉密信息为自己或第三方谋取利益 (3) 不得在职业关系结束后利用或披露因该职业关系获知的涉密信息
可能无意泄密的对象	(1) 关系密切的商业伙伴 (2) 近亲属，包括配偶、父母、子女、兄弟姐妹、祖父母、外祖父母、孙子女、外孙子女

续表

项目	具体内容或要求
例外情形（即披露涉密信息时，不违反保密原则）	（1）法律法规允许披露，并且取得客户或工作单位的授权 （2）根据法律法规的要求，为法律诉讼、仲裁准备文件或提供证据，以及向有关监管机构报告发现的违法行为 （3）法律法规允许的情况下，在法律诉讼、仲裁中维护自己的合法权益 （4）接受注册会计师协会或监管机构的执业质量检查，答复其询问和调查 （5）法律法规、执业准则和职业道德规范规定的其他情形

04 考点4 近亲属（★）

注册会计师的近亲属包括主要近亲属和其他近亲属。以ABC会计师事务所审计项目合伙人“老王”为例，用A表示主要近亲属，用B表示其他近亲属，如图22-2所示。

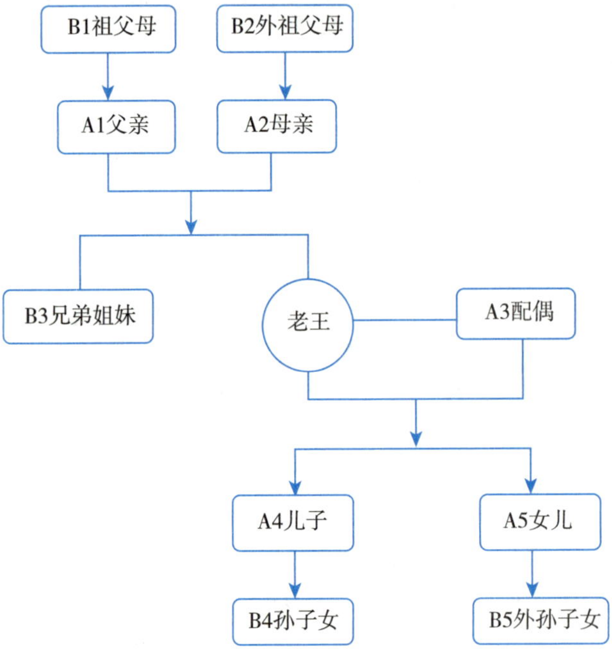

图22-2　注册会计师的近亲属

【看图说话】

（1）主要近亲属是指其父母、配偶或子女，即图中的A1、A2、A3、A4、A5。

（2）其他近亲属是指其祖父母、外祖父母、兄弟姐妹、孙子女、外孙子女，即图中的B1、B2、B3、B4、B5。

【提示】区分主要近亲属和其他近亲属是为了判断对职业道德基本原则和独立性产生不利影响的程度，比如经济利益（教材23.2）、贷款和担保（教材23.3）、商业关系（教材23.3）、家庭和私人关系（教材23.3），均可能涉及主要近亲属和其他近亲属的区分。

第二节　职业道德概念框架

本节视频详解
使用“会计云课堂”App/微信扫码听课

01 考点
职业道德概念框架图解（★）

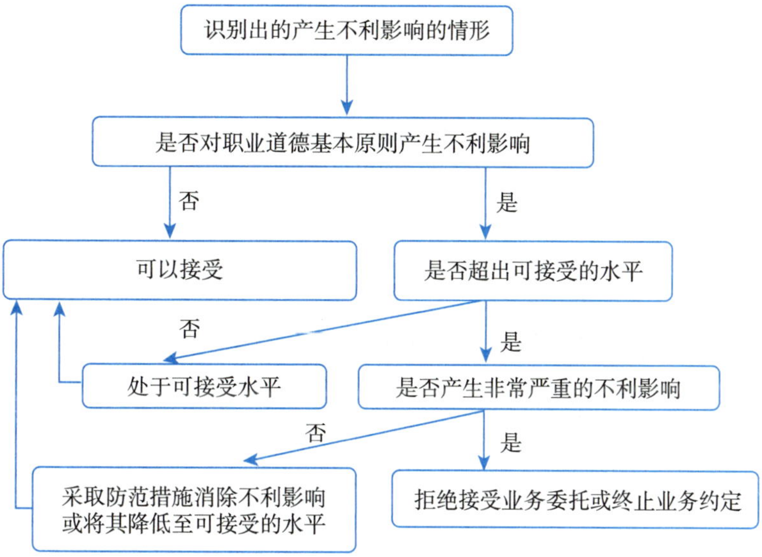

图 22-3　职业道德概念框架

【看图说话】职业道德概念框架是指解决职业道德问题的思路和方法，用以指导注册会计师：

（1）识别对职业道德基本原则的不利影响；

（2）评价不利影响的严重程度；

（3）必要时采取防范措施消除不利影响或将其降低至可接受的水平。

第三节　注册会计师对职业道德概念框架的具体运用

本节视频详解
使用“会计云课堂”App/微信扫码听课

01 考点 1
识别对职业道德基本原则的不利影响（★★★）

可能对职业道德基本原则产生不利影响的因素包括自身利益、自我评价、过度推介、密切关系和外在压力。具体举例，归纳如下表。

不利影响因素	举例
自身利益 （“money”问题）	（1）注册会计师在客户中拥有直接经济利益（详见教材23.2） （2）会计师事务所的收入过分依赖某一客户（详见教材23.7） （3）会计师事务所以较低的报价获得新业务，而该报价过低，可能导致注册会计师难以按照适用的职业准则要求执行业务 （4）注册会计师与客户之间存在密切的商业关系（详见教材23.3） （5）注册会计师能够接触到涉密信息，而该涉密信息可能被用于谋取个人私利 （6）注册会计师在评价所在会计师事务所以往提供的专业服务时，发现了重大错误
自我评价 （“王婆”问题）	（1）注册会计师在对客户提供财务系统的设计或实施服务后，又对系统的运行有效性出具鉴证报告（详见教材23.6） （2）注册会计师为客户编制用于生成有关记录的原始数据，而这些记录是鉴证业务的对象（详见教材23.6）
过度推介 （“越俎代庖”问题）	（1）注册会计师推介客户的产品、股份或其他利益（详见教材23.3） （2）当客户与第三方发生诉讼或纠纷时，注册会计师为该客户辩护（详见教材23.6） （3）注册会计师站在客户的立场上影响某项法律法规的制定
密切关系 （“love”问题）	（1）审计项目团队成员的近亲属担任审计客户的董事或高级管理人员（详见教材23.3） （2）鉴证客户的董事、高级管理人员，或所处职位能够对鉴证对象施加重大影响的员工，最近曾担任注册会计师所在会计师事务所的项目合伙人（详见教材23.4） （3）审计项目团队成员与审计客户之间存在长期业务关系（详见教材23.5）
外在压力 （“纠结和被动”问题）	（1）注册会计师因对专业事项持有不同意见而受到客户解除业务关系或被会计师事务所解雇的威胁 （2）由于客户对所沟通的事项更具有专长，注册会计师面临服从该客户判断的压力 （3）注册会计师被告知，除非其同意审计客户某项不恰当的会计处理，否则计划中的晋升将受到影响 （4）注册会计师接受了客户赠予的重要礼品，并被威胁将公开其收受礼品的事情（详见教材23.8）

02 考点2 第二意见（★）

【举例】假设ABC会计师事务所正在考虑是否承接对甲公司特定交易或事项提供第二意见，该特定交易或事项甲公司已经委托XYZ会计师事务所得出了结论，但是甲公司针对XYZ会计师事务所得出的结论不满意。此时，作为提供第二意见的ABC会计师事务所可能因自身利益对专业胜任能力和勤勉尽责原则产生不利影响，因为甲公司可能并没有将特定交易或事项的全部信息告诉ABC会计师事务所。如图22-4所示。

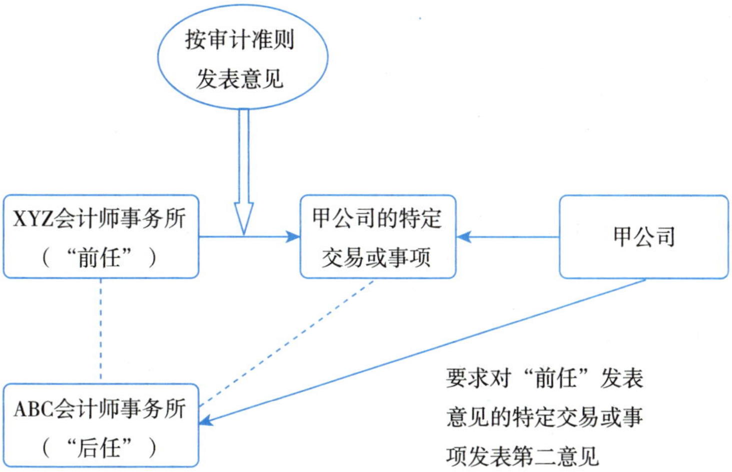

图 22-4 第二意见

【看图说话】

（1）第二意见涉及前后任注册会计师的问题，ABC 会计师事务所属于后任注册会计师，XYZ 会计师事务所属于前任注册会计师。

（2）作为后任注册会计师，在承接提供第二意见时最担心的可能是不完全了解拟承接甲公司委托业务的情况，怕不小心成为“替罪羊”或者“踩雷”。

第二意见的定义、评价不利影响的具体内容，归纳如下表。

第二意见	具体内容
定义	指某公司或实体不是注册会计师的现有客户，而该公司或实体要求注册会计师对前任注册会计师在运用会计、审计或其他准则或原则处理的有关情形和交易的情况提供第二意见
可能产生的不利影响	如果第二意见不是以现任或前任注册会计师所获得的相同事实为基础，或依据的证据不充分，可能因自身利益对专业胜任能力和勤勉尽责原则产生不利影响
考虑是否提供第二意见	如果客户不允许与现任或前任注册会计师沟通，注册会计师应当决定是否提供第二意见

03 考点 3 收费（★★）

收费问题包括收费报价过低、或有收费、收取介绍费或佣金和支付介绍费，相关内容归纳如下表。

收费	相关内容
收费报价过低	如果报价水平过低，以致注册会计师难以按照适用的职业准则执行业务，则可能因自身利益对专业胜任能力和勤勉尽责原则产生不利影响

续表

收费	相关内容
或有收费	注册会计师在提供鉴证服务时不得采用或有收费方式（除法律法规允许外）
收取介绍费或佣金	注册会计师不得收取与客户相关的介绍费或佣金，否则将因自身利益对客观公正原则以及专业胜任能力和勤勉尽责原则产生非常严重的不利影响（禁止的情形）
支付业务介绍费	注册会计师不得向客户或其他方支付业务介绍费，否则将因自身利益对客观公正原则以及专业胜任能力和勤勉尽责原则产生非常严重的不利影响（禁止的情形）

04 考点4 利益诱惑（★★）

利益诱惑的定义、形式以及对职业道德基本原则可能产生不利影响等具体内容，归纳如下表。

利益诱惑	具体内容
定义	指影响其他人员行为的物质、事件或行为
形式举例	礼品；款待；娱乐活动；捐助；意图建立友好关系；工作岗位或其他商业机会；特殊待遇、权利或优先权等
不利影响	可能因自身利益、密切关系或外在压力对职业道德基本原则产生不利影响，尤其可能对诚信、客观公正、良好职业行为原则产生不利影响
禁止行为	注册会计师不得提供或接受，或者授意他人提供或接受任何意图不当影响接受方或其他人员行为的利益诱惑
对其近亲属的利益诱惑	（1）注册会计师应当对其近亲属向现有或潜在客户提供利益诱惑或者接受利益诱惑的情况保持警觉 （2）应当建议其近亲属拒绝接受或不得提供利益诱惑

第四节 非执业会员对职业道德概念框架的运用（略）

【相关链接】

1. 《中国注册会计师职业道德守则第1号—职业道德基本原则》
2. 《中国注册会计师职业道德守则第2号—职业道德概念框架》
3. 《中国注册会计师职业道德守则第3号—提供专业服务的具体要求》

历年经典试题回顾

（一）职业道德基本原则

【例题·多选题】下列各项中，属于注册会计师应当遵守的职业道德基本原则的有（　　）。（2017年网络回忆版）

A. 保密

B. 客观公正

C. 专业胜任能力和勤勉尽责

D. 诚信

（二）保密

【例题·简答题·部分】ABC会计师事务所首次接受委托审计上市公司甲公司2015年度财务报表，委派A注册会计师担任项目合伙人。相关事项如下：

（3）A注册会计师将与某重大会计问题相关的审计工作底稿发给其大学导师，并就具体问题进行了讨论。

（4）甲公司的客户乙公司也是ABC会计师事务所的审计客户，为提高工作效率，A注册会计师安排项目组成员与乙公司审计项目组成员互相查阅审计工作底稿，确认了甲公司和乙公司的往来余额。

要求：

针对上述第（3）、（4）项，逐项指出A注册会计师的做法是否恰当。如不恰当，简要说明理由。（2016年网络回忆版）

历年经典试题回顾参考答案及解析

（一）职业道德基本原则

【例题·多选题】

【答案】ABCD

【解析】职业道德基本原则包括六项，即诚信、客观公正、独立性、专业胜任能力和勤勉尽责、保密、良好职业行为。

【提示】本题根据修订后的六项职业道德基本原则进行了调整。

（二）保密

【例题·简答题·部分】

【答案】

（3）不恰当。未经客户许可，A注册会计师不得将客户（甲公司）涉密信息提供给项目组以外的其他人员。

（4）不恰当。未经客户许可，A注册会计师不得将客户（甲公司和乙公司）涉密信息提供给项目组以外的其他人员。

扫一扫　“码”上做题、看解析

本书同步强化练习题均配备二维码，使用“会计云课堂”App 扫码，即可线上做题、看解析。

【“会计云课堂”App 下载二维码见封底页】

同步强化练习题

一、单项选择题

1. 下列有关职业道德基本原则的说法中，正确的是(　　)。
   A. 如果注册会计师终止了与工作单位的关系，则不存在保密问题
   B. 注册会计师对拟承接的客户向其披露的涉密信息，不存在保密义务
   C. 注册会计师在执行业务时，应当保持独立性
   D. 注册会计师不得夸大宣传提供的服务、拥有的资质或获得的经验，也不得贬低或无根据地比较他人的工作，否则违反良好职业行为的基本原则

2. 下列有关诚信原则的说法中，错误的是(　　)。
   A. 注册会计师不得与有问题的信息发生关联
   B. 在审计业务中，注册会计师针对有问题的信息出具了恰当的非无保留意见审计报告，不被视为违反诚信原则
   C. 如果注册会计师注意到已与有问题的信息发生关联，应当采取措施消除关联
   D. 在出具审计报告时，存在未解决的重大审计差异，不被视为违反诚信原则

3. 下列有关职业道德保密原则的说法中，错误的是(　　)。(★★★)*
   A. 如果法律法规要求注册会计师提供审计工作底稿，则不违反保密原则
   B. 注册会计师在终止与客户的关系后，也不能将其获知的客户涉密信息提供给第三方
   C. 注册会计师不得将其审计客户财务报表时获知的涉密信息提供给家人和朋友
   D. 注册会计师应当特别警惕无意向近亲属泄密，对其他人员无须考虑

4. 注册会计师的下列情形中，不符合保密原则的是(　　)。
   A. 未经客户授权的情况下，向行业监管机构提供审计工作底稿
   B. 未经客户授权的情况下，向网络事务所合伙人提供了部分审计工作底稿
   C. 在客户授权后向后任注册会计师提供了部分审计工作底稿
   D. 在法律法规要求的情况下，为法律诉讼提供审计工作底稿

5. 下列情形中，不属于因自身利益对职业道德基本原则产生不利影响的是(　　)。(★★★)
   A. 审计项目组成员主要近亲属拥有审计客户对外发行流通股股票 1000 股
   B. 审计项目合伙人与审计客户协商，在审计报告日后加入该客户担任财务总监
   C. 审计项目组成员担任审计客户的辩护人
   D. 拟以或有收费的方式承接审计业务

6. 下列情形中，不属于因密切关系对职业道德基本原则产生不利影响的是(　　)。(★★★)

* 为了便于您识别重要题目，本书中针对重点题目通过标注星级的方式进行体现。

A. 审计项目合伙人接受审计客户赠送的汽车加油卡

B. 审计项目合伙人连续七年签署甲上市公司审计报告

C. 审计客户的财务总监是审计该公司的会计师事务所前任项目合伙人

D. 注册会计师在审计客户中拥有直接经济利益

7. 下列有关利益诱惑的说法中，错误的是(　　)。(★★★)

A. 注册会计师不得接受审计客户的贵重礼品

B. 注册会计师接受客户为其近亲属提供的工作岗位不属于利益诱惑

C. 注册会计师应当建议其近亲属拒绝接受或不得提供利益诱惑

D. 注册会计师应当对其近亲属向现有或潜在客户提供利益诱惑或者接受利益诱惑的情况保持警觉

二、多项选择题

1. 下列职业道德基本原则中，注册会计师在所有的职业活动中都应当遵守的有(　　)。(★★★)

A. 专业胜任能力和勤勉尽责

B. 良好职业行为

C. 独立性

D. 保密

2. 下列各项中，可能导致有问题的信息的情形有(　　)。

A. 舞弊行为

B. 财务信息存在重大错报而客户未对此作出调整或反映

C. 在出具审计报告时，未解决的重大审计差异

D. 导致在实施审计程序时出现重大困难的情况

3. 下列情形中，可能属于保密原则的例外事项的有(　　)。

A. 接受监管机构的执业质量检查，答复其询问和调查

B. 根据法律法规的要求，向监管机构报告所发现的违法行为

C. 法律法规允许披露且取得审计客户授权的情况下，向第三方提供审计工作底稿

D. 法律法规允许的情况下，在法律诉讼、仲裁中维护自己的合法权益

4. 在未得到客户授权的下列情形中，很可能表明注册会计师没有违反保密原则的有(　　)。

A. 将客户经营计划提供给客户所在行业的竞争对手

B. 根据法律法规的要求，向行业监管机构报告其发现的客户的漏税行为

C. 在法律法规允许的情况下，向法庭提供证实作为共同被告的自己无过失的审计工作底稿

D. 注册会计师以其父亲的名义购买审计客户的股票并从中获益

5. 下列情形中，属于因自我评价对职业道德基本原则产生不利影响的有(　　)。(★★★)

A. 审计项目合伙人兼任审计客户的独立董事

B. 审计项目组成员与审计客户董事长存在密切关系

C. 审计客户现任董事会秘书半年前是该会计师事务所的合伙人

D. 审计项目经理十个月前担任审计客户财务总监

6. 下列情形中，属于因过度推介对职业道德基本原则产生不利影响的有(　　)。(★★★)

A. 会计师事务所向公众推销审计客户的可转换公司债券

B. 会计师事务所收入中的80%是从审计客户甲公司收取

C. 审计项目经理与审计客户财务总监是配偶关系

D. 审计项目组成员担任审计客户的首席法律顾问

7. 下列情形中，属于因密切关系对职业道德基本原则产生不利影响的有(　　)。(★★★)

A. 审计项目组成员的妹妹负责编制审计客户的年度合并报表

B. 审计项目合伙人的父亲持有审计客户流通股股票 1 万股，价值 100 万元

C. 审计项目经理连续二年签署对审计客户的财务报表出具的审计报告

D. 审计项目组成员接受审计客户的礼品

三、简答题

上市公司甲银行是 ABC 会计师事务所的常年审计客户。XYZ 公司和 ABC 会计师事务所处于同一网络。审计项目团队在甲银行 2020 年财务报表审计中遇到下列事项：

(1) A 注册会计师接受审计客户甲银行工作餐的款待。

(2) 审计业务约定书约定，审计费用为 200 万元，甲银行应当在 ABC 会计师事务所出具审计报告后 10 日内支付 70% 的审计费用，成功上市后 10 日内支付剩余 30% 的审计费用。

(3) 审计项目团队部分成员首次参与银行审计项目，A 注册会计师向这些成员提供了其他银行审计项目的工作底稿作为参考。

(4) 甲银行财务总监向 A 注册会计师私下透露，某电商公司正与甲银行秘密协商参股乙公司。A 注册会计师就此事询问了其在该电商公司工作的朋友，并与朋友讨论了该投资的可能性。

(5) XYZ 公司受聘对甲银行财务信息进行尽职调查，经 A 注册会计师批准，借阅了过去三年审计工作底稿中与甲银行相关的部分。

要求：

针对上述第 (1) 至 (5) 项，逐项指出 ABC 会计师事务所及 A 注册会计师的做法是否恰当。如不恰当，简要说明理由。(★★★)

同步强化练习题参考答案及解析

“扫码看解析”

使用“微信”或“会计云课堂”App 扫码，即可线上对答案、看解析，错题随手收藏，及时巩固复习。

一、单项选择题

1. 【答案】D

解析： 注册会计师不得在职业关系结束后利用或披露因该职业关系获知的涉密信息，选项 A 错误；注册会计师应当对拟承接的客户、拟受雇的工作单位向其披露的涉密信息保密，选项 B 错误；在执行非鉴证业务时，注册会计师无需保持独立性，选项 C 错误。

2. 【答案】D

解析： 选项 D 错误，如果在出具审计报告时，存在未解决的重大审计差异，则表明注册会计师已与有问题的信息发生关联，从而影响诚信原则。

3. 【答案】D

解析： 选项 D 错误，注册会计师应当特别警觉无意中向其近亲属或关系密切的商业伙伴泄密的可能性。

4. 【答案】B

解析：选项B错误，注册会计师应当在得到客户授权后提供审计工作底稿，否则违反保密原则。

5. 【答案】C

解析：选项C错误，注册会计师担任该客户的辩护人，将因过度推介或自我评价对职业道德基本原则产生不利影响。

6. 【答案】D

解析：选项D错误，注册会计师在审计客户中拥有直接经济利益，将因自身利益对职业道德基本原则产生不利影响。

7. 【答案】B

解析：选项B错误，利益诱惑形式多种多样，包括礼品；款待；娱乐活动；捐助；意图建立友好关系；工作岗位或其他商业机会；特殊待遇、权利或优先权等。

二、多项选择题

1. 【答案】ABD

解析：除了独立性原则，其他五项基本原则（即诚信、客观公正、专业胜任能力和勤勉尽责、保密、良好职业行为）适用于所有的会员，所有的职业活动。

2. 【答案】ABCD

解析：下列事项可能会导致有问题信息的出现：（1）引起重大风险的事项，如舞弊行为（选项A）；（2）财务信息存在重大错报而客户未对此作出调整或反映（选项B）；（3）导致在实施审计程序时出现重大困难的情况，例如，客户未能提供充分、适当的审计证据，注册会计师难以作出结论性陈述（选项D）；（4）与会计准则或其他相关规定的选择、应用和一致性相关的重大发现和问题，而客户未对此在其报告或申报资料中反映；（5）在出具审计报告时，存在未解决的重大审计差异（选项C）。

3. 【答案】ABCD

解析：保密原则的例外事项包括：（1）法律法规允许披露，并且取得客户或工作单位的授权（选项C正确）；（2）根据法律法规的要求，为法律诉讼、仲裁准备文件或提供证据，以及向有关监管机构报告所发现的违法行为（选项B正确）；（3）法律法规允许的情况下，在法律诉讼、仲裁中维护自己的合法权益（选项D正确）；（4）接受注册会计师协会或监管机构的执业质量检查，答复其询问和调查（选项A正确）；（5）法律法规、执业准则和职业道德规范规定的其他情形。

4. 【答案】BC

解析：选项A，注册会计师将客户的重要商业信息提供给其竞争对手违反保密原则；选项D，注册会计师利用所获知的信息为自己谋取利益，违反保密原则。

5. 【答案】AD

解析：选项A属于因自我评价和自身利益对职业道德基本原则产生不利影响的情形；选项B属于因自身利益、密切关系或外在压力对职业道德基本原则产生不利影响的情形；选项C属于因密切关系或外在压力对职业道德基本原则产生不利影响的情形；选项D属于因自身利益、自我评价或密切关系对职业道德基本原则产生不利影响的情形。

6. 【答案】AD

解析：选项A、D均属于因过度推介对职业道德基本原则产生不利影响的情形；选项B属于因自身利益或外在压力对职业道德基本原则产生不利影响的情形；选项C属于因密切关系、外在压力或自身利益对职业道德基本原则产生不利影响的情形。

7. 【答案】AD

解析：选项A、D均属于因密切关系对职业道德基本原则产生不利影响的情形；选项 B 属于因自身利益对职业道德基本原则产生不利影响的情形；选项 C，签署审计报告时间没有超过五年，不构成与审计客户长期业务关系，不会对职业道德基本原则产生不利影响。

三、简答题

【答案】

(1) 恰当。

(2) 不恰当。付款安排表明 30% 的审计费用实质是或有收费，会计师事务所不得以直接或间接的形式取得或有收费。

(3) 不恰当。未经客户许可，A 注册会计师将其他客户审计工作底稿提供给甲银行审计项目团队成员，违反了保密原则。

(4) 不恰当。未经客户许可，A 注册会计师不得向会计师事务所以外的第三方披露所获知的涉密信息。

(5) 不恰当。未经客户许可，A 注册会计师批准 XYZ 公司尽职调查团队借阅与甲银行相关的审计工作底稿，不符合保密规定。

第二十三章 审计业务对独立性的要求

本章考情分析

本章需要重点掌握的知识点包括：第一，关联实体、业务期间（教材 23.1）；第二，经济利益（教材 23.2）；第三，贷款和担保、商业关系、家庭和私人关系（教材 23.3）；第四，与审计客户发生人员交流（教材 23.4）；第五，与审计客户长期存在业务关系（教材 23.5）；第六，为审计客户提供非鉴证服务（教材 23.6）；第七，收费（教材 23.7）；第八，影响独立性的其他事项（教材 23.8）。

本章是最重要的章节之一，需要全面学习并掌握重点。

本章知识点主要以简答题形式体现，涉及本章知识点的考试分值在 6 分至 8 分左右。

本章需要大家重点掌握的知识点（含可能题型），归纳如下表。

序号	知识点	题型	难易程度
1	网络事务所	简答	易
2	关联实体	简答	易
3	保持独立性的期间	简答	易
4	对独立性产生不利影响的情形和防范措施	单选、简答	中
5	贷款和担保	简答	易
6	商业关系	简答	难
7	购买商品或服务	简答	中
8	家庭和私人关系	简答	中
9	与审计客户发生人员交流	简答	难
10	临时借出员工	简答	易
11	最近曾担任审计客户的“董高特”	简答	难
12	兼任审计客户的董事或高级管理人员	简答	易
13	关键审计合伙人定期轮换	单选、简答	难
14	向审计客户提供非鉴证服务	简答	中
15	收费结构	简答	中
16	逾期收费	简答	中
17	薪酬和业绩评价政策	简答	中
18	或有收费	简答	中
19	礼品和款待	简答	中
20	诉讼或诉讼威胁	简答	中

2021 年教材主要变化

根据《中国注册会计师职业道德守则（2020）》对内容进行了重新编写。

本章考点框架

- 第二十三章（一）
  - 基本概念和要求
    - 网络事务所【易/低频】
    - 关联实体【易/中频】
    - 保持独立性的期间【易/低频】
    - 违反独立性的规定【中/高频】
  - 经济利益
    - 经济利益的种类【易/高频】
    - 对独立性产生不利影响的情形和防范措施【难/高频】
  - 贷款和担保以及商业关系、家庭和私人关系
    - 贷款和担保【易/中频】
    - 商业关系【难/中频】
    - 购买商品或服务【中/中频】
    - 家庭和私人关系【中/中频】
  - 与审计客户发生人员交流
    - 与审计客户发生雇佣关系【难/中频】
    - 临时借出员工【易/低频】
    - 最近曾担任审计客户的“董高特”【难/中频】
    - 兼任审计客户的董事或高级管理人员【易/中频】
  - 与审计客户长期存在业务关系
    - 关键审计合伙人定期轮换的一般要求【难/高频】
    - 关键审计合伙人定期轮换的特殊情况【难/低频】
    - 审计客户成为公众利益实体情形下的关键审计合伙人轮换要求【难/高频】
  - 为审计客户提供非鉴证服务
    - 一般规定【中/低频】
    - 承担管理层职责【难/高频】
    - 会计和记账服务【中/中频】
    - 评估服务【中/中频】
    - 税务服务【中/中频】
    - 内部审计服务【中/中频】
    - 信息技术系统服务【中/中频】
    - 诉讼支持服务【中/中频】
    - 法律服务【中/中频】
    - 招聘服务【中/中频】
    - 公司财务服务【中/中频】

- 第二十三章（二）
  - 收费
    - 收费结构【中/低频】
    - 逾期收费【中/低频】
    - 或有收费【中/中频】
  - 影响独立性的其他事项
    - 薪酬和业绩评价政策【中/低频】
    - 礼品和款待【中/中频】
    - 诉讼或诉讼威胁【中/低频】

本章重难点精讲

提示	本章是整本书的最后一章，分值较大且考查面较广，要求记忆的知识点繁多，其中难点是第二节、第四节和第六节。本章属于非常重要的章节，快扫听课二维码，助您“码”上通关

第一节　基本概念和要求

本节视频详解
使用“会计云课堂” App/ 微信扫码听课

01 考点 1 网络事务所（★）

（一）定义

网络事务所，是指属于某一网络的会计师事务所或实体。会计师事务所与其他会计师事务所或实体构成联合体，旨在增强提供专业服务的能力。

（二）原则要求

除非另有说明，如果某一会计师事务所被视为网络事务所，则**应当**与网络中其他会计师事务所的审计客户**保持独立**。

【举例】 假设 ABC 会计师事务所连续多年审计上市公司甲银行财务报表。XYZ 公司和 ABC 会计师事务所使用同一品牌、共享统一的质量管理政策和程序。ABC 会计师事务所发现 XYZ 公司于 2020 年 11 月 1 日接受甲银行委托，为甲银行提供内部控制评价服务。如图 23-1 所示。

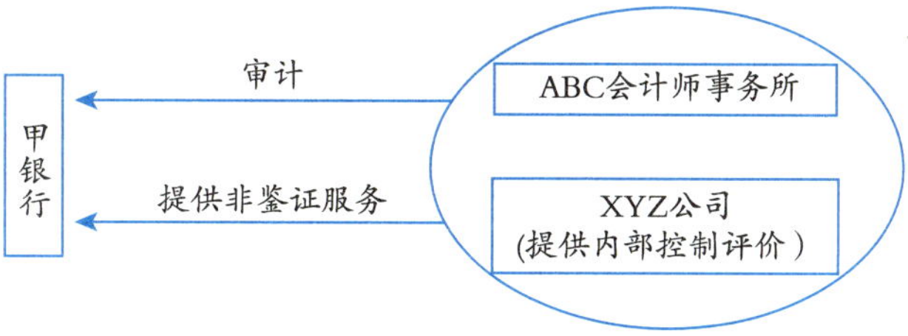

图 23-1　对网络所独立性的判断

【看图说话】

（1）XYZ 公司构成 ABC 会计师事务所的网络所。

为方便您在学习中可以快速了解知识点的重要程度，本书中将知识点进行分类。★★★代表重要知识点，★★代表次重要知识点，★代表非重要知识点。

（2）XYZ公司提供的内部控制评价服务（非鉴证业务）属于ABC会计师事务所审计甲银行2020年财务报表时需要了解和评价的内容，存在因自我评价对独立性的不利影响。

02 考点2 关联实体（★★）

（一）关联实体与审计客户

（1）如果审计客户是上市公司，审计客户包括该客户的所有关联实体。

（2）如果审计客户不是上市公司，审计客户仅包括该客户直接或间接控制的关联实体。

（二）关联实体举例

上市公司甲公司是ABC会计师事务所正在审计（拟承接审计）的客户，甲公司的关联实体包括以下具体情形，如图23-2所示。

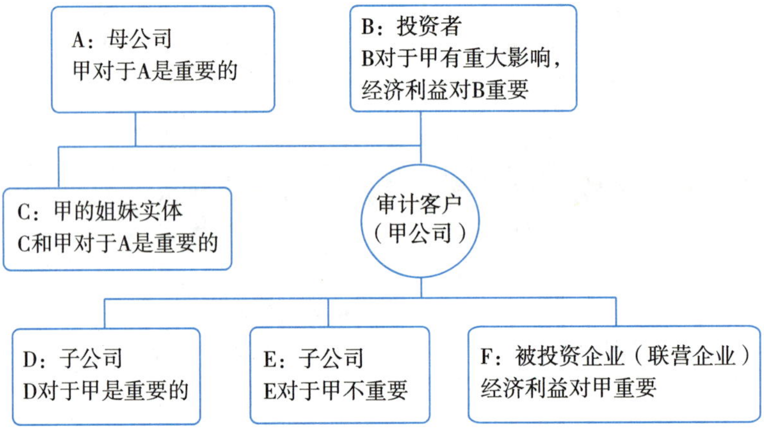

图23-2 审计客户（甲公司）的关联实体

【看图说话】

（1）母公司（图23-2的A）是审计客户甲公司的关联实体（甲对A是重要的）。

（2）子公司（图23-2中的D、E）是审计客户甲公司的关联实体，无论D公司和E公司对甲公司是否重要。

（3）姐妹实体（图23-2中的C）是审计客户甲公司的关联实体（C和甲对A均重要）。

（4）投资者（图23-2中的B）。如果投资者对审计客户（甲公司）具有重大影响，经济利益对该投资者也重要，此时该投资者是审计客户的关联实体。

（5）被投资企业（图23-2中的F）。如果审计客户（甲公司）在被投资企业拥有直接经济利益，且对其具有重大影响，同时该经济利益对于审计客户而言也重要，此时被投资企业是审计客户的关联实体。

03 考点3 保持独立性的期间（★）

（一）业务期间的含义

（1）业务期间，是指自审计项目组开始执行审计业务之日起，至出具审计报告之日止的期间。

（2）如果审计业务具有连续性，业务期间结束日应以其中一方通知解除业务关系或出具最终审计报告两者时间孰晚为准。

（二）独立性要求

注册会计师应当在业务期间和财务报表涵盖期间独立于审计客户。

【举例】如图23-3所示，从2020年财务报表审计来看，注册会计师应当在2020年1月1日至2021年4月6日（业务期间和财务报表涵盖期间）独立于审计客户。

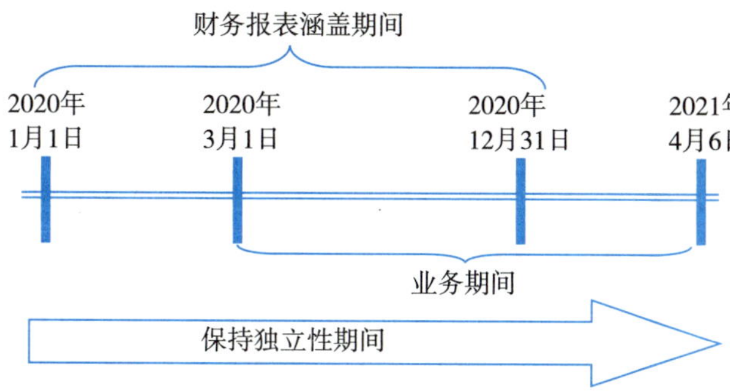

图 23-3　业务期间和财务报表涵盖期间示例

经典题解

【例题 1 · 单选题】假设 ABC 会计师事务所于 2020 年 1 月 10 日首次接受委托，承接上市公司甲公司 2020 年度财务报表审计业务，双方协商审计报告日是 2021 年 3 月 5 日，下列情形中，对业务期间界定正确的是（　　）。

A. 2020 年 1 月 1 日至 2020 年 12 月 31 日

B. 2020 年 1 月 1 日至 2021 年 3 月 5 日

C. 2020 年 1 月 10 日至 2021 年 3 月 5 日

D. 2020 年 1 月 10 日至 2021 年 12 月 31 日

【解析】选项 C 正确，ABC 会计师事务所承接审计业务的时间起点是 2020 年 1 月 10 日，审计报告日是 2021 年 3 月 5 日。

【答案】C

【例题 2 · 单选题】假设 ABC 会计师事务所于 2020 年 1 月 10 日首次接受委托，承接上市公司甲公司 2020 年度财务报表审计业务，双方协商审计报告日是 2021 年 3 月 5 日，并且决定在 2021 年 10 月 1 日终止审计业务关系，下列情形中，注册会计师应当独立于甲公司的期间是（　　）。

A. 2020 年 1 月 1 日至 2021 年 3 月 5 日

B. 2020 年 1 月 1 日至 2021 年 10 月 1 日

C. 2021 年 1 月 1 日至 2021 年 3 月 5 日

D. 2021 年 1 月 1 日至 2021 年 10 月 1 日

【解析】选项 B 正确，注册会计师独立于甲公司的时间起点是 2020 年 1 月 1 日，终点是 2021 年 10 月 1 日。

【答案】B

（三）向审计客户提供非鉴证服务

会计师事务所不得在财务报表涵盖的期间或之后，在审计项目组开始执行审计业务之前，向审计客户提供不被允许的非鉴证服务。

【举例】如图 23-4 所示，假设 ABC 会计师事务所在 2020 年 1 月 1 日至 2020 年 3 月 1 日为其审计客户提供了不被允许的非鉴证服务，则会对独立性产生不利影响。

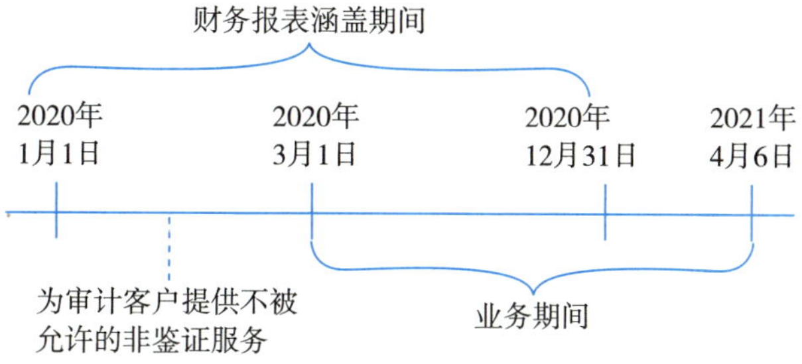

图 23-4　向审计客户提供不被允许的非鉴证服务的期间示例

【看图说话】

（1）如果在财务报表涵盖的期间或之后，在审计项目组开始执行审计业务之前，会计师事务所向审计客户提供了不被允许的非鉴证服务，会计师事务所应当评价提供的非鉴证服务对独立性产生的不利影响。

（2）如果不利影响超出可接受的水平，会计师事务所应当采取防范措施降低不利影响至可接受的水平，否则不得承接该业务。

04 考点 4 违反独立性的规定（★★★）

违反职业道德守则独立性的规定，归纳如下表。

项目	具体内容
应对措施	如果会计师事务所认为已发生违反职业道德守则有关独立性的规定的情况，应当采取下列措施： （1）终止、暂停或消除引发违规的利益或关系，并处理违规后果 （2）立即就该违规行为与下列人员沟通： ①项目合伙人 ②负责独立性相关政策和程序的人员（比如独立性主管合伙人） ③会计师事务所和网络中的其他相关人员 ④根据职业道德守则的要求需要采取适当行动的人员 （3）考虑是否存在适用于该违规行为的法律法规，如果存在，遵守该法律法规的规定，并考虑向相关监管机构报告该违规行为 （4）评价违规行为的严重程度及其对会计师事务所的客观公正和出具审计报告能力的影响 （5）根据违规行为的严重程度，确定是否终止审计业务，或者是否能够采取适当行动以妥善处理违规后果
根据违规程度，可以采取的防范措施	（1）将相关人员调离审计项目团队 （2）由其他人员对受影响的审计工作实施额外复核或必要时重新执行该工作 （3）建议审计客户委托其他会计师事务所复核或必要时重新执行受影响的审计工作 （4）如果违规涉及影响会计记录或财务报表金额的非鉴证服务，由其他会计师事务所评价非鉴证服务的结果，或重新执行非鉴证服务，使得其他会计师事务所能够对该非鉴证服务承担责任
与治理层的沟通	如果会计师事务所确定能够采取措施妥善处理违规后果，应当与治理层沟通： （1）违规的严重程度，包括其性质和持续时间 （2）违规是如何发生以及如何识别出的 （3）已采取或拟采取的措施，以及这些措施能够妥善处理违规后果并使会计师事务所能够出具审计报告的原因 （4）会计师事务所根据职业判断认为客观公正并未受到损害及其理由 （5）会计师事务所已采取或拟采取的、用于降低进一步违规风险或避免发生进一步违规行为的措施
应当记录的事项	（1）违规事项 （2）采取的措施 （3）作出的关键决策 （4）与治理层沟通的所有事项 （5）与职业团体或监管机构所进行的任何沟通

续表

项目	具体内容
继续执行该审计业务时的补充记录	（1）根据会计师事务所的职业判断，客观公正原则并未受到损害 （2）所采取的措施能够妥善处理违规后果，从而使会计师事务所能够出具审计报告及其理由

第二节　经济利益

本节视频详解
使用“会计云课堂”App/微信扫码听课

01 考点 1 经济利益的种类（★★★）

经济利益分为直接经济利益和间接经济利益，常见举例如下表。

经济利益	常见举例
直接经济利益	包括证券或其他参与权，例如，股票、债券、认沽权、认购权、期权、权证和卖空权等
间接经济利益	投资经理投资了共同基金，而这些共同基金投资了一揽子基础金融产品，在这种情况下，该共同基金属于直接经济利益，而这些基础金融产品将被视为间接经济利益

【提示】从考试答题的角度，需要大家明确掌握直接经济利益和间接经济利益的举例。

02 考点 2 对独立性产生不利影响的情形和防范措施（★★★）

不得拥有直接经济利益或者重大间接经济利益（即禁止行为）的具体内容，如下表所示。

（一）在审计客户中拥有经济利益

1. 除例外情况外，不被允许在审计客户中拥有经济利益

主体（谁?）	禁止情形（结果怎么样?）
（1）会计师事务所、审计项目团队成员及其主要近亲属	不得在审计客户中拥有直接经济利益或重大间接经济利益
（2）与执行审计业务的项目合伙人同处一个分部的其他合伙人及其主要近亲属	
（3）为审计客户提供非审计服务的其他合伙人、管理人员及其主要近亲属	

2. 同时满足下列条件可以拥有经济利益

主体（谁?）	同时满足条件（可以拥有）（结果怎么样?）	关键点
与执行审计业务的项目合伙人同处一个分部的其他合伙人的主要近亲属，或者为审计客户提供非审计服务的其他合伙人或管理人员的主要近亲属	（1）该主要近亲属作为审计客户的员工有权（例如通过退休金或股票期权计划）取得该经济利益，并且会计师事务所在必要时能够应对因该经济利益产生的不利影响	（1）员工有权取得 （2）事务所在必要时能够应对
	（2）当该主要近亲属拥有或取得处置该经济利益的权利，或者在股票期权中，有权行使期权时，能够尽快处置或放弃该经济利益	能够尽快处置或放弃该经济利益

（二）在控制审计客户的实体中拥有经济利益

主体（谁?）	禁止情形（结果怎么样?）
会计师事务所、审计项目团队成员或其主要近亲属	当一个实体在审计客户中拥有控制性的权益，并且审计客户对该实体重要时，不得在该实体中拥有直接经济利益或重大间接经济利益

（三）作为受托管理人在审计客户中拥有经济利益

主体（谁?）	同时满足条件（可以拥有）（结果怎么样?）
会计师事务所、审计项目团队成员及其主要近亲属或与执行审计业务的项目合伙人同处一个分部的其他合伙人及其主要近亲属或为审计客户提供非审计服务的其他合伙人、管理人员及其主要近亲属	（1）受托管理人、审计项目团队成员、两者的主要近亲属，会计师事务所均不是受托财产的受益人 （2）通过信托而在审计客户中拥有的经济利益对于该项信托而言并不重大 （3）该项信托不能对审计客户施加重大影响 （4）受托管理人、审计项目团队成员、两者的主要近亲属，会计师事务所对涉及审计客户经济利益的投资决策没有重大影响

（四）与审计客户拥有共同经济利益

主体（谁?）	同时满足条件（可以拥有）（结果怎么样?）
会计师事务所、审计项目团队成员或其主要近亲属在某一实体拥有经济利益，并且审计客户也在该实体拥有经济利益（共同经济利益）	除非满足下列条件之一，否则会计师事务所、审计项目团队成员及其主要近亲属不得在该实体中拥有经济利益： （1）经济利益对会计师事务所、审计项目团队成员及其主要近亲属，以及审计客户均不重要 （2）审计客户无法对该实体施加重大影响

（五）无意中获取的经济利益（天上掉下的馅饼，怎么办?）

主体+事项（谁?发生什么?）	处置（结果怎么样?）
会计师事务所、审计项目团队成员或其主要近亲属通过继承、馈赠或因企业合并或类似情况，从审计客户获得直接经济利益或重大间接经济利益	应当立即处置全部经济利益，或处置全部直接经济利益并处置足够数量的间接经济利益，以使剩余经济利益不再重大
审计项目团队以外的人员或其主要近亲属通过继承、馈赠或因企业合并或类似情况，从审计客户获得直接经济利益或重大间接经济利益	应当在合理期限内尽快处置全部经济利益，或处置全部直接经济利益并处置足够数量的间接经济利益，以使剩余经济利益不再重大

经典题解

【例题3·简答题·部分】上市公司甲公司是ABC会计师事务所的常年审计客户，A注册会计师担任审计项目合伙人。XYZ公司和ABC会计师事务所处于同一网络。审计项目组在甲公司2020年度财务报表审计中遇到下列事项：

（1）A注册会计师的妻子在甲公司2019年年度报告公布后购买了甲公司股票1000股，但在2020年审计工作开始前卖出了这些股票。

（2）2020年10月，甲公司收购了乙公司25%的股权，乙公司成为甲公司的重要联营公司。A注册会计师在收购生效日前一周得知其父亲持有乙公司发行的价值1万元的公司债券，A注册会计师的父亲承诺将在收购生效日后一个月内出售该债券。

要求：

针对上述第（1）和（2）项，逐项指出是否可能存在违反中国注册会计师职业道德守则有关独立性规定的情况，并简要说明理由。

【答案】

事项序号	是否违反（违反/不违反）	理由	解读说明
（1）	违反	A注册会计师的主要近亲属（妻子）不得在业务期间和财务报表涵盖期间拥有审计客户的直接经济利益（股票），将因自身利益对独立性产生严重不利影响	—
（2）	违反	A注册会计师的主要近亲属（父亲）不得在业务期间和财务报表涵盖期间拥有审计客户的直接经济利益（债券），将因自身利益对独立性产生严重不利影响	如果立即处置，则不违反独立性

【名师点题】本题涉及的知识点包括：

（1）业务期间和财务报表涵盖期间。

（2）不被允许拥有的经济利益，即直接经济利益和重大间接经济利益。

（3）主要近亲属，即配偶、父母或子女。

第三节 贷款和担保以及商业关系、家庭和私人关系

本节视频详解
使用"会计云课堂"App/微信扫码听课

01 考点1 贷款和担保（★★）

（一）会计师事务所的贷款和担保

如图23-5所示，会计师事务所在审计客户中的贷款和担保分为三种情形：

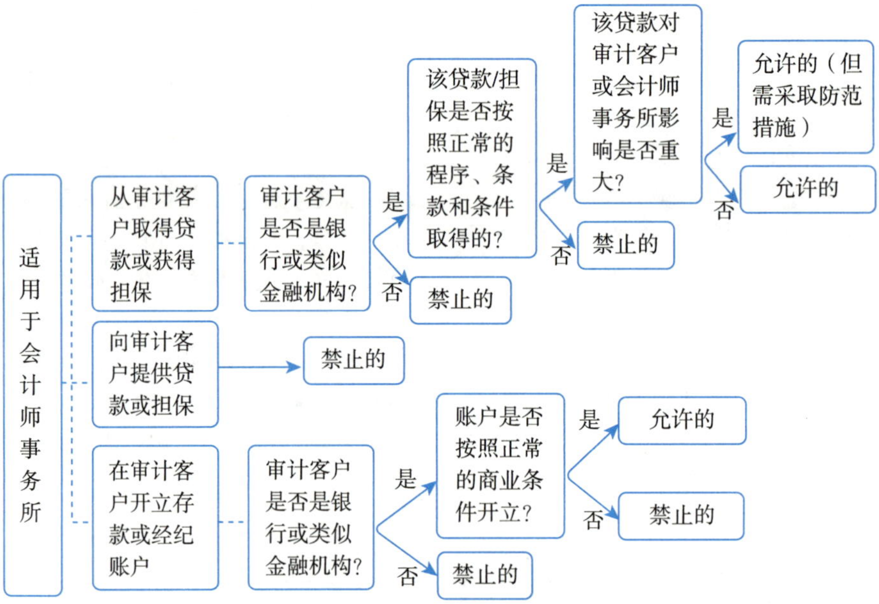

图23-5 会计师事务所的贷款和担保

【看图说话】会计师事务所的贷款和担保，需要掌握的是禁止情形。具体内容，归纳如下表。

主体（谁?）	审计客户（金融/非金融?）	行为（干什么?）	不利影响（结果怎么样?）
会计师事务所	从银行或类似金融机构	不按照正常的程序、条款和条件取得贷款或担保	将因自身利益产生非常严重的不利影响，应当禁止
	从不属于银行或类似金融机构	取得贷款或由审计客户提供贷款担保	
	向审计客户	提供贷款或担保	
	在银行或类似金融机构	不按照正常的商业条件开立存款或经纪账户	

（二）审计项目团队成员或其主要近亲属的贷款和担保

如图 23-6 所示，审计项目团队成员或其主要近亲属在审计客户中的贷款和担保分为三种情形：

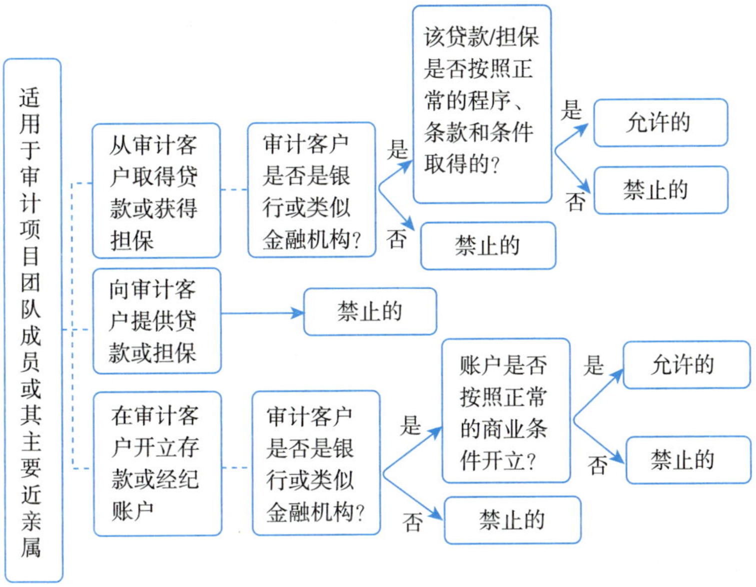

图 23-6　审计项目团队成员或其主要近亲属的贷款和担保

【看图说话】审计项目团队成员或其主要近亲属的贷款和担保，需要掌握的是禁止情形。具体内容，归纳如下表。

主体 （谁?）	审计客户 （金融/非金融?）	行为 （干什么?）	不利影响 （结果怎么样?）
审计项目团队成员或其主要近亲属	从银行或类似金融机构	不按照正常的程序、条款和条件取得贷款或担保	将因自身利益产生非常严重的不利影响，应当禁止
	从不属于银行或类似金融机构	取得贷款，或由审计客户提供贷款担保	
	向审计客户	提供贷款或担保	
	在银行或类似金融机构	不按照正常的商业条件开立存款或经纪账户	

02 考点2 商业关系（★★）

主体（谁？）	商业关系（干什么？）	不利影响（结果怎么样？）
会计师事务所与审计客户或其高级管理人员	（1）与客户或其控股股东、董事、高级管理人员或其他为该客户执行高级管理活动的人员共同开办企业 （2）按照协议，将会计师事务所的产品或服务与客户的产品或服务结合在一起，并以双方名义捆绑销售 （3）按照协议，会计师事务所销售或推广客户的产品或服务，或者客户销售或推广会计师事务所的产品或服务	将因自身利益或外在压力对独立性产生非常严重的不利影响，应当予以终止
审计项目团队成员与审计客户或其高级管理人员		将因自身利益或外在压力对独立性产生非常严重的不利影响，应当将该成员调离审计项目团队
审计项目团队成员的主要近亲属与审计客户或其高级管理人员		将因自身利益或外在压力对独立性产生不利影响，必要时采取防范措施

03 考点3 购买商品或服务（★★）

会计师事务所、审计项目团队成员或其主要近亲属从审计客户购买商品或服务，可能对独立性产生不利影响，归纳如下表。

主体（谁？）	商业关系（干什么？）	不利影响（结果怎么样？）
会计师事务所、审计项目团队成员或其主要近亲属	按照正常的商业程序公平交易，从审计客户购买商品或服务	通常不会对独立性产生不利影响
	如果交易性质特殊或金额较大	可能因自身利益对独立性产生不利影响

04 考点4 家庭和私人关系（★★）

【提示】审计客户的董事、高级管理人员或担任能够对被审计财务报表或会计记录的编制施加重大影响的职位的员工简称“董高特”，后同。

如果审计项目团队成员与审计客户的“董高特”存在家庭和私人关系，可能因自身利益、密切关系或外在压力对独立性产生不利影响，归纳如下表。

主体（谁？）	职务或岗位（在审计客户是干什么的？）	是否影响独立性（结果怎么样？）	防范措施（怎么办？）
审计项目团队成员的主要近亲属	是审计客户的“董高特”或业务期间或财务报表涵盖的期间曾任“董高特”	自身利益、密切关系或外在压力	调离审计项目团队

续表

主体 （谁?）	职务或岗位 （在审计客户是干什么的?）	是否影响独立性 （结果怎么样?）	防范措施 （怎么办?）
审计项目团队成员的主要近亲属	所处职位能够对审计客户的财务状况、经营成果和现金流量施加重大影响	自身利益、密切关系或外在压力	调离审计项目团队，或合理安排审计项目团队成员的职责
审计项目团队成员的其他近亲属	是审计客户的“董高特”	自身利益、密切关系或外在压力	
与审计项目团队成员存在密切关系的人员	是审计客户的“董高特”	自身利益、密切关系或外在压力	
与审计项目团队以外的合伙人或员工存在家庭或私人关系的人员	是审计客户的“董高特”	自身利益、密切关系或外在压力	合理安排该合伙人或员工的职责，或由审计项目团队以外的注册会计师复核已执行的相关审计工作

第四节 与审计客户发生人员交流

本节视频详解
使用“会计云课堂”App/微信扫码听课

【本节术语】

1. 关键审计合伙人

（1）关键审计合伙人是与公众利益实体相关联的概念。

（2）关键审计合伙人的性质（根本目的是什么?）。

针对公众利益实体的审计业务，关键审计合伙人担负的是对广大投资者的报告责任，因此需要特别监督关键审计合伙人与审计客户的密切关系。

（3）关键审计合伙人包括哪些人。

包括项目合伙人、项目质量复核人员，以及审计项目组中负责对财务报表审计所涉及的重大事项作出关键决策或判断的其他审计合伙人。

其他审计合伙人还可能包括负责审计重要子公司或分支机构的合伙人。

2. 受限制的时段（俗称“冷却期”）

（1）受限制的时段的性质（根本目的是什么?）。

针对关键审计合伙人（特殊人群），为了降低与审计客户密切关系的一段特殊时间，即与公众利益实体的审计客户强制隔离的时间。

（2）冷却期的审计语言表达。

从不再担任关键审计合伙人至最早可以加入客户的这一期间，称为“冷却期”。

（3）冷却期图示。

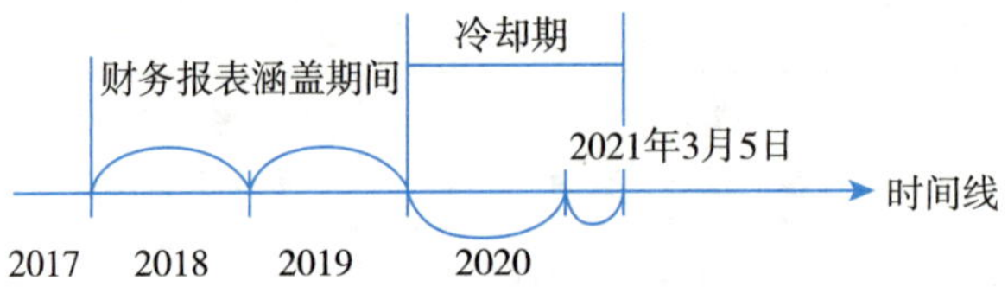

图 23-7　受限制的时段示例

（4）冷却期内：2021 年 3 月 5 日（含 3 月 5 日）。

（5）冷却期后：2021 年 3 月 6 日起。

01 考点 1 与审计客户发生雇佣关系（★★）

如果审计客户的“董高特”曾是审计项目团队的成员或会计师事务所的合伙人，可能因密切关系或外在压力产生不利影响，归纳如下表。

主体 （谁？）	行为 （干什么？）	是否影响独立性 （结果怎么样？）	防范措施 （怎么办？）
审计项目团队前任合伙人或前任成员	加入审计客户，担任“董高特”，并且与事务所仍保持重要交往	密切关系或外在压力	没有防范措施，应当禁止
前任合伙人	加入的某一实体成为审计客户并担任“董高特”，随后成为事务所的审计客户	密切关系或外在压力	（1）修改审计计划 （2）向审计项目团队分派与该人员相比经验更丰富的人员 （3）由适当复核人员复核前任审计项目团队成员已执行的工作
审计项目团队某成员	该成员参与审计业务，知道自己在未来某一时间将要或有可能加入审计客户	自身利益	调离审计项目团队、由审计项目团队以外的适当复核人员复核该成员在审计项目团队中作出的重大判断
关键审计合伙人	加入属于公众利益实体的审计客户担任“董高特”	密切关系或外在压力	该合伙人不再担任关键审计合伙人后，该公众利益实体发布的已审计财务报表涵盖期间不少于十二个月，并且该合伙人未参与该财务报表的审计

【提示】如果会计师事务所前任高级合伙人加入属于公众利益实体的审计客户，担任“董高特”，除非该高级合伙人不再担任该职位已超过 12 个月，否则独立性将被视为受到损害。

02 考点2 临时借出员工（★）

如果会计师事务所向审计客户借出员工，可能因自我评价、过度推介或密切关系产生不利影响，归纳如下表。

主体（谁?）	行为（干什么?）	是否影响独立性（结果怎么样?）	防范措施（怎么办?）
会计师事务所	除非同时满足下列条件，否则不得向审计客户借出员工： （1）仅在短期内向客户借出员工 （2）借出的员工不参与注册会计师职业道德守则禁止提供的非鉴证服务 （3）该员工不承担审计客户的管理层职责，且审计客户负责指导和监督该员工的活动	自我评价、过度推介或密切关系	（1）对借出员工的工作进行额外复核 （2）合理安排审计项目团队成员的职责 （3）不安排借出员工作为审计项目团队成员

03 考点3 最近曾担任审计客户的“董高特”（★★）

如果审计项目团队成员最近曾担任审计客户的“董高特”，可能因自身利益、自我评价或密切关系对独立性产生不利影响。

【提示】最近曾担任的时间怎么考虑？如图23-8所示：

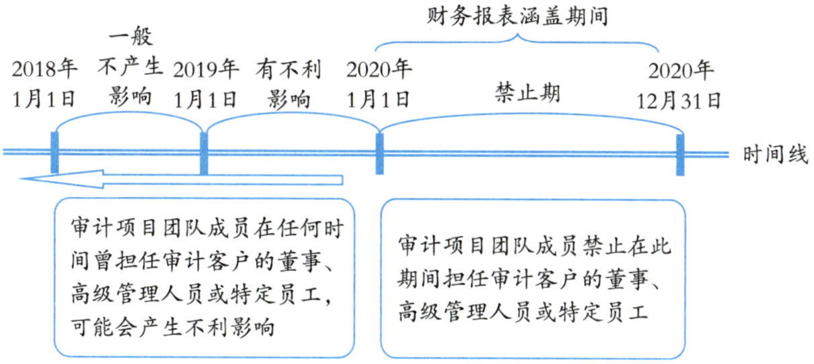

图23-8 受限制的时段示例

【看图说话】

（1）如果ABC会计师事务所拟承接甲公司2020年度财务报表审计业务，审计项目团队成员在2020年度财务报表涵盖期间担任审计客户的“董高特”是被禁止的，会计师事务所不得将此类人员分派到审计项目团队。

（2）如果审计项目团队成员在2020年1月1日之前担任上述职位，则可能因自身利益、自我评价或密切关系对独立性产生不利影响。

04 考点4 兼任审计客户的董事或高级管理人员（★★）

如果会计师事务所的合伙人或员工兼任审计客户的董事或高级管理人员，将因自我评价和自身利益对独立性产生非常严重的不利影响，导致没有防范措施能够将其降低至可接受的水平。如下表所示。

主体（谁?）	行为（在审计客户干什么?）	是否影响独立性（结果怎么样?）
合伙人或员工	兼任审计客户的董事或高级管理人员	因自我评价和自身利益产生非常严重的不利影响，没有防范措施（即禁止）

第五节 与审计客户长期存在业务关系

本节视频详解
使用“会计云课堂”App/微信扫码听课

01 考点1 关键审计合伙人定期轮换的一般要求（★★★）

【提示】

（1）关键审计合伙人定期轮换是一种强制隔离或者强制管制措施。

（2）关键审计合伙人定期轮换是为了降低（隔离）关键审计合伙人与审计客户的密切关系，避免“日久生情”。

（3）关键审计合伙人定期轮换可分为一般要求和特殊情况。

（一）一般要求（满5年+冷却期的532模式）

（1）担任公众利益实体审计客户的关键审计合伙人累计时间不得超过5年。任期结束后的冷却期内不得再次成为该审计客户的审计项目团队成员或关键审计合伙人。

（2）关键审计合伙人担任的职务不同，冷却期的长度也不同，我们概括为“冷却期532模式”（后同）。如下表所示。

适用于一般情况下已为公众利益实体的审计客户

关键审计合伙人	任职期	冷却期	任职期特殊情况
项目合伙人	5年	5年	6年
项目质量复核人员	5年	3年	6年
其他关键审计合伙人	5年	2年	6年

（3）在冷却期内，关键审计合伙人不得有下列行为：

①成为审计项目组成员或为审计项目提供项目质量管理；

②就有关技术或行业特定问题、交易或事项向审计项目组或审计客户提供咨询；

③负责领导或协调会计师事务所向审计客户提供的专业服务，或者监控会计师事务所与审计客户的关系；

④执行上述各项未提及的、涉及审计客户且导致该人员出现下列情况的职责或活动：与审计客户高级管理层或治理层进行重大或频繁的互动；对审计业务的结果施加直接影响。

02 考点 2 关键审计合伙人定期轮换的特殊情况（★）

关键审计合伙人定期轮换的特殊情况（满 6 年+冷却期 532 模式）：

（1）担任公众利益实体审计客户的关键审计合伙人任职时间不得超过5 年，极其特殊的情况下可以再延长 1 年。任期结束后的冷却期内不得实施被禁止的行为。

（2）再延长 1 年的考虑。

在极其特殊的情况下，会计师事务所可能因无法预见和控制的情形而不能按时轮换关键审计合伙人。如果关键审计合伙人的连任对审计质量特别重要，在获得审计客户治理层同意的前提下，并且通过采取防范措施能够消除对独立性的不利影响或将其降低至可接受的水平，则在法律法规允许的情况下，该关键审计合伙人的期限可以延长一年。

【提示】关键审计合伙人特殊情况下的轮换时间，如下表所示。

适用于一般公众利益实体的审计客户

已为公众利益实体的审计客户	轮换前最长服务年限	“暂停”服务期间
一般情况	5 年	冷却期 532 模式
特殊情况	6 年	冷却期 532 模式

03 考点 3 审计客户成为公众利益实体情形下的关键审计合伙人轮换要求（★★★）

如果审计客户成为公众利益实体，在确定关键审计合伙人的任职时间时，会计师事务所应当考虑，在该客户成为公众利益实体之前，该合伙人作为关键审计合伙人已为该客户提供服务的时间。

（1）在审计客户成为公众利益实体之前，如果该合伙人作为关键审计合伙人已为该客户服务的时间不超过三年，则该合伙人还可以为该客户继续提供服务的年限为五年减去已经服务的年限(满“5-X”+冷却期 532 模式）。

（2）如果在审计客户成为公众利益实体之前，该合伙人作为关键审计合伙人为该客户服务了四年或更长的时间，在取得客户治理层同意的前提下，该合伙人还可以继续服务两年（满 2+冷却期 532 模式）。

（3）如果审计客户是首次公开发行证券的公司，关键审计合伙人在该公司上市后连续执行审计业务的期限，不得超过两个完整会计年度（满 2+冷却期 532 模式）。

【提示】关键审计合伙人在审计客户成为公众利益实体后的轮换时间，如下表所示。

适用于客户成为公众利益实体后的轮换时间

在审计客户成为公众利益实体前的服务年限（X 年）	成为公众利益实体后继续提供服务的年限	冷却期			“暂停”服务期间
		项目合伙人	项目质量复核人员	其他关键审计合伙人	
X≤3	（5-X）年	5 年	3 年	2 年	冷却期 532 模式
X≥4	2 年	5 年	3 年	2 年	冷却期 532 模式

续表

在审计客户成为公众利益实体前的服务年限（X年）	成为公众利益实体后继续提供服务的年限	冷却期			“暂停”服务期间
		项目合伙人	项目质量复核人员	其他关键审计合伙人	
客户首次公开发行证券	2年	5年	3年	2年	冷却期532模式

第六节 为审计客户提供非鉴证服务

本节视频详解
使用“会计云课堂”App/微信扫码听课

01 考点1 一般规定（★）

会计师事务所向审计客户提供非鉴证服务，可能对多项职业道德基本原则产生不利影响。会计师事务所不得向审计客户提供职业道德守则限制的非鉴证服务。如图23-9所示。

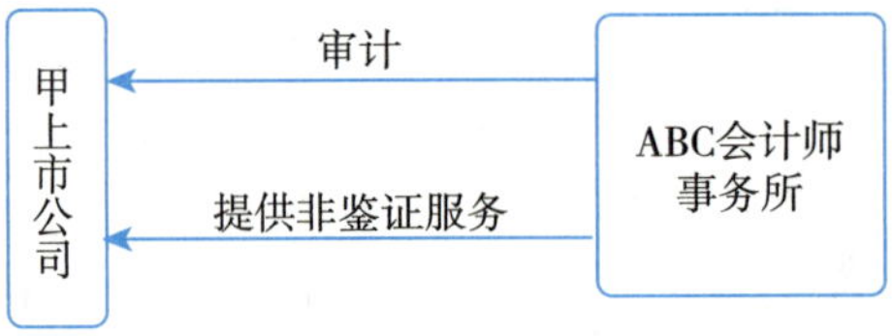

图23-9 不得为审计客户提供不被允许的非鉴证服务

02 考点2 承担管理层职责（★★★）

会计师事务所承担审计客户的管理层职责，将对独立性产生非常严重的不利影响，归纳如下表。

主体（谁?）	为审计客户提供服务（干什么?）	是否影响独立性（结果怎么样?）	防范措施（怎么办?）
会计师事务所	（1）制定政策和战略方针 （2）招聘或解雇员工 （3）指导员工与工作有关的行动并对其行动负责 （4）对交易进行授权 （5）控制或管理银行账户或投资 （6）确定采纳会计师事务所或其他第三方提出的建议 （7）代表管理层向治理层报告 （8）负责按照适用的财务报告编制基础编制财务报表 （9）负责设计、执行、监督和维护内部控制	自身利益、自我评价、密切关系、过度推介	不得承担管理层职责（即禁止）

03 考点3 会计和记账服务（★★）

会计师事务所向属于公众利益实体的审计客户提供会计和记账服务时承担了管理层职责，对独立性产生非常严重的不利影响，归纳如下表。

不得提供（即禁止）	可以提供
不得向属于公众利益实体的审计客户提供会计和记账服务，包括编制被审计财务报表（包括财务报表附注）或构成财务报表基础的财务信息	在同时满足下列条件的情况下，会计师事务所可以向属于公众利益实体的审计客户的分支机构或关联实体提供会计和记账服务： （1）该服务是日常性或机械性的 （2）提供服务的人员不是审计项目团队成员 （3）接受该服务的分支机构或关联实体从整体上对被审计财务报表不具有重要性，或者该服务所涉及的事项从整体上对该分支机构或关联实体的财务报表不具有重要性

【提示】从考试的角度，题目背景通常强调的是公众利益实体的审计客户。

04 考点4 评估服务（★★）

会计师事务所为公众利益实体的审计客户提供评估服务，可能因自我评价或过度推介对独立性产生不利影响，归纳如下表。

不得提供（即禁止）	可以提供
会计师事务所为公众利益实体的审计客户提供评估服务，如果评估结果单独或累积起来对被审计财务报表具有重大影响，则会计师事务所不得向该审计客户提供这种评估服务	如果审计客户要求会计师事务所提供评估服务，以帮助其履行纳税申报义务或满足税务筹划目的，并且评估的结果不对财务报表产生直接影响，且间接影响并不重大，或者评估服务经税务机关或类似监管机构外部复核，则通常不对独立性产生不利影响

【提示】从考试的角度，题目通常背景强调的是公众利益实体的审计客户，同时注意细节，即“评估服务的评估结果单独或累积起来对被审计财务报表具有重大影响”。

05 考点5 税务服务（★★）

会计师事务所为公众利益实体的审计客户提供税务服务，将承担管理层职责，对独立性产生非常严重的不利影响。归纳如下表。

主体 （谁？）	为审计客户提供服务 （干什么？）	是否影响独立性 （结果怎么样？）	防范措施 （怎么办？）
会计师事务所	提供税务建议的有效性取决于某项特定会计处理或财务报表列报，并且同时存在下列情况： （1）审计项目团队对于相关会计处理或财务报表列报的适当性存有疑问 （2）税务建议的结果或执行后果将对被审计财务报表产生重大影响	自我评价	没有防范措施能够消除不利影响或将其降低至可接受的水平（即禁止）
	在提供税务服务时，如果该服务涉及在公开审理或仲裁的税务纠纷中担任审计客户的辩护人，并且所涉金额对被审计财务报表具有重大影响	自我评价或过度推介	会计师事务所不得向审计客户提供涉及协助解决税务纠纷的税务服务（即禁止）
	在公开审理或仲裁期间，会计师事务所可以继续为审计客户提供有关法庭裁决事项的咨询 例如，协助客户对具体问题作出回复，提供背景材料或证词，或分析税收问题	可以提供	—

【提示】从考试的角度，题目背景通常强调的是公众利益实体的审计客户。同时注意细节，即“担任审计客户的辩护人、所涉金额影响重大”。

06 考点6 内部审计服务（★★）

会计师事务所为公众利益实体的审计客户提供内部审计服务时承担了管理层职责，将对独立性产生非常严重的不利影响，归纳如下表。

主体 （谁？）	为审计客户提供服务 （干什么？）	是否影响独立性 （结果怎么样？）	防范措施 （怎么办？）
会计师事务所	提供与下列方面有关的内部审计服务： （1）财务报告内部控制的组成部分 （2）财务会计系统 （3）单独或累积起来对被审计财务报表具有重大影响的金额或披露	自我评价	不得提供（即禁止）

【提示】从考试的角度，题目背景通常强调的是公众利益实体的审计客户。

07 考点7 信息技术系统服务（★★）

会计师事务所为公众利益实体的审计客户提供信息技术系统服务时承担了管理层职责，对独立性产生非常严重的不利影响，归纳如下表。

主体 （谁？）	为审计客户提供服务 （干什么的？）	是否影响独立性 （结果怎么样？）	防范措施 （怎么办？）
会计师事务所	如果存在下列情形之一时，会计师事务所不得向属于公众利益实体的审计客户提供或设计与实施信息技术系统相关的服务： （1）信息技术系统构成财务报告内部控制的重要组成部分 （2）信息技术系统生成的信息对会计记录或被审计财务报表影响重大	自我评价	不得提供 （即禁止）

【提示】从考试的角度，题目背景通常强调的是公众利益实体的审计客户。

08 考点8 诉讼支持服务（★★）

会计师事务所向审计客户提供诉讼支持服务，可能因自我评价或过度推介产生不利影响，归纳如下表。

主体 （谁？）	为审计客户提供服务 （干什么？）	是否影响独立性 （结果怎么样？）	防范措施 （怎么办？）
会计师事务所	向审计客户提供诉讼支持服务涉及对损失或其他金额的估计，并且这些损失或其他金额对被审计财务报表影响重大	自我评价或过度推介	不得提供（即禁止）

【提示】从考试的角度，题目背景通常强调的是公众利益实体的审计客户，同时注意细节，即“涉及对损失或其他金额的估计，并且这些损失或其他金额对被审计财务报表影响重大”。

09 考点9 法律服务（★★）

会计师事务所为公众利益实体的审计客户提供法律服务，将对独立性产生非常严重的不利影响，归纳如下表。

主体 （谁？）	为审计客户提供服务 （干什么？）	是否影响独立性 （结果怎么样？）	防范措施 （怎么办？）
会计师事务所合伙人或员工	担任首席法律顾问	自我评价、过度推介	不得提供（即禁止）
会计师事务所人员	担任辩护人，并且纠纷或法律诉讼所涉金额对被审计财务报表有重大影响	自我评价、过度推介	不得提供（即禁止）
	担任辩护人，并且纠纷或法律诉讼所涉金额对被审计财务报表无重大影响	自我评价、过度推介	（1）由审计项目团队以外的专业人员提供该服务 （2）由未参与提供法律服务的适当复核人员复核所执行的审计工作或提供的服务

【提示】从考试的角度，题目背景通常强调的是公众利益实体的审计客户，同时注意细节，即“担任辩护人、担任首席法律顾问”。

10 考点10 招聘服务（★★）

会计师事务所为公众利益实体的审计客户提供招聘服务时承担了管理层职责，对独立性产生非常严重的不利影响，归纳如下表。

主体 （谁？）	为审计客户提供服务 （干什么？）	是否影响独立性 （结果怎么样？）	防范措施 （怎么办？）
会计师事务所	如果审计客户拟招聘董事、高级管理人员，或所处职位能够对客户会计记录或被审计财务报表的编制施加重大影响的职位的员工，为其提供下列招聘服务： （1）寻找或筛选候选人 （2）对候选人实施背景调查	自身利益、密切关系或外在压力	不得提供 （即禁止）

【提示】从考试的角度，题目背景通常强调的是公众利益实体的审计客户，同时注意细节，即拟招聘“董高特”。

11 考点11 公司财务服务（★★）

会计师事务所为公众利益实体的审计客户提供公司财务服务时承担了管理层职责，会对独立性产生非常严重的不利影响，归纳如下表。

主体 （谁?）	为审计客户提供服务 （干什么?）	是否影响独立性 （结果怎么样?）	防范措施 （怎么办?）
会计师事务所	提供财务建议的有效性取决于某一特定会计处理或财务报表列报，并同时存在下列情形： （1）根据相关财务报告编制基础，审计项目团队对相关会计处理或列报的适当性存有疑问 （2）财务建议的结果将对被审计财务报表产生重大影响	自我评价或过度推介	不得提供 （即禁止）

【提示】从考试的角度，题目背景通常强调的是公众利益实体的审计客户，同时注意细节，即“财务建议的有效性取决于某一特定会计处理或财务报表列报”。

第七节　收　费

本节视频详解
使用“会计云课堂” App/ 微信扫码听课

01 考点 1 收费结构（★）

会计师事务所收费结构分为以下三种情形，归纳如下表。

情形	具体收费结构 （比重或程度）	是否影响独立性 （结果怎么样?）	防范措施 （怎么办?）
占事务所收费总额的比重很大	从某一审计客户收取的全部费用占事务所收费总额的比重很大	自身利益或外在压力	（1）扩大会计师事务所的客户群，从而降低对该客户的依赖程度 （2）实施外部质量复核 （3）就关键的审计判断向第三方咨询，例如，向行业监管机构或其他会计师事务所咨询
占某一合伙人或某一分部的收费比重很大	从某一审计客户收取的全部费用占某一合伙人从所有客户收取的费用总额比重很大，或占会计师事务所某一分部收取的费用总额比重很大	自身利益或外在压力	（1）扩大该合伙人或分部的客户群，从而降低对来源于该客户的收费的依赖程度 （2）由审计项目团队以外的适当复核人员复核已执行的工作

续表

情形	具体收费结构（比重或程度）	是否影响独立性（结果怎么样?）	防范措施（怎么办?）
连续两年从属于公众利益实体的某一审计客户收取的全部费用比重较大	连续两年从某一属于公众利益实体的审计客户及其关联实体收取的全部费用，占事务所从所有客户收取的全部费用的比重超过15%	自身利益或外在压力	会计师事务所应当向审计客户治理层披露这一事实,并讨论选择下列何种防范措施： （1）在对第二年度财务报表发表审计意见之前，由其他会计师事务所对该业务再次实施项目质量复核，或由其他专业机构实施相当于项目质量复核的复核（简称“发表审计意见前复核”） （2）在对第二年度财务报表发表审计意见之后、对第三年度财务报表发表审计意见之前，由其他会计师事务所对第二年度的审计工作再次实施项目质量复核，或由其他专业机构实施相当于项目质量复核的复核（简称“发表审计意见后复核”）

【提示】在第三种情形下，如果两年后每年收费比例继续超过15%，则会计师事务所应当每年向治理层披露这一事实，并讨论选择采取上述哪种防范措施。在收费比例明显超过15%的情况下，如果采用发表审计意见后复核无法将不利影响降低至可接受的水平，会计师事务所应当采用发表审计意见前复核。

02 考点2 逾期收费（★）

审计客户长期未支付应付的费用可能对独立性产生不利影响，归纳如下表。

情形	逾期收费（事务所提出的要求）	是否影响独立性（“结果怎么样”）	防范措施（“怎么办”）
审计客户长期未支付应付的费用	（1）通常要求审计客户在审计报告出具前付清上一年度的费用 （2）如果在审计报告出具后审计客户仍未支付该费用，事务所应当评价不利影响存在与否及其严重程度	自身利益	（1）收取逾期的部分款项 （2）由未参与执行审计业务的适当复核人员复核已执行的工作

03 考点3 或有收费（★★）

会计师事务所在提供审计服务时，以直接或间接形式取得或有收费，将因自身利益产生非常严重的不利影响，归纳如下表。

主体 （谁?）	或有收费的界定	是否影响独立性 （结果怎么样?）	防范措施 （怎么办?）
会计师事务所	收费与否或收费多少取决于交易的结果或所执行工作的结果	自身利益	不得采用这种收费安排

【提示】如果一项收费是由法院或政府有关部门规定的，则该项收费不被视为或有收费。

第八节 影响独立性的其他事项

01 考点1 薪酬和业绩评价政策（★）

如果关键审计合伙人的薪酬或业绩评价与其向审计客户推销的非鉴证服务直接挂钩，将因自身利益产生不利影响，归纳如下表。

主体 （谁?）	业绩挂钩	是否影响独立性 （结果怎么样?）	防范措施 （怎么办?）
关键审计合伙人	其薪酬或业绩评价与其向审计客户推销的非鉴证服务直接挂钩	自身利益	不得采用这种政策（即禁止）

【提示】从考试的角度，题目背景通常强调的是公众利益实体的审计客户，同时注意细节，提供服务的是"关键审计合伙人"。

02 考点2 礼品和款待（★★）

会计师事务所或审计项目团队成员接受审计客户的礼品或款待，可能因自身利益、密切关系或外在压力产生不利影响，归纳如下表。

主体 （谁?）	接受礼品和款待 （干什么?）	是否影响独立性 （结果怎么样?）	防范措施 （怎么办?）
会计师事务所或审计项目团队成员	接受审计客户的礼品或超出业务活动中的正常往来的款待	自身利益、密切关系或外在压力	不得接受（即禁止）

03 考点3 诉讼或诉讼威胁（★）

如果会计师事务所或审计项目团队成员与审计客户发生诉讼或很可能发生诉讼，将因自身利益和外在压力产生不利影响，归纳如下表。

主体 （谁？）	诉讼 （干什么？）	是否影响独立性 （结果怎么样？）	防范措施 （怎么办？）
会计师事务所或审计项目团队成员	与审计客户发生诉讼或很可能发生诉讼	自身利益、外在压力	（1）将审计项目团队成员调离审计项目团队（如适用） （2）由适当复核人员复核已执行的工作

【相关链接】
《中国注册会计师职业道德守则第4号—审计和审阅业务对独立性的要求》

扫一扫　“码”上做题、看解析

本书历年经典试题均配备二维码，使用“会计云课堂”App扫码，即可线上做题、看解析。

【“会计云课堂”App下载二维码见封底页】

历年经典试题回顾

（一）对独立性产生不利影响的情形和防范措施

【例题1·简答题·部分】上市公司甲公司是ABC会计师事务所的常年审计客户。XYZ公司和ABC会计师事务所处于同一网络。审计项目组在甲公司2018年度财务报表审计中遇到下列事项：

（2）审计项目组成员B注册会计师的父亲在丙公司持有重大经济利益。丙公司为甲公司不重要的联营企业，不是ABC会计师事务所的审计客户。

要求：

针对上述第（2）项，指出是否可能存在违反中国注册会计师职业道德守则有关独立性规定的情况，并简要说明理由。（2019年）

【例题2·简答题·部分】上市公司甲公司是ABC会计师事务所的常年审计客户，与上市公司乙公司为同一母公司的重要子公司，乙公司不是该事务所的审计客户。XYZ公司和ABC会计师事务所处于同一网络。甲公司审计项目组在2018年度财务报表审计中遇到下列事项：

（1）项目合伙人A注册会计师的父亲于2018年5月买入乙公司股票20000股，该股权对A注册会计师的父亲而言不属于重大经济利益。

（4）审计项目组成员D的妻子于2018年5月在网贷平台上购买了互联网金融产品10万元。根据其与网贷平台及资金使用方签署的三方协议，该资金用于补充甲公司某不重要子公司的短期流动资金。

要求：

针对上述第（1）、（4）项，指出是否可能存在违反中国注册会计师职业道德守则有关独立性规定的情况，并简要说明理由。（2019年网络回忆版）

【例题3·简答题·部分】上市公司甲公司是ABC会计师事务所的常年审计客户。XYZ公司和ABC会计师事务所处于同一网络。

审计项目组在甲公司 2017 年度财务报表审计中遇到下列事项：

(1) 项目合伙人 A 注册会计师的妻子在甲公司担任人事部经理并持有该公司股票期权 1 万股，该期权自 2018 年 1 月 1 日起可以行权。A 注册会计师的妻子于 2018 年 1 月 2 日行权后立即处置了该股票。

要求：

针对上述第（1）项，指出是否可能存在违反中国注册会计师职业道德守则有关独立性规定的情况，并简要说明理由。（2018 年）

【例题 4 · 简答题 · 部分】上市公司甲银行是 ABC 会计师事务所的常年审计客户。XYZ 公司和 ABC 会计师事务所处于同一网络。审计项目组在甲银行 2017 年度财务报表审计中遇到下列事项：

(1) 项目合伙人 A 注册会计师将其股票账户长期借给好友使用。2017 年 7 月，好友通过该股票账户买入甲银行股票 2000 股，2017 年 9 月卖出，亏损 1000 元。

要求：

针对上述第（1）项，指出是否可能存在违反中国注册会计师职业道德守则有关独立性规定的情况，并简要说明理由。（2018 年网络回忆版）

【例题 5 · 简答题 · 部分】ABC 会计师事务所委派 A 注册会计师担任上市公司甲公司 2016 年度财务报表审计项目合伙人。ABC 会计师事务所和 XYZ 公司处于同一网络。审计项目组在审计中遇到下列事项：

(1) A 注册会计师因继承其祖父的遗产获得甲公司股票20000 股，承诺将在有权处置这些股票之日起一个月内出售。

要求：

针对上述第（1）项，指出是否存在违反中国注册会计师职业道德守则有关独立性规定的情况，并简要说明理由。（2017 年）

【例题 6 · 简答题 · 部分】ABC 会计师事务所委派 A 注册会计师担任非上市银行甲银行 2016 年度财务报表审计项目合伙人。ABC 会计师事务所和 XYZ 公司处于同一网络。审计中遇到下列事项：

(2) 甲银行是上市公司乙公司的重要子公司。A 注册会计师的妻子于 2016 年 9 月 7 日购买乙公司股票 1000 股，次日卖出。乙公司不是ABC 会计师事务所客户。

要求：

针对上述第（2）项，指出是否存在违反中国注册会计师职业道德守则有关独立性规定的情况，并简要说明理由。（2017 年网络回忆版）

【例题 7 · 简答题 · 部分】ABC 会计师事务所委派 A 注册会计师担任上市公司甲公司 2015 年度财务报表审计项目合伙人，ABC 会计师事务所和 XYZ 公司处于同一网络，审计项目组在审计中遇到下列事项：

(2) 2015 年 10 月，审计项目组就某重大会计问题咨询了事务所技术部的 B 注册会计师，B 注册会计师的妻子于 2015 年 6 月购买了甲公司的股票，于 2015 年 12 月卖出。

要求：

针对上述第（2）项，指出是否存在违反中国注册会计师职业道德守则有关独立性规定的情况，并简要说明理由。（2016 年）

（二）贷款和担保

【例题 1 · 简答题 · 部分】上市公司甲银行是 ABC 会计师事务所的常年审计客户。XYZ 公司和 ABC 会计师事务所处于同一网络。审计项目组在甲银行 2017 年度财务报表审计中遇到下列事项：

(6) 2017 年 12 月，ABC 会计师事务所按正常的贷款程序、条款和条件从甲银行获得短期贷款 500 万元，用于支付员工年终奖金。该笔贷款对 ABC 会计师事务所不重大。

要求：
针对上述第（6）项，指出是否可能存在违反中国注册会计师职业道德守则有关独立性规定的情况，并简要说明理由。（2018年网络回忆版）

【例题2·简答题·部分】ABC会计师事务所委派A注册会计师担任非上市银行甲银行2016年度财务报表审计项目合伙人。ABC会计师事务所和XYZ公司处于同一网络。审计中遇到下列事项：
（4）2016年7月，审计项目组成员C按照正常的程序、条款和条件从甲银行取得购房贷款500万元。该贷款对C而言重大。
要求：
针对上述第（4）项，指出是否存在违反中国注册会计师职业道德守则有关独立性规定的情况，并简要说明理由。（2017年网络回忆版）

（三）商业关系

【例题1·简答题·部分】上市公司甲公司是ABC会计师事务所的常年审计客户。XYZ公司和ABC会计师事务所处于同一网络。审计项目组在甲公司2018年度财务报表审计中遇到下列事项：
（6）甲公司研发的新型电动汽车于2018年12月上市。甲公司在ABC会计师事务所年会上为其员工举办了专场试驾活动，并宣布事务所员工可以按照甲公司给其同类大客户的优惠价格购车。
要求：
针对上述第（6）项，指出是否可能存在违反中国注册会计师职业道德守则有关独立性规定的情况，并简要说明理由。（2019年）

【例题2·简答题·部分】ABC会计师事务所委派A注册会计师担任上市公司甲公司2016年度财务报表审计项目合伙人。ABC会计师事务所和XYZ公司处于同一网络。审计项目组在审计中遇到下列事项：
（4）D注册会计师和A注册会计师同处一个分部，不是甲公司审计项目组成员。D的母亲和甲公司某董事共同开办了一家早教机构。
要求：
针对上述第（4）项，指出是否存在违反中国注册会计师职业道德守则有关独立性规定的情况，并简要说明理由。（2017年）

（四）家庭和私人关系

【例题1·简答题·部分】上市公司甲公司是ABC会计师事务所的常年审计客户。XYZ公司和ABC会计师事务所处于同一网络。审计项目组在甲公司2017年度财务报表审计中遇到下列事项：
（3）XYZ公司合伙人C的丈夫于2017年7月加入甲公司并担任培训部经理。合伙人C没有为甲公司提供任何服务。
要求：
针对上述第（3）项，指出是否可能存在违反中国注册会计师职业道德守则有关独立性规定的情况，并简要说明理由。（2018年）

【例题2·简答题·部分】ABC会计师事务所委派A注册会计师担任上市公司甲公司2016年度财务报表审计项目合伙人。ABC会计师事务所和XYZ公司处于同一网络。审计项目组在审计中遇到下列事项：
（3）2016年11月，丙公司被甲公司收购成为其重要子公司，2017年1月1日，甲公司审计项目组成员C的妻子加入丙公司并担任财务总监。
要求：
针对上述第（3）项，指出是否存在违反中国注册会计师职业道德守则有关独立性规定的情况，并简要说明理由。（2017年）

（五）与审计客户发生人员交流

【例题1·简答题·部分】上市公司甲公司是ABC会计师事务所的常年审计客户。XYZ公司和ABC会计师事务所处于同一网络。审计项目组在甲公司2018年度财务报表审计中遇到下列事项：

（3）审计项目组成员C曾担任甲公司成本会计，2018年5月离职加入ABC会计师事务所，同年10月加入甲公司审计项目组，负责审计固定资产。

要求：

针对上述第（3）项，指出是否可能存在违反中国注册会计师职业道德守则有关独立性规定的情况，并简要说明理由。（2019年）

【例题2·简答题·部分】ABC会计师事务所委派A注册会计师担任非上市银行甲银行2016年度财务报表审计项目合伙人。ABC会计师事务所和XYZ公司处于同一网络。审计中遇到下列事项：

（3）ABC会计师事务所的合伙人B于2015年1月1日退休后，根据政策继续享受两年分红。B自2016年7月1日起担任甲银行独立董事。

要求：

针对上述第（3）项，指出是否存在违反中国注册会计师职业道德守则有关独立性规定的情况，并简要说明理由。（2017年网络回忆版）

【例题3·简答题·部分】ABC会计师事务所委派A注册会计师担任上市公司甲公司2015年度财务报表审计项目合伙人，ABC会计师事务所和XYZ公司处于同一网络，审计项目组在审计中遇到下列事项：

（3）审计项目组成员C曾任甲公司重要子公司的出纳，2014年10月加入ABC会计师事务所，2015年9月加入甲公司审计项目组，参与审计固定资产项目。

要求：

针对上述第（3）项，指出是否存在违反中国注册会计师职业道德守则有关独立性规定的情况，并简要说明理由。（2016年）

【例题4·简答题·部分】非上市公司甲银行是ABC会计师事务所的常年审计客户。ABC会计师事务所和XYZ公司处于同一网络。审计项目组在甲银行2015年度财务报表审计中遇到下列事项：

（3）2015年9月，XYZ公司的合伙人C受聘兼任甲银行独立董事。C不是甲银行审计项目组成员，也未向甲银行及其关联实体提供任何非审计服务。

要求：

针对上述第（3）项，指出是否存在违反中国注册会计师职业道德守则有关独立性规定的情况，并简要说明理由。（2016年网络回忆版）

（六）关键审计合伙人定期轮换

【例题1·简答题·部分】上市公司甲公司是ABC会计师事务所的常年审计客户。XYZ公司和ABC会计师事务所处于同一网络。审计项目组在甲公司2018年度财务报表审计中遇到下列事项：

（1）项目合伙人A注册会计师曾负责审计甲公司2013年度至2015年度财务报表，之后调离甲公司审计项目组，担任乙公司2016年度至2017年度财务报表审计项目合伙人，乙公司是甲公司不重要的子公司。

要求：

针对上述第（1）项，指出是否可能存在违反中国注册会计师职业道德守则有关独立性规定的情况，并简要说明理由。（2019年）

【例题2·简答题·部分】上市公司甲公司是ABC会计师事务所的常年审计客户，与上市公司乙公司为同一母公司的重要子公司，乙公司不是该事务所的审计客户。XYZ公司和ABC会计师事务所处于同一网络。甲公司审计项目组在2018年度财务报表审计中遇到下列事项：

（2）B注册会计师曾作为审计经理签署了甲公司2013年度至2017年度审计报告，之后调离甲公司审计项目组，加入事务所质量管理部，负责复核所有上市公司审计客户的财务报表。

要求：

针对上述第（2）项，指出是否可能存在违反中国注册会计师职业道德守则有关独立性规定的情况，并简要说明理由。（2019年网络回忆版）

【例题3·简答题·部分】ABC会计师事务所委派A注册会计师担任上市公司甲公司2015年度财务报表审计项目合伙人，ABC会计师事务所和XYZ公司处于同一网络，审计项目组在审计中遇到下列事项：

（1）甲公司于2014年8月首次公开发行股票并上市，A注册会计师自2010年度起担任甲公司财务报表审计项目合伙人。

要求：

针对上述第（1）项，指出是否存在违反中国注册会计师职业道德守则有关独立性规定的情况，并简要说明理由。（2016年）

【例题4·简答题·部分】非上市公司甲银行是ABC会计师事务所的常年审计客户。ABC会计师事务所和XYZ公司处于同一网络。审计项目组在甲银行2015年度财务报表审计中遇到下列事项：

（1）A注册会计师自2010年度起担任甲银行财务报表审计项目合伙人，五年任期结束后轮换出该审计项目，转任乙公司2015年度财务报表审计项目合伙人，乙公司和甲银行同为丙公司的重要子公司。

要求：

针对上述第（1）项，指出是否存在违反中国注册会计师职业道德守则有关独立性规定的情况，并简要说明理由。（2016年网络回忆版）

（七）向审计客户提供非鉴证服务

【例题1·简答题·部分】上市公司甲公司是ABC会计师事务所的常年审计客户。XYZ公司和ABC会计师事务所处于同一网络。审计项目组在甲公司2018年度财务报表审计中遇到下列事项：

（4）甲公司聘请XYZ公司提供人力资源系统的设计和实施服务，该系统包括考勤管理和薪酬计算等功能。

（5）甲公司是丁公司的重要联营企业。2018年8月，XYZ公司接受丁公司委托对其拟投资的标的公司进行评估，作为定价参考。丁公司不是ABC会计师事务所的审计客户。

要求：

针对上述第（4）、（5）项，逐项指出是否可能存在违反中国注册会计师职业道德守则有关独立性规定的情况，并简要说明理由。（2019年）

【例题2·简答题·部分】上市公司甲公司是ABC会计师事务所的常年审计客户。XYZ公司和ABC会计师事务所处于同一网络。审计项目组在甲公司2017年度财务报表审计中遇到下列事项：

（4）甲公司聘请系统实施服务商提供财务系统的优化设计和实施服务，聘请XYZ公司负责执行系统用户权限测试。系统实施服务商与ABC会计师事务所不属于同一网络。

（5）甲公司内审部计划对新并购的子公司执行内部控制审计。因缺乏人手，甲公司聘请XYZ公司协助执行该项工作，但XYZ公司不参与制定内审计划或管理层决策。

要求：

针对上述第（4）、（5）项，逐项指出是否可能存在违反中国注册会计师职业道德守则

德守则有关独立性规定的情况，并简要说明理由。（2018 年）

【例题 3·简答题·部分】上市公司甲银行是 ABC 会计师事务所的常年审计客户。XYZ 公司和 ABC 会计师事务所处于同一网络。审计项目组在甲银行 2017 年度财务报表审计中遇到下列事项：

（4）2017 年 6 月，为满足新金融工具相关会计准则的要求，甲银行聘请 XYZ 公司对信息系统中有关金融资产分类、估值和减值模型的设置提出修改建议并编写系统功能说明书。对信息系统的修改由第三方供应商负责实施。

要求：

针对上述第（4）项，指出是否可能存在违反中国注册会计师职业道德守则有关独立性规定的情况，并简要说明理由。（2018 年网络回忆版）

【例题 4·简答题·部分】ABC 会计师事务所委派 A 注册会计师担任上市公司甲公司 2016 年度财务报表审计项目合伙人。ABC 会计师事务所和 XYZ 公司处于同一网络。审计项目组在审计中遇到下列事项：

（5）丁公司是甲公司的母公司，聘请 XYZ 公司为其共享服务中心提供信息系统的设计和实施服务。该共享服务中心承担丁公司下属各公司的财务及人力资源等职能。丁公司不是 ABC 会计师事务所的审计客户。

要求：

针对上述第（5）项，指出是否存在违反中国注册会计师职业道德守则有关独立性规定的情况，并简要说明理由。（2017 年）

【例题 5·简答题·部分】ABC 会计师事务所委派 A 注册会计师担任非上市银行甲银行 2016 年度财务报表审计项目合伙人。ABC 会计师事务所和 XYZ 公司处于同一网络。审计中遇到下列事项：

（5）XYZ 公司接受甲银行委托，对其内审部完成的某项内审工作进行复核，并负责向治理层汇报内审工作结果。该项内审工作与财务会计系统、财务报表以及财务报告相关的内部控制均无关。

要求：

针对上述第（5）项，指出是否存在违反中国注册会计师职业道德守则有关独立性规定的情况，并简要说明理由。（2017 年网络回忆版）

【例题 6·简答题·部分】ABC 会计师事务所委派 A 注册会计师担任上市公司甲公司 2015 年度财务报表审计项目合伙人，ABC 会计师事务所和 XYZ 公司处于同一网络，审计项目组在审计中遇到下列事项：

（5）甲公司聘请 XYZ 公司担任某合同纠纷的诉讼代理人，诉讼结果将对甲公司财务报表产生重大影响。

（6）甲公司购买的成本核算软件由 XYZ 公司和一家软件公司共同开发和推广，该软件公司不是 ABC 会计师事务所的审计客户或其关联实体。

要求：

针对上述第（5）、（6）项，逐项指出是否存在违反中国注册会计师职业道德守则有关独立性规定的情况，并简要说明理由。（2016 年）

（八）薪酬和业绩评价政策

【例题·简答题·部分】ABC 会计师事务所的质量管理体系部分内容摘录如下：

（2）审计业务合伙人在保证审计质量的前提下，可以向其负责的审计客户推销非鉴证服务，并按该非鉴证服务收入的 5% 提取奖金。

要求：

针对上述第（2）项，指出 ABC 会计师事务所的质量管理体系的内容是否恰当。

如不恰当，简要说明理由。（2018年网络回忆版）

（九）礼品和款待

【例题·简答题·部分】ABC会计师事务所委派A注册会计师担任上市公司甲公司2015年度财务报表审计项目合伙人，ABC会计师事务所和XYZ公司处于同一网络，审计项目组在审计中遇到下列事项：

（4）A注册会计师受邀参加了甲公司年度股东大会，全体参会人员均获得甲公司生产的移动硬盘作为礼品。

要求：

针对上述第（4）项，指出是否存在违反中国注册会计师职业道德守则有关独立性规定的情况，并简要说明理由。（2016年）

历年经典试题回顾参考答案及解析

“扫码看解析” 使用“微信”或“会计云课堂”App扫码，即可线上对答案、看解析，错题随手收藏，及时巩固复习。

（一）对独立性产生不利影响的情形和防范措施

【例题1·简答题·部分】

【答案】

事项序号	是否违反（违反/不违反）	理由
（2）	违反	甲公司对丙公司有重大影响，且审计项目团队成员B的父亲在丙公司持有重大经济利益，因自身利益对独立性产生严重不利影响

【例题2·简答题·部分】

【答案】

事项序号	是否违反（违反/不违反）	理由
（1）	违反	审计项目团队成员的主要近亲属不得在审计客户的关联实体中拥有直接经济利益，否则将因自身利益对独立性产生非常严重的不利影响
（4）	违反	审计项目团队成员的主要近亲属不得在审计客户的关联实体中拥有重大间接经济利益，否则将因自身利益对独立性产生非常严重的不利影响

【例题 3 · 简答题 · 部分】

【答案】

事项序号	是否违反（违反/不违反）	理由
(1)	违反	A 注册会计师不应参与甲公司审计/A 注册会计师的妻子不得以任何形式/通过员工股票期权计划拥有甲公司的直接经济利益，否则将因自身利益对独立性产生严重不利影响

【例题 4 · 简答题 · 部分】

【答案】

事项序号	是否违反（违反/不违反）	理由
(1)	违反	项目合伙人通过外借股票账户买卖审计客户的股票，应视为在审计客户中拥有直接经济利益，将因自身利益对独立性产生严重不利影响

【例题 5 · 简答题 · 部分】

【答案】

事项序号	是否违反（违反/不违反）	理由	解读说明
(1)	违反	A 注册会计师应当在有权处置时立即处置甲公司股票，否则将因自身利益对独立性产生严重不利影响	如果有权处置时立即处置，则不违反

【例题 6 · 简答题 · 部分】

【答案】

事项序号	是否违反（违反/不违反）	理由
(2)	违反	甲银行是乙公司的重要子公司，A 注册会计师的主要近亲属在财务报表涵盖期间，在对审计客户有控制性权益的实体中拥有直接经济利益，且审计客户对该实体重要，将因自身利益对独立性产生非常严重的不利影响

【例题 7 · 简答题 · 部分】

【答案】

事项序号	是否违反（违反/不违反）	理由
（2）	违反	B 注册会计师属于审计项目团队成员/B 注册会计师的咨询意见直接影响审计结果，其妻子在审计期间拥有直接经济利益，将因自身利益对独立性产生严重不利影响

（二）贷款和担保

【例题 1 · 简答题 · 部分】

【答案】

事项序号	是否违反（违反/不违反）	理由
（6）	不违反	如果会计师事务所按照正常的贷款程序、条款和条件，从银行或类似金融机构等审计客户取得贷款，该贷款对会计师事务所影响不重大，则不会对独立性产生不利影响

【例题 2 · 简答题 · 部分】

【答案】

事项序号	是否违反（违反/不违反）	理由
（4）	不违反	审计项目团队成员按照正常的程序、条款和条件从甲银行取得购房贷款，不会对独立性产生不利影响

（三）商业关系

【例题 1 · 简答题 · 部分】

【答案】

事项序号	是否违反（违反/不违反）	理由
（6）	违反	该试驾活动被视为 ABC 会计师事务所向其员工推销甲公司产品/属于禁止的商业关系，将因自身利益或外在压力对独立性产生严重不利影响

【例题 2 · 简答题 · 部分】

【答案】

事项序号	是否违反（违反/不违反）	理由
（4）	不违反	D 不是甲公司审计项目团队成员，其母亲与甲公司董事的合作不属于被禁止的商业关系

（四）家庭和私人关系

【例题 1 · 简答题 · 部分】

【答案】

事项序号	是否违反（违反/不违反）	理由
（3）	不违反	合伙人 C 不是审计项目团队成员，且其丈夫的职位对所审计的财务报表的编制不能施加重大影响，不会对独立性产生不利影响

【例题 2 · 简答题 · 部分】

【答案】

事项序号	是否违反（违反/不违反）	理由
（3）	违反	审计项目团队成员 C 的妻子在甲公司审计业务期间/执行审计期间担任丙公司财务总监，将因自身利益、密切关系或外在压力对独立性产生严重不利影响

（五）与审计客户发生人员交流

【例题 1 · 简答题 · 部分】

【答案】

事项序号	是否违反（违反/不违反）	理由
（3）	违反	C 在财务报表涵盖的期间曾担任甲公司的特定员工/财务人员，因自身利益、自我评价或密切关系对独立性产生严重不利影响

【例题2·简答题·部分】

【答案】

事项序号	是否违反（违反/不违反）	理由
（3）	违反	ABC会计师事务所的合伙人B加入审计客户担任独立董事，且与事务所保持重要联系，将因密切关系或外在压力对独立性产生不利影响

【例题3·简答题·部分】

【答案】

事项序号	是否违反（违反/不违反）	理由
（3）	不违反	审计项目团队成员C在财务报表涵盖期间之前加入事务所，且其在审计项目团队中的工作，不涉及评价其就职于甲公司的子公司时所做的工作/出纳工作，因此，不会对独立性产生不利影响

【例题4·简答题·部分】

【答案】

事项序号	是否违反（违反/不违反）	理由
（3）	违反	会计师事务所（网络所）的合伙人或者员工兼任审计客户的董事或高级管理人员，将因自我评价和自身利益产生非常严重的不利影响

（六）关键审计合伙人定期轮换

【例题1·简答题·部分】

【答案】

事项序号	是否违反（违反/不违反）	理由
（1）	不违反	A注册会计师不是甲公司2016年度及2017年度关键审计合伙人/2016年度及2017年度不计入甲公司关键审计合伙人五年连续任期

【例题2·简答题·部分】

【答案】

事项序号	是否违反（违反/不违反）	理由	按照新教材要求说明
（2）	违反	B注册会计师在五年的冷却期内不得为该客户的审计业务提供项目质量管理，否则将因密切关系和自身利益对独立性产生不利影响	B注册会计师冷却期不满足5年的限制期（应当禁止）

【例题 3·简答题·部分】

【答案】

事项序号	是否违反（违反/不违反）	理由
(1)	不违反	A 注册会计师在甲公司首次公开发行股票后/上市后担任关键审计合伙人的时间没有超过 2 年，不违反有关独立性规定

【例题 4·简答题·部分】

【答案】

事项序号	是否违反（违反/不违反）	理由
(1)	不违反	乙公司属于甲公司的姐妹实体，双方互不影响，也不纳入另一方的财务报表。A 注册会计师担任乙公司审计项目合伙人与甲公司审计业务无关，不会对独立性产生不利影响

（七）向审计客户提供非鉴证服务

【例题 1·简答题·部分】

【答案】

事项序号	是否违反（违反/不违反）	理由
(4)	违反	人力资源系统包括薪酬计算功能，生成的信息对甲公司会计记录或财务报表影响重大/构成财务报告内部控制的重要组成部分，向公众利益实体的审计客户提供设计该信息系统相关的服务，将因自我评价对独立性产生严重不利影响
(5)	不违反	对丁公司投资标的的评估结果不会对甲公司财务报表产生影响/不构成实施审计程序的对象，不会对独立性产生不利影响

【例题 2·简答题·部分】

【答案】

事项序号	是否违反（违反/不违反）	理由
(4)	违反	为甲公司提供财务系统的用户权限测试属于财务系统实施服务/且涉及承担管理层职责，将因自我评价对独立性产生严重不利影响
(5)	违反	该内部审计服务涉及甲公司与财务报告相关的内部控制，将因自我评价对独立性产生严重不利影响

【例题3·简答题·部分】

【答案】

事项序号	是否违反（违反/不违反）	理由
(4)	违反	XYZ公司提供的信息技术系统服务对会计记录或被审计财务报表影响重大/构成财务报告内部控制的重要组成部分，将因自我评价对独立性产生不利影响

【例题4·简答题·部分】

【答案】

事项序号	是否违反（违反/不违反）	理由
(5)	违反	丁公司共享服务中心承担甲公司的财务职能/所涉及的财务系统构成甲公司财务报告内部控制的重要组成部分/生成的信息对甲公司财务报表影响重大，为共享服务中心提供设计和实施服务，将因自我评价对独立性产生严重不利影响

【例题5·简答题·部分】

【答案】

事项序号	是否违反（违反/不违反）	理由
(5)	违反	ABC会计师事务所的网络所XYZ公司为甲银行提供内审复核的工作时代行管理层职责，可能因自我评价、自身利益、密切关系和过度推介对独立性产生不利影响

【例题6·简答题·部分】

【答案】

事项序号	是否违反（违反/不违反）	理由
(5)	违反	为审计客户担任诉讼代理人，且该纠纷所涉金额对被审计财务报表有重大影响，将因自我评价/过度推介对独立性产生严重不利影响
(6)	违反	ABC会计师事务所的网络所参与了甲公司重要财务系统的设计/参与设计的成本核算软件构成甲公司财务报表内部控制的重要组成部分/生成的信息对会计记录或被审计财务报表影响重大，将因自我评价对独立性产生严重不利影响

（八）薪酬和业绩评价政策

【例题·简答题·部分】

【答案】不恰当。关键审计合伙人的薪酬或业绩评价不得与其向审计客户推销的非鉴证服务直接挂钩。

（九）礼品和款待

【例题·简答题·部分】

【答案】

事项序号	是否违反（违反/不违反）	理由
（4）	违反	A 注册会计师不得收受甲公司的任何礼品/收受甲公司礼品属于不当行为

扫一扫　“码”上做题、看解析

本书同步强化练习题均配备二维码，使用“会计云课堂”App 扫码，即可线上做题、看解析。

【“会计云课堂”App 下载二维码见封底页】

同步强化练习题

简答题

1. 上市公司甲公司是 ABC 会计师事务所的常年审计客户。XYZ 公司和 ABC 会计师事务所处于同一网络。审计项目团队在甲公司 2020 年度财务报表审计中遇到下列事项：

（1）审计项目合伙人 A 注册会计师曾负责审计甲公司 2015 年度至 2017 年度财务报表，之后调离甲公司审计项目团队，担任乙公司 2018 年度至 2019 年度财务报表审计项目合伙人，乙公司是甲公司重要的全资子公司。

（2）审计项目团队成员 B 注册会计师的父亲在丙公司持有重大经济利益。丙公司是甲公司重要的联营企业，丙公司不是 ABC 会计师事务所的审计客户。

（3）审计项目团队成员 C 曾担任甲公司出纳，2019 年 6 月从甲公司离职后加入 ABC 会计师事务所，2020 年 12 月加入甲公司审计项目团队，负责审计甲公司存货项目。

（4）甲公司聘请 XYZ 公司为其提供财务共享系统的设计和后续服务。

（5）甲公司研发的新能源汽车于 2020 年 3 月上市，甲公司与 ABC 会计师事务所达成协议，将会计师事务所的服务与甲公司的产品进行捆绑销售。

要求：

针对上述第（1）至（5）项，逐项指出是否可能存在违反中国注册会计师职业道德守则有关独立性规定的情况，并简要说明理由。（★★★）*

2. 上市公司甲公司是 ABC 会计师事务所的常年审计客户。XYZ 公司和 ABC 会计师

* 为了便于您识别重要题目，本书中针对重点题目通过标注星级的方式进行体现。

事务所处于同一网络。审计项目团队在甲公司2020年度财务报表审计中遇到下列事项：

（1）B注册会计师曾担任甲公司2018年度财务报表审计业务的项目质量复核人员，于2019年6月退休，之后未和ABC会计师事务所保持交往。2020年3月12日甲公司对外公布了2019年年度报告，2020年8月1日，B注册会计师受聘担任甲公司独立董事。

（2）XYZ公司合伙人C的妻子于2020年10月加入甲公司并担任人力资源部经理。合伙人C没有为甲公司提供任何服务。

（3）2020年1月，为满足新租赁会计准则实施要求，甲公司聘请XYZ公司对其信息系统中有关固定资产分类、计量模式等事项提出处理建议并编写使用说明书。

（4）甲公司内部审计部聘请XYZ公司为其子公司的存货管理系统相关的内部控制进行评价，并提出整改建议。

（5）审计项目团队成员主要近亲属通过信托在甲公司拥有1000元信托资产。

要求：

针对上述第（1）至（5）项，逐项指出是否可能存在违反中国注册会计师职业道德守则有关独立性规定的情况，并简要说明理由。

3. ABC会计师事务所委派A注册会计师担任上市公司甲银行2020年度财务报表审计项目合伙人。ABC会计师事务所和XYZ公司处于同一网络。审计项目团队在审计中遇到下列事项：

（1）乙公司是甲银行的重要子公司，A注册会计师的父亲于2020年12月1日购买乙公司股票1000股，12月3日将1000股全部卖出。ABC会计师事务所未承接乙公司财务报表审计。

（2）2020年8月，丙公司被甲银行收购成为其重要子公司，2020年11月1日，审计项目团队成员C注册会计师的妻子加入丙公司担任人事部经理。

（3）D注册会计师和A注册会计师同处一个分部，未参与甲银行审计，D注册会计师的儿子与甲银行某支行负责人的儿子共同投资开办了一家旅游公司W公司，W公司不是ABC会计师事务所的客户。

（4）E注册会计师曾担任ABC会计师事务所的高级合伙人，于2020年12月31日退休，2021年1月1日开始担任甲银行独立董事。E注册会计师退休后与ABC会计师事务所不再有任何联系。

（5）B注册会计师曾担任甲银行2018年度财务报表审计项目合伙人，未参与甲银行2019年度财务报表审计工作，甲银行于2020年4月8日对外发布其2019年年度报告。B注册会计师于2020年4月1日离职，并于2020年4月2日加入甲银行担任财务总监。

（6）在科创板上市的丁公司持有甲银行25%的股权，甲银行对丁公司重要。审计项目团队成员C注册会计师的父亲持有丁公司股票1000股。

要求：

针对上述第（1）至（6）项，逐项指出是否可能存在违反中国注册会计师职业道德守则有关独立性规定的情况，并简要说明理由。

4. ABC会计师事务所委派A注册会计师担任上市公司甲公司2020年度财务报表审计项目合伙人。ABC会计师事务所和XYZ公司处于同一网络。审计项目团队在审计中遇到下列事项：

（1）B注册会计师曾担任甲公司2019年度财务报表审计项目合伙人，未参与甲公司2020年度财务报表审计工作，甲公司于2021年4月8日对外发布其2020年年度报告。B注册会计师于2021年4月29日离职，并于2021年6月6日加入甲公司担任甲公司财务总监。

（2）乙公司是甲公司的全资子公司，XYZ公司协助乙公司实施大额融资交易。

（3）丙公司是甲公司的全资子公司，XYZ公司为丙公司优化了2020年存货内部控制信息系统。

（4）XYZ公司于2020年3月1日与甲公司的全资子公司戊公司签订了合作协议，协助戊公司推广财务软件，并由XYZ公司提供相关配套的咨询服务。

（5）D注册会计师是ABC会计师事务所技术部的合伙人，不属于审计项目团队成员，其妻子是甲公司某分公司的财务部经理。

要求：

针对上述第（1）至（5）项，逐项指出是否可能存在违反中国注册会计师职业道德守则有关独立性规定的情况，并简要说明理由。

同步强化练习题参考答案及解析

“扫码看解析”

使用“微信”或“会计云课堂”App扫码，即可线上对答案、看解析，错题随手收藏，及时巩固复习。

简答题

1.【答案】

事项序号	是否违反（违反/不违反）	理由
（1）	违反	乙公司是甲公司的重要子公司，重要子公司的审计项目合伙人视为关键审计合伙人，属于连续五年担任甲公司财务报表关键审计合伙人，2020年不应参与甲公司财务报表审计（仍然在冷却期内），将因密切关系或自身利益对独立性产生严重不利影响
（2）	违反	甲公司对丙公司有重大影响，且审计项目团队成员的父亲在丙公司持有重大经济利益，将因自身利益对独立性产生严重不利影响
（3）	不违反	审计项目团队成员C在财务报表涵盖期间之前就从审计客户离职，且其在审计项目团队中的工作不涉及评价其就职于甲公司时所做的工作/出纳工作，因此，不会对独立性产生不利影响
（4）	违反	财务共享系统生成的信息对会计记录或被审计财务报表影响重大，将因自我评价对独立性产生严重不利影响
（5）	违反	ABC会计师事务所的服务与其审计客户的产品进行捆绑销售属于禁止的商业关系，将因自身利益或外在压力对独立性产生严重不利影响

2. 【答案】

事项序号	是否违反（违反/不违反）	理由
(1)	不违反	B 注册会计师在甲公司对外公布 2019 年年度报告后加入审计客户，属于在受限制时段后加入审计客户担任独立董事，不会对独立性产生不利影响
(2)	不违反	合伙人 C 不是审计项目团队成员，且其妻子的职位对所审计的财务报表的编制不构成重大影响，不会对独立性产生不利影响
(3)	违反	XYZ 公司为甲公司提供信息技术系统服务对会计记录或被审计财务报表影响重大/构成财务报告内部控制的重要组成部分，将因自我评价对独立性产生不利影响
(4)	违反	XYZ 公司为甲公司提供内部控制评价服务，相当于代行管理层职责，将因自我评价、自身利益、密切关系和过度推介对独立性产生不利影响
(5)	不违反	审计项目团队成员的主要近亲属在被审计单位拥有不重大的间接经济利益，不会对独立性产生不利影响

3. 【答案】

事项序号	是否违反（违反/不违反）	理由
(1)	违反	A 注册会计师的主要近亲属（父亲）在财务报表涵盖期间在被计单位关联实体（乙公司）中拥有直接经济利益，将因自身利益对独立性产生非常严重不利影响
(2)	不违反	审计项目团队成员 C 注册会计师的主要近亲属（妻子）在甲银行（子公司丙公司）的职务对其参与审计的财务报表不构成重大影响，不会对独立性产生不利影响
(3)	不违反	D 注册会计师不是甲公司审计项目团队成员，其儿子与甲银行某支行负责人的儿子共同投资 W 公司不属于被禁止的商业关系，不会对独立性产生不利影响
(4)	违反	前任高级合伙人不再担任该职务后，需要超过 12 个月才能加入属于公众利益实体的审计客户担任独立董事，否则对独立性产生不利影响
(5)	违反	B 注册会计师在 2019 年年度报告发布前加入甲银行担任财务总监，对独立性产生不利影响
(6)	违反	审计项目团队成员的主要近亲属不得在审计客户中拥有直接经济利益，否则将因自身利益对独立性产生严重不利影响

4. 【答案】

事项序号	是否违反（违反/不违反）	理由
(1)	不违反	关键审计合伙人在受限制时段后加入属于公众利益实体的审计客户担任高级管理人员，不会对独立性产生不利影响
(2)	违反	XYZ公司为甲公司的关联实体提供公司财务服务，承担管理层职责，将因过度推介或自我评价对独立性产生不利影响
(3)	违反	XYZ公司为甲公司的关联实体提供信息技术系统服务，构成财务报告内部控制的重要组成部分/信息技术系统生成的信息对会计记录或被审计财务报表影响重大，将因自我评价对独立性产生不利影响
(4)	违反	XYZ公司与甲公司的关联实体存在禁止的商业关系，将因自身利益或外在压力对独立性产生严重不利影响
(5)	违反	D注册会计师的妻子属于能够对甲公司财务报表的编制施加重大影响的管理层，将因自身利益、密切关系或外在压力对独立性产生严重不利影响

第三部分

跨章节主观题演练

跨章节主观题演练

扫一扫 "码"上做题、看解析

本书跨章节主观题配备有二维码，使用"会计云课堂"App 扫码，即可线上做题、看解析。

【"会计云课堂"App 下载二维码见封底页】

简答题

一、函证

ABC 会计师事务所的 A 注册会计师负责审计甲公司 2020 年度财务报表，确定的财务报表整体的重要性为 200 万元，实际执行的重要性为 100 万元。审计工作底稿中与函证相关的部分内容摘录如下：

(1) 对甲公司截至 2020 年 12 月 31 日的银行存款（包括零余额账户和在本期内注销的账户）、借款及与金融机构往来的其他重要信息实施函证，A 注册会计师均收到电子形式的回函，回函结果没有差异，A 注册会计师据此认为甲公司银行账户不存在错报。

(2) 在实施应收账款函证程序时，A 注册会计师将甲公司财务人员在发函信封上填写的客户地址与合同中的地址进行了核对，并追踪到客户的公开网站进行核对，然后亲自将询证函交予快递公司发出。

(3) 对于由第三方保管的存货，A 注册会计师寄发积极式询证函未收到回函，也无法前往第三方所在地对存货实施监盘，但是取得了甲公司与第三方签署的代管合同及仓储单，以及其他注册会计师针对用以保证存货得到恰当盘点和保管的内部控制的适当性而出具的报告，确认了该批存货的数量和状况。

(4) 针对邮寄方式收到的回函，A 注册会计师验证被询证者加盖在询证函上的印章以及签名中显示的被询证者名称是否与明细账中记录的往来单位一致。

(5) 针对应收账款可能存在高估风险，A 注册会计师将应收账款明细账中的账面金额高于 200 万元的项目全部作为函证对象，将账面金额低于 200 万元的项目采用审计抽样，选取样本实施函证。

要求：

针对上述第（1）至（5）项，逐项指出 A 注册会计师的做法是否恰当。如不恰当，简要说明理由。

二、存货监盘

ABC 会计师事务所的 A 注册会计师负责审计多家被审计单位 2020 年度财务报表。与存货审计相关的部分事项如下：

(1) 甲公司存货盘点过程存货无法停止移动，甲公司采取在仓库内划分出独立的过渡区域，将预计在盘点期间领用的存货移至过渡区域、对盘点期间办理入库手续的存货暂时放在过渡区域，A注册会计师评价及认可了甲公司存货划分独立过渡区域的盘点方式后未再关注。

(2) 针对转运外销的以标准规格包装箱包装的存货，A注册会计师检查了包装箱的数量并根据每箱的标准容量确定了存货的数量。

(3) 由于恶劣天气，A注册会计师无法前往存货盘点现场实施监盘，A注册会计师实施了替代审计程序。

(4) A注册会计师评估认为乙公司存货数量可能存在舞弊风险，与管理层讨论存货数量的问题，并告知其将对特定存放地点的存货实施监盘。

(5) 丙公司2020年在途原材料存货于2021年1月4日验收入库，管理层在2021年1月5日实施盘点时将这些存货纳入了盘点范围，A注册会计师在实施监盘的基础上，检查了这些存货的验收入库单据等，结果满意。

(6) 丁公司有大批产成品存货存放在母公司，A注册会计师电话询问后确认了该批产成品存货的数量和状况。

要求：

针对上述第(1)至(6)项，逐项指出A注册会计师的做法是否恰当。如不恰当，简要说明理由。

三、货币资金审计

ABC会计师事务所的A注册会计师负责审计甲公司2020年度财务报表。审计项目组在审计工作底稿中记录的与货币资金审计相关的部分内容摘录如下：

(1) A注册会计师于2020年12月31日下午下班时对甲公司各部门的库存现金实施了突击监盘，并与当日现金日记账余额核对一致，据此认可了甲公司年末现金余额。

(2) 针对银行账户的完整性存有疑虑，审计项目组委托甲公司财务人员重新去中国人民银行查询并打印《已开立银行结算账户清单》，结果满意。

(3) 审计项目组将获取的银行对账单余额与企业银行存款日记账余额进行核对，发现二者存在差异，A注册会计师要求甲公司按照银行对账单余额调整银行存款账面记录。

(4) 审计项目组取得甲公司加盖银行印章不太清晰的银行对账单，没有发现其他异常，A注册会计师认为银行对账单真实可靠。

(5) A注册会计师针对甲公司2020年12月31日银行存款余额调节表中的一笔大额未达账项表示质疑，追查内容是一笔支票支付材料款的事项，项目组检查支票开具日期是12月31日，向供应商函证了该笔应付账款金额，结果满意。

(6) 针对因互联网支付留存于第三方支付平台的资金，由于第三方平台不在被审计单位，而且交易记录可直接通过在线查阅和打印，因此未了解第三方平台使用流程的内部控制。

要求：

针对上述第(1)至(6)项，逐项指出审计项目组或A注册会计师的做法是否恰当。如不恰当，简要说明理由。

四、审计报告

1. ABC会计师事务所的A注册会计师负责审计多家上市公司2020年度财务报表，遇到下列与审计报告相关的事项：

(1) 截至2020年12月31日，甲公司流动负债高于流动资产10000万元。甲公司已在财务报表附注中披露了该事项的重大不确定性以及拟采取的应对措施。A注册会计师评估了该事项后，在审计报告中增加强调事项段，提醒财务报表使用者予以关注。

(2) A注册会计师发现乙公司2020年12月1日因违反法律法规被行业监管部门进行大额处罚，A注册会计师要求乙公司管理层在财务报表中进行恰当反映，管理层予以拒绝，A注册会计师拟在强调事项段予以披露。

(3) 因发现2019年度财务报表中存在重大错报且上期发表了无保留意见，丙公司管理层在编制2020年度财务报表时对对应数据进行了恰当重述和披露，但尚未更正上期财务报表，也并未重新出具审计报告。A注册会计师拟在2020年度审计报告中增加强调事项段，以描述这一情况。

(4) 丁公司2020年末商誉、固定资产、长期股权投资等多项资产存在减值迹象。因管理层未提供相关资料，A注册会计师无法就上述资产的减值准备获取充分、适当的审计证据，拟对财务报表发表无法表示意见，并在审计报告的其他信息部分说明注册会计师无法确定与资产减值准备相关的其他信息是否存在重大错报。

(5) A注册会计师发现戊公司2020年通过非同一控制下的企业合并获得对已公司的控制权，因未能取得购买日已公司某些重要资产和负债的公允价值，故未将已公司纳入合并财务报表的范围，因A注册会计师无法确定未将已公司纳入合并范围对财务报表产生的影响，拟对2020年戊公司财务报表出具无法表示意见的审计报告。

要求：

针对上述第(1)至(5)项，逐项指出A注册会计师的做法是否恰当。如不恰当，简要说明理由。

2. ABC会计师事务所的A注册会计师负责审计多家上市公司2020年度财务报表，遇到下列与审计报告相关的事项：

(1) 甲公司的某重要子公司2020年末处于停产状态，其核心技术人员已离职成立新公司，与甲公司竞争并占据主要市场份额。管理层拟在三年内自主研发替代性技术，基于该假设编制的预计未来现金流量现值显示，收购该子公司形成的大额商誉不存在减值。A注册会计师认为技术研发成功的可能性存在重大不确定性，且甲公司已充分披露，在无保留意见的审计报告中增加了强调事项段提醒报表使用者关注。

(2) A注册会计师无法就乙公司2020年末存放在第三方的存货获取充分、适当的审计证据，对财务报表发表了保留意见。A注册会计师认为除这一事项外，不存在其他需重点关注的事项，因此，未在审计报告中包含关键审计事项部分。

(3) 丙公司2018年度和2019年度连续亏损，2020年度实现净利润2000万元，其中包括控股股东债务豁免收益5000万元。A注册会计师认为该交易不具有商业实质，对2020年度财务报表发表了保留意见。

(4) A注册会计师发现导致前任注册会计师对丁公司2019年度财务报表发表非无保留意见的事项对本期财务报表仍然相关和重大，拟在2020年度财务报表中增加其他事项段说明该事项。

(5) A注册会计师发现戊公司销售的汽车轮胎被媒体曝光，严重违反行业质量标准，截至审计报告日，戊公司已经召回其绝大部分不合格产品，戊公司被要求停止汽车轮胎的生产和销售，进入无限期整顿阶段，A注册会计师认为戊公司运用持续经营假设不适当，戊公司管理层按照清算基础重新编制了2020年度财务报表，并在附注中作出了充分披露，A注册会计师按照清算基础重新审计戊公司重编的财务报表后发表了无保留意见，同时在审计报告中增加“与持续经营相关的重大不确定性”的单独部分，以提请财务报表使用者关注。

要求：

针对上述第(1)至(5)项，逐项指出A注册会计师的做法是否恰当。如不恰当，简要说明理由。

五、独立性

ABC会计师事务所委派A注册会计师担任上市公司甲公司2020年度财务报表审计项目合伙人，ABC会计师事务所和XYZ公司处于同一网络，审计项目组在审计工作中遇到下列事项：

（1）A注册会计师曾经被委派负责甲公司2012年至2016年度项目质量复核，2017年至2019年未参与与甲公司相关事宜。

（2）乙公司是甲公司全资子公司，XYZ公司的相关人员协助乙公司实施收购业务。

（3）丙公司是甲公司的全资子公司，XYZ公司为丙公司提供2020年财务系统升级服务。

（4）丁公司持有甲公司25%的股权，甲公司对丁公司重要。与A注册会计师同处一个分部的合伙人的父亲持有丁公司股票1000股。

（5）XYZ公司于2020年5月1日与甲公司的全资子公司戊公司签订了合作协议，负责推广戊公司相关业务。

要求：

针对上述第（1）至（5）项，逐项指出是否存在违反中国注册会计师职业道德守则有关独立性的规定，并简要说明理由。

六、质量管理

1. ABC会计师事务所质量管理体系的部分内容摘录如下：

（1）会计师事务所明确要求，如果在质量管理体系的运行方面缺乏充分、适当的人员时，不能从外部获取必要的人力资源支持，包括不得从网络、网络事务所或服务提供商获取人力资源支持。

（2）会计师事务所对质量管理体系需要定期评价，以某一时点为基准，至少每年一次。

（3）会计师事务所明确要求，项目质量复核人员的胜任能力不得低于项目合伙人。

（4）A注册会计师同时担任多家上市公司财务报表审计项目合伙人，由于不同审计客户之间地点非常分散，A注册会计师仅在审计项目完成阶段对各审计项目组作出的重大判断和据此得出的结论进行复核和把关，并在签署审计报告前认可了审计中的重大判断和结论。

（5）A注册会计师作为甲上市公司财务报表审计项目合伙人，在签署审计报告后继续就审计中遇到的重大事项和重大判断与项目质量复核人员进行讨论。

要求：

针对上述第（1）至（5）项，逐项指出ABC会计师事务所的质量管理体系是否恰当。如不恰当，简要说明理由。

2. ABC会计师事务所质量管理体系和注册会计师职业道德守则的部分内容摘录如下：

（1）A注册会计师作为甲上市公司财务报表审计项目合伙人，在签署审计报告前，复核了财务报表、审计报告以及相关的审计工作底稿，包括对关键审计事项的描述。

（2）B注册会计师作为乙上市公司财务报表审计项目合伙人，在与管理层、治理层或相关监管机构签署正式书面沟通文件之前对审计工作底稿进行复核。

（3）C注册会计师于2013年至2017年度担任丙上市公司项目质量复核人员，在2020年度被委派担任丙公司审计项目合伙人。

（4）D注册会计师于2014年至2016年度担任丁上市公司项目质量复核人员，2017年至2018年担任丁公司审计项目合伙人，在2021年度被委派担任丁公司审计项目合伙人。

（5）E注册会计师于2014年至2018年度

担任戊上市银行审计 IT 系统主管合伙人，在 2020 年度被委派担任戊银行审计项目合伙人。

(6) F 注册会计师于 2013 年至 2017 年度担任己上市银行 IT 系统主管合伙人，2018 年和 2019 年未参与己银行审计项目。2020 年 F 注册会计师被委派担任己银行审计项目合伙人。

要求：

针对上述第（1）至（6）项，逐项指出 ABC 会计师事务所的质量管理体系和注册会计师职业道德守则有关独立性的情况是否恰当。如不恰当，简要说明理由。

七、舞弊审计

甲公司是 ABC 会计师事务所的常年审计客户，A 注册会计师负责审计甲公司 2020 年度财务报表，审计项目组在审计工作底稿中记录的与舞弊审计相关的部分内容如下：

(1) 由于以前年度审计没有发现甲公司收入确认方面存在舞弊行为，审计项目组未将收入确认作为可能存在舞弊导致的重大错报风险领域。

(2) 针对管理层凌驾于控制之上的风险，审计项目组测试了日常会计核算过程中作出的会计分录和编制财务报表过程中作出的其他调整是否适当，针对超出正常经营过程的重大交易，评价其商业理由。

(3) 由于怀疑销售总监虚报销售费用，审计项目组及时就此与甲公司治理层进行了沟通。

(4) 审计项目组在临近审计结束时实施分析程序，确定哪些特定趋势和关系可能表明存在由于舞弊导致的重大错报风险，特别是在报告期的最后几周内记录了不寻常的大额收入或异常交易，或收入与经营活动产生的现金流量趋势不一致。

(5) 审计项目组发现甲公司某个经营地点发生了大量的错报，由于这些错报的累积影响并不重大，审计项目组认为不存在舞弊导致的重大错报风险。

要求：

针对上述第（1）至（5）项，逐项指出审计项目组的做法是否恰当。如不恰当，请简要说明理由。

八、审计沟通

ABC 会计师事务所 2020 年 12 月 2 日首次承接甲公司 2020 年度财务报表审计业务，A 注册会计师担任审计项目合伙人。A 注册会计师了解到甲公司 2019 年度是 XYZ 会计师事务所的审计客户，ABC 会计师事务所在承接审计业务前后，遇到的与沟通相关的事项如下：

(1) 接受委托后，A 注册会计师认为通过电话询问、致送审计问卷的方式与 XYZ 会计师事务所的注册会计师进行沟通是最有效的方式。

(2) A 注册会计师在审计过程中与甲公司管理层讨论了值得关注的内部控制缺陷和内部控制的其他缺陷，因此，不再以书面形式向治理层正式通报。

(3) A 注册会计师拟在审计过程中与治理层沟通，主要内容为：注册会计师与财务报表审计相关的责任、注册会计师的独立性、计划的审计范围以及具体审计程序的性质和时间安排等。

(4) A 注册会计师在与治理层沟通计划的审计范围和时间安排时，沟通了重要性的具体金额、拟如何应对由于舞弊或错误导致的特别风险、对与审计相关的内部控制采取的方案以及拟如何利用内部审计工作等。

(5) A 注册会计师考虑到与甲公司治理层之间的双向沟通不充分，并且这种情况得不到解决，于是根据范围受到的限制程度，拟增加强调事项段予以说明。

要求：

假定上述各事项相互独立，在不考虑其他事项的情况下，逐项判断上述事项是否恰当。如不恰当，请简要说明理由。

九、会计估计审计

ABC会计师事务所负责审计甲公司2020年度财务报表，审计项目组在审计工作底稿中记录了与公允价值和会计估计审计相关的情况，部分内容摘录如下：

(1) 审计项目组复核了甲公司2019年度财务报表中的会计估计在2020年度的结果，以确定甲公司管理层在2019年度财务报表中作出的会计估计是否恰当。

(2) 甲公司持有以公允价值计量且其变动计入当期损益的金融资产。审计项目组认为该项金融资产的公允价值计量不存在特别风险，无须了解相关控制。

(3) 2020年底，甲公司存在重大未决诉讼，其内部法律顾问和外聘律师均认为败诉可能性较低，因此，管理层没有确认预计负债。审计项目组认为该事项存在重大错报风险，检查了相关文件，并获取了管理层和内部法律顾问的书面声明，据此认可了管理层的判断。

(4) 为减少利润总额和应纳税所得额之间的差异，甲公司自2020年1月1日起将固定资产折旧方法由年限平均法调整为加速折旧法。审计项目组根据变更后的折旧方法检查了甲公司2020年度计提的折旧额，结果满意。

(5) 审计项目组向管理层获取了有关会计估计的书面声明，内容包括在财务报表中确认或披露的会计估计和未在财务报表中确认或披露的会计估计。

要求：

针对上述第(1)至(5)项，逐项指出审计项目组的做法是否恰当。如不恰当，请简要说明理由。

十、关联方审计

ABC会计师事务所的A注册会计师负责审计多家被审计单位2020年度财务报表。与关联方审计相关的部分事项如下：

(1) 审计项目组认为，甲公司关联方交易和余额的错报风险比较高，因此直接认定所有的关联方交易和余额均存在较高的重大错报风险，对所有的关联方交易实施实质性程序予以应对，因此未对甲公司关联方关系及其交易相关的内部控制进行了解和测试。

(2) 审计项目组针对关联方的事项仅向乙公司管理层和治理层获取了乙公司已经披露了全部已知的关联方名称和特征、关联方关系及其交易的书面声明。

(3) 审计项目组注意到，丙公司2020年发生的一项重大交易的交易对手很可能是管理层未向审计项目组披露的关联方。审计项目组实施追加程序并与治理层沟通后，仍无法确定是否存在关联方关系，决定在审计报告的关键审计事项部分披露。

(4) 丁公司管理层在未审财务报表附注中披露，其向关联方采购原材料的交易按照等同于公平交易中通行的条款执行。审计项目组将丁公司向关联方采购的价格与相同原材料活跃市场价格进行比较，未发现明显差异，据此认为该项披露不存在重大错报。

(5) 审计项目组向戊公司管理层获取了下列与关联方关系及其交易相关的书面声明：①已向注册会计师披露了全部已知的关联方名称；②已按照企业会计准则的规定，对关联方关系及其交易进行了恰当的会计处理和披露；③所有关联方交易均不涉及未予披露的“背后协议”。

要求：

针对上述第(1)至(5)项，逐项指出审计项目组或A注册会计师的做法是否恰当。如不恰当，简要说明理由。

综合题

1. ABC 会计师事务所继续承接上市公司甲公司 2020 年度财务报表审计业务。甲公司主要从事汽车的研发、生产和销售。A 注册会计师作为审计项目合伙人，确定财务报表整体重要性为 500 万元，实际执行重要性为 250 万元，明显微小错报的临界值为 15 万元。

资料一：

A 注册会计师在审计工作底稿中记录了所了解的甲公司情况及其环境，部分内容摘录如下：

（1）为了应对竞争对手成功投产的 AI 新能源汽车对甲公司销售市场带来的冲击，甲公司主动将目前销售的传统车型售价调低 15%，但还是出现销售困难的情况。

（2）甲公司董事会决定自 2020 年 11 月份开始，追加无人驾驶技术转化为生产力的研发，投入大量资金研究与开发新产品。

（3）2020 年 10 月，甲公司委托丁公司研发一项新技术，甲公司承担研发过程中的风险并享有研发成果。委托合同总价款 10000 万元，合同生效日预付 40%，成果交付日支付剩余款项。该研发项目 2020 年末的完工进度约为 30%。

（4）甲公司自 2020 年 7 月 1 日起，需要承担销售环节的运输费用。

（5）2020 年 12 月，由于废水排放问题遭到环保部门责令停产并对居民进行赔偿，该事项已经上报董事会研究，估计很可能赔偿的金额为 500 万元。

资料二：

A 注册会计师在审计工作底稿中记录了所获取的甲公司的财务数据，部分内容摘录如下：

（1）利润表相关项目：

金额单位：万元

项目	未审数	已审数
	2020 年	2019 年
营业收入	25800	15400
营业成本	18800	11820
销售费用—运输费	2050	2200
研发费用	3600	3500

（2）资产负债表相关项目：

金额单位：万元

项目	未审数	已审数
	2020 年 12 月 31 日	2019 年 12 月 31 日
预计负债	0	0

续表

项目	未审数	已审数
	2020 年 12 月 31 日	2019 年 12 月 31 日
预付款项—丁公司研发费	4000	0
开发支出	12000	1000

资料三：

A 注册会计师在审计工作底稿中记录了审计计划，部分内容摘录如下：

（1）甲公司 2020 年度开始投资医药生物基金。A 注册会计师了解内控后认为该类投资活动相关内部控制无效，拟采用实质性方案测试相关财务报表项目。

（2）甲公司银行账户交易金额异常，A 注册会计师计划对甲公司银行基本户、余额较大的银行账户进行核对。

（3）甲公司 2020 年广告费存在低估风险，A 注册会计师拟采用货币单元抽样方法选取样本，对广告费实施细节测试。

资料四：

A 注册会计师在审计工作底稿中记录了审计程序，部分内容摘录如下：

（1）A 注册会计师了解和评价了甲公司内部审计的地位、客观性、专业胜任能力以及内部审计采用的系统、规范化的方法后，拟利用甲公司内部审计部门对其子公司商誉减值的评估结果。

（2）A 注册会计师获取了财务部编制的固定资产减值准备明细表，复核了该表中计算公式和数据的准确性以及相关假设的合理性，并进行了重新计算，测试期末固定资产减值准备的准确性。

（3）A 注册会计师根据销售合同约定，在客户收到货物验收合格并签发收货通知单后，甲公司确认收入。A 注册会计师在审计中检查了销售合同，确认了营业收入的发生认定不存在重大错报。

（4）A 注册会计师除确认已经发生的应付账款是否据实入账外，针对已经偿付的应付账款，追查至银行对账单、银行付款单据和其他原始凭证，检查是否在资产负债表日前真实的偿付了，确认应付账款的完整性不存在错报。

资料五：

A 注册会计师在审计工作底稿中记录了重大事项的处理情况，部分内容摘录如下：

（1）甲公司将 2020 年发生的办公用固定资产维修费 1000 万元计入制造费用，导致年末存货余额及 2020 年度利润均被高估，A 注册会计师认为该项错报影响较小，未要求管理层作出更正。

（2）A 注册会计师发现出纳员贪污现金 1 万元，向甲公司管理层进行了通报。管理层追回出纳员贪污的 1 万元，并立即予以辞退。A 注册会计师对甲公司的处理实施了相关审计程序，结果满意。

（3）针对甲公司 2020 年发生的召回事件，A 注册会计师认为甲公司对产品质量的控制存在值得关注的缺陷，与治理层进行了书面沟通。

要求：

（1）针对资料一第（1）至（5）项，结合资料二，假定不考虑其他条件，逐项指出资料一所列事项是否可能表明存在重大错报风险。如果认为存在重大错报风险，简要说明理由，并说明该风险主要与哪些财务报表项目（仅限于营业收入、营业成本、应收票据、预付款项、短期借款、应付职工薪酬、开发支出、销售费用、研发费用、预计负债、营业外支出）的哪些认定相关（不考虑税务影响）。

（2）针对资料三第（1）至（3）项，假定不考虑其他条件，逐项指出资料三所列审计计划是否恰当。如不恰当，简要说明理由。

（3）针对资料四第（1）至（4）项，假定不考虑其他条件，逐项指出资料四所列审计程序是否恰当。如不恰当，简要说明理由。

（4）针对资料五第（1）至（3）项，假定不考虑其他条件，逐项指出A注册会计师的做法是否恰当。如不恰当，简要说明理由。

2. 甲公司是ABC会计师事务所的常年审计客户，主要从事家用电器的生产及销售，无明显产销淡旺季。A注册会计师负责审计甲公司2020年度财务报表，确定财务报表整体的重要性为500万元，实际执行的重要性为250万元，明显微小错报的临界值为15万元。

资料一：

A注册会计师在审计工作底稿中记录了所了解的甲公司情况及其环境，部分内容摘录如下：

（1）甲公司上市后营业收入保持稳定增长，每年增长10%左右。2020年2月，甲公司董事会向管理层下达2020年度经营目标，其中要求2020年度营业收入较2019年度至少增长20%。2021年1月，市场研究机构发布的报告显示，2020年家用电器行业营业收入平均增长率为10.5%。

（2）为了进一步拓展国内市场份额，甲公司将原来以现销为主的销售方式改为以赊销为主的销售方式。

（3）2020年2月，甲公司除了在国内增加销售分支机构外，在巴西等南美国家也新设了若干分支机构，但由于受到自然灾害的影响，甲公司出口巴西等国的销售订单锐减，出口产成品存货库存积压严重。

（4）2020年，甲公司董事会提出科技创新计划，加大研发资金的投入，研发产品新技术。

（5）为了促进公司业绩实现年初预定目标，甲公司董事会调整绩效政策，大幅提高管理层效益工资与当年实现盈利的比例。

（6）甲公司使用ERP系统进行业务核算，期末自动生成财务报表。A注册会计师在审计甲公司2019年度财务报表时测试了该ERP系统，注意到甲公司信息技术一般控制存在重大缺陷。甲公司在2020年对ERP系统相应的信息技术一般控制进行了改进，并且重新开发应用了部分与财务核算相关的模块。

资料二：

A注册会计师在审计工作底稿中记录了甲公司的财务数据，部分内容摘录如下：

金额单位：万元

项目	未审数	已审数
	2020年	2019年
营业收入	96000	80000
销售费用—分支机构	1000	980
应收账款	22000	8000
减：坏账准备	600	600
存货	10000	5000

续表

项目	未审数	已审数
	2020 年	2019 年
减：存货跌价准备	100	100
开发支出	25000	1000

资料三：

A 注册会计师在审计工作底稿中记录了审计计划，部分内容摘录如下：

(1) 甲公司存货存放在多个地点，A 注册会计师获取管理层提供的存货存放地点清单后，根据不同地点所存放存货的重要性及评估的重大错报风险确定了监盘地点。

(2) A 注册会计师和项目组成员就甲公司财务报表存在重大错报的可能性等事项进行了讨论。因项目组某关键成员无法参加会议，拟由项目组其他成员选取相关事项向其通报。

(3) A 注册会计师评估认为与职工薪酬相关的重大错报风险较低，拟在了解相关内部控制后不测试控制运行的有效性，直接实施实质性程序。

资料四：

A 注册会计师在审计工作底稿中记录了实施的进一步审计程序，部分内容摘录如下：

(1) 针对甲公司 2020 年营业收入存在的异常高估风险，A 注册会计师获取了甲公司 2020 年所有发运凭证存根，抽取足够的样本，追查至对应的客户签收单、营业收入账簿记录，没有发现差异。A 注册会计师认可了营业收入发生认定不存在错报的结论。

(2) A 注册会计师发现甲公司以前年度重要供应商 K 公司自 2019 年以来与甲公司没有新的业务联系，针对 K 公司的应付账款余额自 2019 年至 2020 年末没有增减变动。A 注册会计师计划利用 2019 年函证 K 公司的询证函回函结果，本年度未实施进一步审计程序。

(3) A 注册会计师注意到甲公司存放在仓储中心的部分 b 产成品未纳入盘点范围。甲公司仓库人员解释，该批 b 产品已销售给某客户，客户要求延迟提货而暂时存放在甲公司仓库。A 注册会计师对 b 产成品之外的已盘点存货进行了抽盘，并将盘点结果与账面记录进行了核对，未发现差异，认可了甲公司的存货盘点结果。

(4) 甲公司 c 银行账户年末余额 15 万元，由于大大低于实际执行的重要性，A 注册会计师未对 c 银行账户实施函证，检查了 c 银行账户对账单原件和银行存款余额调节表，未发现差异。A 注册会计师认可了 c 银行账户余额的真实性。

(5) 甲公司 d 银行账户有一笔三年期、面值 5000 万元的定期存单，到期日为 2021 年 4 月 30 日。甲公司财务人员解释，2020 年 d 银行账户无任何增减变动，因此未获取 d 银行账户 2020 年银行对账单。A 注册会计师检查了 d 银行账户 2019 年银行对账单和银行存款余额调节表，未发现差异。A 注册会计师认可了 d 银行账户余额的真实性。

要求：

(1) 针对资料一第（1）至（6）项，结合资料二，假定不考虑其他条件，逐项指出资料一所列事项是否可能表明存在重大错报风险，如果认为存在重大错报风险，简要说明理由。如果认为该风险为认定层次重大错报风险，说明该风险主要与哪些财务报表项目的哪些认定相关（不考虑税务影响）。

（2）针对资料三第（1）至（3）项，假定不考虑其他条件，逐项指出资料三所列审计计划是否恰当。如不恰当，简要说明理由。

（3）针对资料四第（1）至（5）项，假定不考虑其他条件，逐项指出A注册会计师的做法是否恰当。如不恰当，简要说明理由。

跨章节主观题演练参考答案及解析

简答题

一、函证

【答案】

（1）不恰当。A注册会计师需要为电子形式的回函创造安全环境，确认发件人身份的技术，如加密技术、电子数码签名技术、网页真实性认证程序。必要时，注册会计师可以要求被询证者提供回函原件。

（2）恰当。

（3）恰当。

（4）不恰当。应验证被询证者加盖在询证函上的印章以及签名中显示的被询证者名称是否与询证函中记载的被询证者名称一致。

（5）不恰当。注册会计师应当以实际执行的重要性作为标准，对账面金额等于或高于100万元的应收账款实施函证；对账面金额低于100万元的应收账款项目采用审计抽样，选取样本实施函证。

二、存货监盘

【答案】

（1）不恰当。还应当现场观察管理层针对划分独立过渡区域的控制程序是否得到执行，以此确保相关存货只被盘点一次。

（2）不恰当。还应当通过预先编号的清单列表加以确定，并抽样开箱检查。

（3）不恰当。应当另择日期实施监盘，并对间隔期间内发生的交易实施审计程序。

（4）不恰当。注册会计师在检查被审计单位存货记录的基础上，可能决定在不预先通知的情况下对特定存放地点的存货实施监盘，或在同一天对所有存放地点的存货实施监盘。

（5）恰当。

（6）不恰当。A注册会计师首先考虑由其母公司保管存货是否具有合理的商业理由，考虑对其母公司实施函证程序；同时考虑是否需要实施其他审计程序。

三、货币资金审计

【答案】

（1）恰当。

（2）不恰当。注册会计师应当在甲公司人员陪同下到中国人民银行或基本存款账户开户行查询并打印《已开立银行结算账户清单》，观察银行办事人员的查询、打印过程，并检查甲公司账面记录的银行结算账户是否完整。

（3）不恰当。注册会计师应当获取银行存款余额调节表，检查调节表中加计数是否正确，调节后银行存款日记账余额与银行对账单余额是否一致。

(4) 不恰当。注册会计师应对银行对账单的真实性保持警觉，必要时，亲自到银行获取对账单，并对获取过程保持控制。

(5) 不恰当。还应当追查至期后的银行对账单。

(6) 不恰当。应当了解第三方平台使用流程等内部控制，比照验证银行存款或银行交易的方式对第三方平台支付账户函证交易发生额和余额（如可行）。

四、审计报告

1.【答案】

(1) 不恰当。应当在审计报告中增加以“与持续经营相关的重大不确定性”为标题的单独部分。

(2) 不恰当。违反法律法规行为对财务报表具有重大影响，且未能在财务报表中得到恰当反映，注册会计师应当出具保留意见或否定意见的审计报告。

(3) 恰当。

(4) 不恰当。当发表无法表示意见时，不得在审计报告中增加其他信息部分，除非法律法规另有规定。

(5) 不恰当。重要子公司未纳入合并财务报表的范围，将导致财务报表存在重大且广泛的错报，应当出具否定意见的审计报告。

2.【答案】

(1) 不恰当。甲公司的持续经营假设适当，但是存在重大不确定性，A注册会计师应当在无保留意见的审计报告中增加“与持续经营相关的重大不确定性”的单独部分，而不是增加强调事项段。

(2) 不恰当。A注册会计师应当在关键审计事项部分说明：除形成保留意见的基础部分所描述的事项外，我们确定不存在其他需要在审计报告中沟通的关键审计事项。

(3) 不恰当。因该错报导致被审计单位扭亏为盈，影响重大且广泛，应出具否定意见的审计报告。

(4) 不恰当。如果导致前任注册会计师发表非无保留意见的事项对本期财务报表仍然相关和重大，注册会计师应当对本期财务报表发表非无保留意见。

(5) 不恰当。可以在审计报告中增加强调事项段提请财务报表使用者关注。

五、独立性

【答案】

事项序号	是否违反（违反/不违反）	理由
(1)	不违反	关键审计合伙人担任甲公司项目质量复核人员的冷却期达到3年，不会对独立性产生不利影响
(2)	违反	XYZ公司为其审计客户的关联实体提供公司财务服务，存在因过度推介或自我评价对独立性的不利影响
(3)	违反	XYZ公司为其审计客户的关联实体提供财务系统升级服务，生成的信息对财务报表影响重大，存在因自我评价对独立性的不利影响
(4)	违反	与执行审计业务的项目合伙人同处一个分部的其他合伙人的主要近亲属不得在审计客户的关联实体中拥有直接经济利益，否则将因自身利益对独立性产生严重不利影响

续表

事项序号	是否违反（违反/不违反）	理由
（5）	违反	XYZ公司与其审计客户的关联实体存在密切的商业关系，存在因自身利益或外在压力对独立性的严重不利影响

六、质量管理

1. 【答案】

（1）不恰当。可以从外部（如网络、网络事务所或服务提供商）获取必要的人力资源支持。

（2）恰当。

（3）恰当。

（4）不恰当。审计项目合伙人应当在审计过程的适当时点复核审计工作底稿，包括与重大事项、重大判断以及根据项目合伙人的判断、与项目合伙人的职责有关的事项进行复核。

（5）不恰当。审计项目合伙人在审计过程中应当与项目质量复核人员讨论在审计中遇到的重大事项和重大判断，只有在项目质量复核完成后，审计项目合伙人才能签署审计报告。

2. 【答案】

（1）恰当。

（2）恰当。

（3）不恰当。C注册会计师担任该公众利益实体项目质量复核人员的冷却期不足3年，不能继续担任丙公司的审计项目合伙人。

（4）不恰当。D注册会计师担任该公众利益实体项目质量复核人员和项目合伙人的冷却期不足3年，不能继续担任丁公司的审计项目合伙人。

（5）不恰当。E注册会计师连续五年担任该公众利益实体其他关键审计合伙人的冷却期不足2年，不能继续担任戊公司的审计项目合伙人。

（6）恰当。

七、舞弊审计

【答案】

（1）不恰当。基于收入确认存在舞弊风险的假定，注册会计师应当评价哪些类型的收入、收入交易或认定导致舞弊风险。如果认为收入确认存在舞弊风险的假定不适用于业务的具体情况，从而未将收入确认作为由于舞弊导致的重大错报风险领域，应当在审计工作底稿中记录得出该结论的理由。

（2）不恰当。注册会计师还应当复核会计估计是否存在偏向。

（3）恰当。

（4）恰当。

（5）不恰当。舞弊事项不太可能是孤立发生的事项，即使错报的累积影响并不重大，但仍可能表明存在由于舞弊导致的重大错报风险。

八、审计沟通

【答案】

（1）不恰当。接受审计业务委托后，前后任注册会计师之间的沟通可以采用电话询问、举行会谈、致送审计问卷等方式，但最有效、最常用的方式是查阅前任注册会计师的工作底稿。

（2）不恰当。A注册会计师应当以书面形式及时向治理层通报审计过程中识别出的值得关注的内部控制缺陷。

（3）不恰当。与治理层沟通具体审计程序的性质和时间安排，可能因这些程序易于被预见而降低其有效性。

（4）不恰当。A注册会计师可以与治理层

沟通重要性的概念的运用，但不宜涉及重要性的具体金额。

(5) 不恰当。A注册会计师与治理层之间的双向沟通不充分，并且这种情况得不到解决，注册会计师可以采取下列措施：①根据范围受到的限制发表非无保留意见；②就采取不同措施的后果征询法律意见；③与第三方（如监管机构）、被审计单位外部的在治理结构中拥有更高权力的组织或人员（如企业的业主，股东大会中的股东）或对公共部门负责的政府部门进行沟通；④在法律法规允许的情况下解除业务约定。

九、会计估计审计

【答案】

(1) 不恰当。注册会计师复核上期财务报表中会计估计的结果，是为了识别和评估本期会计估计重大错报风险而执行的风险评估程序，目的不是质疑上期依据当时可获得的信息而作出的判断。

(2) 不恰当。即使不存在特别风险，注册会计师也应了解相关控制。

(3) 不恰当。没有与外聘律师直接沟通。

(4) 不恰当。管理层变更折旧方法的理由不合理。

(5) 恰当。

十、关联方审计

【答案】

(1) 不恰当。A注册会计师应当实施风险评估程序和相关活动，了解关联方关系及其交易后，才能确定关联方交易和余额是否存在重大错报风险。同时，注册会计师应当了解与关联方关系和交易相关的内部控制。

(2) 不恰当。注册会计师还应当获取乙公司已经按照企业会计准则的规定，对关联方关系及其交易进行了恰当的会计处理和披露的书面声明。

(3) 不恰当。应当考虑在审计报告中发表非无保留意见。

(4) 不恰当。审计项目组还应当关注关联方交易的其他条款和条件是否与独立各方之间通常达成的交易条款相同。

(5) 不恰当。管理层书面声明还应当包括披露了全部已知的关联方的特征、关联方关系及其交易。

综合题

1. 【答案】

针对要求（1）：

事项序号	是否可能表明存在重大错报风险（是/否）	理由	财务报表项目名称及认定
(1)	是	甲公司主动将传统车型售价调低15%，但还是销售困难，而财务数据显示，甲公司2020年营业收入却逆势增长67.53%，同时，毛利率为27.13%，高于上年的23.25%，可能存在高估营业收入、低估营业成本的重大错报风险	营业收入（发生） 营业成本（完整性）

续表

事项序号	是否可能表明存在重大错报风险（是/否）	理由	财务报表项目名称及认定
（2）	是	甲公司自2020年11月份开始，投入大量资金研究与开发新产品，财务数据显示，当年开发支出增长12倍，但研发费用与上年基本一致，可能存在高估当年开发支出，低估研发费用的重大错报风险	开发支出（存在） 研发费用（完整性）
（3）	是	由于甲公司承担研发过程中的风险并享有研发成果，该项研发实质上是甲公司的自主研发，可能存在少计开发支出或研发费用，多计预付款项的风险	开发支出/研发费用（完整性） 预付款项（存在）
（4）	是	甲公司销售政策调整为承担销售环节的运输费，但财务数据显示，当年销售费用不增反降，可能存在少计当年销售费用的重大错报风险	销售费用（完整性）
（5）	是	甲公司很可能被处罚，但财务数据显示，当年末预计负债账面金额为零，可能存在少计预计负债的重大错报风险	营业外支出（完整性） 预计负债（完整性）

针对要求（2）：

事项序号	是否恰当（是/否）	理由
（1）	是	—
（2）	否	还应当对发生额较大但余额较小、零余额或当期注销的银行账户、募集资金账户等账户核对
（3）	否	货币单元抽样不适用于测试总体的低估

针对要求（3）：

事项序号	是否恰当（是/否）	理由
（1）	否	商誉减值的评估属于审计过程中涉及的重大职业判断事项，不应利用内部审计工作
（2）	否	注册会计师还应当结合固定资产监盘以发现其他的固定资产减值迹象，仅通过复核甲公司固定资产减值准备明细表不足以提供固定资产减值准备准确性的审计证据/还应当测试固定资产减值准备明细表的完整性

续表

事项序号	是否恰当（是/否）	理由
(3)	否	注册会计师应当检查客户的收货通知单，仅检查销售合同不能得出结果满意的结论
(4)	是	—

针对要求（4）：

事项序号	是否恰当（是/否）	理由
(1)	否	属于金额重大的错报，应当要求管理层进行调整
(2)	否	注册会计师还应当扩大测试范围，重新评估货币资金项目的重大错报风险，及此前获取的审计证据的可靠性
(3)	是	—

2. 【答案】

针对要求（1）：

事项序号	是否可能表明存在重大错报风险（是/否）	理由	财务报表项目名称及认定
(1)	是	甲公司2020年度营业收入的目标增长率为20%，甲公司刚好实现预期业绩增长目标，同时大大高于行业平均增长率（行业平均增长率为10.5%），甲公司存在多计当期营业收入的重大错报风险	营业收入（发生）
(2)	是	2020年甲公司改变销售模式，应收账款大幅增加，但财务数据显示，计提的坏账准备与上年持平，可能存在少计应收账款坏账准备的重大错报风险	应收账款（准确性、计价和分摊） 信用减值损失（完整性）
(3)	是	2020年，甲公司在国内和海外新设了若干分支机构，但财务数据显示，销售费用与上年相比基本一致，可能存在低估销售费用的重大错报风险；截至2020年末，出口巴西等国销售订单锐减，出口产成品存货库存积压严重，但财务数据显示，存货余额相比2019年末上升一倍，而存货跌价准备未发生变化，可能存在少计提存货跌价准备的重大错报风险	销售费用（完整性） 存货（准确性、计价和分摊） 资产减值损失（完整性）
(4)	是	甲公司2020年大幅增加研发资金的投入，财务数据显示，开发支出是上一年的25倍，可能存在多计开发支出、少计研发费用的重大错报风险	开发支出（存在） 研发费用（完整性）

续表

事项序号	是否可能表明存在重大错报风险（是/否）	理由	财务报表项目名称及认定
（5）	是	甲公司管理层的效益工资中与公司的经营业绩挂钩部分所占比重提高，可能存在管理层为自身利益粉饰财务报表的报表层次重大错报风险	—
（6）	是	甲公司 2019 年度 ERP 系统的信息技术一般控制存在重大缺陷，虽然甲公司对 ERP 系统相应的信息技术一般控制进行了改进，并且重新开发应用了部分与财务核算相关的模块，但仍可能对财务报表整体产生重大影响	—

针对要求（2）：

事项序号	是否恰当（是/否）	理由
（1）	否	A 注册会计师需要考虑管理层提供的存货存放地点清单的完整性
（2）	否	应当由项目合伙人确定通报内容
（3）	是	—

针对要求（3）：

事项序号	是否恰当（是/否）	理由
（1）	否	A 注册会计师应当以 2020 年营业收入账簿记录为起点，追查至对应的文件记录，包括销售合同协议、发运凭证存根、客户签收单等
（2）	否	本年度应当对该供应商实施审计程序
（3）	否	注册会计师应当确认该批产成品是否属于“售后代管商品”，否则应当纳入盘点及监盘范围
（4）	否	应当对银行存款（包括零余额账户和在本期内注销的账户）实施函证程序，除非有充分证据表明某一银行存款对财务报表不重要且与之相关的重大错报风险很低
（5）	否	A 注册会计师应当询问管理层关于此笔大额定期存款的商业理由并评估其合理性、获取该账户 2020 年对账单，并对该账户余额实施函证程序

附　录

考点清单

第十三章　对舞弊和法律法规的考虑

第一节　财务报表审计中与舞弊相关的责任　399

考点 1　舞弊的含义和种类（★）　399
考点 2　与舞弊相关的责任（★★）　400
考点 3　风险评估程序和相关活动（★★）　401
考点 4　评价舞弊风险因素（2/5，★★）　402
考点 5　组织项目组讨论（5/5，★）　406
考点 6　识别和评估由于舞弊导致的重大错报风险（★★）　407
考点 7　应对舞弊导致的重大错报风险（★★）　407
考点 8　管理层凌驾的舞弊手段和审计程序（★★）　410
考点 9　评价错报（★）　410
考点 10　获取书面声明（★）　411
考点 11　沟通舞弊事项（★）　412

第二节　财务报表审计中对法律法规的考虑　412

考点 1　违反法律法规的定义和类别（★★）　412
考点 2　对被审计单位遵守法律法规的审计责任（★★）　413
考点 3　对被审计单位遵守法律法规的考虑（★）　414
考点 4　怀疑被审计单位存在违反法律法规行为时的审计程序（★）　414
考点 5　评价识别出的或怀疑存在的违反法律法规行为的影响（★★）　415
考点 6　与治理层沟通识别出的或怀疑存在的违反法律法规行为（★★）　415
考点 7　在审计报告中反映识别出的或怀疑存在的违反法律法规行为（★★）　416
考点 8　向被审计单位之外的适当机构报告识别出的或怀疑存在的违反法律法规行为（★）　417

第十四章　审计沟通

第一节　注册会计师与治理层的沟通　429

考点 1　双向沟通（★★）　429
考点 2　沟通的事项与形式（★★★）　430
考点 3　计划的审计范围和时间安排（2/6，★★★）　431
考点 4　审计中发现的重大问题（3/6，★★★）　431
考点 5　审计工作中遇到的重大困难（2/5，★★★）　432
考点 6　影响审计报告形式和内容的情形（4/5，★★★）　432
考点 7　值得关注的内部控制缺陷（4/6，★★）　432
考点 8　沟通时间（★★）　433
考点 9　考虑沟通过程不充分（★★）　434
考点 10　审计工作底稿（★）　434

第二节　前任注册会计师和后任注册会计师的沟通　435

考点 1　前后任注册会计师的定义（★★★）　435
考点 2　前后任注册会计师的沟通要求（★★）　437
考点 3　接受委托前的沟通（★★★）　438
考点 4　接受委托后的沟通（★★）　439
考点 5　发现前任审计的财务报表可能存在重大错报时的处理（★★）　440

第十五章　注册会计师利用他人的工作

第一节　利用内部审计工作　452

考点 1　内部审计与注册会计师的关系（★★★）　452
考点 2　确定是否能够利用内部审计工作（★★★）　454
考点 3　不得利用内部审计工作（★★★）　454
考点 4　较少利用内部审计工作（★★★）　454
考点 5　如何利用内部审计工作（★★）　454
考点 6　确定是否利用内部审计人员提供直接协助（★★★）　455
考点 7　不得利用内部审计人员提供直接协助（★★★）　455
考点 8　如何利用内部审计人员提供直接协助（★★）　455

第二节 利用专家的工作 456

考点 1 管理层的专家（★★） 456
考点 2 注册会计师的专家（★★） 456
考点 3 确定是否利用专家工作（★） 457
考点 4 评价专家工作的事项（★★） 458
考点 5 与专家达成一致意见（3/4，★★★） 458
考点 6 评价专家工作的恰当性（4/4，★★★） 459

第十六章 对集团财务报表审计的特殊考虑

第一节 与集团财务报表审计有关的概念 471

考点 1 与集团审计的相关概念（★） 471
考点 2 识别重要组成部分（★★） 472

第二节 集团财务报表审计中的责任设定和注册会计师的目标 473

考点 1 集团财务报表审计责任（★★） 473
考点 2 集团财务报表审计中注册会计师的目标（★） 474

第三节 集团审计业务的承接与保持 474

考点 1 业务承接与保持时的了解（★） 474
考点 2 审计范围受到限制（★★） 475

第四节 了解集团及其环境、集团组成部分及其环境 476

考点 了解集团及其环境、组成部分及其环境（★★） 476

第五节 了解组成部分注册会计师 476

考点 1 了解组成部分注册会计师（★★★） 476
考点 2 评估了解的组成部分注册会计师（★★） 477

第六节 重要性 478

考点 1 集团重要性（★★★） 478
考点 2 组成部分重要性（★★★） 478
考点 3 明显微小错报的临界值（★★） 481

第七节 针对评估的风险采取的应对措施 481

考点 针对评估的风险采取的应对措施（★★★） 481

第八节 合并过程 484

考点 了解集团层面的控制和合并过程（★★） 484

第九节 与组成部分注册会计师的沟通 485

考点 1 集团项目组向组成部分注册会计师沟通（★） 485
考点 2 组成部分注册会计师向集团项目组沟通（★★） 486

第十节 评价审计证据的充分性和适当性（略） 486

第十一节 与集团管理层和集团治理层的沟通 486

考点 1 向集团治理层和集团管理层通报内部控制缺陷（★） 486
考点 2 与集团治理层沟通的事项（★★） 486

第十七章 其他特殊项目的审计

第一节 审计会计估计 506

考点 1 会计估计的性质（★★） 506
考点 2 风险评估程序和相关活动（★★★） 507
考点 3 识别和评估重大错报风险（★★★） 509
考点 4 应对会计估计重大错报风险的程序（★★） 510
考点 5 确定截至审计报告日发生的事项是否提供有关会计估计的审计证据（1/4，★） 511
考点 6 测试管理层如何作出会计估计以及会计估计所依据的数据（2/4，★） 511
考点 7 作出注册会计师的点估计或区间估计，以评价管理层的点估计（4/4，★★★） 512
考点 8 应对会计估计特别风险的进一步实质性程序（★★） 513
考点 9 评价会计估计的合理性并确定错报（★★） 514
考点 10 与会计估计相关的披露（★） 515
考点 11 识别可能存在管理层偏向的迹象（★★） 515
考点 12 获取会计估计书面声明（★★） 517

第二节 关联方的审计 517

考点 1 风险评估程序和相关工作（★★） 518
考点 2 识别和评估重大错报风险（★） 518
考点 3 应对超出被审计单位正常经营过程的重大关联方交易导致的重大错报风险（★★） 520
考点 4 应对存在具有支配性影响的关联方导致的重大错报风险（★★） 521
考点 5 应对管理层未能识别出或未向注册会计师披露的关联方关系或重大关联方交易导致的重大错报风险（★★） 521
考点 6 应对管理层披露关联方交易是公平交易时可能存在的重大错报风险（★★） 523

考点 7　应对管理层未能按照适用的财务报告编制基础对特定关联方关系及其交易进行恰当会计处理和披露导致的重大错报风险（★）　523
考点 8　获取书面声明（★）　524
考点 9　与治理层沟通（★）　525

第三节　考虑持续经营假设　525

考点 1　对持续经营假设的责任（★★）　525
考点 2　风险评估程序和相关活动（★）　526
考点 3　评价管理层对持续经营能力作出的评估（★★）　527
考点 4　识别出事项或情况时实施追加的审计程序（★★）　528
考点 5　审计结论（★）　529
考点 6　持续经营假设适当，但存在重大不确定性时对审计报告的影响（★★）　530
考点 7　持续经营假设不适当时，对审计报告的影响（★★）　531
考点 8　严重拖延对财务报表的批准时的考虑（★）　532
考点 9　与治理层的沟通（★★）　532

第四节　首次接受委托时对期初余额的审计　533

考点 1　期初余额的含义（★）　533
考点 2　期初余额的审计目标（★★）　533
考点 3　期初余额的审计程序（★★）　533
考点 4　审计结论和审计报告（★★）　535

第十八章　完成审计工作

第一节　完成审计工作概述　556

考点 1　对重要性作出修改（★★）　556
考点 2　评价错报（★★★）　556
考点 3　错报的沟通和更正（★★）　559
考点 4　有关未更正错报的书面声明（★★）　560
考点 5　复核审计工作（★★★）　560

第二节　期后事项　562

考点 1　期后事项的定义与种类（★★）　562
考点 2　不同时段期后事项、识别责任及举例（★★）　563
考点 3　主动识别第一时段期后事项（★★★）　563
考点 4　被动识别第二时段期后事项（★★）　564
考点 5　没有义务识别第三时段期后事项（★★）　565

第三节　书面声明　566

考点 1　书面声明的含义（★★）　566
考点 2　针对管理层责任的书面声明（★★）　567
考点 3　基本书面声明与其他书面声明（★★）　568
考点 4　书面声明的日期和涵盖的期间（★★★）　569
考点 5　对书面声明可靠性的疑虑（★★）　570
考点 6　管理层不提供要求的书面声明（★★）　570

第十九章　审计报告

第一节　审计报告概述（略）　585

第二节　审计意见的形成　585

考点　审计意见类型（★）　585

第三节　审计报告的基本内容　586

考点 1　审计报告要素（★）　586
考点 2　审计报告日期（★）　588

第四节　在审计报告中沟通关键审计事项　588

考点 1　关键审计事项的概念（★★）　588
考点 2　确定关键审计事项的决策框架（★）　589
考点 3　在审计报告中单设关键审计事项部分（★）　590
考点 4　在审计报告中逐项描述每一关键审计事项（★）　592
考点 5　不在审计报告中沟通关键审计事项的情形（★★★）　594
考点 6　沟通关键审计事项不能替代审计报告其他报告要素（★★）　596

第五节　非无保留意见审计报告　596

考点 1　发表非无保留意见的情形（★★）　596
考点 2　确定非无保留意见的类型（★★）　597

第六节　在审计报告中增加强调事项段和其他事项段　599

考点 1　强调事项段（★★）　599
考点 2　其他事项段（★★）　599

第七节　比较信息　601

考点 1　比较信息的定义（★）　601
考点 2　对比较信息的审计责任（★）　601
考点 3　注意到比较信息可能存在重大错报时的审计要求（★）　601
考点 4　在审计报告中提及对应数据（★★）　602
考点 5　在审计报告中提及比较财务报表（★★）　604

第八节 注册会计师对其他信息的责任 605

考点 1 其他信息定义及相关责任（★★） 605
考点 2 当似乎存在重大不一致或其他信息似乎存在重大错报时的应对（★） 606
考点 3 审计报告日前获取的其他信息存在重大错报（★★） 606
考点 4 审计报告日后获取的其他信息存在重大错报（★★） 606
考点 5 以“其他信息”为标题在审计报告中单独部分披露（★） 607

第二十章 企业内部控制审计

第一节 内部控制审计的概念 630

考点 1 内部控制的定义、目标和要素（★★） 630
考点 2 内部控制审计的定义（★★★） 631
考点 3 内部控制审计的范围（★★★） 632
考点 4 内部控制审计基准日（★★★） 632

第二节 计划审计工作 633

考点 1 计划审计工作时应当考虑的事项（★★） 633
考点 2 总体审计策略和具体审计计划（★） 634
考点 3 对应对舞弊风险的考虑（★★） 634

第三节 自上而下的方法 635

考点 1 自上而下的方法（★★） 635
考点 2 识别重要账户、列报及其相关认定（★★★） 635
考点 3 了解潜在错报的来源并识别相应的控制（★★） 636
考点 4 选择拟测试的控制（★★★） 637

第四节 测试控制的有效性 638

考点 1 获取控制运行有效性的审计证据（★） 638
考点 2 与控制相关的风险（★） 638
考点 3 测试控制有效性的审计程序的性质（★） 638
考点 4 控制测试的时间安排（★★★） 639
考点 5 控制测试的范围（★★） 640

第五节 企业层面控制的测试 641

考点 1 与控制环境相关的控制（★） 641
考点 2 针对管理层和治理层凌驾于控制之上的风险而设计的控制（★） 642

第六节 业务流程、应用系统或交易层面的控制的测试 642

考点 1 预防性控制（★★） 642
考点 2 检查性控制（★★） 643

第七节 信息系统控制的测试 643

考点 1 信息技术一般控制测试（★） 643
考点 2 信息技术应用控制测试（★） 644

第八节 内部控制缺陷评价 644

考点 1 控制缺陷的分类（★） 644
考点 2 评价控制缺陷（★★） 645
考点 3 内部控制缺陷整改（★★★） 645

第九节 出具审计报告 646

考点 1 无保留意见内部控制审计报告的适用情况（★★） 646
考点 2 无保留意见内部控制审计报告要素及举例（★） 646
考点 3 内部控制存在重大缺陷时的处理（★★★） 647
考点 4 审计范围受到限制时的处理（★★★） 648
考点 5 强调事项（★★★） 649
考点 6 非财务报告内部控制重大缺陷（★★） 649

第二十一章 会计师事务所业务质量管理

第一节 会计师事务所质量管理体系 663

考点 1 质量管理体系的目标（★） 664
考点 2 质量管理体系的总体要求（★★） 664
考点 3 质量管理体系要素（★） 664
考点 4 会计师事务所的风险评估程序（1/8，★） 665
考点 5 治理和领导层（2/8，★★★） 665
考点 6 相关职业道德要求（3/8，★★） 667
考点 7 客户关系和具体业务的接受与保持（4/8，★★★） 667
考点 8 业务执行（5/8，★★★） 668
考点 9 资源（6/8，★） 670
考点 10 信息与沟通（7/8，略） 671
考点 11 监控和整改程序（8/8，★） 672
考点 12 评价质量管理体系（★） 672
考点 13 对质量管理体系的记录（★） 673

第二节 项目质量复核 673

考点 1 项目质量复核人员的委派和资质要求（★★★） 673

考点2　项目质量复核人员的客观性（★★★）　674
考点3　项目质量复核的实施与记录（★★★）　674

第三节　对财务报表审计实施的质量管理　676

考点1　审计项目合伙人管理（★★★）　676
考点2　复核审计工作底稿等相关文件（业务执行）（★）　677
考点3　咨询（业务执行）（★）　677
考点4　项目质量复核（业务执行）（★★）　678
考点5　意见分歧（业务执行）（★★★）　678

第二十二章　职业道德基本原则和概念框架

第一节　职业道德基本原则　691

考点1　职业道德基本原则（★）　691
考点2　诚信（★）　692
考点3　保密（★★）　693
考点4　近亲属（★）　694

第二节　职业道德概念框架　695

考点　职业道德概念框架图解（★）　695

第三节　注册会计师对职业道德概念框架的具体运用　695

考点1　识别对职业道德基本原则的不利影响（★★★）　695
考点2　第二意见（★）　696
考点3　收费（★★）　697
考点4　利益诱惑（★★）　698

第四节　非执业会员对职业道德概念框架的运用（略）　698

第二十三章　审计业务对独立性的要求

第一节　基本概念和要求　707

考点1　网络事务所（★）　707
考点2　关联实体（★★）　708
考点3　保持独立性的期间（★）　708
考点4　违反独立性的规定（★★★）　710

第二节　经济利益　711

考点1　经济利益的种类（★★★）　711
考点2　对独立性产生不利影响的情形和防范措施（★★★）　711

第三节　贷款和担保以及商业关系、家庭和私人关系　714

考点1　贷款和担保（★★）　714
考点2　商业关系（★★）　716
考点3　购买商品或服务（★★）　716
考点4　家庭和私人关系（★★）　716

第四节　与审计客户发生人员交流　717

考点1　与审计客户发生雇佣关系（★★）　718
考点2　临时借出员工（★）　719
考点3　最近曾担任审计客户的“董高特”（★★）　719
考点4　兼任审计客户的董事或高级管理人员（★★）　720

第五节　与审计客户长期存在业务关系　720

考点1　关键审计合伙人定期轮换的一般要求（★★★）　720
考点2　关键审计合伙人定期轮换的特殊情况（★）　721
考点3　审计客户成为公众利益实体情形下的关键审计合伙人轮换要求（★★★）　721

第六节　为审计客户提供非鉴证服务　722

考点1　一般规定（★）　722
考点2　承担管理层职责（★★★）　722
考点3　会计和记账服务（★★）　723
考点4　评估服务（★★）　723
考点5　税务服务（★★）　723
考点6　内部审计服务（★★）　724
考点7　信息技术系统服务（★★）　725
考点8　诉讼支持服务（★★）　725
考点9　法律服务（★★）　725
考点10　招聘服务（★★）　726
考点11　公司财务服务（★★）　726

第七节　收　费　727

考点1　收费结构（★）　727
考点2　逾期收费（★）　728
考点3　或有收费（★★）　728

第八节　影响独立性的其他事项　729

考点1　薪酬和业绩评价政策（★）　729
考点2　礼品和款待（★★）　729
考点3　诉讼或诉讼威胁（★）　729

❖唐山市润丰印务有限公司